新型消费发展典型案例

本书编写组 / 编著

中国市场出版社
China Market Press

· 北京 ·

图书在版编目（CIP）数据

新型消费发展典型案例 /《新型消费发展典型案例》编写组编著. —北京：中国市场出版社有限公司，2023. 2

ISBN 978 - 7 - 5092 - 2339 - 0

Ⅰ. ①新… Ⅱ. ①新… Ⅲ. ①消费-案例-中国 Ⅳ. ①F126. 1

中国版本图书馆 CIP 数据核字（2022）第 240965 号

新型消费发展典型案例

XINXING XIAOFEI FAZHAN DIANXING ANLI

编　　著：本书编写组
责任编辑：宋　涛　王雪飞

出版发行：中国市场出版社
社　　址：北京市西城区月坛北小街 2 号院 3 号楼（100837）
电　　话：（010）68034118/68021338
网　　址：http：//www. scpress. cn

印　　刷：河北鑫兆源印刷有限公司
规　　格：185mm×260mm　1/16
印　　张：26. 75　　**字　　数**：410 千字
版　　次：2023 年 2 月第 1 版　　**印　　次**：2023 年 2 月第 1 次印刷
书　　号：ISBN 978 - 7 - 5092 - 2339 - 0
定　　价：78. 00 元

前言 PREFACE

党中央高度重视促进消费特别是新型消费工作。习近平总书记对发展新型消费作出一系列重要指示，特别强调要把在疫情防控中催生的新型消费、升级消费培育壮大起来，要适应消费结构升级趋势，创新消费业态和模式。李克强总理在政府工作报告中指出，要运用好“互联网+”，推进线上线下更广更深融合，发展新业态新模式，为消费者提供更多便捷舒心的服务和产品。《国民经济和社会发展第十四个五年规划和2035年远景目标纲要》，也对培育新型消费、加快服务消费线上线下融合发展作出安排。

2020年9月，国务院办公厅印发《关于以新业态新模式引领新型消费加快发展的意见》（国办发〔2020〕32号，以下简称《意见》），对发展新型消费作出全面部署，并明确提出“国家发展改革委牵头组织实施，强化部门协同和上下联动，加快研究制定以新业态新模式引领新型消费加快发展的具体实施方案和配套措施”。2021年3月，为贯彻落实《意见》部署要求，国家发展改革委等28个部门和单位联合印发了《加快培育新型消费实施方案》（以下简称《实施方案》），这是落实《意见》的一项具体部署，体现了“全”“细”“新”“准”“实”的特点。

总体来看，近年来我国以网络购物、移动支付、线上线下融合等新业态新模式为特征的新型消费迅速发展，走在世界前列。2020年新冠肺炎疫情发生以来，居民非必需品、聚集性、流动性、接触式等传统消费受到抑制，各种新型消费业态加快扩容，线上消费逆势增长。2020 年、2021 年全国网上零售额分别达到 11.8 万亿元、13.1 万亿元，同比增长 10.9%和 14.1%，较同期社会消费品零售总额增速高出 14.8 个和 1.6 个百分点。可以说，新型消费为助力疫情防控、稳定居民消费发挥了重要作用，有效保障了居民日常生活需要，推动了国内消费恢复，促进了经济企稳回升。

为深入贯彻落实《意见》和《实施方案》，全面总结推广各地的好经验好做法，推动新型消费更好更快发展，国家发展改革委就业收入分配和消费司委托中国人民大学组建课题组对新型消费发展典型案例开展课题研究。课题组在全国范围内征集了一批新型消费发展典型案例，编写形成了本书。通过典型案例研究和汇编，以期达成以下目的：一是总结经验。科学化、系统化地采集、分类、编写各地推动新型消费发展的典型案例，深刻总结新型消费典型案例背后的特色亮点。二是提炼模式。进一步提炼典型案例背后的行为逻辑、原则和特色，以形成一批可复制可推广的有效模式，为全国新型消费发展提供示范经验。三是答疑解惑。针对新型消费领域以及营商环境塑造过程中出现的新问题，结合实际案例分析，提出针对性意见建议。

本书编写组

2022 年 6 月

目录 CONTENTS

01 第一部分 PART 1

新型消费发展典型案例综述

02 第二部分 PART 2

新型消费发展典型案例：城市篇

第一部分

新型消费发展典型案例综述

一、新型消费基本特征

新型消费有别于传统消费，是以大数据为新生产要素，以人工智能、云计算等数字技术为新生产力，以消费者与供应商的价值共创为新生产关系的一种新型消费模式。新型消费服务和激发着消费者的潜在需求，成为扩大内需的重要力量。总体来看，新型消费具有以下关键特征：

新客群：在消费客群上，年轻的消费客群已成为主力军，老年消费市场也在逐渐壮大。在大数据技术的辅助下，通过各类标签为客群精准画像。

新技术：相较于传统消费，新型消费中注入了大数据为新的生产要素。以人工智能、云计算、物联网为新的生产力，帮助企业实现从资源能力等传统动能向“数据+算法+算力”新动能的转换。

新生产：以大数据技术、传感技术、统筹优化系统、智慧机器等为依托，打通产销协同，发展标准化、集约化、品质化的智慧生产模式。

新流通：主要是指商业流通的变革与创新，包括批发、零售、电商等的业态创新，既体现在以新的商业模式、渠道体系来构建、实施流通新业态，又体现在现代流通体系的软硬件设施、流通领域新制度规范和新标准等方面。

新场景：是指在数字化普及背景下线上线下融合共通形成的消费场景。是传统消费在注入了大数据生产要素过程中呈现出的全新运行模式和图景。

新体验：是指以“智慧商店”“智慧商圈”“智慧大卖场”等为代表，给消费者带来的全新体验。

二、新型消费发展概况

从本次案例汇编的典型城市经验来看，大部分城市能够以数字经济和“互联网+”为引领，推动商贸、文体、休闲等产业升级，并以推进传统产业向高端延伸为抓手，培育壮大数字化、智能化、信息化、网络化的新型消费业态。当前我国城市发展新型消费的整体情况如下：

领导重视、鼓励创新是前提。典型城市的做法表明，加强政策支持、积极搭建政企沟通平台过程中，领导的认知、表率和推动是关键。无论是完善基础配套设施建设，还是强化专业机构人才服务，抑或是积极优化营商环境，有效激发市场主体活力，都需要主动发挥党和政府主要领导的引导、带动作用，才能真正有效实现“线上+线下”融合与赋能。

因地制宜、项目带动是关键。客观而言，新型消费的发展能够提速，不仅是由国内国外环境的变化推动，更是通过重点项目带动，推动持续、迭代发展，最终实现以点带面，全面推进。不少城市的发展过程中，以典型项目为抓手，带动多业态联合发展。并且能够根据地方特点，因地制宜设定建设标准，规范项目推进落实。

顶层设计、协调推进是保障。多个典型城市的案例表明，地方政府的顶层设计是新型消费获得较好发展的制度保障，很多城市专门印发了诸如《以新业态新模式引领新型消费加快发展工作方案》等，有效指导市属部门加快新型消费基础设施和服务保障能力建设，聚焦强化新型消费发展要素保障，推动服务消费线上线下融合，改善新型消费环境。

技术引领、场景突破是抓手。由于新型消费建立在数字技术、5G等新一代技术的基础上，技术引领这一关键，成为城市发力新型消费的抓手。多个典型城市不断夯实数字化、网络化基础设施建设，培育新型消费产业，探索新型消费应用场景，建设形成基础完备、技术先进、功能完善的各类数字化基础设施，提升新型消费产品和服务供给能力，为新型消费发展提供优良的“土壤”。

从本次案例汇编的典型企业案例来看，大部分企业结合各自资源禀赋、技术特色、能力结构等，分别聚焦线上线下融合的新型消费、数字化新服务体系、新型城乡融合消费、智能文旅休闲消费、新型数智设施、可持续发展新型消费、新品牌带动新制造等领域，创造独特的消费供给和体验，也拉动了新经济体系的发展。当前我国新型消费典型企业发展的整体情况如下：

线上线下有机融合的新零售、智慧零售，成为消费创新增长的主力军。从全国各省、直辖市、自治区推荐的案例整体情况来看，智慧零售市场最早触网上线，新零售也成为消费领域创新发展的引擎。新冠肺炎疫情以来，“无接触配送”“无接触服务”“生鲜电子商务+冷链宅配”助力抗疫、保障民生，成为消费增长的主要推动力量，也带动了社会消费品零售总额的复苏。

文化旅游、休闲娱乐新型消费成就斐然。信息技术引发的新科技革命推动着文化、旅游、娱乐等产业的融合变革进程。新冠肺炎疫情加速了文化、旅游、娱乐之间的融合，塑造了“直播电子商务”“社交营销”等新模式，涌现出了“智慧故宫”“云看展”“一部手机游云南”等新游览方式。

医疗、家政、托育、养老以及智慧出行等社会服务新型消费有序推进。社会服务领域的数字化进程同样发展迅速。尤其是在疫情期间，求医问药也由现场诊治转为远程咨询，传统医疗迅速引入网络学习、电子健康病例共享、互联网健康医疗服务等新模式、新业态，保障了社会服务的平稳运行。

新型消费传导产业链升级，塑造新品牌，带动新制造。当前新型消费的发展还将线上线下的有机融合趋势、潜在的消费需求传导至产业链上游，一方面服务各类消费者，优化供应链效率，降低产品成本，对传统流通体系形成重大变革；另一方面带动着品牌消费、品质消费，引领着个性化定制、柔性化生产，推动着大中小企业协同联动、上下游全链条一体发展，成为高质量发展的基础和先导。

三、典型案例分析逻辑

本书对近年来新型消费领域涌现出来的新业态、新模式、新服务的典型企业，以及各地（地级及以上城市）的促进举措、经验、成效等典型案例进行汇编。

一方面，梳理、提炼和分析以大、中、小型企业以及平台型企业等为代表的一系列平台载体、共享经济、数字经济等新型消费的业态创新、模式创新；另一方面，对2020年国办《意见》和随后的《实施方案》发布以来各省、自治区、直辖市的地级人民政府在落实国务院文件、促进新型消费发展方面的典型做法和取得的突出成果进行整理、提炼。详见表1。案例研究可以用于指导下一步的理论和实践，推动新型消费高质量发展，将我国消费主引擎的潜力激发出来。

表1　新型消费典型案例梳理框架

梳理领域	分析要点	数据来源
代表性企业、商业模式创新实践（案例分析）	· 头部互联网平台、赋能型企业的创新模式、业态 · 代表性大、中、小型企业的创新实践	· 各省区市发展改革委推荐典型案例 · 企业发展案例调查
代表性城市的政策措施（含施政案例）	· 各地促进新型消费的文件、政策措施施行的实际效果 · 各地反映的困难与解决经验	· 各省区市发展改革委报送的城市经验、政策相关材料 · 现场调研、核实

重点梳理新型消费的两个子项，整体可以看到近年来，新型消费领域的业态创新、模式创新、服务创新加速涌现，从吃、穿、用等实物消费领域加快向医疗、文娱、旅游、体育、健身等更多服务领域扩张渗透。生鲜电商、门店到家、无接触配送等新业态迅猛发展，重新定义了消费习惯和内容。在前端，线上线下服务一体化留住消费者；在后端，“大数据+智能机器”助力产品研发、生产养殖、品质控制、物流控制、仓储安全等。

四、典型案例启示

近年来，新型消费持续壮大，新业态、新模式探索创新，尤其是2020年的新冠肺炎疫情，加速了创新步伐。从本次汇编的典型案例来看，当前新型消费不仅服务和激发着消费者的潜在需求，成为扩大内需的重要力量；更为重要的是，新型消费的发展还将线上线下的有机融合趋势、潜在的消费需求传导至产业链上游，带动着品牌消费、品质消费，引领着个性化定制、柔性化生产，推动着大中小企业协同联动、上下游全链条一体发展，成为高质量发展的基础和先导。案例的主要启示如下。

（一）线上线下融合是本质

新型消费的本质特征是线上线下的深度融合和有机融合。所谓“深度融合”，意味着区别于信息化时代的管理流程软件化、合作沟通线上化，也区别于电子商务时代的门店线上化，而是要从企业观念和认知体系入手，以数字生产要素的应用和数字生产力的挖掘为导向。所谓“有机融合”，意味着区别于之前的单一软件、个别部门，而是要企业从战略到组织整体的线上线下融合，是从整体上实现要素管理的数字化和基于数字生产力的科学管理。

从当前案例情况来看，零售领域的融合化进程最为迅速，文旅、教育、医疗、社会服务等领域的融合初具规模。

（二）业态模式创新是根本

新型消费的表现形式是新业态和新模式的持续涌现和快速迭代。业态[1]是消费者视角下经营形态的呈现，模式是厂商视角下企业利益获取的方

[1] 业态是零售术语。在2004年的国家标准零售业态分类中，将其定义为“零售企业为满足不同的消费需求进行相应的要素组合而形成的不同经营形态”。2007年开始，业态的概念开始在非流通领域中使用。从国家统计局网上信息中查询发现，2007年9月发布的《湖南文化产业发展现状与制约因素分析》一文，率先使用了文化新业态的概念。这是非流通领域最早应用业态的概念。

式[1]。新业态指顺应多元化、多样化、个性化的产品或服务需求，依托技术创新和应用，从现有产业和领域中衍生叠加出的新环节、新链条、新活动形态。新模式指为实现用户价值和企业持续盈利目标，对企业经营的各种内外要素进行整合和重组，形成高效并具有独特竞争力的商业运行模式。

各行业数字化的进程推动形成一系列消费者视角的、可识别、可区分和相对稳定的新经营形态，也推动着厂商整合和重组支撑上述消费过程的资源、要素和工具。

（三）应用场景重组是关键

新型消费的创新动力来自应用场景的重组。各地案例创新中的所谓社交电商、直播电商、内容电商，都是在社交、直播、浏览内容等活动中的加购与消费行为，其活动本身就是应用场景。增强应用场景的黏性势必要不断拓展和重组其应用功能，微信搜一搜的升级，新增的看点直播和视频号等，就是拓展自身社交场景，而朋友圈和社群营销则是向营销销售的自然延伸。

事实上，随着 5G 技术的广泛应用，也必将迎来视频、直播信息的实时传播时代，使得即播即销成为可能，这将推动新应用场景的出现，也将带来新业态新模式的迭代升级。

（四）消费客群分层是目标

新型消费的目标导向是引导各类客群集聚分层。近年来，Z 世代、单身族、银发族、中产阶级、小镇青年、都市潮男、环保主义者等各类客群持续涌现。

以新型消费的主力人群——Z 世代为例，一般指生于 1995—2009 年的人群（95 后、00 后），也称为互联网世代。他们崇尚“悦己型消费”，对符合自身兴趣爱好的产品愿意支付高溢价，现已成为消费主力。数字化所推动的符号流动，让以 Z 世代为代表、基于“趣缘”的集聚更加便利化，社区论坛、网络直播、虚拟人也使得基于真实偏好的分类成为可能。另外，下沉市场也满足了小镇青年的消费需求。

[1] 国家发展改革委就业收入分配和消费司，中国人民大学商学院．发展消费新业态新模式，促进线上线下消费融合发展的现状与路径研究［R］．2019.

（五）供需适配改善是手段

新型消费的社会价值在于改善供需适配性。全链路的数字化实现了从产品设计到售后服务的符号运行，也形成了精准满足偏好、高效柔性供应、全链实时追踪的供应链体系，为精准把握用户需求、高效满足用户偏好创造了条件。客观上，这促进了以用户需求为导向的供给体系的建立，提升了供给体系对国内需求的适配性，推动形成更加强大的国内市场。

事实上，微博、微信、小红书、直播、短视频等新社交、新媒体的快速崛起，孕育了诸如小米、三只松鼠、御泥坊、完美日记等一系列服务新消费客群的数字原生品牌，也推动故宫文创等一系列老字号品牌的崛起。

第二部分

新型消费发展典型案例：城市篇

典型城市案例综述

《意见》及《实施方案》发布以来，新型消费领域的代表性城市深刻领会文件精神，纷纷结合本地实际特点，在深化新业态、新模式方面努力探索，进行了形式多样的实践创新，主要集中在数字新基建、扩大消费、数字文旅、智慧医疗、新型养老、数字交通等多个领域，涌现出了一批工作扎实、成效明显的城市。

对于城市案例，主要汇总、分析各地城市的主要经验、做法以及成效，从推动城市电子商务与实体经济深度融合，促进线上线下交互发展；指导企业加速传统经营模式的转型，实现线上线下融合发展；扩大本地名优特产品的宣传，提升本埠产品的知名度影响力；为百姓提供生活必需品，保障百姓正常生活，降低疫情带来的影响，最大限度地减少人员聚集；密集出台多项政策，打好促消费“组合拳”，加快设施建设、加强要素保障、优化发展环境、鼓励业态创新、完善配套措施、建设良好消费信用环境、优化行业生态；积极优化营商环境，有效激发市场主体的竞争活力等方面进行分析。

最终，看线上线下消费有机融合，是否较好回应了人民群众日益增长的高质量消费需求；是否有力促进了全市经济社会发展；是否将线下线上消费有机融合的工作思路积极推广到民生服务和社会治理领域，进一步提升公共服务效能和社会治理绩效等。

按照典型城市案例类型，本书将其分为综合施策推动线上线下消费有机融合、加强新型消费基础设施和服务保障能力建设、优化新型消费发展环境、加大新型消费政策支持、强化新型消费要素保障、促进新型消费供需匹配等六个方面（见图1）。为便于研究和归纳，本书按照这六类对典型城市进行汇编。

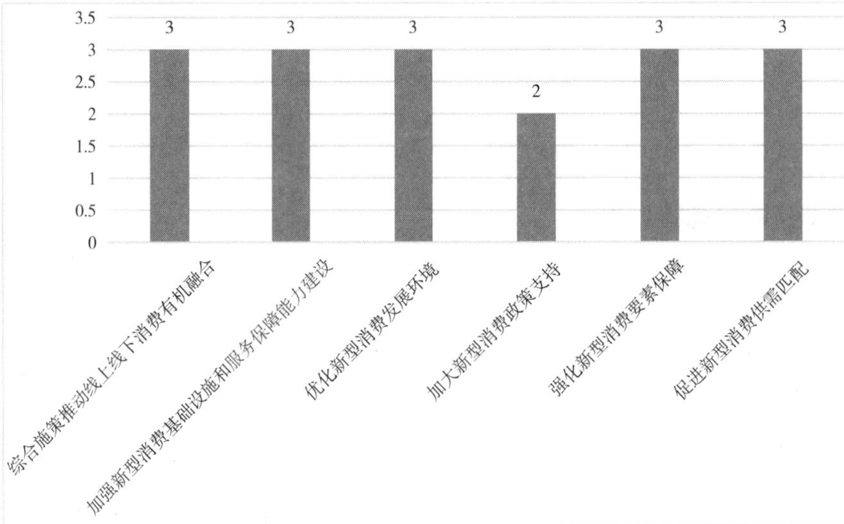

图1　典型城市案例类型（个）

需要说明的是，每个典型城市并非仅仅只关注了六类中的某一类，相反，一个城市新型消费的发展一定是多方面协同推进的结果。同时，每一类做法的综合介绍部分，也不仅仅局限于本类目下的城市，会有多个城市的做法借鉴。上述情况，敬请读者注意。

CHAPTER 1

第一章

综合施策推动线上线下消费有机融合

编者按

近年来，各地政府将促进线上线下消费有机融合作为发展新型消费着力点，不断丰富消费供给，培育消费需求，营造发展新生态，全力促进消费提质扩容。尤其是新冠肺炎疫情发生之后，各地探索多种模式来深化线上线下双向融合，包括创新“体验式+无接触式配送”，鼓励发展全民分销、社区团购、直播带货等线上线下一体化消费新业态、新模式。鼓励大型传统零售、批发企业与知名平台合作，积极为入驻平台的企业争取流量和红包支持，实现线上线下联动增效，孵化本地“爆款”网红品牌。同时，注意推进传统零售实体转型“新零售”，并深化与大型电商平台的合作，为传统外贸、电商企业提供全方位融合与培育服务。从实效来看，有效拉动了内需，促进经济恢复，便利了居民生活。

从各地典型经验来看，主要包括：(1) 打造商业新业态。一方面，受疫情冲击，居民非必需品、聚集性、流动性、接触式等传统消费受到抑制。但各种新业态新模式引领的新型消费方式加速扩容，线上线下相结合的消费形式逆势增长，成为保障居民日常生活需要、推动国内消费恢复、促进经济企稳回升的重要支撑。另一方面，随着电子商务的发展，传统商业业态发展进入瓶颈期，引导传统商超进行新零售转型成为各地方政府促进消费的重要发力点。(2) 创造消费新场景。由于利用抖音、快手等社交新媒体平台带货，可以打破实体门店的时空限制，获取新的增量顾客，所以发展新媒体电商成为政府支持新型消费的一大方式。中国特色的社交平台为社区团购的发展提供了坚实的基础。疫情期间，各地方政府通过发展社区团购的形式，既满足了特殊时期消费者多样化、个性化的购物需求，也为经济增长注入新动力。(3) 鼓励企业数字化转型。线上线下消费相结合，企业数字化转型是基础。各地政府积极推进本地商贸数字化转型，择优遴选符合条件的企业，对企业数字化转型投入提供财政支持，支持实体商贸企业由传统线下营销向全方位、全渠道、全流程数字化营销转型，鼓励商业综合体拓展数字化消费场景，实现精准营销、虚拟导购、智能购物、AR 互动、无感支付等功能。

案例 01

青岛市：找准突破口，促进消费提质扩容升级

一、基本情况

青岛市是国务院批复确定的沿海重要中心城市和滨海度假旅游城市、国际性港口城市、国家历史文化名城，地处山东半岛东南、东濒黄海，与日本、韩国隔海相望，总面积 11293 平方千米，人口 1025 万人，2021 年青岛实现地区生产总值 14136 亿元，居全国第 13 位，山东省首位。作为国家沿海重要中心城市，青岛孕育了海尔、海信、澳柯玛、青岛啤酒、中车四方等一批国际著名企业和品牌，被誉为中国的“品牌之都”；作为滨海度假旅游城市，青岛依山傍海，具有“红瓦绿树、碧海蓝天”的独特风貌，拥有 A 级旅游景区 109 处，被联合国评为最适宜人类居住的城市之一；作为国际性港口城市，青岛港有 190 条航线通达世界 700 多个港口，青岛机场拥有国内航线 185 条，国际航线、港澳台航线 19 条；作为国家历史文化名城，青岛是备受关注的“帆船之都”，被联合国教科文组织评为世界“电影之都”。2021 年，青岛市克服新冠肺炎疫情不利影响，实现社会消费品零售总额 5975.4 亿元，同比增长 14.8%，增幅高于全国 2.3 个百分点，位列 15 个副省级城市第 1 位。

二、主要做法

近年来，青岛市坚持消费升级与产业提质一体谋划，供给创新与需求创造一体推进，市场优势与时尚特质一体发掘，将促进线上线下融合作为发展

新型消费的着力点，持续扩大消费供给，培育消费需求，营造发展新生态，全力促进消费提质扩容（见图 1）。

图 1　青岛市多措并举提振消费，消费市场亮点纷呈

（一）以垂直电商为突破点，拓展专业领域消费渠道

发挥比较优势，围绕具有较强产业基础的橡胶、化工、纺织、家电等细分行业，在强化基础设施配套、要素资源保障、应用场景拓展、发展环境优化等方面陆续出台扶持政策，支持本地龙头企业依托产业集群和专业市场建立互联网平台，实现行业内采购、生产、销售的数字化。在 B2B 产业互联网领域，培育了卡奥斯（工业互联网）、柠檬豆（采购供应链）、特来电（汽车充电云平台）、新锦桥（棉纱跨境贸易）、第一化学网（化工产品跨境贸易）等典型企业；在社区电商和农产品上行方向，引进培育了以每日优鲜、家润、美农等代表企业；在专业商品方面，强化品牌、设计、营销、培训等微笑曲线两端能力建设，培育出雷神科技（游戏笔记本）、美德威（电子乐器）、莫特斯（家居）等品牌企业；从贸易、物流、仓储等供应链方向拓展增值服务，培育出家哇云（供应链服务）、飞熊领鲜（跨境生鲜冷链）等新消费企业代表。

（二）以新零售为关键点，推动商贸业态转型升级

积极引导本地传统商贸业数字化转型，在全市范围内择优遴选一批符合条件的企业，针对数字化转型投入给予一定奖励，支持实体商贸企业由传统线下营销向全方位、全渠道、全流程数字化营销转型，鼓励商业综合体拓展数字化消费场景，实现精准营销、虚拟导购、智能购物、AR 互动、无感支付等功能。近年来，利群、海信、利客来等传统商贸企业加快场景数字化改造提升，海尔智家、汉尚电器、亿联客等企业推出智慧阳台、智慧照明、食联网等场景消费新模式，青啤 1903 旗舰店丰富美食、娱乐等业态，月营业额达百万元以上，海尔顺逛等一批数字商贸骨干企业实现跨越发展。大力引进新零售企业，盒马鲜生累计在青开店 8 家，成为北方开店数第二多城市；7-11、星巴克、必胜客等新零售、智慧连锁店便利店实现品牌化、智慧化发展，截至 2021 年底全市品牌便利连锁店累计达到 2128 家。大力发展首店经济，年内引进米其林一星餐饮湘爱山东首店和米其林一星了凡快餐店全国首店，累计引进 Apple、Air Jordan、CGV 等品牌首店项目 120 多个，吸引众多市民和游客前来打卡消费。

（三）以直播电商为切入点，创新内贸电商新模式

制定实施《青岛市直播电商发展行动方案（2020—2022 年）》，从打造电商直播产业集群、推动直播电商应用、构建直播电商人才支撑体系等方面提出具体政策措施，推进实施直播电商“五个一”工程，即：构建一批直播电商产业集聚区、培育一批直播电商基地、扶持一批具有示范带动作用的直播机构、孵化一批网红品牌、培训一批带货达人，努力打造北方直播电商领先城市（见图 2）。政策实施以来，全市直播电商实现快速发展，形成了主播、电商平台、短视频平台和服务商之间互利共赢的发展生态。2021 年全市开展电商直播 64 万场，同比增长 152%，吸引消费者观看 58.7 亿人

图 2 青岛市大力发展新型消费，直播电商蓬勃发展

次，同比增长679%，参与直播的商品实现零售额超过375亿元。电商直播销售涵盖家用家电、服装鞋帽、日用品、美妆、母婴用品、美食、珠宝等领域。

（四）以农村电商为着力点，激发乡村市场消费活力

制定出台《青岛市加快推进农村电子商务工作的实施意见》，在全市实施农村电子商务公共服务体系补短板工程，印发《青岛市农村电子商务示范镇补助资金管理办法》，设立青岛市农村电子商务发展资金，2016—2020年连续5年对符合青岛市农村电商公共服务体系创建标准的镇（街）每年给予300万元资金补助，从提升服务能力、促进产业发展、鼓励应用创新、推动电商扶贫等多个方面，引导支持镇（街）完善农村电商公共服务体系。目前，全市培育形成9个淘宝镇，39个淘宝村。即墨童装、胶州童床与母婴用品、胶州实木家具、青岛家纺4个“中国质造”产业带初具规模，莱西胶东区域电商物流不断集聚，全市县域特色产业带已初具规模。

三、主要经验

（一）公平开放的市场环境是新型消费创新发展的土壤

商业模式要转变为生产力，主要靠企业家的智慧胆识、市场需求和技术创新。总的来看，政府引导和管理宜粗不宜细，宜抓总不宜分割，宜包容审慎监管不宜过多微观干预指导。近年来，青岛市将工作重点放在实现公平开放的市场准入，破除“隐性壁垒”，出台《关于推进新经济业态模式发展的意见》，强化科技、数据、人才、资金等新要素支撑，建立包容审慎的监管机制，在新经济领域允许试错、宽容失败，对轻微违法行为采取行政指导和责令改正的方式督促企业修正错误，营造创新创业浓厚氛围，为新业态新模式集聚发展提供基础。

（二）安全、放心、诚信的消费环境是促进消费的重要保障

持续优化消费环境，对提振消费信心、释放消费潜力、促进消费扩容提质具有重要意义。2021年以来，全市30多个部门联合开展“放心消费在青岛”的消费环境创建活动，召开全市消费环境建设工作现场会、示范街区建设工作现场会，组织百万商家开展放心消费承诺践诺活动，进一步提升了消

费环境安全度、经营者诚信度和消费者满意度。在中消协发布的《2021 年 100 个城市消费者满意度测评报告》中，青岛排名全国第三、全省第一、计划单列市首位。

（三）推动场景开放是拓展消费空间的重要举措

新型消费的发展壮大，需要一定规模的成长空间和市场需求。2021 年，青岛市制定实施了《青岛市创新应用实验室和场景应用实验室认定管理办法（试行）》，鼓励企业独立或牵头组建创新应用实验室和场景应用实验室，为新技术、新业态、新模式的培育、验证和市场化推广搭建场景实验平台。其中，创新应用实验室聚焦新技术创新环节，重点围绕全市新兴未来产业的硬核技术应用规范标准，开展市场化应用攻关，探索技术应用领域方向，进行技术成熟度评估、样品样机试制、场景应用实测等初步验证；场景应用实验室聚焦场景实验环节，围绕新兴未来产业和智慧生活、智能生产、城市治理、绿色生态等领域，开展新技术、新模式、新业态融合创新的场景实测，验证商业模型，评估市场前景。通过主动开放城市场景和产业场景，鼓励各类市场主体尤其是中小企业参与城市民生改善、产业升级和生态治理等无边界创新，有效引导市场主体跨界融合，促进产业迭代更新、新业态新模式快速成长，拓展新型消费的市场空间。

（四）新型基础设施建设是支持新型消费的重要基础

新型基础设施建设能够为新消费开拓更多创新空间，创造更多可能。近年来，青岛市围绕 5G 网络、人工智能、大数据中心、工业互联网等新型基础设施加大投入力度，开通 5G 基站 2 万个，合理布局城区新能源汽车充电设施，超前规划建设加氢站，推进仓储、分拣、配送、装卸等一体化的智慧物流基础设施建设，并在基站设置、传输和管道工程建设、环保评测、电力引接、用电费用减免等方面给予政策倾斜。新型基础设施的持续投入，为未来新型消费业态模式的快速发展奠定了良好的基础。

四、取得成效

随着消费领域新模式、新业态的蓬勃兴起，青岛市消费供给得到进一步丰富，居民消费升级进程加快，新消费正在加快释放市场内需潜力，快速拓展线上市场。2021 年，全市电子商务交易平台实现交易额 1.5 万亿元，比上年增长 26.1%，其中限额以上批发和零售业企业网络销售额 742.7 亿元，增长 26.9%，全市“四新”经济实现增加值 4651 亿元，总量位居全省之首，增长 15.1%，占全市 GDP 的 32.9%。

一是网络零售持续拉动消费市场。“互联网+消费”趋势突显，“双 11”等电商促销带动网络零售快速增长。2021 年，限额以上批发零售业通过公共网络实现的商品零售额同比增长 28.1%，高于上年同期 18.6 个百分点，拉动全市社会消费品零售总额增长 2.3 个百分点，两年平均增长 18.5%；其中，限额以上零售业通过公共网络实现的零售额增长 28.5%，占限额以上零售业比重达到 30.6%，较上年提高 3.1 个百分点。

二是升级类消费需求持续释放。2021 年，限额以上化妆品类、金银珠宝类、体育娱乐用品类、智能家用电器和音像器材类零售额分别增长 24.5%、62.4%、128.5%和 32.5%，两年平均增长 9.3%、10.9%、46.5%和 129%。新能源汽车保持高热度，限额以上新能源汽车零售额同比增长 74.5%，占限额以上批零业零售额比重为 1.7%，同比提高 0.8 个百分点。

三是实体店铺经营向好。2021 年全年，在限额以上有店铺零售中，食杂店、便利店和超市零售额同比分别增长 19.1%、32.8%和 26.3%，两年平均分别增长 27.8%、14.7%和 12.4%。品牌连锁店规模发展，友客、优同、7-11等 15 家品牌便利连锁店新增门店 400 多家，累计达到 2300 多家。

案例 02

武汉市：三条主线，推动线上线下消费有机融合

一、基本情况

武汉市是湖北省省会，中部六省唯一的副省级市，超大城市，中国中部地区的中心城市，全国重要的工业基地、科教基地和综合交通枢纽。辖 13 个行政区和 6 个功能区，总面积 8569.15 平方公里。2021 年全市常住人口 1364.89 万人。

武汉是中国经济地理中心，素有“九省通衢”之称，是内陆最大的水陆空交通枢纽、长江中游航运中心，也是长江经济带核心城市、中部崛起战略支点、全面创新改革试验区。武汉正加快建设以全国经济中心、国家科技创新中心、国家商贸物流中心、国际交往中心和区域金融中心为支撑的国家中心城市，打造新时代英雄城市。

二、主要做法

（一）推进扩大零售新型消费

1. 发展社区团购

2020 年新冠肺炎疫情封城期间，武汉市组织大型电商平台和品牌连锁便利店参与社区团购，推动传统商超线上线下融合，采取居民线上社区团购平台购物，商超提供“无接触配速、送货到家”等线下服务，保障居民生活物资及时供应。疫情防控进入常态化后，社区团购业务持续发展壮大，成为居民消费新渠道，武商、中百、中商等武汉三大传统商超布局社区团购业务，

食享会、兴盛优选、美菜网、全民直采等一批社区电商品牌借势发展，各生鲜电商企业积极优化社区团购模式，加快市场拓展，武汉成为生鲜电商发展重镇。

2. 推进直播电商

开展“百星·百亿助力武汉”等系列直播带货活动（见图1），推介400家企业1000多种产品；格力2021年首场全国巡回直播·武汉站单场直播订单11.4亿；第二届中国·汉正街电商直播节等系列直播活动签约交易额突破100亿元。加强直播基地建设，抖音与卓尔智联联手打造武汉首家抖音电商直播基地，良品铺子、新金珠宝、浪莎、猫人、精武鸭脖等百余家企业入驻；汉口北、汉正街云尚、蔡甸区人民新谷、江汉区红T等一批大型直播基地加快发展，武汉抖音电商直播基地荣获“抖音8·18新潮好物节基地排位赛”金奖。

图1 “百星·百亿助力武汉”直播节活动

3. 线上投放消费券

2020年，武汉市通过支付宝、微信、美团、云闪付4个线上平台投放消费券5亿元，居民通过线上平台“抢券”，在规定时间内可在线下商超、餐馆消费，并通过“销券”抵扣一定比例的实际付款金额，综合拉动消费56.41亿元。2021年春节期间投放1亿元消费券，直接拉动消费4.30亿元，中秋、国庆期间累计核销湖北消费券2.77亿元元，拉动消费13.75亿元。详见图 2。

图 2　美团平台投放消费券的“抢券”界面

（二）大力发展数字文旅

1. 开发“武汉文旅码”

以武汉旅游体育集团有限公司为运营主体，开发“武汉文旅码”线上小程序，为游客提供文化旅游线上线下全业态智慧化服务。线上服务包括文旅资讯精准推送、旅游产品智能推荐、武汉各旅游场所提前预约等，线下服务包括交通出行、智能测温、无接触扫码入园等。目前“武汉文旅码”平台已覆盖武汉 90%以上主流文博场馆以及 110 多家旅游景区，平均每分钟有 10 名游客通过文旅码平台预约入园。2021 年国庆假期，通过文旅码线上预约的游客达到 25.6 万人次，武汉成为当年国庆假期全国接待游客最多的城市。

2. 打造“武汉文惠通”

为方便政府文旅消费优惠政策落地，武汉市打造官方文旅惠民补贴平台——“武汉文惠通”微信公众号。居民前往公共文化场馆参观或参与公共文化活动，通过“武汉文惠通”平台线上注册、签到、评价、分享等多种方式获取奖励积分，积分兑换成相应补贴金额，可在指定的市内各公共文化场馆和文化企业进行线下消费，享受政府补贴或减免。2021 年开展的“花 Young 武汉缤纷夜”文旅消费季活动（见图 3），“武汉文惠通”平台带动武汉文旅市场消费 1363.02 万元，人均客单消费 337.61 元，每笔消费平均使用 99.8 元补贴，直接带动比为 1∶3.35。

图 3　“武汉文惠通”平台领取补贴活动界面

3. 探索“电竞+旅游”

利用电竞活动和电竞赛事，推进电竞和旅游结合，探索“电竞+旅游”新模式。2020 年和 2021 年，武汉市分别主办 2020 武汉电竞旅游嘉年华暨《地下城与勇士》阿拉德市集系列活动和 2021 武汉新花城旅游电竞嘉年华暨“王者荣耀”第三届全国大赛系列活动，两个系列活动充分结合城市地标、特色街区、非遗文化、汉派小吃等旅游元素，推进江城美景、荆楚文化与电竞文创内容体验相结合。2021 电竞嘉年华活动将武汉樱花、江汉路历史文化建筑和“王者荣耀”文化相结合，推出“电竞+旅游”产品，打造网红打卡点，吸引年轻人群和电竞爱好者来打卡。

（三）加强智慧医疗服务

1. 推进线上诊疗服务

武汉市推进互联网医院建设，支持各医疗机构充分利用互联网技术，改造优化诊疗流程，贯穿诊前、诊中、诊后各环节，线上线下双向结合改善患者就医体验。目前，全市获批互联网医院达 12 家，2021 年仅武汉市第一医院互联网医院（见图 4）接诊患者达 22 万人次，为患者就医提供极大便利。完善医疗就诊“互联网+服务”，建设“健康武汉”平台，面向居民提供预约挂号、排队叫号、在线缴费、报告查询、住院业务办理、预缴金缴纳、每日清单查询、家庭医生签约、健康档案查阅等看病就医服务，2021 年，居民通过“健康武汉”平台预约挂号达 2.91 万单。

图 4　武汉市第一医院互联网医院医生正在线上问诊

2. 探索线上医保服务

为解决重症慢病患者购药难问题，武汉市在全国率先“破冰”，将平台型互联网医院——“微医”纳入医保支付。在国家医保局指导下，“微医”互联网医院上线国家医保电子凭证，调动全国互联网医疗资源为重症慢病患者提供“不见面”复诊购药服务，医保基金能实现结算，个人只需支付自付部分，实现重症慢病患者不出门便可获得必需的治疗药物。2021 年武汉“您健康”小程序上线，小程序将定点医疗机构和定点药店业务线上化，居民在“您健康”小程序上绑定个人社保卡，在签约的“互联网+医疗”服务定点药店购买普通药品，可用职工医保个人账户直接支付，享有药品配送服务。2021 年 6 月，全市首批 60 家定点药店已入驻“您健康”平台，未来入驻的医保药店将逐步达到 1000 家，覆盖武汉三镇。

3. 推进医疗就诊“一码通行”

为实现居民看病就医一码通全城，2018 年起，我市就建立了以国家电子健康卡（码）为核心的区域互联互通架构，2019 年又构建了以武汉全民健康信息市区一体化平台为核心的区域信息化体系。新冠肺炎疫情以来，武汉市开展健康码与电子健康卡（码）协同调用功能建设，在汉各级各类医疗卫生机构改造电子健康卡受理环境。截至 2021 年 5 月，17 家部省属医疗机构、39 家市区属医疗机构、21 家行业医疗机构实现健康码就医“一码通行”，“一码通行”在全市各级各类医疗卫生机构的整体实现率已达 90%。

三、典型经验

（一）加强政策支持

2020 年以来，武汉市制定印发《武汉市建设国际消费中心城市实施方案》《武汉市激发消费潜力促进消费升级的若干措施》《武汉市建设国家文化和旅游消费示范城市工作方案》《武汉市促进线上经济发展实施方案》等一系列政策措施，创新政策供给，完善政策、资金、土地、人才等要素保障。开展线上经济重点企业（平台）认定工作，80 家企业、5 个平台入选首批线上经济重点企业（平台）名录库，兑现奖励资金 1808 万元。

（二）加快招大育强

加大新型消费总部企业引进力度，腾讯数字产业总部、阿里巴巴华中总部等落户武汉。创新发布武汉“首店经济”发展地图 1. 0 版，2021 年 1—9 月，全市共引进各类首店 142 家。斗鱼、微派 2 家企业入选 2021 年度中国互联网百强企业。卓尔智联、九州通和良品铺子 3 家企业入选全国首批数字商务企业。中百仓储获第十四届中国商业信息化行业大会 2020—2021 年度智慧零售数字创新实践奖。

（三）优化营商环境

实施“高效办成一件事”“清减降”专项行动，推进“五减五通”。加强消费者权益保护，实行“一网整合、三级贯通、五环闭合”的运行机制，搭建“12315 消费维权直通车”，12315 热线已接处各类消费诉求 34. 50 万件，为消费者挽回经济损失 2378. 19 万元。

加强社会信用体系建设，构建事前告知承诺、事中分级分类监管、事后联动惩戒的信用管理机制。

四、主要成效

（一）经济快速恢复

2021年武汉地区生产总值1.77万亿元，比2019年同期增长6.7％，两年平均增长3.3%，其中，数字经济占比近40%，数字经济增加值占比超50%。

（二）消费有效拉动

2021年，全市实现社会消费品零售总额6795亿元，同比增长10.5%；全市电子商务交易规模1.35万亿元，同比增长23%；网络零售交易规模达到2023.77亿元，同比增长16.1%，限上实物商品网络零售同比增长25.4%。

（三）居民生活更加便利

武汉市数字文旅平台用户数已突破331万，居民、游客预约及订购服务超过617万人次；居民利用医疗大数据平台申请电子健康卡1765余万张，用卡数已达4100万人次，通过“互联网+医院”线上问诊挂号5万余人次、咨询服务30万人次。

案例 03

天津河西区：线上线下融合，建设“智能+”消费体系

一、基本情况

天津市河西区位于市中心东南部、海河西岸，区划面积 48. 17 平方公里，常住人口 82. 2 万人。2020 年，河西区地区生产总值 989. 63 亿元，位列全市第二。河西区以天津市被选为第一批国际消费中心试点城市为契机，坚持市场导向、需求导向，增强消费对促进经济增长的基础作用，完善扩大消费长效机制，以培育提升新型服务消费为重点，促进消费供给侧结构性调整，大力发展消费新模式、新业态，加快构建线上线下融合的“智能+”消费生态体系，培育引领性强、知名度高的消费新平台。实施提高生活性服务业品质行动，大力开展健康、养老、旅游、娱乐、健身休闲等领域消费行动，着力培育消费热点。建立多元参与的消费者权益保障和社会监督机制，营造安全放心、诚信友好的社会消费环境。

二、主要做法

（一）不断优化营商环境，打破体制机制障碍

2021 年 1 月，河西区制定《河西区 2021 年优化营商环境责任清单》，进一步优化零售新业态新模式营商环境。积极落实企业开办智慧审批事项，按照规范化、标准化、就近办的原则，在企业名称、经营范围、住所（经营场所）自主申报的基础上，通过智能核验实现智慧审批。

不断深化“证照分离”改革，推进“互联网+政务服务”，积极落实电

子营业执照跨部门、跨行业、跨领域互通互认互用，落实电子营业执照在办理各类政务服务事项电子系统中的应用，实行企业登记“跨省通办”；免费为更多市场主体发放税务 UKey；推广电子印章、电子发票应用。

（二）着力构建服务体系，实现线上线下互动

推动居家养老“133 工程”，积极构建一套机制顺畅、政策集成、载体完善、服务优良、全民参与的基本养老服务体系，着力实现线上与线下、现场与入户、管理与服务“三个融合”。利用物联网、大数据、人工智能等技术，打造智慧养老“一库一网一平台”，通过线上服务与线下实体立体互动，上门服务与现场体验有机结合，智能产品与精准服务集成配套，为老年人提供全流程、全天候、包容性的服务。

“一库”为建立老年人口数据库，在全区户籍老年人口大普查的基础上，整合公安、社保、民政、残联、卫健等全领域养老数据，实现数据信息资源共享。“一网”为建设河西养老服务网站，设置政策发布、服务项目、办事指南、政务公开、服务机构等栏目，开通老年人补贴线上申办等功能，打造老年人的“贴心管家”。“一平台”为打造居家养老服务管理平台（见图 1），设有数据统计分析、运营管理、服务场景展示、志愿者服务、服务监管五大功能，依托管理平台设立养老服务呼叫中心，开通 85858590 电话服务热线、“一键通”应急呼叫网络。

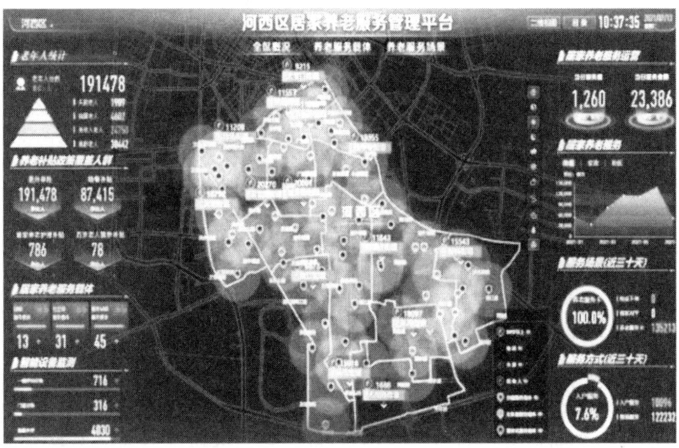

图 1　河西区居家养老服务管理平台界面展示图

（三）高质量编制专项政策，发展消费新兴业态

编制全域旅游发展五年整体规划，大力发展智慧旅游，按照“整合资源、突出特色、协同创建、开放合作、突破创新”等原则，实施旅游服务全域化战略、文化引领战略、城旅一体战略、品牌塑造战略、文化遗产活化战略、整合营销战略，打造天津都市文化旅游核心区、国际人文旅游目的地。

大力开发自驾游、修学游、演艺游等新兴业态，推进演艺市场联动共享，打造文旅融合精品节目，促进演艺市场与旅游互动，开发一批以非遗传承体现特色的旅游商品。制作河西区智慧旅游小程序，全方位推送河西区旅游资讯。在天津文化中心、解放南路等主要交通枢纽、重点景区、核心商圈设置全域全景导览图，打造一流旅游服务环境。

（四）积极发展新型技术，搭建“互联网+”体系

积极发展智慧医疗，推进以三级综合医院为带动、以河西医院为龙头、以二级专科医院和社区卫生服务中心为补充的紧密型医联体建设新模式，全区基本形成“基层首诊、双向转诊、急慢分治、上下联动”的分级诊疗模式。完善基层中医药服务格局，推动建设各类中医诊所、特色专科医院已达14家。不断发展家庭医生签约模式，为老年人就医服务提供便利。

致力建设新一代信息技术及多方社会资源支持下的以学习者为中心的智慧教育新生态体系，不断加强学校信息化基础建设。2016年以来，河西区累计投入资金3.57亿元用于1063个项目，建设了区域分布式教育资源服务示范工程、“5G+智慧教育”等在全国具有示范性和引领性的智能化工程项目，实现了区域光纤网络全覆盖、数字化校园系统全覆盖、无线网络全覆盖、教室多媒体全覆盖、教师信息技术能力培训全覆盖，达到了校园智慧化初级模式。

（五）充分发挥品牌效应，创新消费载体模式

通过秉承和弘扬商业企业形象及服务、品牌特色，促进商业、旅游、文化、体育、会展等领域跨界融合；通过充分挖掘、扩大、彰显区域独特的历史文化魅力、城区品牌魅力、人文精神魅力，形成“购物娱乐、特色餐饮、文化会展、体育休闲、观光旅游”五位一体的商业经济模式，进一步做大做强“活力河西”品牌。

重点打造“活力河西·哪吒体育嘉年华”夜间经济特色品牌，按照经典活动、街头活动和电子竞技三个主题分类组织标准化比赛，举办街舞、滑板等街头活动表演以及大型电竞官方资格赛和一系列手游端游比赛活动。充分利用天津市九大文艺院团、天津大礼堂、天津大剧院等市级文化资源和河西区文化中心、新梅江文体中心等区级资源打造夜间文化阵地。通过举办“西岸艺术节”“第三届西岸哪吒杯非物质文化遗产创新创意非遗大联展”等活动，弘扬中华传统文化，引领新型文化消费。借助京东电商交易平台，推出“6·18电商节河西专区”，围绕河西品牌、河西老字号，推出家电、百货、美食等系列优惠促销活动，推动“线上+线下”“商品+服务”“零售+体验”等融合式零售业态发展，扩大消费市场规模。

三、典型经验

（一）走“事业+产业”的道路，打造新型产业载体模式

新型消费涉及健康、养老、旅游、文娱、教育等多个公共事业领域，单纯依靠社会力量、市场效率，容易出现公共产品缺失和市场失灵现象，应理顺“政府+市场”关系，实现各项事业和产业协同发展。以发展智慧养老为例，依托养老服务机构和供应链产业，激发社会资本投资热情，叠加政府政策支持，最终能够最大化发挥社会效益及经济效益。

（二）走市场化的道路，打通消费供需矛盾堵点

随着居民消费结构不断升级，消费品供给趋于高端化、定制化、独特化。河西区充分利用市场资源，创新研发消费产品，注重打造区域品牌形成宣传效应。以商旅文融合发展为例，通过打造“活力河西”品牌，因地制宜发展文化、旅游、博览、餐饮、休闲、娱乐项目，形成了“吃住行游娱购”一条龙服务，进一步扩大消费规模。

（三）走智慧化的道路，打破信息共享机制障碍

在人工智能、大数据、区块链、云计算新一代信息技术席卷的浪潮下，要不断运用智慧化手段，通过价值嵌入、技术赋能、交互增慧等层面推动城市服务迭代升级，在现实空间和虚拟空间同时为群众提供消费领域各项服务。河西区坚持以数字赋能促消费提质，将河西区的金融产业优势、数字经

济优势转化为推动消费升级的强大动力，持续提升国际知名度、消费繁荣度、商业活跃度。

（四）走资源整合的道路，打破政府部门各自为战的局面

加快推动新型消费发展涉及社会各个领域，涵盖政府多个部门工作职能，只有打破部门壁垒，才能充分发挥各部门政策的最大效应，形成统一的发展合力，推动消费新业态新模式高质量发展。

四、取得成效

通过不断优化营商环境、构建智慧服务平台、高质量编制专项政策、增强新型技术支撑、丰富文化品牌活动等，多措并举、务实高效推动全区新型消费加快发展。

通过推动智慧养老发展，打造了以 700 米半径布局居家养老服务中心 44 个，面积 2.6 万平方米。以助餐、助医为切入口，36 个服务中心现场制餐，日助餐 6000 客次以上；嵌入“健康驿站”19 个。搭建养老数据库和管理平台，开通养老服务热线、发放居家养老服务卡 11 万余张，2021 年累计充值 2600 余万元，消费 2370 余万元。河西区居家养老服务试点得到各级认可，民政部以简报形式在全国民政系统进行推广，国务院办公厅将“天津市河西区多管齐下着力满足老年人养老需求”作为国务院第八次大督查的典型经验做法予以通报表扬。通过推动智慧医疗发展，实现了 65 岁以上老年人健康管理率和 0~36 月龄儿童中医药健康管理率达 70%以上，全区参加家庭医生签约服务老年人达 10.46 万人，为 60 岁以上失能、半失能人员提供入户医疗护理服务超 1.5 万人次，全民电子建档率达 90%以上。

通过推动智慧文旅发展，每年推出以“文化 365，快乐在河西”为主题的 1000 多场群众文化活动。2021 年 10 月，河西区被列入第二批国家文化和旅游消费试点城市。

通过推动在线教育发展，2020 年新冠肺炎疫情期间开展“停课不停学”，网络学习访问达到 200 万人次以上，使用流量 4.9 万 GB，河西区被教育部确定为“新型教与学模式国家级实验区”。

CHAPTER 2

第二章

加强新型消费基础设施和服务保障能力建设

编者按

新型消费大发展的背后，离不开新型基础设施建设的全面提速。本质上，这是从供给侧发力，加快提升“新基建”。典型做法包括两个方面：一方面提高诸如5G基站建设密度、5G网络信号强度、城市家庭千兆光纤网络覆盖率等核心指标；另一方面持续推进以5G、物联网等为代表的新型基础设施在核心商圈、重点产业园区、重要交通枢纽、主要应用场景等重点区域覆盖，不断提升新型消费产品和服务供给能力，积极拓展信息消费新产品、新业态、新模式，吸引集聚消费品牌，培育消费商圈。从实效来看，建设城市数字化平台，可以赋能城市智慧化发展，有助于积极完善现代物流体系，打造消费新热点，不断提高新零售商家覆盖密度，大幅提升城市生活便利度。

从各地典型经验来看，主要包括：（1）数字化新基建助力产业升级。新基建可以“以一业带百业”，即可助力产业升级，也可培养消费新动能。各地方政府充分整合社会资源，以市场投入为主，支持多元主体参与数字化新基建体系建设，为新消费长期发展筑牢基础，提供动力。（2）打造“互联网+公共服务”平台。多地城市全面整合社会各项资源，以数据为核心，打造一体化信息共享平台；“软硬”兼施，提升信息消费规模。（3）构建“数字消费”体系。多个城市通过加快数字化改革，为企业提供“药方”，并与经济社会深度融合。网络提速降费深入推进，信息消费边界不断拓展，提升了消费能级，加速了新业态、新模式开拓创新。

案例 04

宁波市：强设施、优服务，奋力保驾新消费

一、基本情况

近年来，宁波市深入贯彻落实《国务院办公厅关于以新业态新模式引领新型消费加快发展的意见》文件精神和国家、省相关部署要求，以供给侧结构性改革为主线，以数字化改革为动力，以满足人民对美好生活的向往为目标，按照“政策引领、载体支撑、项目驱动、典型示范”的工作思路，形成了“模式创新、供需互动、平台赋能”的新型消费创新模式。

1. 抢抓消费数字化，重构消费模式场景

支持传统企业加速数字化、智能化改造，鼓励中之杰、家电云、文谷云等平台提供柔性化、定制化服务。发展“小 6 买菜”、太平鸟“魔镜”试衣、酷乐潮玩盲盒、中哲慕尚智慧门店等无接触配送、智慧商店等新业态新模式。支持传统商业场所、闲置厂房改造，打造博洋创意社区、斐戈云裳谷、贝发数字展厅、野森领土户外旅游等沉浸式、体验式、互动式消费场景。推动直播电商、社交电商、跨境电商等健康持续发展，宁波（前洋）直播中心带动线上线下销售超 30 亿元，跨境电商网购保税进口商品单量、交易额均居全国第一。

2. 狠抓空间网络化，优化消费平台载体

打造“智慧商圈”，创新服务方式，老外滩入选国家级步行街试点。发展首店首发经济，阪急百货直营门店、K11 艺术商业中心、东鼓道地下步行街等成为具有较高热度的网红打卡地。海上鲜引领中国智慧渔业消费。“畅

游驿站”打通农村电商消费最后一公里（见图 1）。英富曼全球云计算大会抢占信息消费高地。

图 1　宁波市“畅游驿站”应用展示

3. 强抓产品智能化，丰富时尚消费供给

推进时尚产品应用升级，推广使用吉利新能源汽车、乐歌智慧办公、智昌康养机器人、得力创意文具等前沿消费产品。创新线上诊疗、智慧出行等服务产品，云医院荣获中国智慧健康医疗创新成果奖，小灵狗出行荣获中国首个“出行领创奖”。加快“旅游+”产品研发，推出“519 云游宁波”、影视拍摄体验秀等数字旅游和文化体验产品。象山影视城被评为“5G+影视制作示范基地”。

二、主要做法

（一）加强顶层设计，完善新消费政策体系

宁波市聚焦新消费政策出台，发布了以新业态新模式引领新型消费发展、国际消费城市、国家体育消费试点城市、信息消费示范城市、文旅消费城市建设方案等一系列政策文件，强化顶层设计，培育新型消费产业、业态和模式。聚焦新型流通渠道，深入实施“互联网+流通”行动，进一步推进线上线下深度融合，从供需两端发力，持续降低消费成本。聚焦消费行业规范，通过“标准制定+试点示范”模式，深入实施“标准化+”行动，深化

服务业职业资格、服务标准、认证认可、检验检测等领域的规则对接，成立国内首家纯家政性质创业园。聚焦消费环境营造，深化宁波信用信息平台建设，优化“单一窗口”建设，加大行业市场监管力度，开展网上“阳光厨房”等行动，加快放心消费环境建设。

（二）优化载体建设，打造网络化消费空间

加快建设多层次特色化商圈。打造形成了市级商圈4个、商业特色街26条、高品质步行街4条、4A级以上景区36家，中心城区建成商圈23个，构建形成了以三江口为核心的空间网络。加快集聚国内外优质品牌。已集聚国际一线消费品牌超过120个，拥有中国大陆首家阪急百货直营门店、浙江省首家K11艺术商业中心、全国最大面积的地下商业综合体东鼓道等具有较强吸引力的商业综合体。鼓励老字号品牌上线“宁波优品馆”，汇聚了梁弄大糕、宁波年糕等一批农特名品，提高品牌投放首位度。积极推进“智慧商圈”精准响应需求。加快商场搜索导航、无感停车、刷脸支付、线上排队等“互联网+”场景应用，老外滩入选国家级步行街试点，宁波泛老外滩智慧商圈入选浙江省智慧商圈试点。

（三）突出活动引领，激发居民消费潜力

培育“会展经济”促进国际消费。发挥英富曼等全球领先的会展企业作用，推动全球云计算大会落户宁波。积极引导企业参与中东欧博览会、进口博览会、食博会、消博会、服博会等，聚焦世界各地商品，同时大力推介宁波产品，2021年中东欧博览会上达成商品采购意向74.63亿元。撬动“券经济”拓展国内消费。依托阿里等龙头企业、联动区县市，实施促消费活动，发放电子消费券近6亿元，吸引商户10万家，撬动率达到10.1。推进促新型消费实事工程，成功获评浙江省新零售标杆创建城市。点亮“夜经济”激发城市活力。通过“创魅力甬城”“建风情街区”“听天一夜曲”“赏邻里之夜”等工程，丰富夜间经济消费模式，扩大夜间优质产品和服务供给。

（四）强化项目驱动，持续扩大消费投资

加强新消费项目建设，促进消费扩容提质。聚焦新型综合体、数字经济、文体消费等领域，加快建成和运营“城市综合体+摩天轮”项目、“青年SPORT港”等一批具多元性、时尚感、活力感的新型消费项目，促消费十大

重点工程总投超140亿元。拓展融资渠道，破解资金瓶颈。深入拓展金融服务，文旅产业基金、文化产业信贷风险池、文创支行、科技支行、甬股交中心等平台工具作用有效发挥。放宽投资准入，完善推进机制。推进金融保险、文化旅游、教育医疗、航运服务等高端服务领域开放，创新推行开工前审批“最多100天”、“标准地+承诺制”、竣工测验合一等改革举措。

三、典型经验

（一）线上线下融合创新

积极发展跨境电商消费。充分发挥国家跨境电商综试区能效，鼓励企业建立垂直电商平台，创新推进跨境电商B2B出口监管试点改革，组建中国（宁波）跨境电商出海联盟，积极打造宁波跨境电商直播中心，为宁波制造走出国门打开通道。加快推动新型服务消费。推进新零售发展，推动百货商场等传统零售业通过直播电商、社交营销开启“云逛街”“门店魔镜”“无人便利店”等新模式。加快互联网健康消费，建成40多家远程会诊中心、270多个“云诊室”，“云医院”已注册临床医生10000多名，提供服务超过337.8万人次，形成线上问医新模式。鼓励智慧交通消费，发展共享交通模式，培育曹操专车、啾啾求援、小灵狗等共享平台。提升智慧教育消费，加快“甬上云校”“甬上云淘”模式推广，文化馆、图书馆、博物馆纷纷推出线上云平台。联动融合产业消费。加强商旅、商文、商体等联动，推动商业综合体引进艺术展示空间、手艺人街区等创新项目，创新智慧运动消费场景，构建线上线下体育产业展示平台。

（二）平台经济赋能消费

打造宁波数字港航服务平台。汇集、挖掘港航服务链大数据，推动“港航货”线上对接与线下协作，及时发现、解决堵点问题，提升物流效率，助力打造流通最顺畅、成本最低廉的国际航运和物流枢纽城市。推进建设供应链、产能协作共享平台。充分利用数字化和大数据技术，推动铁大大、世贸通、船货网、家电云、纺织服装云等一批共享平台建设，铁大大为全国7000家企业提供供应链服务，世贸通2021年进出口额达13亿美元，3年内力争突破20亿美元。加快建设协同服务平台。推动个性化定制、柔性化生产，促进线上线下消费双向发展，中之杰云制造及数字化系统集成解决方案，助力中小企业产能提升20%~80%，文谷云全生态应用及数据服务平台促进生产资源优化。建设国家级中东欧展会平台。中国-中东欧国家博览会升级为国家级展会平台，宁波中东欧国家特色商品常年展成为国内最大的中东欧商品集散中心。

（三）创新产品丰富供给

丰富工业消费品供给。宁波已成为国内家电制造业三大基地之一，实现了从“制造”向“智造”、从“速度”向“质量”、从“品质”向“品牌”、从“代工”向“卖货”的四大飞跃，乐歌集团以大健康为理念创新智慧办公和智能家居产品，艾优生物公司以智能电动牙刷为突破口打通家庭护理产品创新链。丰富时尚消费供给。持续推进服装产业与大数据服务、供应链创新服务、文化创意服务的融合。太平鸟打造了全链路数字化新型消费模式，博洋集团利用老旧厂房改造郎官驿创意社区，构建了多维度创意艺术空间。丰富文化产品供给。推动“旅游+”系列产品研发，创新推出影视拍摄体验秀、影视特技实景演艺秀等“沉浸式体验”产品，推广文旅消费卡，促进线上线下营销。

（四）新型基建保障运行

推进城市大脑建设。建成云平台、大数据计算平台、数据中台、应用中台、AI中台等平台，构建集数据采集、信息分析、决策判断及配置执行于一体的“智能中枢”，打造形成了一批典型领先应用场景，谋划建设大数据产业园。加强网络广覆盖。光纤、4G网络实现行政村及以上区域100%覆盖，5G网络实现主要城区和重点港区、园区连片覆盖，视联网络视频监控接入数量居全省第一，政务云服务实现全覆盖，率先建成政务云计算中心，数据开放水平居全国第三位，获评全国5G网络十大优秀城市，“5G+工业互联网”模式在全国百余个城市推广。加强场景多应用。加快数字化改革，“企服淘”通过企业专属码匹配海量数据，为企业出具解难“药方”；集士驿站打通农村电商物流最后一公里；G7、六六云链等平台，推动物流、贸易等应用场景智能化、数字化改造；移动支付在小额、便民等领域应用持续深化。

四、取得成效

（一）拉动服务经济快速发展

2021年，宁波市服务业增加值达到7241.6亿元，位居全省第二，完成外贸自营进出口总额1.19万亿元，网络零售额2814.2亿元，跨境电商进出口额1786.1亿元，跨境电商网购保税进口单量、交易额居全国第一，建设经营海外仓总面积达283万平方米，居全国前列。

（二）提升消费能级和城市能级

城市影响力持续提升，国家文化和旅游消费试点城市、国家体育消费试点城市、综合型信息消费示范城市、国家跨境电商综合试验区等国家试点相继获批，海上丝路指数、保险创新、跨境电子商务等一批试点经验全国推广。新模式新业态的创新打破了供需双方间信息不对称，满足了人民对美好生活的需要，宁波12次获评中国最具幸福感城市。

（三）加速新业态新模式开拓创新

文化创意、科技金融、文体旅融合、共享经济、线上消费等新模式新业态蓬勃兴起，智慧健康、智慧教育、智慧交通、智慧司法、数字乡村等数字新生活服务模式引领全国，宁波云医院、塑料供应链智能交易服务平台等获评国家新型信息消费示范项目，啾啾云数字救援共享平台荣获新型信息消费应用创新奖，小遛共享电单车成为行业“独角兽”。

案例 05

贵阳市：以数字新基建夯实新型消费基础

一、基本情况

近年来，作为首个国家级大数据（贵州）综合试验区核心区，贵阳以大数据发展为引领，不断开拓探索，创新实践，以扩大消费规模、丰富消费渠道、引领消费趋势、吸引消费回流、促进消费升级为主要目的，以“多元供给、扩大需求、强化支撑”为发展路径，提出“一品一业、百业富贵”发展愿景，实施“发展新产业、振兴商贸业、强化产销对接”三大攻坚计划，持续推进以5G、物联网等为代表的新型基础设施在核心商圈、重点产业园区、重要交通枢纽、主要应用场景等重点区域覆盖，不断提升新型消费产品和服务供给能力，积极拓展信息消费新产品、新业态、新模式，吸引集聚消费品牌，培育消费商圈。以网络购物、移动支付、线上线下融合等新业态新模式为特征的新型消费迅速发展、初具规模，呈现出消费平台提质扩容、商贸转型升级不断深化、消费运行保持稳定增长的特点，社会消费品零售总额增速连续多年在全国省会城市中名列前茅，塑造了“爽爽的贵阳·消费的天堂”消费品牌。

二、主要做法

（一）夯实新型消费基础，提升信息网络服务能力

以建设信息网络基础设施为重点，充分发挥移动、联通 5G 试点城市优势，将 5G 通信基础设施纳入城市建设详细规划重点布局，在贵安累计建成5G 基站 8023 个；持续提升宽带普及率，开展实施“六网会战”行动，实现

全市200余万用户接入固定互联网宽带，固定宽带接入端口数431.94万个；着力推进大型数据中心建设，在贵阳贵安建成投用数据中心13个；建成贵阳·贵安国际互联网数据专用通道，对国际方向网络访问丢包率降至1%以下，网络访问时延平均缩短10%以上。

（二）夯实应用场景基础，创新新型消费模式

利用5G、人工智能、互联网、大数据等新一代信息技术，围绕网络支付、现代物流、电子商务、智慧教育、智慧医疗、智慧停车等领域，不断完善应用场景建设基础，打造了“城市级刷脸应用平台”、公路物流互联网综合服务平台、“5G+智慧教育”平台、远程医疗专网和智慧停车平台等，实现优势资源集聚，为贵阳市新型消费新模式、新业态发展提供底层基础支撑。

（三）完善商贸流通基础，打造智慧示范商圈

先后制定出台《贵阳市商圈发展规划（2020—2025年）》《贵阳市支持“百场千店万铺”建设促进消费升级的若干措施实施细则》《贵阳市推动夜间经济发展的实施意见》等相关政策文件，重点支持智慧商业项目建设，打造数字化、信息化、品质化新型商圈及以智慧商贸为主题的地标性夜生活聚集地，持续提升新型消费影响力，提高消费者的认知度。现已建成数博万达广场、CCPARK、云上方舟等商业综合体，青云·市集、CCPARK步行街、梵华里商业步行街等一批省级特色商业步行街、夜间消费街区。

（四）营造优质发展环境，提升新型消费效能

贵阳市深入落实“放管服”改革，制定关于深化商事制度改革进一步为企业松绑减负激发企业活力的实施方案及一次办成事件清单，打通政府部门内部壁垒，实现材料提交一次、信息填报一次、多部门复用，优化审批环节、简化办事流程、缩减办理时间。通过贵阳市失信联合惩戒云平台，建立形成了跨地区、跨部门、跨领域联合激励与惩戒机制，将全市36家相关责任部门连接到统一的平台系统中，构建社会信用信息“一张网”，对失信被执行人依法进行信用监督、警示和惩戒，实现失信被执行人“一处失信、处处受限”的治理效果，形成了市场化、法治化的诚信消费环境。已基本实现市场主体基础信息、消费者消费信息、执法监管和处置信息、失信联合惩戒信息“应归集、尽归集”“应公开、尽公开”。

三、典型经验

（一）人脸识别，构建城市消费新模式

“刷脸支付”工程作为贵阳市委、市政府为民办“十件实事”之“实施实惠治理提升工程”，是城市错位发展竞争力的“脸面工程”，为市民提供高效便捷的生活服务，推进人工智能与实体经济的深度融合。贵阳市通过在轨道、公交、社区、商超、便利店、无人售货机、出租车、网约车等场景部署前端人脸识别设备25万个，为全市约400万市民提供“刷脸支付”服务（见图1）。同时基于贵阳市人脸基础库数据，持续推进智慧交通、社区门禁、景区消费等各场景“人脸识别”融合应用，通过人脸数据比对与事先设置的权限进行匹配，实现“一脸通行”、社区刷脸出入、考勤打卡、无感支付等功能，其业务正逐步覆盖全省各地（州、市），各消费场景，加速形成高度智能的城市智慧生活方式，助力打造“一脸行全城，一脸通全域”新格局，大幅提升新时代市民生活体验。

图1 贵阳市地铁刷脸乘车场景

（二）智慧停车，打造智慧出行新体验

随着城乡居民生活水平不断提高，居民汽车保有量随之快速增加，与此同时城市停车位相对不足，停车难成为城市快速发展过程中面临的共同问题，供需矛盾日益突出。贵阳市直击停车难、停车乱这一痛点，以大数据动态分析为基础，在全市范围内开展城市级停车应用，建设了贵阳市智慧停车平台。平台接入约26万个停车位数据，在南明区、云岩区、观山湖区路侧地磁信息化建设2428个车位，高杆建设约3000个车位。在“贵阳智慧停车”App上，市民可以从“泊位余位查询”查看停车位状态，也可以一键点击停

车场入口的导航，到达入口后 App 自动从室外导航切换到停车场室内车位导航，让车主快速准确找到停车位。最后通过刷脸、扫二维码等“无感支付”离场，享受全流程智慧停车服务（见图 2）。目前，平台用户已近百万，极大地提高了市民出行效率，提升了幸福指数。“贵阳智慧停车”模式，已推广至遵义和安顺。遵义智慧停车平台对遵义市中心城区 3496 个公共停车泊位进行统筹建设，通过“一张网”整合、管理、优化全市停车资源，引入多种生活场景，延伸开发“遵行无忧”App，将极大地方便遵义市民的出行和生活服务。

图 2　贵阳市智慧停车场景

（三）智慧医疗，促进医疗健康新应用

医改一直面临医疗资源分布不均衡的顽疾，大医院人满为患、小医院门可罗雀成为长期以来的尴尬现实，贵阳市以大数据手段创新发展大健康产业，加快构建智慧医疗体系，提升医疗领域技术能力和服务水平，有效打破传统诊疗模式时间和空间上的限制，让优质的医疗健康服务变得触手可及。基于国家卫生健康信息化“46312”体系框架，建成全市互联网医院大数据基础平台——贵阳市人口健康信息云平台（见图 3）。该平台目前已接入各类医疗卫生机构 290 余家，汇聚了全市 714 万人口数据、412 万份居民健康档案数据、2100 万份门诊病历、997 万份住院病历数据以及近 12 亿条诊疗记录等互联网医院数据。其中，基层云 HIS 已在云岩、南明、白云、花溪、观山

湖、乌当、清镇、息烽等 8 个区的 60 家基层医疗机构成功应用，远程影像诊断与远程心电诊断系统分别覆盖了全市 60 家和 56 家医疗机构，实现各级各类医疗卫生机构和健康医疗服务企业利用互联网医院数据对服务渠道、服务内容进行优化、拓展，满足人民群众多层次、多样化的健康医疗需求。遵义和铜仁建设的人口健康信息云平台，实现了市级人口健康信息互联互通，让更多的人在基层医院享受上级医院的优质医疗服务。

图 3　贵阳市人口健康信息云平台

四、取得成效

（一）消费便利度大幅提升

坚持推动大数据与行业应用、消费领域融合，加快培育消费新业态、新模式，取得一定成效。刷脸支付覆盖了贵阳市民的日常生活，其支付简易快捷，精准高效，已形成不基于现金、手机的便捷支付手段，尤其是解决了老年人、孕妇等人群不便刷卡乘车、消费的问题，提升了市民的消费体验。智慧停车以“大数据+智慧化+人性化”为理念，推动停车资源规模化、管理集约化、调度数字化，探索停车资源合理配置，进一步提升了城市管理能力和交通综合服务能力。借助网络交流快速、方便的特点，智慧医疗打通贵阳市范围内医疗数据通路，形成了覆盖全人口、全机构、全业务、全要素的全市医疗卫生人口健康大数据中心，解决了群众就医反复跑、耗时长等问题，

“互联网+健康医疗”正逐渐惠及市民。

（二）新型消费业态更加丰富

随着贵阳市新型消费基础设施和服务保障能力不断提升，新一代信息技术与实体经济深度融合，不断向研发、生产、交换、消费延伸拓展。直播电商、无接触配送等新业态加速涌现，5G终端、智能服务机器人等产品日渐成熟，超高清视频、虚拟现实等新型应用加速培育；线上消费蓬勃发展，以网络购物、共享平台、远程办公、在线教育等为代表的消费模式异军突起；“宅经济”“流量经济”“共享经济”“直播经济”等快速发展，深刻改变了居民的消费习惯，推动各行业加快数字化转型。总体来看，贵阳市新型消费正迈入以“线上线下双向融合”为主要特征的新发展阶段，迎来全场景的深度拓展期，呈现“融合方式从以单向融合为主到双向融合提速，消费场景从图文场景向视频场景扩展，应用范围向更多领域延伸拓展，反向定制快速发展，终端载体从传统信息产品向泛在物联载体延伸”五大新趋势。

（三）大数据与服务业加快融合

深入实施以大数据为引领的创新驱动发展战略，加快推进国家大数据综合试验区核心区建设，聚焦“一硬一软”，紧扣数据中心、智能终端、数据应用3个千亿级产业集群，加快数字产业化、产业数字化，以数字经济赋能实体经济转型升级取得成效。2021年，带动600户以上企业实施数字化改造，大数据与实体经济融合指数达到53；建设大数据场景应用开放中心，完成新型基础设施建设投资10亿元，发布场景应用200个；引进培育大数据企业400家、科技创新平台和公共服务平台10家。

（四）对经济社会发展支撑作用不断增强

受新冠肺炎疫情影响，居民非必需品、聚集性、流动性、接触式等传统消费严重受挫，而各种新业态新模式引领新型消费业态加快扩容，线上消费逆势增长。2021年全市社会消费品零售总额完成2546.69亿元，同比增长12.9%，总量居全省第一，高于全国平均水平（12.5%）0.4个百分点。其中，限额以上单位通过公共网络实现的商品零售额170.53亿元，增长14.6%。新型消费对经济增长的基础支撑性作用不断增强，已经成为经济企稳回升的重要支撑，为经济高质量发展增添了强劲动力。

案例 06

芜湖市：技术赋能、“软硬”兼施，助力信息消费腾飞

一、基本情况

芜湖市，安徽省地级市，省域副中心城市，国家创新型城市，G60 科创走廊中心城市，首批“宽带中国”示范城市，首批国家信息惠民试点城市和首批国家社会信用体系建设示范创建城市，中国改革开放40周年发展最成功的40座城市之一，数字经济百强城市。地处长三角西南部，南倚皖南山系，北望江淮平原，是华东重要的工业基地、科教基地。芜湖市是首批90个国家智慧城市试点之一、首批国家信息消费试点城市、首批国家电子商务示范城市。2018年，荣获“中国新型智慧城市惠民服务优秀示范城市”，为全省唯一。芜湖信息基础设施建设完善，信息消费产业基础良好，信息消费规模位居全省前列。

二、主要做法

(一) 突出科技创新，优化新型消费产业

芜湖市拥有汽车及零部件、材料、电子电器及电线电缆四大支柱产业，成功培育出机器人及智能装备、新能源及智能网联汽车、航空、现代农机及智慧农业、微电子、新型显示、轨道交通、线上经济、新材料、节能环保等十大战略性新兴产业，推动“芜湖制造”迈向“芜湖智造”，加速向数字化、网络化、智能化发展。目前，芜湖共拥有规上企业1841家，境外世界五百强企业41家，本土上市公司23家，上市公司总市值位居全省首位，高新技术

企业、科技型中小企业双双突破1000家，城市创新能力居全国创新型城市第25位，产业基础雄厚，创新实力突出。

（二）“软硬”兼施，提升信息消费规模

在软件方面，信息传输、软件和信息技术服务业2021年实现营业收入201亿元，共有规上企业97家。三七互娱入选全国互联网百强企业，培育省级首版次软件产品39件，培育省级重点软件企业10家，数量均仅次于合肥。达尔智能、中软信息、创易科技、阡陌科技、保腾网络等企业在交通、教育、政务服务、农业服务等公共服务领域创造了丰富的信息消费应用场景；三只松鼠、共生物流、三七互娱、保腾网络等企业开创了“互联网+新零售”“互联网+高效物流”“互联网+金融保险”等一系列基于信息消费的新模式新业态，规模在各自领域均属全国领先。

在硬件方面，全市电子信息制造业产业链不断延伸，形成了材料、器件、终端产品的完整产业链条，规上企业达220家，2020年实现营业收入472.5亿元。培育省级重点电子信息企业11家，长信科技累计4年入选全国百强电子信息企业，在健康养老、智能网联汽车、医疗、教育等行业提供了多种信息消费终端产品。

（三）着力电子商务，激发新型消费活力

近年来，芜湖网络零售额一直处于安徽省领跑地位，芜湖正成为皖江地区最重要的区域电子商务中心城市。拓展电子商务创新渠道，推动电子商务与社交商务融合发展，鼓励电子商务商业模式创新，推动社交电商、直播电商、内容电商、社区电商等电子商务新业态的健康有序发展。借助网络云展、直播等形式组织开展了“皖美好物”系列活动，直播成为电子商务的重要途径。

（四）丰富场景应用，提升新型消费服务水平

1. 推动智慧景区场景应用

持续推动旅游景区和旅游星级饭店开展智慧旅游服务体系建设，重点推动4A级以上景区提供电子门票、智能导游、电子讲解、在线预订、智慧停车等服务，实现了4A级以上旅游景区和三星级以上旅游星级饭店无线网络全覆盖。其中，马仁奇峰景区“五位一体”智慧景区管理系统入选文化和旅游部“2020 年度文化和旅游信息化发展典型案例名单”。

2. 推动智慧旅游场景应用

在“智慧旅游”一期的基础上，开发“一机游芜湖”微信小程序，连接全市旅游从业人员，整合全市旅游服务资源，集成各类旅游管理信息化系统，实现一部手机管旅游，为全市旅游管理人员和服务人员提供移动化、实时化、协同化、高效化的“互联网+旅游管理”随身工作平台。

3. 推动“互联网+养老服务”场景应用

2013 年在全省率先引进智能化居家养老呼叫系统。目前市区两级建立了芜湖援通智能化居家养老呼叫系统和多功能信息综合平台，发展加盟服务商千余家，为居家老年人及时提供各类家政服务、生活照料、康复护理、医疗保健等居家养老服务，在市区基本形成了“15 分钟养老服务圈”。

三、典型经验

（一）完善新型消费保障体系

制定出台各类扶持政策，鼓励企事业单位提供信息服务，探索信息消费新业态；完善信息消费安全保障体系，营造良好的市场环境，助推产业高质量发展。出台《芜湖市关于进一步扩大和升级信息消费持续释放内需潜力的实施方案》《关于提高数字化建设水平促进人民城市建设的工作方案》等推进信息消费发展的相关文件 20 余份。

（二）夯实网络基础设施建设

形成基础完备、技术先进、功能完善的各类信息基础设施，为信息消费发展提供优良的“土壤”。芜湖市网络信息基础设施建设完善，已于 2015 年建成全省首个“全光网”城市，入选了首批国家“宽带中国”示范城市，首批国家电子商务示范城市等。2019 年，芜湖市分别入选了中国电信“5G 商用首发城市”和中国移动首批“5G 精品千兆城市”，目前，芜湖市已建设 5G 基站 3777 个，数量位居全省第二，年内将完成主城区连片覆盖和重点区域深度覆盖。芜湖市已实现光纤网络全面覆盖，截至 2021 年 10 月，芜湖市 100M 以上宽带接入用户占比超过 80%，光纤网络行政村覆盖率达 100%。

（三）完善信息消费产业链

加快完善产业链，鼓励软件产品和智能终端产品的培育，提升信息消费产品和服务供给能力。芜湖市拥有汽车及零部件、材料、电子电器及电线电缆四大支柱产业，成功培育出机器人及智能装备、新能源及智能网联汽车、航空、现代农机及智慧农业、微电子、新型显示、轨道交通、线上经济、新材料、节能环保等十大战略性新兴产业，推动“芜湖制造”迈向“芜湖智造”，加速向数字化、网络化、智能化发展。

（四）积极探索应用场景

近年来，芜湖市信息消费领域不断扩大，信息消费场景逐步拓展，在公共服务、产业发展等领域，新模式新业态逐渐拓展，信息消费群体增长迅速。在文旅、养老等领域，积极探索场景应用，为全市群众和企业提供更加便利的服务。

（五）增强群众信息消费体验

提高群众对信息消费的了解和认识，不断推动信息消费在社会生活中的普及，加大宣传力度，营造信息消费的市场氛围。芜湖市已建成集信息消费体验、创新产品展示为一体的产业创新馆。目前，芜湖共有国家级信息消费试点示范项目 3 个，省级信息消费体验中心 19 家，省级信息消费创新产品 59 件。图 1 为芜湖数谷。

图 1　芜湖数谷暨芜湖大数据产业园

四、取得成效

（一）有效推动城市经济发展

在软件方面，“互联网+新零售”“互联网+高效物流”“互联网+金融保险”等一系列基于信息消费的新模式新业态，规模在各自领域均属全国领先，全年完成交易额超 1500 亿元，实现营业收入 476 亿元，带动各类就业 10 万余人次。在硬件方面，截至 2021 年，已累计有 59 件产品入选安徽省信息消费创新产品，数量位居全省第二，产品涵盖公共生活各个领域，极大地推动了信息消费产业发展。

同时，赋能电子商务发展，2020 年各电商主体累计开展各类电商直播 3. 54 万场，共有约 7. 77 万个商品参与直播，实现销售额 106 亿元。

（二）信息消费设施不断完善、领域不断拓展

目前，网络基础设施基本建设完善，光纤网络全面覆盖，网络带宽和 5G 基站建设数量位居全省前列。信息消费产业不断壮大，软件产业和电子信息产业累计产值超过 650 亿元，累计培育省级重点企业 20 余家，首版次软件产品 25 件，均位居全省第二。信息消费领域不断拓展，建设形成涵盖教育、医疗、养老、交通、政务服务、文旅、社会保障、就业服务等公共服务领域的智慧解决方案，线上服务更加齐全，建成涵盖市民服务、产业服务、政务服务的多种智慧应用和智慧平台，打造出线上线下互为依托、互为补充的“互联网+公共服务”体系，拓宽了智慧城市服务边界，为芜湖市市民和企事业单位提供全方位的在线公共服务。

CHAPTER 3

第三章

优化新型消费发展环境

编者按

发展新型消费，需要建设良好消费信用环境，做到政企协同互补，积极优化营商环境，有效激发市场主体的竞争活力。需要坚持从市场主体的需求出发，加大简政放权力度、加强监管能力建设；提升政府服务水平，建设企业服务平台，提升办理时效。补齐发展环境、服务能力和高水平消费供给的短板，需要在供给端发力，完善“新机制”，优化“新监管”，才能打造“新场景”，提供“新产品”，最终成功打造消费“新热点”。从实效来看，各地政府一方面积极推进诸如高水平国家信用示范城市的建设，联合大型平台，推进信用管理、建立信用标准、应用信用画像、落实信用奖惩，加强消费者权益保护执法。另一方面加强社会信用体系建设，构建事前告知承诺、事中分级分类监管、事后联动惩戒的信用管理机制。实现了推动消费服务智能化，有效缓解疫情影响，大幅提高便利性，更好满足人民对美好生活的需要。

从各地典型经验来看，主要包括：(1) 加强新型消费维权体系建设，各地努力探索建立健全高层次、广覆盖、强约束的质量标准和消费后评价体系，强化消费领域企业和个人信用体系建设，提高消费者主体意识和维权能力，创建安全放心的消费环境。(2) 进一步优化营商环境。多个城市探索打通政府部门内部壁垒，实现企业材料、信息在各部门之间重复使用，优化审批流程，缩短办事时间。又如按照标准化、就近化原则，在企业自主申报的基础上，实现企业名称、地址等标准化信息智能审核。(3) 建设良好的消费信用环境。各地加强相关信用数据信息的采集、梳理和利用，鼓励守信行为，加大对失德失信行为惩戒力度。建设消费服务平台、探索建立具有相互激励与约束机制的商家“先赔后理”制度、创新实施消费预付金管理制度，引导各类商业和政策资源向优质诚信生产者倾斜。

案例 07

无锡市：建设“六全”体系，打造新型消费环境

一、基本情况

无锡市地处国内经济最活跃、消费力最强的长三角核心区域，区位优越、交通便捷，经济发达、工商繁荣，风光秀美、山水宜居，消费空间和发展潜力巨大。作为全国唯一的国家物联网创新示范区，无锡市积极发展新型消费，“新基建”稳步推进，“新产品”供给更趋多元，“互联网+服务”模式日渐普及，消费环境持续优化。2020 年，无锡以综合排名第一的实力成功入选国家信息消费示范城市。2021 年，全市社会消费品零售总额 3306. 09 亿元，同比增长 10. 4%，两年平均增长 4. 5%；网络消费十分活跃，限上批零业通过公共网络实现商品零售额同比增长 25. 9%，两年平均增长 25. 4%；限上住餐业通过公共网络实现餐费收入同比增长 30. 7%，两年平均增长 67. 6%。以网络购物、移动支付、线上线下融合等新业态新模式为特征的新型消费正在无锡蓬勃发展。

二、主要做法

（一）构建全覆盖新一代网络信息体系

早在 2009 年底，无锡在全国率先启动了运营商网络基础设施向 IPv6 演进试点，成为国内首个 IPv6 规模商用的城市。2015 年，在全国率先建成首个高标准全光网城市，实现城市家庭光纤网络“万兆到楼、千兆到户”全覆盖，又率先建成国内外领先的“全免费 Wi-Fi 城市”。2017 年，在全

国地级市中率先实现NB-IoT（窄带物联网）全域覆盖，在鸿山物联网小镇建成全国首个NB-IoT商用网络，各项示范应用项目建设全面铺开。近年来，无锡市加快推进新型基础设施建设，成为全国首个地铁5G网络全覆盖城市。建成成规模数据中心14个，规划机柜数21000个，现已建成机柜数19000余个，其中恒云太中国（无锡XDC+）国际数据中心为国内首座双T4标准商业数据中心。苏南硕放机场成为全国首批5G网络全覆盖的机场，沪宁高铁无锡段部署了全球首个连续覆盖的高铁5G网络。截至2021年底，全市累计投入运营5G基站超14500个，基站密度全省第二，基本实现市区、发达镇村和重点区域全覆盖，重点场所5G网络通达率达100%，5G用户占比全省第二。

（二）构建全场景"信息+消费"体系

制定出台《无锡市信息消费体验中心认定管理办法（试行）》，完成全市5家信息消费体验中心认定培育工作，涵盖车联网、环保物联网、居民生活、健康养老等领域。作为全国第一个国家级车联网先导区，率先探索并建成全球最大规模的城市级车联LTE-V2X网络（见图1）。积极引导供给侧数字化、网络化、智能化改造升级。无锡捷普电子建成全国首个基于"5G+MEC移动边缘计算"的SA组网模式智慧工厂，有效解决了物料无人化精准配送问题，产品良品率提升2%、生产效率提升8%，带动年产值增加3亿元以上。坚持"建平台"与"用平台"双轮驱动，雪浪云入选首批四星级以上国家工业互联网平台，瀚云平台升级为国家五星级工业互联网平台（全国累计仅8个）。

图1　车联网小镇展示中心

（三）构建全周期"互联网+服务"体系

全面整合政务服务、民生服务、企业服务等相关资源，打造"互联网+

政务服务+公共服务”的综合性城市服务统一移动门户（灵锡 App），提升城市服务运行效率和服务水平。加快推动服务性消费和公共服务向线上延伸拓展，不断完善“无锡文化云”“锡慧在线”“畅动”“无锡博报”等平台功能，开发应用数字化、网络化、智能化互动体验型新产品、新服务和新商业模式。持续发掘数据利用价值，在全省率先建成政府数据开放网站——无锡市公共数据开放平台，累计开放 22 类领域的数据集 1986 个、数据项 14867 项、数据接口 1393 个、结构化数据约 2522 万条，发布便民服务、交通出行和医疗卫生等各类应用 32 个。2020 年，无锡公共数据开放能力综合排名长三角地区第六，江苏省第一。推动文化旅游休闲服务场所 Wi-Fi 全覆盖，引导景区景点、文化场馆、体育场馆、剧场影院等广泛应用互联网售票，在有条件的场所统一设置文化旅游休闲服务智能终端。创新采用“线上云展+线下逛展”融合模式，成功举办 2021 世界物联网博览会，参展企业达 516 家，覆盖全球 21 个国家和地区，累计访问人数超 60 万人次，线上线下交易额超 4 亿元。

（四）构建全渠道“线上+线下”零售体系

自 2014 年入围国家电子商务示范城市以来，无锡市在电子商务多个领域和环节取得突破，打造和积累了电子商务发展特色和优势，促进本市优势产业和重点行业与电子商务融合发展，并形成新的经济增长点，网络经济与实体经济协调发展，初步建成资源配置合理、产业集聚度高、电子商务配送发达、创新能力强的全国知名电子商务城市和国家电子商务示范城市。加快发展直播经济，成立直播电商产业联盟，举办“无锡首届直播电商达人赛”，积极营造直播电商的良好发展环境，进一步激活消费市场。推动与京东集团开展战略合作，在无锡打造京东全渠道零售业态，并助力本地商贸和制造企业实现数字化转型升级。小天鹅等本地龙头企业纷纷在各大电商平台开设旗舰店。新吴区旺庄科创中心创成国家级电子商务示范基地。

（五）构建全方位“联席会议+专班”促消费工作体系

一是注重统一领导。无锡市完善促进消费体制机制工作联席会议总召集人由市主要领导担任，常务副市长任副总召集人。联席会议在市政府的统一领导下统筹开展各项促进居民消费扩大升级工作。二是注重有序推进。联席会议下设三个工作专班，分别为：商贸假日专班、文旅休闲专班、城建物流专班，由分管市长任各专班组长。专班下设由主管部门牵头的工作组，由各主管部门分管负责人任工作组组长。三是注重全面落实。联席会议成员单位既包括各地区人民政府和经开区管委会，也包含市各有关单位和部门，既有消费供给管理的业务部门，也有消费需求保障的业务部门，既有消费硬件环境打造的主管部门，也有消费软环境构建的主管部门，工作架构上实现了消费全流程全覆盖，更有利于形成全方位的工作合力。

（六）构建全周期促消费政策体系

2020 年出台《关于进一步提升消费信心激发消费需求的若干措施》（锡政发〔2020〕15 号），围绕业态和模式创新、重点项目支撑、重大节日活动策划举办、消费时间和空间的拓展提出 15 条政策措施。2021 年出台《无锡市关于构建大消费格局促进消费升级的实施意见》（锡政发〔2021〕30 号），明确积极培育新型消费。《无锡市“十四五”消费促进规划》鼓励利用新技术手段改造传统消费领域，挖掘消费新模式新业态，为这 5 年的新型消费重点工作指明了方向。通过这一系列政策措施的实施，无锡市消费情况明显好转，社会消费品零售总额 2021 年同比增长 10.4%。

三、典型经验

（一）补齐“旧短板”，提升“新基建”

近年来，无锡着力补齐服务能力和高水平消费供给的短板，在供给端发力，积极打造消费新热点，新零售商家覆盖密度不断提高，城市生活便利度大幅提升。持续扩大国家综合型信息消费示范城市影响力，加快提升“新基建”，5G 基站建设密度、5G 网络信号质量排名全省领先，基本实现市区、发达镇村和重点区域全覆盖。

（二）打造“新场景”，提供“新产品”

依托“新基建”，以新业态新模式为引领，打造“互联网+教育”“互联网+医疗”“互联网+旅游”“互联网+体育”等各领域线上消费场景。顺应

“宅消费”趋势，培育发展直播电商、线上线下融合等新型电商平台。加快发展中高端移动通信终端、可穿戴设备、智慧家庭产品等新型数字消费产品。新冠肺炎疫情期间，无锡市规模以上信息服务业产值保持近两位数增长。

（三）完善“新机制”，优化“新监管”

建立完善促进消费体制机制工作联席会议制度，搭建消费促进专班，形成重点任务工作组，打造涵盖全市的工作组织架构和工作体系。分管市长任各专班组长，搭建三个专班——商贸假日专班、文旅休闲专班、城建物流专班，实现了促进消费服务监管的全领域、全流程、全覆盖。不断优化放心消费环境，电子商务、教育培训、文化和旅游、信息、金融等领域放心消费创建水平进一步提升。

四、取得成效

经过数年的创新探索，无锡市新型消费相关产业规模显著增长，新业态、新模式蓬勃发展，新产品、新服务供给能力大幅提升，新型消费发展环境明显优化，形成了较为完善的新型消费生态体系。新型消费成为全市高质量发展的强劲动能。

（一）新型消费相关产业发展潜力巨大，市场规模不断扩大，对经济社会发展具有重要的支撑和引领作用

“十三五”期间，消费对经济增长贡献率升至59.5%，5年提高8个百分点。2021年，数字经济核心产业规模以上企业营业收入同比增长19%，根据新华三集团数字经济研究院发布的2021年研究报告，无锡数字经济发展指数82.2，排名全国第七、长三角第三、江苏省第一。无锡经开区、无锡高新区先后获评省大数据产业园，数量排全省第一。全市物联网企业超3000家，产业规模达到3563.9亿元，增长26.8%，全省第一。在全国率先部署电力、食品溯源、水利、车联网等行业重大应用示范工程20余个，主导制定十余项物联网领域国际标准。2021年，全市软件业完成申报销售超1754亿元，在全国地级市中名列前茅。规模以上集成电路产业营业收入达到1783.05亿元，

增长 25.5%，居全国前列。信息技术与现代农业深度融合，全市农业信息化覆盖率达到 65%以上，建成“一村一品一店”示范村 46 个，信息进村入户，益农信息社覆盖全市所有涉农行政村。电子商务发展迅速，无锡市获评国家跨境电子商务综合试验区，江阴、宜兴获批国家级电子商务进农村示范县，全市 3 年新增 50 多家省级以上各类电商示范单位。2021 年全市网络零售额首次超过 1000 亿元，稳居全省第三。

（二）通过“5G+”为各个领域的技术快速应用、组织变革以及商业模式创新提供载体和手段，加快消费供给提质升级

在制造业领域，国内率先探索制定智能制造水平评价规范地方标准，在全国首批通过国家工业互联网平台四星级评测的 8 个平台中，无锡占 2 个，数量居第一。无锡高新区、锡山开发区、惠山开发区先后被评为省“互联网+先进制造业”基地，数量全省第二。截至 2021 年底，全市已有省级重点工业互联网平台 17 个、星级上云企业 925 家、工业互联网标杆工厂 17 家、省级示范智能车间 200 个、市级智能车间 389 个。在旅游领域，创新宣传模式，通过“云推介”“云传播”“云互动”等多种方式，丰富市民游客“云端”活动。如太湖鼋头渚风景区开展“云赏樱”直播活动（见图 2），累计在线观看量超千万人次，极大提高了景区的曝光率和关注度，2021 年樱花季游客入园人次达 83 万，比上年同期增长 30%。在物流领域，中国首个 IoT 未来园区——菜鸟无锡未来园区组建了国内规模最大的物流机器人团队，整个园区运营效率相较于传统园区提高 20%（见图 3）。在教育领域，建设教育大数据中心，优化“锡慧在线”教育，累计组织全市 2600 多名教师完成近 6000 节课摄制，直播平台点击超过 1.6 亿人次，实现优质线上教育资源在全市乃至全省、全国范围的普惠共享。在养老领域，建成各类智慧养老服务机构 150 余家，一键呼叫装置、防走失胸卡等 9 类智能服务产品纳入《居家适老化改造事项建议清单》。在医疗领域，通过国家卫健委区域健康信息互联互通标准化成熟度“五级乙等”测评，为国内第二家取得目前最高等级的地级市，全市二级及以上医疗机构电子病历覆盖率达 100%，健康档案常住人口覆盖率超过 90%。

图 2 太湖鼋头渚“云赏樱”直播场景

图 3 菜鸟物流园区

（三）新型消费方式推动消费服务智能化，有效缓解疫情影响，大幅提高便利性，更好满足人民对美好生活的需要

企业积极利用新一代信息技术大力发展直播、社群、数字商业、C2M（customer to manufactory，顾客对工厂）等新型消费业态模式。2020 年初突如其来的新冠肺炎疫情对全社会各行各业均造成了不同程度的影响，但线上交易、网购消费大增，快递业逆势增长，2020 年 1—3 月，全市快递业务量、业务收入累计分别居全国第 19、20 位，同比增长分别为 4.85%、4.06%。借势疫情，传统商超零售企业加速实现“云转型”，“朝阳到家”App、“天鹏直供”小程序相继推出，八佰伴、苏宁广场等大型商超通过直播精准引流，三凤桥、穆桂英等老字号以直播的方式与消费者见面。天惠超市在传统运营模式基础上，依托实体网点多、分布广优势，积极布局市中心城市生活馆、网上“天惠商城”等新零售业态。食行生鲜在全市建立 440 个社区生鲜冷链自提站点，服务约 30 万户家庭，通过“生鲜电子商务+全程冷链配送+社区智能冷柜自提”的运营模式，为消费者提供多样化、个性化、品质化和高效安全的社区生鲜服务。保税进口商品 O2O 线下体验店展销美妆个护、家居日化、轻奢箱包、母婴用品等上千个品牌、1500 余种优质精选进口商品，让无锡老百姓在家门口就能买到海外商品，自上线以来交易额达 300 万元。

此外，还有不少便利店、社区生鲜店企业与电商平台合作，推出买菜送菜、外卖服务，通过把社区消费者拉入社群，开展网订店取、网订到家业务。2022 年春节期间，大型餐饮企业实现线上线下双轮驱动，推出半成品年夜饭外送到家服务，共有市区范围内 48 家餐饮单位、213 家门店参与活动，推出不同品种、不同价位、适合消费者不同需求的套餐共计 182 类，春节黄金周重点监测的 24 家餐饮企业 7 天累计营业额达 1.13 亿元，较上年同期增长 6.1%。

城市 App——“灵锡”为民生服务提供便利，2020 年在“灵锡”上推出“锡惠有你”无锡惠民消费券活动，近 65 万市民参与，促进线下消费近 5 亿；2021 年开展“灵锡数活月”活动，举办 100 余场促消费活动，促进线下消费超 3 亿元，使民众切实享受到智慧城市建设带来的惠民便民服务。

案例 08

乌鲁木齐市：多管齐下，“互联网+”推动边疆新消费

随着网络购物、移动支付、线上线下融合等新型消费迅速发展，新业态新模式持续引领新型消费，线上线下消费融合发展，乌鲁木齐市紧抓有利时机，大力发展“互联网+”，加大各领域新型基础设施建设，丰富“互联网+”应用场景，促进数字技术与实体经济融合，为传统产业转型升级赋能，新型消费规模快速增长，消费新业态不断发展，居民新型消费得到长足发展。

一、基本情况

乌鲁木齐地处天山山脉中段北麓、准噶尔盆地南缘，是新疆维吾尔自治区首府。现辖 7 区 1 县、3 个国家级开发区和 1 个综合保税区，总面积 1.38 万平方公里，是全疆唯一大型城市，中亚地区最大、最繁华的城市。乌鲁木齐曾是古丝绸之路上的重镇，古代世界四大文明在这里汇流，东西方文化在这里交融。改革开放以来，乌鲁木齐经济社会蓬勃发展，人民生活发生了巨大变化。党的十八大以来，全面贯彻落实新时代党的治疆方略和自治区党委一系列决策部署，各项事业取得了新的成就，现已成为全疆最大的商贸服务业和工业制造业中心，我国向西开放和对外经济文化交流的重要窗口。2021 年全市实现地区生产总值 3691.57 亿元，同比增长 6.1%，实现社会消费品零售总额 1171.86 亿元，同比增长 12.3%，居民消费呈现出欣欣向荣的发展景象。

二、主要做法

（一）推动 5G 建设迈入发展快车道

扎实推进 5G 建设，推动重大项目、重大事项、行动计划实施、政策落

地等工作，统筹规划5G基础设施建设，成立5G发展工作领导小组，高效解决5G建设过程中的各类难点问题，建立5G网络与建筑物同步规划、同步建设的常态化机制。通过持续加大新基建的投入建设，全市5G站点数量不断增多，覆盖面持续扩大。根据三大运营商统计，截至2021年10月，全市累计完成建设物理基站4517个，5G用户数达199.3万户，5G网络已基本覆盖人流量较大商业区及主城区并向一般城区、高校校园、3A级以上景区和重点工业园区延伸覆盖。

（二）打通智慧物流“最后100米”

持续推进智慧物流建设，采取政府引导、企业参与的工作机制，实行标准化快递网点建设，以标准化建设提升服务质量，进一步加强智慧管理，完善上门投递、末端网点和智能箱投递等多种方式互相结合、互为补充的快递到家服务模式。加快快递末端服务布局，实现仓储、包装、装卸搬运、配送、信息服务等各阶段系统感知，统一接入乌鲁木齐城市运行中心，实现数据实时追踪。随着快递物流业发展，全市共建设快递末端网点1385个，城区内快递企业自营网点标准化建设率达到100%，基本覆盖全市居民小区。

（三）提升旅游平台服务多样化

大力发展全域旅游产业，以整合数据资源为基础，将平台建设作为促进新型消费的有效抓手，推动旅游业高质量发展，打造“乐游乌鲁木齐”智慧旅游公共服务平台，平台在线预约预订服务延伸覆盖至全市27家A级旅游景区，已有7个景区实现手绘地图导游导览，11家景区可满足航拍720度全景漫游体验，9个文旅场馆已提供线上金牌解说。同时开通微信公众号、小程序、资讯网，与多部门实现数据共享交换，对18类文旅基础资源的数据及10类文旅动态数据进行整合，为公众提供“3+5+6”服务（即在线预约、在线看演出、在线品非遗3项文化类服务，景区相关服务、住宿相关服务、餐饮相关服务、全景漫游、精品路线5项旅游类服务，金牌解说、城市形象在线浏览、热门活动、公众在线评论、在线投诉服务、智能客服6项公共类服务），实现一站式线上旅游消费服务。

（四）提速智慧医疗数据资源整合

持续加大“互联网+医疗”领域投入，发展健康医疗大数据应用，打造

“智慧健康乌鲁木齐”平台，以乌鲁木齐健康大数据为基础，搭建基层一体化、“互联网+医疗”健康服务、电子健康卡等主要子级平台，整合各级医疗数据资源，运用云计算、大数据等技术手段，结合乌鲁木齐市统一的“互联网+”医疗惠民服务平台，将患者、医护人员、医疗机构等智能互联，构建线上线下相结合的现代化医疗服务体系。

将市域内16家二、三级医院及439家基层医疗机构的数据接入乌鲁木齐健康大数据平台，56家社区卫生服务中心、21家乡镇卫生院、205家社区卫生服务站及157家村卫生室完成基层一体化协同平台建设，实现预约挂号、在线缴费、网上问诊、线上检验报告查询、电子处方流转等服务，可完成互联网医院药房自取或物流配送，实现全流程便捷就医、医疗机构互联互通互认，完成普通门诊跨省直接结算试运行；并在全疆率先开展自动售药机试点工作，787家零售药店开展“线上订线下送”服务，可24小时为群众提供购药服务。

三、典型经验

（一）以政策保障为“根基”，谋划新型消费发展

将新型消费作为拉动消费的重要抓手，发挥政策引领作用，从政策上提供发展支持和保障，将新型消费发展、加强新型基础设施建设、数字经济等纳入全市“十四五”规划纲要，出台促进新型消费发展的工作方案，做好发展整体布局，加快各领域新型消费基础设施和服务保障能力建设，聚焦强化新型消费发展要素保障，推动服务消费线上线下融合发展，谋划新型消费长远发展。

（二）以发展新基建为“主干”，夯实新型消费发展基础

多谋长远之策，多行固本之举，适度超前布局新型基础设施建设，抢占消费市场“制高点”，全力打造新型消费“高速路”，加快发展宽带网络，布局5G基站、数据中心、工业互联网等，加大新型消费基础设施投入，推进智慧城市建设。通过发展新基建，能够持续扩大新型基础设施城乡覆盖面，带动新型消费应用人群增长，逐步打破供需间地域限制，不断满足人民对美好生活的需求，居民消费制约得到进一步消除。

（三）以新业态新模式为“枝叶”，打造智能应用场景

发挥新基建优势，从零售业、教育、医疗卫生、养老、文体等多方面打造

智能应用场景，探索智能交通、智慧物流、智慧能源、智慧医疗等重点领域，建立文化旅游、医疗服务、电子商务等多种应用平台，推动线上线下公共服务快速发展，将新基建发展优势转化为新型消费应用，满足人民出游、医疗、购物、出行等多种需求。便捷的消费方式不仅拉动居民消费，还带来新的就业岗位，在经济发展中形成“消费-稳就业促增收-再消费”的良性循环。

四、取得成效

（一）新型消费持续带动作用显现

通过多年来新型消费布局，新型基础设施建设不断强化，互联网应用在消费领域范围不断扩大。新基建带动消费作用已显现，2021 年，新能源汽车零售额达 2.48 亿元，增长 1.1 倍；智能手机实现零售额 5.72 亿元，增长 11.7%；智能电器和音像器材类实现零售额 10.17 亿元，增长 56.2%；限额以上批发零售企业通过公共网络实现零售额 25.89 亿元，同比增长 1.3 倍，限额以上住宿餐饮业通过公共网络实现的客房收入和餐费收入等新消费业态分别增长 1.3 倍和 44.3%。5G 建设已为消费插上了腾飞的翅膀，居民新型消费得到快速增长。同时，2021 年首次“跃上云端”举办（中国）亚欧商品贸易博览会，24 个国家及地区的 3000 余家参展商及采购商参加此次盛会，签约项目 255 个，签约总额 1955.13 亿元，较 2017 年商博会增长 38.59%。

（二）电商平台消费大幅提升

乌鲁木齐市现代物流产业快速发展，电子商务综合指数远高其他地州，已创建电子商务示范基地 3 个（国家级 2 个）、电子商务示范企业 21 家（国家级 2 家）、电子商务及相关服务企业达 1200 多家，带动快递业迅猛发展。依托引进的京东、唯品会等电商平台本地仓，本地产品线上销售持续发力，仅京东商城 2021 年上半年销售本地产品达 4.7 亿元。挖掘整理 66 款优质农产品，利用乡、村级电商服务站，实现农副产品“线上+线下”销售一体化，通过构建“快递+电商+干果+农户”的融合发展模式，2021 年实现全市干果寄递业务量 455 万件，带动农业产值 8.2 亿元。快递服务企业业务量完成 10045.33 万件，同比增长 46.64%，快递服务实现所有行政村通达，网上购物成为居民购物的重要渠道。

（三）文旅体育线上平台应用广泛普及

“乐游乌鲁木齐”文化和旅游公共服务平台自开通以来，多达27家景区、140家餐饮、33家文化场馆、其他各类公共场所1686家入驻，平台平均月访问量突破32万人次，互动点评、点赞量累计达5.6万次，粉丝数量突破26万。旅游体育领域平台建设直接促进了旅游及体育业发展。2021年全市接待游客8509.51万人次，同比增长41.7%，实现旅游增长646.56亿元，增长34.9%；2021年乌鲁木齐线上马拉松总点击量245万余次，全民健身大讲堂点击量达135万。通过文化旅游产业与互联网深度融合，“骄阳看雪·乌鲁木齐”品牌已家喻户晓，大型场馆实现网上预约健身、管理、消费等一条龙服务，线上预约、在线消费成为文旅体育消费首选，“乐游乌鲁木齐”（见图1）成为向全国人民展示乌鲁木齐市文化旅游的重要窗口，全景漫游让人足不出户即可领略西域风情，来乌游客体验满意度进一步提升。

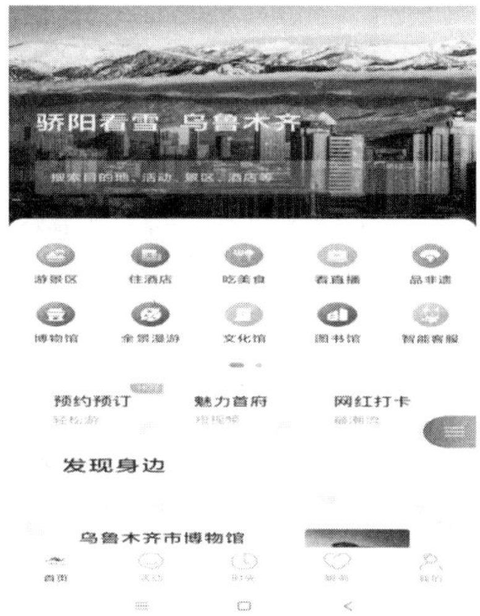

图1 “骄阳看雪·乌鲁木齐”旅游品牌力不断提升

（四）“互联网+”民生服务更加便捷

“智慧健康乌鲁木齐”（见图2）公众号累计关注量达720.95万人次，电子健康卡累计发卡量838.7张，切实做到患者少跑路、数据多跑腿。同时，完成96580居家养老云平台、12551敬老关怀信息平台和96299乌鲁木齐市智慧养老服务信息平台建设，整合了全市中小服务企业、社会组织等各类为老服务资源。200个社区完成ITV智慧社区系统安装，实现足不出户即可享受线上点餐、远程挂号问诊、智能居家安全报警、智能健康监测、智能居家辅助等多种服务，服务供给与需求实现“零距离”。

图 2　足不出户实现便民就医服务

案例 09

上海徐汇区："四化"并举，商业转型升级再腾飞

一、基本情况

徐汇区位于上海中心城区的西南部，面积 54.93 平方公里，常住人口 111.3 万人。徐汇区位优越、历史悠久、人文荟萃、商业繁荣。1986 年，徐家汇被列为上海城市副中心之一，配合上海轨道交通 1 号线工程建设，大力布局商圈建设，使徐汇地区迅速成为上海知名的商业中心之一。近年来，徐汇区发挥区域产业特色，依托信息产业发展基础优势和人工智能产业集群发展领先优势，加强商业与文化、旅游、音乐、体育等各领域的联动发展，打造数字化转型下的商旅文体融合特色商业，体验式消费优势不断积聚，徐汇商业品牌不断打响。

二、主要做法

（一）以"数智化"跨前打造智慧零售新业态

主动顺应消费升级大趋势，依托区域在人工智能方面的先发优势，针对徐家汇商圈、徐汇滨江等不同区域特点，率先推进数字新技术在商业领域示范应用，着力打造数字化、智能化消费场景，推动线上线下消费有机融合。

徐汇滨江正处在大规模开发建设中，徐汇区抓住契机、提前谋划，积极打造数字化转型示范带。徐汇区人民政府与上海市通信管理局等共同签订《关于打造徐汇滨江数字化转型示范带行动计划（2021—2023 年）》，着力推动滨江地区筑牢数字化转型基座、壮大数字经济新业态、创造数字生活新

体验，腾讯、阿里、华为、仪电、商汤、依图、明略等7家企业成为徐汇滨江区域数字化转型战略合作伙伴。“西岸生活”线上平台已成为人们来到徐汇滨江前进行展览购票、活动预约、了解“线上美术馆大道”导航导览的首要入口，已累计近60万精准触达人群，通过大数据“沉淀+应用”的双向循环，打造线上线下融合的数字化消费体验。图1是“西岸梦中心”项目设计图。

图1　“西岸梦中心”项目设计图，将建设世界级商旅文融合新地标

徐家汇商圈设施相对成熟，徐汇区把准方向、勇于探索，创新开发线上线下融合发展场景。完善无线徐家汇项目，加大徐家汇商圈信息基础设施建设力度，整合收集商圈人流数据，联手百度智能云发布“徐家汇积分”小程序，运用区块链底层技术打通徐家汇各商场的车库系统及顾客积分系统，实现积分通兑、停车共享、结算上链，同时，汇金百货、汇金超市全面完成数字人民币上线，美罗城100多家小商户已经完成数字人民币账户开立，全面推动老牌商圈的智慧化升级，进一步提升营销精准度与消费体验感。

（二）以“时尚潮”立体构筑文旅消费新体验

做强融合体验式消费，让消费者既沉浸于文化艺术，又能切身感受消费模式革新和前沿时尚潮流的双重体验，真正成为上海商旅文体融合发展的新名片。全新改造的武康大楼邮政所，在保留原有邮政服务功能的基础上，通过中国邮政与乔咖啡跨界合作，以“爱汇武康”为主题，打造为期20天的

“时光邮局”限时快闪，展现了“咖啡+邮政+文创”新业态，使其成为上海首家售卖咖啡的邮局，进一步提升了消费者热情。图2是武康大楼的外景。

图2 优秀历史建筑武康大楼

徐汇老字号企业乔家栅，邀请上海非遗文化艺术传承人作为嘉宾，还原本土游戏企业米哈游旗下《原神》游戏中莲花酥、江湖百味、四方和平等三款菜品，受到众多消费者的热捧。位于上海西岸的麦当劳中国新总部大楼“巨无霸魔方 MCHQ”旗舰餐厅与中信书店合作，首次推出咖啡、书店与迷你剧场相结合的专属空间，为餐厅赋予更多元化的社交价值。

（三）以“国际范”加速抢占首发首店新机遇

以获得市级“全球新品首发地”称号为契机，加快集聚全球最新、最潮的优质商品和服务，聚焦徐汇滨江、徐家汇、衡复风貌区，打响徐汇首发首店首秀品牌。比如，徐汇滨江曾是著名的近代民族工业区，见证了龙华机场、上海铁路南浦站、北票煤炭码头、上海水泥厂等众多工业设施和民族企业。

如今老厂房重塑价值、重新赋能，成为周末打卡的网红展览集中地及时尚新品发布的重要地标，已吸引包括迪奥“克里斯汀·迪奥 梦之设计师”品牌回顾展、古驰联手艺术家全球首展、宝马首次在海外举办的全球新品发布会，以及巴宝莉、卡地亚、蔻驰、索尼 PS5 等品牌新品首发、品牌大展和时尚庆典。2021 年，全区共引入包括全球首店、亚洲首店、大中华区首店、中国大陆首店等在内的各类首店 108 家，其中包括在原有基础上全新升级的宜家徐汇商场、全球首家未来家体验空间（见图 3）等 2 家全球首店，区域国际知名度、消费繁荣度、商业活跃度进一步提升。

图 3　以创新视觉设计、便捷互动体验、社交共享共创为核心的“未来家体验空间”

（四）以“便民化”深度挖掘社区商业新模式

着力优化社区商业配套，进一步构筑与社区发展特征相融合、与居民生活相适应、与现代商业步伐相一致的社区商业体系，打造有温度、有高度、有亮度的社区商业经济。积极推进智慧早餐工程，“盒马”旗下主攻“新零售+早餐服务”的“盒小马”已在徐汇开设多家门店，主要以“网订柜取”方式实现线下客流线上化，为消除早高峰早餐排队现象提供了智慧化解决方案。稳步推动智慧菜场工作，联合京东、淘菜猫等平台实现社区生鲜上门配送，智慧微菜场、生鲜自助提货柜等“贴身式服务”走进社区，居民“菜篮子”便捷度不断提升。

三、典型经验

积极把握消费升级趋势，以促进新型消费发展为主线，以突出商旅文体相融合为特色，加快集聚全球优质商品和服务，大力推动“互联网+”等消费新业态新模式，积极培育壮大消费新动能。

（一）超前谋划、抢抓机遇，夯实新型消费底座

加快传统实体线下消费业态数字化改造和转型升级，推动线上线下消费

高效融合。加大政策制度供给，相继出台《徐汇区关于大力支持在线新经济加快培育壮大经济发展新动能的行动计划》《推动数字化转型提升营商服务能级的若干措施》等，促进企业智能化改造，加快行业智能化转型，持续优化商业数字化政策支撑；研究制定《徐汇区衡复历史文化风貌区沿街配套商业业态发展导则》，推进风貌区内形态调整、品牌重构、业态更新和服务升级，凸显品质和特色，展示区域特色小店之美和小店之魅，保护具有上海特色和人文内涵的商业文化发展。夯实基础设施建设，徐汇区加快建设智能物流、生鲜冷链等基础体系，加大政府投入，推动新型计算设施体系、5G 网络、工业互联网、新型城域物联专网等基础设施建设和示范应用，为新经济发展提供有力支撑。汇金百货以“ERP+EMEC+App+小程序”打造“扫码购、随心付、快递送”创新购物模式，以“百货+超市”“线上+线下”联动模式扩大了销售渠道，为传统实体零售企业开展到家业务提供了新的解决方案；汇联商厦上线新版 MIS 服务器、“满客宝”就餐预约系统，与徐汇烟草打通销售库存接口，实现智能化供需联动；百脑汇率先架设“5G 小基站”，成为上海首批线下 5G 商场示范点。

（二）突出特色、错位布局，打造多元消费供给

充分发挥徐汇海派文化发达、商业载体众多、商业业态丰富的优势，在徐家汇、衡复地区和徐汇滨江打造各有特色的商业布局。徐家汇对标世界知名商业街区，引导集聚国际顶尖品牌店、旗舰店和国内优秀品牌企业，以商旅文体融合发展为特色，着力打造高端商业商务的首选地、全球时尚潮流的引领地和精品云集的世界级商圈。衡复地区推动历史文脉传承与现代商业融合创新，重点发展汾阳音乐文化街区、武康历史文化街区、岳阳慢生活街区三大街区，打造以旅游度假、文化创意、海派风貌为特色的高品质国际化商业街区。徐汇滨江积极引入国际水准的文化、艺术、商业娱乐旗舰型项目，体现“国际范”“时尚潮”活力，建设“国际大都市卓越水岸”繁荣繁华新商地、全球新品首发地示范区以及国际金融、艺术传媒和人工智能三大业态展示走廊。

（三）包容审慎、创新监管，助力优化消费环境

努力打破自身“知识边界”，创新消费监管模式，消费安全性、便捷性、舒适性进一步增强。聚焦细分行业，例如在全市首推餐饮单位“线上审图”、视频审核现场服务，制定相关工作标准和视频样本，得到广泛好评。提升智能水平，开放应用“汇商码”，全面归集商铺注册许可、行业评价、监督检查、消费评价、政策信息、社会舆情等各类信息，形成每个商铺全生命周期、全方位的“画像”，将管理端、商铺端和市民端“三码合一”，有效提高政企沟通便利化水平。关注新兴业态，出台《“宠物互动体验馆”规范经营指引》，在做好动物防疫、避免人身伤害等领域给出规范化安全指引，减少潜在隐患。同时，健全消费权益保护机制，注重商业诚信建设，加强相关信用数据信息的采集、梳理和利用，鼓励守信行为，加大对失德失信行为惩戒力度。

四、取得成效

一方面，商业对经济发展的支撑作用进一步增强。抓住在线新经济发展趋势，集结流量博主开展“云逛徐家汇”直播探店等各类活动，通过电台、电视、出租车后屏等传统媒体及抖音、快手、微信朋友圈等新兴媒体，线上线下进行营销宣传及优惠券发售，营造商圈吸粉特质与打卡热潮。2021 年，徐家汇商圈对外宣传合计曝光数达 3 亿次，荣获“年度影响力商业地标”“年度活力商圈”等称号。在消费市场的拉动下，2021 年徐汇区商品销售总额突破 8000 亿元，社会消费品零售总额超过千亿元，对区域经济高质量发展起到了较强支撑作用。

另一方面，商旅文体融合的区域消费品牌进一步打响。入选全国首批国家文化和旅游消费示范城市、首批国家文化出口基地、国家体育消费试点城市，徐家汇地区被评为上海市首家国家体育产业示范基地，衡复音乐街区徐家汇源·美罗城入选第一批国家级夜间文化和旅游消费集聚区，衡复历史风貌区、徐汇滨江休闲区获评首批市级全域旅游示范区域。未来，徐汇区将努力打造上海国际消费中心城市引领示范区，成为全球新品首发地、引领国际消费潮流的风向标和人人向往的“购物天堂”。

CHAPTER 4

第四章

加大新型消费政策支持

编者按

《意见》从四个方面提出15项政策措施，支持新型消费的发展。各地方政府与部门加大政策支持力度，加快传统消费与新消费创新融合。在完善政策体系的基础上，加强领导班子建设，构建完善的新消费工作体系。在政策支持方面，主要面向“互联网+医疗健康”、数字经济、文旅等重点产业，补齐制约消费发展的基础设施和公共服务短板。从实效来看，各地方政府政策利好密集释放，通过政策“组合拳”的配套实施，有力促进了新消费提质升级。一方面，有力解决了市民消费中的诸多“操心事”“烦心事”，获得了广大市民的高度认同，较好回应了人民群众日益增长的高质量消费需求。另一方面，使得优质消费供给不断丰富，消费创新活力持续迸发。

从各地典型经验来看，主要包括：(1) 加强顶层设计。多个城市结合地方特点，发布以新业态新模式引领新型消费发展的整体纲领性文件，以及结合诸如国际消费城市、体育消费试点城市、信息消费示范城市、文旅消费城市等建设方案政策文件，来找到具有自身特色的顶层设计方案。(2) 完善专项政策。各地按照“整合资源、突出特色、协同创建、开放合作、突破创新”等原则，编制专项规划，推动新型消费发展。打好促消费“组合拳”，从加快设施建设、加强要素保障、优化发展环境、鼓励业态创新等方面提出了具体支持政策。(3) 成立工作专班。各地方政府应建立新型消费工作机制，重点部门集中办公，加快推进落实新消费行动。例如不少城市细分项目至具体板块，细化工作方案至具体时间节点，确保项目保质保量完成。在工作过程中，各项目组互通有无，积极与政企相关部门对接，形成政策合力。此外，应当加强绩效考核评估，构建有针对性的考核体系。

案例 10

南京市：打好政策“组合拳”，助力畅通“双循环”

一、基本情况

南京市是我国东部地区特大城市、长三角辐射带动中西部地区发展的重要门户城市。经济实力雄厚。2021 年地区生产总值突破 1.6 万亿元，位居全国城市前十；人均地区生产总值 17.45 万元，全国排名第六；居民人均可支配收入 66140 元，位居全国第七。消费能力强劲。2021 年实现社会消费品零售总额 7899.41 亿元，在全国消费能力前十城市中排名第八。人均社零消费 8.48 万元，居全国第一，其中外来消费约占 1/3。科技创新能力和信息产业优势明显。南京是我国首个国家软件名城、科教第三城，新型实体企业云集，新型消费发展的产业基础较好。2011 年南京市被认定为首批国家电子商务示范城市。近年来，南京市采取多种有力政策措施，扎实推进线上线下消费有机融合，在加快释放内需潜力、构建“双循环”新发展格局中，形成了鲜明的工作特色。

二、主要做法

为促进线上线下消费有机融合等新型消费，南京市成立了“新型消费”行动工作领导小组和市放心消费工作领导小组，建立完善促进消费体制机制工作联席会议制度，统筹推进线上线下消费有机融合，加快发展新型消费相关工作。

（一）积极出台多项政策，加强政策服务支持

南京市密集出台多项政策，打好促消费“组合拳”，从加快设施建设、

加强要素保障、优化发展环境、鼓励业态创新等方面提出了具体支持政策。《完善促进消费体制机制激发居民消费潜力的实施意见》提出培育消费新热点，推动基于网络平台的新型消费，优化线上线下协同互动的消费生态；《南京应对新冠肺炎疫情影响“四新”行动计划》要求以提振消费信心为支撑点，以引领消费潮流为增长点，加快发展平台经济、网红直播经济、推动商业数字化、社群营销等消费新模式；《南京市数字经济发展三年行动计划（2020—2022年）》聚焦数字经济发展机遇，推动数字经济与实体经济深度融合发展，以数字经济的高质量发展不断满足消费新需求、促进线上线下融合消费新模式；《南京市“十四五”新型消费促进规划》明确要把促进线上线下消费深度融合作为今后五年全市消费促进工作的关键举措；出台一系列具体领域的支持政策，积极培育数字商务企业和重点直播电商基地（园区），发挥领先企业示范效应，引导市场主体进一步主动加快数字化、网络化、智能化转型，推动新模式新业态取得新突破，实现数字经济高质量发展。

（二）加强基础设施建设，全面完善配套条件

全面提速新型基础设施建设。作为国家首个软件名城和综合型信息消费示范城市，南京信息基础设施建设一直走在全国前列。目前建成5G基站1.95万个，城市家庭千兆光纤网络覆盖率达100%，紫金山实验室开展未来网络试验设施研究，江北新区建设国家健康医疗大数据（东部）中心。加快新能源汽车推广应用，加快充电桩、换电站等配套设施建设，入选全国新能源汽车换电模式应用试点城市，建成首个省级车联网先导区。建设城市信息模型平台（CIM），赋能城市智慧化。积极完善现代物流体系。南京市智慧物流基础设施建设水平与物流时效位居全国第五，诞生了以满帮集团、福佑卡车、中储智运、T3出行为代表的众多智慧物流领先企业，苏宁物流积极部署5G无人仓；严格进口冷链食品监管，建立了全流程管理、全链条溯源的闭环监管体系；推动跨境电商发展，培育省市跨境电商产业园5家，公共海外仓17家，创业创新孵化基地19家，中国（南京）跨境电子商务综合试验区入选全国十佳；通过加快“一刻钟便民生活圈”建设、支持快递进村等措施，打通物流服务“最后一公里”。加强数据应用支持。成立南京市大数据局和大数据集团，联合南京紫金投资集团，依据大数据分析等手段向广大市民和企业提供金融服务和政策支持服务，“我的南京”App服务平台实名注册用户数超过870万人。强化专业机构人才服务。推出“紫金山英才计划”，通过多项政策服务为全市线上线下消费有机融合发展等行业集聚高端人才；与阿里巴巴、腾讯、抖音、快手等各大平台深度合作，多种渠道帮助小微企业、个体工商户拓展线上销售渠道，释放网络消费潜力。

（三）构建良好消费环境，优化消费行业生态

建设良好消费信用环境。积极推进高水平国家信用示范城市建设，联合大型平台，推进信用管理、建立信用标准、应用信用画像、落实信用奖惩，加强消费者权益保护执法；建设“宁满意”消费服务平台、探索建立具有相互激励与约束机制的商家“先赔后理”制度、创新实施消费预付金管理制度，引导商户参加线下实体店7日无理由退货、长三角地区异地异店退货、“厂商一体化”无理由退货承诺，积极发展ODR（在线纠纷调解）企业等，引导各类商业和政策资源向优质诚信生产者倾斜，起到了良好的政策导向作用。构建行业可持续发展保障机制，引导企业创新商业模式。南京希音（SHEIN）通过线上线下消费有机融合，应用大数据实现生产资源全国高效配置、消费需求全球快速响应，促进了全流程生产效率的提升。目前快时尚出口跨境电商的女装销售已遍及全球230多个国家和地区。斑马云家政服务公司为家政企业和家政从业人员提供完善的企业管理和技术培训服务，主动赋能，在促进全行业供给改善、生态优化的同时开辟了企业自身成长空间，其家政企业用户已达4.5万多家，遍布全国300多个城市，通过平台大数据服务助推上岗就业的人数达33万人，就业成功率高达92%。支持行业协会加强行业自律。成立南京电子商务协会及其法律服务专业委员会，开展电商法宣传和行业自律活动，积极提升全市电商企业在知识产权保护、消费者权益保护、广告营销合规、资本有序发展等方面的法制意识。

（四）激发社会各界活力，形成政企协同互补

积极优化营商环境，有效激发市场主体的竞争活力。自2018年起每年出台南京营商环境新100条，坚持从市场主体的需求出发，加大简政放权力度、加强监管能力建设；提升政府服务水平，建设“宁企通”企业服务平台，深化“先解决问题再说”机制，提升办理时效；创新要素保障方式，加强土

地、人才、融资、知识产权等全方位要素保障；推出“瞪羚”“独角兽”等企业培育行动，培育了一大批优秀的互联网平台企业。主动发挥政府的引导补位功能，推进“线上+线下”赋能工程。教育领域，鼓励发展面向成人教育和科技培训的在线教育，开展“金陵群文大课堂”“线上讲坛”“名校研学游”等活动。医疗领域，不断健全“互联网+医疗健康”服务体系，推动互联网与医疗健康深度融合，应用大数据分析和支撑，提供一体化的服务，推出“信易医”便民产品，提供普惠型补充医疗保险“南京宁惠保”，有效填补市民家庭健康风险的缺口。养老领域，建设“互联网+”智慧养老服务体系，建成市养老服务综合信息平台，推进“解决老年人运用智能技术困难”工作。文旅领域，打造“莫愁旅游”全域旅游O2O服务平台，整合旅游要素，实现“信息一网通，订购一网通，服务一网通”；推进博物馆之城建设，开展“云游”景区、博物馆活动。会展领域，云上展厅、VR展馆、云上对接等推动线上线下展会融合发展。体育领域，建设“宁体惠”体育惠民服务平台，推进社会体育场馆以优惠便捷服务向市民开放。在这些民生服务领域，政府在主动作为推进线上线下消费有机融合的同时，也通过政府购买服务等方式最大限度发挥市场主体的重要作用。

三、典型经验

充分认识到通过响应消费者个性需求促进内需的重大意义，将其作为构建“双循环”发展新格局的重要抓手，通过线上线下有机融合，创新商业与政务服务模式，引导平台企业规范发展和有序竞争，构建各方共赢的行业发展新格局，这是南京线上线下消费有机工作融合能够取得成功的关键。

（一）实现消费者与生产者共赢

通过严格市场监管、创造公平市场环境、加强诚信体系建设，应用数据资源引导客户资源和政策资源等向优质诚信生产者倾斜，实现消费者与生产者共赢、行业生态优化。

（二）实现线上服务商与线下服务商共赢

通过远程、专业、大数据支持的线上服务，有力支持现场、多元、个性化的线下服务，特别是对于众多分散的小微服务商，极大地增强其服务能力、拓宽其业务范围，创造了大量更高质量的小微服务商，增加更多就业机会，提高了就业质量，也反哺了线上业务的高质量落地扎根。

（三）实现城市产业与乡村产业的发展共赢

汇通达网络等在促进城市产品“下乡”的同时，重视引导、支持乡村产品（服务）订单生产、优质生产，推动乡村产品“进城”。通过推动城市产品“下乡”和乡村产品“进城”双向流通，实现城乡高效配送，城乡双向融合。

（四）实现中小商业与大型平台的合作共赢

从事传统社区服务的中小商业机构在向综合性商业载体集聚过程中，由专业服务机构进行招商策划、服务支持，由此得到更多发展机会，利用大型平台或自建 App 等方式，实现线上推介和线下服务的相互补充。在市场机制的引导下，实现各方利益相互兼容、业务相互赋能。斑马云家政致力提升全行业各参与者的管理和服务水平，正是在主动赋能“他者”中获得自身的巨大发展机会。

在城乡互动、电商惠民方面，南京累计创建 5 个省级农村电子商务示范区县（其中 1 个十强区），6 个省级农村电子商务示范镇，10 个省级乡镇电子商务特色产业园（街）区，32 个省级农村电子商务示范社区、村，有力助推了富民增收工作，促进农产品区域公用品牌发展进入快车道。从最早的溧水“无想田园”到最近的“茉莉六合”，再到市级的“食礼秦淮”，全市已逐步培育出一批具有较高知名度的农产品区域公用品牌，并在公用品牌下细化“一村一品”培育，与线下的特色农产品产销对接洽谈会相互补充，构建了惠农惠企良好“生态圈”。“强势”线上没有取代，而是赋能线下，“强势”的城市没有遗忘，而是反哺乡村，充分体现了线上线下消费有机融合在促进均衡发展、共同富裕的重要功能。

四、取得成效

线上线下消费有机融合，较好回应了人民群众日益增长的高质量消费需求，有力解决了市民消费中的诸多“操心事”“烦心事”，获得了广大市民的高度认同。今年 3 月，中消协发布《2021 年度 100 个城市消费者满意度测评报告》，南京市位居全国第四位。线上线下消费有机融合，也强劲助推了南京市企业、产业的快速成长。2021 年，全市实现网络零售额 6501 亿元；网络经营主体近 13 万家，其中国家级数字商务企业 6 家，数量在全国领先；涌现出一大批知名企业，其中汇通达、满帮、福佑卡车、蜂云网络、焦点科技等 13 家企业入围中国产业互联网百强榜；全市 10 家“中国独角兽”企业中线上线下消费有机融合企业达到 6 家，相关产业和企业的发展有效满足了人民群众的消费需求，有力促进了全市经济社会发展。同时，南京市也将线下线上消费有机融合的工作思路积极推广到民生服务和社会治理领域，进一步提升了公共服务效能和社会治理绩效。

案例 11

成都市：政策引领、场景营城，提升新消费能级

一、基本情况

2020 年，成都市实现地区生产总值 1.77 万亿元，增长 4%，总体保持高于四川省平均水平的态势、副省级城市第一方阵的位势。其中，第三产业增加值 1.16 万亿元，增长 3.6%，对经济增长的贡献率为 52.2%，占总产值的 65.7%。实现社会消费品零售总额 8118.5 亿元，同比下降 2.3%，增速分别高于全国、全省 1.6、0.1 个百分点。2021 年前三季度，成都实现地区生产总值 1.44 万亿元，增长 10.0%，两年平均增长 6.2%，分别高于全国、全省 1.0、0.4 个百分点；社会消费品零售总额同比增长 17.6%，两年平均增长 5.9%。

二、主要做法

（一）出台建设方案政策，保障城市新消费发展

2020 年 6 月，为顺应消费升级趋势，积极应对新冠肺炎疫情对消费行为的影响，加快发展新消费，积极扩大有效需求，成都市人民政府办公厅印发《成都市以新消费为引领提振内需行动方案（2020—2022 年）》。2020 年 12 月，市商务局、市新经济委、市经信局等 10 个部门联合印发了《成都市关于持续创新供给 促进新消费发展的若干政策措施》（以下简称《若干政策措施》），在新消费创新供给上再发力。

2020 年 7 月，为加快建设具有成都特色的新型基础设施，提升超大城市治理体系和治理能力现代化水平，成都市出台了《成都市新型基础设施建设

行动方案（2020—2022年）》，为发展新消费提供了新基建保障。2020年10月，印发《成都市智慧城市建设行动方案（2020—2022）》，加强了推动新型消费的服务保障能力。

（二）以场景营城为引领，创新打造新消费场景

消费场景是成都建设国际消费中心城市的独有标识和竞争优势，通过打造丰富多元的消费场景，创造独特消费体验，塑造消费时尚，传播消费文化理念和品位。秉承“场景营城”理念，2020年发布了国际消费中心城市“新场景新产品”城市机会清单，释放国际消费中心城市建设发展机遇，寻找城市发展伙伴。

（三）加大供给侧改革，支持新消费企业创生孵化

成都在新消费的发展上以供给侧改革为动力，致力于成为新消费的策源地和供给地、新模式的创新区和先行区。《若干政策措施》以企业创生为引领，准确把握市场主体发展痛点难点，率先回应新消费企业发展过程中的困难问题，从“给优惠”向“给机会”转变，构建有利于新消费企业发展壮大的政策体系，进一步提振企业信心，让新消费企业更加有获得感。

（四）转变经济工作组织方式，全方位塑造新消费产业集群生态

《若干政策措施》通过政策引导，适应新消费、新业态、新模式发展的产业特点、行业规律和要素需求，精准匹配资源要素配置方式和管理服务方式，以制度创新、政策创新、工作创新推动产业层面、企业层面的科技创新、管理创新和商业模式创新，用一整套更加完善管用的政策机制激发市场活力和社会主体活力。

三、典型经验

（一）建设消费载体，打造消费场景

一是做精示范性消费新场景打造，深化场景营城理念，加快打造成都八类重点消费场景，创新编制并发布《公园城市消费场景建设导则（试行）》，推动“一场景一示范”。围绕公园城市和“三城三都”建设，形成锦江公园、锦城公园、天府绿道等户外消费新场景（见图1），打造“熊猫基地-猛追湾-太古里”全通式消费场景，呈现国家全域旅游示范区都江堰、国家级旅游度假区天府青城等文商旅体融合发展示范地，成为城市消费新 IP。二是做强支撑性项目载体招引。举办国际消费新场景新产品发布会、全球商业地产中国大会、成都首店经济大会（见图 2）等活动，项目招引攻坚行动取得成效。2020 年，新签约服务业项目 900 个，其中高能级 500 强项目 154 个。

图 1　2021 年全国消费促进月
成都公园城市美物节

图 2　2021 中国（成都）首店经济
发展大会在成都召开

（二）扩大消费供给，促进消费升级

一是发展首店经济新业态。大力发展首店经济，首店总量持续领跑新一线城市，位列全国第三。举办多个全球新品首发、首秀、首展活动，涌现全球、亚洲、全国、西南国际品牌单店销售冠军逾 150 家，集聚高端品牌的购物中心 IFS 和远洋太古里年销售额均进入全国前十。二是发展夜间经济新业态。深入实施夜间经济品质提升工程，促进夜市、夜展、夜秀、夜游等业态多元发展，形成独具特色和魅力的成都夜生活生态圈（见图 3）。

图 3　“成都夜 真热闹”2021 成都夜间经济示范点位发布活动

（三）优化消费环境，激发消费活力

一是完善支撑国际消费的供应链服务链。已开通19条通达五大洲的“客改货”航线，周航班运力达2000吨以上。中欧班列（成都）累计开行量超8000列，班列综合运营指标持续保持全国领跑水平，对全球生产供给和消费资源的配置运用能力进一步增强。二是构建创新引领的消费政策体系。大力发展消费金融，开展数字人民币试点、涉外支付无障碍示范点建设等创新工作，积极探索搭建消费积分使用平台。主动实施审慎包容监管，优化“五允许一坚持”、大型活动分级分类管理，有效激发商家经营和百姓消费活力。三是打造“成都消费”品牌节庆活动。围绕“文旅+”“美食+”“互联网+”“会展+”，开展天府绿道休闲旅游节、成都“三新”生活节（见图4）、成都数字生活消费节、成都国际美食节等消费提振活动，搭建“成都云逛街·一起欢乐购”线上促消费平台。

图4　2021年成都新场景、新消费、新时光“三新”生活节启动暨交子大道开街仪式

（四）创新消费模式，线上线下有机融合

一是推动信息赋能，助力智慧养老消费。聚焦涉及老年人的高频事项和服务场景，坚持传统服务方式与智能化服务创新并行，以“颐居通”社区居家养老服务综合信息平台为支撑，以智能终端和热线电话为纽带，链接多方资源，实现了居家老年人在家门口享受多层次、个性化的“一站式”健康养老服务，让老年人更好地适应并融入智慧社会（见图5）。二是打造智慧社区，便利生

活消费。完善社区生活服务设施布局，建设数字化社区便民服务中心。应用互联网、大数据和人工智能等技术，重点发展智能看护、智能家居、智慧物业等新型服务业，培育覆盖健康、家政、文体等民生领域的在线服务业，促进构建云端集成、智能生活、科技时尚的社区现代生活场景。三是完善智慧交通出行服务。完善已搭建的“交警大数据”“移动警务”“蓉 e 行”等平台，推动实时数据分析、计算机视觉等在智能交通领域的应用，提升服务能力。建设全市统一的共享停车平台，整合全市停车资源，释放闲置泊位，促进共享应用。完善公交、轨道交通“一卡通行”“一码通行”多平台集成服务体系。四是优化“互联网+医疗健康”便民服务。通过天府市民云服务平台实现门诊、住院信息查询，检验检查结果查询，预防接种信息查询等便民服务应用。目前，11 家市级公立医院、56 家县级医院已实现数据接入和服务应用，获得民众广泛好评。全市共有 9 家医院通过四川省智慧医院评审，110 余家医院获得互联网医院牌照。全部二级以上医院通过微信、支付宝、App 等第三方应用在移动终端开展预约挂号、移动支付、报告查询、院内导航等便民服务。持续开展“5G+医疗”试点示范，市中西医结合医院 5G 查房护理项目、市三医院 5G 智慧急救项目被列为全市 5G 产业重点打造的示范项目。

图 5 成都市武侯区“颐居通”社区居家养老“一站式”服务

四、取得成效

（一）消费能级大幅提升

2020 年，社会消费品零售总额突破 8000 亿元；商贸业增加值占全市

GDP 比重达 12%，商贸业税收占第三产业税收比重达 20%；全市实现文创产业增加值 1805 亿元，占 GDP 比重首次突破 10%；旅游总收入 3005 亿元，接待游客突破 2 亿人次；会展、体育、音乐产业产值（总收入）分别突破 1000 亿、800 亿、500 亿元；实现餐饮收入 1124 亿元，餐饮业规模在全国排名前四。2021 年 1—9 月，全市实现社会消费品零售总额 6692.1 亿元，同比增长 17.6%，两年平均增长 5.9%。在“双循环”发展格局下，成都国内市场腹地支撑优势更加凸显。

（二）优质消费供给不断丰富

评选推出 8 个示范性消费场景和 10 个特色消费新场景、180 个“新旅游·潮成都”主题旅游目的地、100 个夜间经济示范点位、100 家特色小店。随着首店经济强势发展，首店数量位居全国第三，国际品牌渗透率位居全球第 19 位，奢侈品零售商目的地排名全球第 16 位，连续 12 年蝉联国内商业魅力新一线城市榜首。

（三）消费创新活力持续迸发

成都新经济总量指数居全国第二，新职业人群规模全国第三。2020 年，全市网络零售额突破 4000 亿，位于中西部城市首位；跨境电商交易规模 435.8 亿元，同比增长 115.2%。整合形成线上线下一体化便利店 1200 余个，“O2O+社区”等非接触式消费新模式快速发展。

CHAPTER 5

第五章

强化新型消费要素保障

编者按

生产要素优化是加强新消费发展的源头活水，近年来，围绕新消费发展要素保障，各地方政府进行大量工作并取得积极进展。包括强化科技、数据、人才、资金等新要素支撑，适应新消费、新业态、新模式发展的产业特点、行业规律和要素需求，精准匹配资源要素配置方式和管理服务方式，以制度创新、政策创新、工作创新推动新型消费发展。从实效来看，各地政府抓住关键点，强化要素保障，着力疏通“堵点”、发力消除“痛点”、落实解决“难点”。例如，各地政府抓住关键点，在要素保障创新取得成效，实现跨越式发展。通过最大限度调动和激发全社会的活力与创造力，让土地、劳动、数据等各项生产要素得到最优配置。此外，在要素配置过程中，通过发挥市场在资源配置中的决定作用，打破区域和行业壁垒，实现区域、行业一盘棋，实现要素合理、科学配置。

从各地典型经验来看，主要包括：(1) 狠抓数字生产要素建设。新型消费逐渐呈现出泛数据化的特点，消费者需求碎片化、个性化升级，供应链体系趋于数字化、智能化。各地方政府着力打造数字消费产品和服务体系，构建数字新型消费长效增长趋势。最终提高了传统生产要素的生产率，推动生产、供应链、管理制度乃至整个供需模式变革。(2) 加快培育新消费人才。多个城市的经验中，都呈现出对加强电商人才培育的重视。例如，联合淘宝大学、知名培训机构，开展电商人才培训活动，邀请资深专家从新媒体发展和演进过程、短视频在直播中的应用、如何搭建超级带货直播场景、电商主播养成、企业短视频拍摄案例等方面进行授课。(3) 加大财政要素支持力度。一方面充分发挥现有产业配套政策和发展资金作用，加强对国家新型消费政策涉及重点领域的支持，推进市、县（市）区两级财政协同扶持，创新财政扶持方式，采用政府采购、产业基金投资等方式，为本地新型消费发展提供良好环境。另一方面，优化对新消费企业税收征管措施。鼓励银行等支付清算主体降低手续费用，减轻新消费企业财政负担。

案例 12

合肥市：顺应新趋势 强化新举措 务求新成效

一、基本情况

合肥，安徽省省会，长三角世界级城市群副中心城市、“一带一路”和长江经济带战略双节点城市，在构建新发展格局中处在承东启西、连南接北的“二传手”位置。合肥是全球经济增长最快的20强城市和近10年来中国发展最快的城市之一，拥有万亿经济总量、千万常住人口和百万市场主体。以合肥为中心，半径500公里范围内覆盖中国东中部地区7省1市102万平方公里面积、5亿多人口，拥有中国50%的GDP和40%的消费市场，是中国经济发展和消费最具活力的区域之一。近年来，合肥积极顺应消费升级趋势，大力培育消费新模式新业态，促进线上线下消费融合发展。2021年，全市社会消费品零售总额首破5000亿元，网上零售额首破千亿元，跨境电商交易额首破百亿元。

二、主要做法

（一）出台消费新政策

合肥市委市政府顶格推进新型消费发展，建立促进商品消费高质量发展工作联席会议制度，成立线上经济工作领导小组。出台推动经济高质量发展若干政策、支持线上经济发展若干政策，“十三五”以来投入市级资金超10亿元。获批全省首个线上经济创新发展试验区，印发线上经济创新发展试验区实施方案，大力发展线上消费、线上教育、线上医养、线上文旅、线上出行等“宅消费”。

（二）完善消费新基建

制定实施5G通信基础设施专项规划、推进新型基础设施建设实施方案，建成 5G 基站 12800 个，实现 5G 网络在主城区、县域城区连续覆盖，重点交通线、景区和集镇热点覆盖，重点工业园区、商圈、高速服务区深度覆盖。编制城市商业网点专项规划，打造多层级消费商圈，完善新型消费网络节点。以国家骨干冷链物流基地、国家物流枢纽等为依托，加快建设物流节点、物流园区、网络终端，优化完善商贸流通基础设施网络。

（三）培育消费新场景

引导传统消费向消费体验中心、休闲娱乐中心、文化时尚中心转型升级，打造京东超级体验店、长江 180 街区、合柴 1972 等一批重点业态融合项目。鼓励电商企业积极探索短视频带货、社区微信群营销、直播带货等新模式，形成新的消费增长极。推动全域旅游 AI 语音助手、安徽非遗文化 AR 展示、腾讯（合肥）企鹅新媒体学院等平台建设，实现线上文旅、线上教育、电子商务等深度融合。开展智慧医院试点建设，以科大讯飞人工智能辅助医疗技术为基础，打造全国首家市级智慧医院。

（四）打造消费新模式

坚持“政府搭台、企业唱戏”原则，采取“1+8+N”模式（1 场启动仪式、8 个特色主题、N 场促销活动），开展“皖美消费 · 乐享合肥”系列消费活动（见图 1），动员百货商超、家居家电、汽车餐饮及电商平台参与，实现线上线下融合互动。2020 年以来，采取“线上线下融合消费”模式，投入

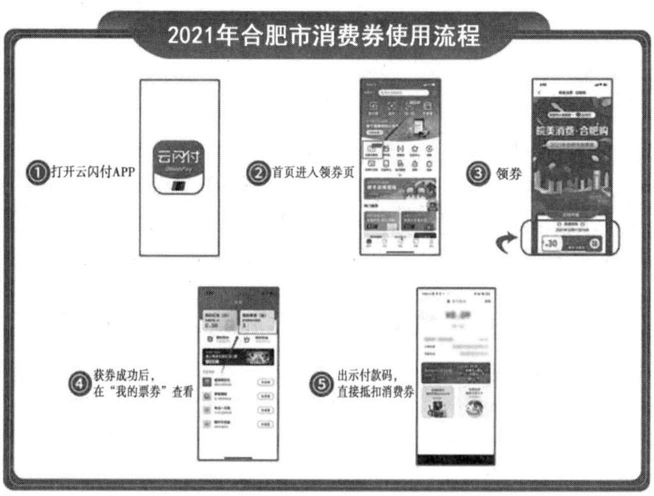

图 1　“皖美消费 · 合肥购”消费券发放活动（云闪付）

财政资金 16500 万元，向百货、家电、汽车、文旅、体育等重点消费领域发放消费券 609.27 万张，其中 2021 年餐饮、商超和汽车三大行业消费券综合杠杆率达 50 倍。

（五）优化消费新环境

积极培育品牌突显、品质过硬、诚实守信的放心消费示范单位，认定省级放心消费示范单位 43 户，市县级示范单位 5545 户。简化优化证照办理，推进平台主体登记“一站式”服务，发挥“店小二”作用，最大限度惠企利企，不断优化线上消费环境。建立 12315 投诉举报咨询热线“一个窗口对外，一个平台支撑，一个中心服务，一个线路分流”的投诉、举报、咨询处理新模式，畅通 12315 消费者投诉举报渠道。

三、典型经验

（一）机制凝聚合力

充分发挥促进商品消费高质量发展工作联席会议制度及线上经济工作领导小组作用，统筹协调推进全市线上线下消费有机融合。各县区同步建立工作机制，建立全市新型消费重点项目招引和跟踪服务工作制度，推动完工项目尽快开业、在建项目加快建设、在谈项目加快落地。

（二）注重政策引领

充分发挥现有产业配套政策和发展资金作用，加强对国家新型消费政策涉及重点领域的支持，加大对消费新业态新模式的扶持力度，着重加强线上线下融合、消费新业态新模式、消费平台等支持。推进市、县（市）区两级财政协同扶持，创新财政扶持方式，采用政府采购、产业基金投资等方式，为全市新型消费发展提供良好环境。

（三）紧抓市场主体

加大“双招双引”力度，以龙头企业、重大项目引领促进消费模式创新，大力发展首店经济、首发经济、总部经济等。发挥市场主体作用，围绕节日促销、特色餐饮、线上消费、产销对接等多个方面，采取线上线下融合方式，推出系列内容丰富、形式多样的消费促进活动，激发消费市场活力。

（四）强化氛围营造

整合现有资源，充分发挥各级各类媒体平台作用，创新宣传方式和手段，推动商旅文体联动，加强新型消费发展的政策解读和舆论宣传，引导市民转变生活观念和消费习惯，营造新型消费的良好舆论氛围。

四、取得成效

（一）消费规模持续扩大

“十三五”以来，全市消费市场规模快速增长，社会消费品零售总额稳步攀升，连跨3000亿、4000亿、5000亿三个千亿台阶。2021年，实现社会消费品零售总额5111.68亿元，增长13.2%，占GDP比重达44.79%（在长三角主要城市中，占比超过上海、杭州、宁波等城市，仅低于南京市），总额居全国城市第15位、省会城市第8位、长三角城市第5位。线上促销活动、直播电商、园区集聚发展，助力网上零售额突破千亿元，达到1169.92亿元，增长20.3%。

（二）市场主体不断壮大

“十三五”以来，全市限额以上批发零售业和住宿餐饮业企业稳步增长，入库企业数由2015年的1539户，增加到2021年底的3889户，平均每年净增392户，零售额超亿元企业（单位）324家，京东嘉远、中石化合肥分公司零售额突破百亿元，淮河路步行街实现全省百亿街区零突破。拥有国家和省级电子商务示范企业25家，阿里巴巴、腾讯、京东、百度、猪八戒网等互联网领军企业集聚，科大讯飞、华米科技、科大国创等一批本地龙头企业迅速崛起。

（三）消费网络日趋完善

到2021年底，全市拥有5万平方米以上商业综合体61个，5000平方米以上商场24个，2000平方米以上超市134个，年交易额亿元以上专业批发市场29个。建成淮河路步行街（见图2）等国家级特色商业街区3个、省级特色商业街区16个、市级特色商业街区30个，中华老字号、安徽老字号品牌企业29家。拥有蜀山电商园等3个国家电子商务示范基地，合肥荣电实业、家家购物等5个国家级电子商务示范企业。

图 2　淮河路步行街夜景

（四）新型消费快速发展

入选全国首批国家信息消费试点城市、全国信息消费示范城市、特色型信息消费示范城市，打造国家级信息消费创新应用示范项目 7 个，全市信息消费规模超 2000 亿元，带动相关领域产出 5000 亿元以上，新增就业岗位超 10 万个。新型消费模式不断涌现，京东超级体验店是华东地区首家、全国第二家消费电子主题类沉浸式体验购物中心，建成安徽短视频直播基地、合肥网红直播城等电商直播基地 10 多家、专业直播间 400 余间。社区便民消费发展迅速，盒马鲜生、安徽邻几、生鲜传奇、谊品生鲜、中商罗森等连锁品牌便利店、生鲜店突破 1000 家。

案例 13

长沙市：活力星城，消费“新”城

一、基本情况

长沙是湖南省经济、政治、文化、科教和商贸中心，辖 6 区 1 县 2 市，总面积 1.18 万平方公里。2020 年末，全市常住总人口 1004.79 万人。文化底蕴深厚。拥有岳麓书院、马王堆汉墓等一批历史文化遗存。生态环境宜居。岳麓山、湘江、橘子洲与城区构成“山水洲城”的独特风貌，是国家优秀旅游城市、园林城市、森林城市，荣获由联合国环境规划署颁发的“全球人居环境奖”。区位交通优越。是长江中游城市群和长江经济带重要的节点城市，黄花机场年旅客吞吐量和出入境人数居中部地区首位，拥有中部唯一的海关保税物流中心。营商环境标杆。连续两年荣获“中国国际化营商环境建设标杆城市”称号。

二、主要做法

（一）积极培育政策服务，深度强化政府保障

一是突出政策引导。出台《关于进一步促进“四新”经济发展的意见》《关于进一步激发文化和旅游消费潜力创建国家文化和旅游消费示范城市的实施意见》《长沙创建区域性国际消费中心城市暨长沙市消费升级三年行动方案》《关于推进夜间经济发展的实施意见》《关于大力发展“她经济”的若干意见》等政策，从升级消费载体、培育市场主体、丰富消费业态等方面，加强新型消费供给引导，形成政府积极引导、部门联动协作、企业创新

发展、消费潜力和活力大力释放的良好氛围，促进新型消费持续健康发展。二是提升政务服务效能。全面推进“一件事一次办”和“综合窗”改革，配套下放市级权限526项，403件高频政务服务事项实现“一件事一次办”，实现个人、法人事项无差别受理，园区办事不出园、网上办、移动办、自助办、上门办。三是搭建公共平台。搭建政企沟通平台，开辟外企服务“绿色通道”。天心区成立湖南首个“夜间经济服务中心”（见图1），设立“夜间经济”公共服务热线、“夜间管家”，创新性地推“四容许”“五统一”夜市管理模式，实行柔性执法和审慎包容监管。四是积极培育市场主体。深化“证照分离”“多证合一”“证照联办”等商事制度改革，为市场主体注册提供便利。截至10月底，全市共有市场主体132.98万户，同比增长15.08%。

图1 天心区夜间经济服务中心为游客提供便民医疗等公共服务

（二）深化基础设施建设，夯实经济载体支撑

一是提升商业载体功能。全市已形成1个市级商业中心、35个区域性商业中心、105家营业面积5000平方米以上的专业市场、63条特色商业街在内的城市商业网点布局，形成了“一核多圈覆盖城区辐射乡村”的消费升级载体格局。二是构建现代化物流平台。打造中欧班列集结中心，构建多式联运体系，水、陆、空三维发展国际通道。推广农村“货运班线”，实现城乡一体化配送。完成跨境电商公共申报通道升级扩容，通道处理能力由原来每天10万单提升到每小时50万单，提升近120倍，异地通关企业纷纷回流到长沙申报，回流比

例达 40%。三是加强信息网络基础设施建设。现已建设 5G 基站 42097 个，构建了核心商圈、交通枢纽、旅游景区、产业应用等多类 5G 场景，基本实现长沙核心城区和重点区域、长望浏宁主城区 5G 网络连续覆盖。四是推进数字化进程。长沙获批数字人民币试点城市，工行、农行等 6 家试点银行机构开展数字人民币试点，推进移动支付便利化。全市文化娱乐场所、景区景点均实现互联网售票，部分实现二维码验票、分时段预约等功能，支持移动支付。

（三）全面拓展消费场景，加强优化消费供给

一是培育壮大网销品牌。培育了"广电湘军""出版湘军""演艺湘军"等文化品牌，打造"金鹰电视艺术节""橘洲焰火""灯光秀""无人机表演秀"等城市节会品牌。童年记、盐津铺子、茶颜悦色、文和友等企业品牌继续壮大，网销规模均突破 5000 万元。"农品浏香""宁乡味道""星沙味道"等区域品牌运营良好，带动本地零散农产品上线销售。二是拓展新型消费空间。大力发展"假日经济""夜间经济""她经济"，举办"春天有约""夏季有礼""秋天有韵""冬季有味"四季主题系列消费促销活动（见图 2），通过红包、福袋、现金优惠券等方式吸引和带动线上线下消费者。连续两年成功举办中国城市夜间经济发展峰会，评选夜间消费示范商圈、示范街区、示范名片、示范门店 140 个。以建设女性友好型城市为目标，聚焦消费场景，提升消费品质，推进多领域、多业态、多元化的深度融合。三是挖掘新型消费潜力。长沙作为社区团购模式的起源地，引领着社区新零售时代的

图 2　长沙市举办四季主题系列消费促销活动

发展，在创业团队数量、订单量、站点数量、模式成熟度等方面均遥遥领先。以兴盛优选为首的社区团购平台，融资、并购都非常活跃。兴盛优选平台交易量继续保持全国第一，1—9 月交易额超 350 亿元。知花知果社区团购平台，销售湖南本土水果类销售约 1614.4 万元，蔬菜及其他农副产品类约 1359 万元。

三、典型经验

（一）助力市场主体创新，推动新型消费扩容提质

一是推进传统零售实体转型“新零售”。引进了天泽信息、聪石科技等跨境龙头企业，打造自贸区“黄花数字贸易港”，“跨境湘商回归”联合运营中心形成集聚效应。发展“产业带+跨境电商”模式，省、市、县三级共建跨境电商综合服务中心，深化与亚马逊、阿里巴巴、Lazada、Shopee 等大型电商平台的合作，支持国家级外贸转型升级基地应用跨境电商加快数字化转型，为传统外贸、电商企业提供全方位培育服务。二是深化线上线下双向融合。创新“体验式+无接触式配送”、全民分销、社区团购、直播带货等线上线下一体化消费新业态、新模式。水羊集团、安克创新、兴盛优选等 3 家企业入选全国首批线上线下融合发展数字商务企业，分别在美妆电商、跨境出口、社区电商等细分领域领跑全国。水羊集团线上与淘宝、亚马逊等国内外 100 余家主流网上商城建立了深度合作关系，线下铺设实体店十余家、网点 6000 余个，2020 年线上销售额约 33.5 亿元，占销售总额 90%以上。三是培育引进涉农电商市场主体。快乐购责任有限公司为助力省巩固脱贫攻坚成果，成立“芒果云超市”，为全省农户、新农人、达人主播等提供“一键开店、一键直播、一键到家”的农产品销售服务，截至 11 月底已销售湖南本地农产品 6048 万元。

（二）着力打造品牌矩阵，激发新型消费活力

一是老字号实现“逆生长”。全面实施“老字号振兴工程”。采取线上线下相结合的方式，开展“百年长沙国潮品牌游园会”系列主题活动，引导老字号企业将传统与潮流结合。长沙火宫殿创新“互联网+”模式，入驻天猫、京东等电商平台，形成集食品生产、连锁专卖、生胚配送、网上商城于一体的产业链。雨花区非遗馆推出全国首个非遗夜市，同步满足人们“赏非遗”

“学非遗”“玩非遗”“购非遗”“吃非遗”的需求。二是新型消费品牌抱团出圈。以文和友、茶颜悦色、盘子女人坊、墨茉点心局、三顿半、盛香亭、兴盛优选、零食很忙、柠季、黑色经典、果呀呀等为代表的新型消费品牌迅速崛起。湖南文和友食品科技有限公司 2020 年电子商务交易额超 600 万元，2021 年线上销售目标 2 个亿。三是直播电商快速发展。已形成马栏山视频文化产业园、浏阳市 5G 直播基地等直播集聚区，通过整合网络主播、直播平台、商家资源，构建视频直播电商产业生态圈。涌现芒果 MCN、水羊新媒、长沙妙趣新媒体等“带货量”超亿元的直播主体。芒果 MCN 全网粉丝近 5 亿，抖音市场排名前五，GMV 过亿。

（三）致力智能化创新应用，激发新型消费动能

一是科技赋能文旅业态。“互联网+文创”产业兴起，创意陶瓷、创新手工等产品在电商市场崭露头角，豆芽文化、厚博文化等企业在细分市场名列前茅。O2O 到家业务兴起，京东到家、小步到家快速发展。长沙石燕湖景区建立了全国第一家旅游新场景实验室和全国第一家数字化文旅体验实验室。浔龙河生态艺术小镇、旅居体验装备“地球仓”等新场景已成为消费新宠。二是创新发展“互联网+医疗健康”。省人民医院牵头成立 18 个专科联盟，创新开展“互联网+居家护理”服务；省脑科医院探索建设“空中医院”，开展线上诊疗服务。三是推进数字化赋能家政服务。天鹅到家（见图 3）作为家政行业龙头企业，以数字化引擎赋能家政行业提质扩容，搭建一站式家

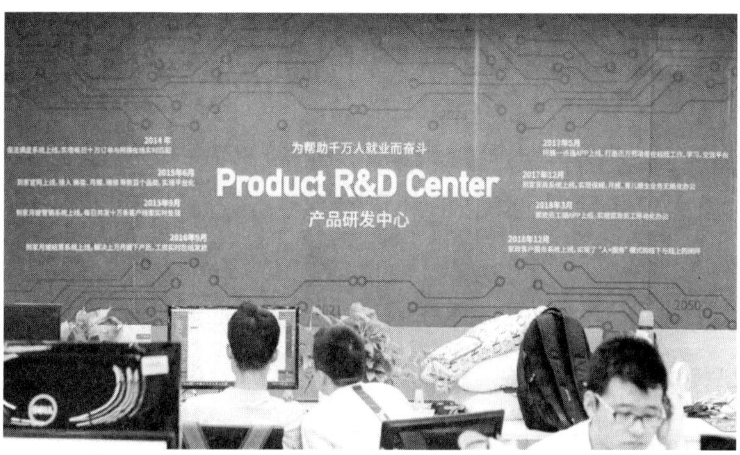

图 3　天鹅到家产品研发中心

庭服务数字化平台，建立了线上线下融合的“招培售服”（招聘、培训、上岗、售后服务）体系，形成“人+服务”家政服务新标准。平台已累计拥有超过1600万注册用户，累计服务超过420万用户。四是大力发展智慧养老。构建“互联网+服务”新型消费渠道。湖南康乃馨养老社区综合运营有限公司搭建智慧养老“馨家”电子商城，线上线下同步推进养老服务与硬件产品，并依靠大数据及人工智能，为老年人提供个性化、精准化的养老服务。五是加快发展智慧旅游。打造集服务、营销、管理为一体的“5G+智慧旅游”体系，实施数字文旅“云游”计划，推出优秀文旅作品。推出“在线艺术课堂”等数字文化资源，线上服务达50余万人。

四、主要成效

（一）产业规模稳步提升

2021年1—11月长沙市网络零售额1069.8亿元，同比增长23.5%；实现跨境电商进出口额约29亿美元，在全市外贸进出口总额中占比超过8%，预计全年跨境电商进出口额突破30亿美元。

（二）市场主体更大更强

2021年，长沙市获评国家级数字商务企业4家、省级数字商务企业9家，省级及以上示范企业累计71家，占全省比例超过50%。B2C平台TOP20的重点监测平台（天猫、京东等）上开设店铺数达到26万家，排名前20的网店年线上销售额均超1亿元，排名第一的店铺超8亿元。从各平台店铺数分布看，大众点评、美团（到店）和淘宝网位居前三，店铺数分别为10.5万家、8.9万家和5.7万家。从店铺类型来看，在线餐饮店铺数最多，店铺数达19.4万家。全市认定跨境电商企业304家，全市企业在亚马逊平台开店数达到353家。

（三）产业融合成效明显

工业电商已具规模，三一、中联、山河智能等工业龙头企业借助互联网做大做强，大汉电商、中拓电商等发展为100亿元级钢铁交易平台。服务业电商发展多样化，渗透教育、交通、服装、餐饮、旅游等生活各领域，涌现长沙世界之窗、快乐阳光互动娱乐传媒、盘子女人坊、潭州教育等一批模式新颖的企业。农业电商快速发展，宁乡市、浏阳市、长沙县等获批电子商务进农村国家级示范县。新冠肺炎疫情更是带动外贸企业“上线潮”，联合阿里国际站开展了“湘商领航、数字出海”系列培训对接活动，帮助数十家企业拓展“9710”出口新模式，新增上线230余家生产型企业。

案例 14

重庆万州区：融合打造“电商+”模式，激发消费动能

一、基本情况

万州区地处重庆东北部、三峡库区腹心，因“万川毕汇”而得名，因“万商云集”而闻名，因“万客来游”而扬名，已有 1800 多年建城历史。它于 1902 年对外开埠，1917 年设立海关。新中国成立后，置四川省万县地区行署，辖九县一市。1992 年撤销万县地区，设立地级万县市，辖三区八县。重庆直辖后，成立万州区，与重庆开州区、云阳县、梁平区、忠县、石柱县，湖北省恩施州、利川市，四川省达州市等接壤，辖 52 个镇乡街道，幅员 3457 平方公里，总人口 173 万人，其中，城区人口 106 万人。

万州是长江十大港口城市之一，是方圆 200 公里范围内最大的区域中心城市，是川渝地区联系陕西关中城市群的主要通道和东向出海通道的重要组成部分，是川渝地区沟通鄂西、陕南、湘西的重要交通枢纽和物资集散地，是川渝地区的东向开放门户。近年来，全区深刻领会、理解把握中央精神、市委部署，立足抢抓重大战略机遇，结合《成渝地区双城经济圈建设规划纲要》关于万州建设成渝东北区域中心城市、区域性物流中心、特色消费聚集区的规划以及重庆市赋予万州“建设生态优先绿色发展示范区、全国性综合交通物流枢纽、三峡库区经济中心和完善区域中心城市功能”的战略定位，全力抓好生态篇、流通篇、城市篇、产业篇“四个篇章”，营商环境进一步优化，经济社会发展态势良好。2021 年，全区实现地区生产总值 1087. 9 亿元，同比增长 8. 4%。

二、主要做法

紧抓产销对接、平台建设、“双亮”工作、资源整合、直播带货、氛围营造等关键环节，全力推进电商消费模式做深做细，成为促进新消费的发动机和动力源。

（一）加强产销对接，激发融合消费潜力

与山东济宁签订扶贫协作协议，将消费扶贫作为先手棋，不断探索创新产销对接长效机制。在流通消费等领域出台工作方案及消费帮扶补助政策，开展“GO 购够”主题消费活动，推动构建“线上+线下”“商品+服务”“零售+体验”新零售体系，不断激发线上线下融合的消费潜力。建立健全电商发展组织协调、日常管理、督促检查、年度考核等工作机制，构建“电商+快递+基地+农户”的利益联结机制。

（二）推进数据平台建设，促进网络消费增长

建成渝东北区域最先进的电信 DC，渝东北最大的联通通信枢纽中心，城区主要区域实现 5G 信号全覆盖，全区数据储存能力已达 1.6 万 TB，有效保障网络消费数据存储。推进“智慧万州”建设，教育、医疗、旅游、城市管理等方面推出智慧场景应用 30 余个，开发运营各类线上 App 和小程序，大力推广数字化、智能化消费。

（三）创新“双亮”工作方法，助推消费环境优化

创新开展城乡“双亮”14 次，累计亮出高质量发展成果和高品质生活美景共 514 个，重点引育一批具有先进经营理念的业态，实施一批整治提升项目，让“破旧街区”焕发新消费生机，变身“时尚消费”打卡地。创新开展“议服务基层建设、议服务企业发展”4 次，建立服务基层和企业的直通车，推动不断提升消费环境。

（四）加强物流资源整合，促进电商服务能力提升

邮政公司牵头整合圆通、中通等快递物流资源，建成区级电商公共物流配送中心 1 个（见图 1），规划农村物流配送片区 9 个，实现城市商品、农村商品 1 天互达，初步构建起区、镇（乡）街、村三级电商物流配送服务体系，全区电商公共物流配送中心年到发农村商品 3000 万件以上。区级电商公

共服务中心提供电商政策咨询、指导培训、信贷融资、市场推广、营销策划等全生命周期服务，全覆盖开展农村电商培训 1.1 万人次，带动 2547 名农村青年和返乡人员就业创业。邮政公司依托村居公共服务中心等网点提供网上购销、缴费、取款等“最后一公里”服务，累计代收费 38.78 万笔、金额 3616.8 万元，助农取款 13.09 万笔、金额 3039 万元，带动农产品销售超过 1200 万元。

图 1　万州区公共物流配送中心

（五）带头直播带货，发挥示范推广效应

制定直播带货行动计划，开展年度直播带货活动，区政府区长聂红焰等参加直播带货活动 2 次（见图 2）。组织渝万传媒等 160 余家直播机构和直播网红，全面开展直播带货。2021 年重庆“6·18”电商节活动期间柠檬销售超过 600 万元，接收玫瑰香橙订单 4.5 万单。2021 年，在抖音、平湖万州等平台开展直播带货 1500 场以上，观看人数 6000 万人次以上，销售额 2000 万元以上。

图 2　万州区人民政府区长聂红焰直播带货

（六）丰富节庆会展活动，营造放心消费氛围

高水平举办世界大河歌会、中国长江三峡国际旅游节、三峡美食文化节暨万州烤鱼节、三峡柑橘国际交易会（线上）等，创新策划“大三峡·大巴山”国际文化旅游节、三峡文化产业博览会、三峡江滩音乐节（见图 3）暨文化旅游惠民消费季等，形成“月月有活动”的良好氛围，年拉动

消费超100亿元，向广大市民和游客展示魅力万州和好客万州。围绕“守护安全　畅通消费”主题，依托创建全国文明城区、“诚信兴商宣传月”、“3·15”消费者权益日、全国食品安全宣传周、全国“质量月”等举办宣传咨询活动600余场次，接待安全消费咨询3000余人次，现场受理消费投诉16件。2021年开展3次消费领域联合执法惩戒行动，发现并整改隐患323个。

图3　2021年江滩音乐节

三、典型经验

近年来，万州以城市商圈为重要载体、以夜间网红为重要主题、以品牌提升为重要抓手、以区域合作为重要纽带，着力提升打造线上线下有机融合消费场景，打造川渝东北消费集聚地。

（一）以城市商圈为重要载体，构建完善新型消费体系

以城市“五大商圈”为载体，依托万达广场、红星美凯龙、三峡国际农产品集散基地等大型综合商业体不断丰富业态，引进兰蔻、星巴克、万达影院、西西弗书店等入驻，让消费者享受一站式服务，一站式购齐。开展线上线下促销活动，2021年组织全区近50家企业、机构开展下单后减免、满减、超值换购等优惠活动，单日消费额近1000万元。

（二）以夜间网红为重要主题，大力打造新型消费亮点

大力打造夜市特色街区，建成静园路市级特色美食街、长江之星美食

街、摩登·星乐荟好吃街等夜间美食街，三元四方文旅街区成为市级首批夜间文化旅游消费集聚区。丰富夜间文娱生活，开行“交运平湖”夜间游轮，让游客欣赏沿途美景的同时享受文化盛宴和特色美食；开展夜间健美操、交谊舞、腰鼓、小区电影等活动，建成24小时城市书房；规划夜市摊位2000余个，以城市烟火气激活夜间市场。大力发展网红经济，打造望江大梯道灯带梯瀑景观（见图4）、城市记忆特色“吉祥街”、太白诗酒小巷和渝东北最大的3D裸眼大屏等网红打卡地；万州籍网红主播“冯提莫”开展宣传推介，吸引了大量粉丝来万旅游消费。

图4 万州区望江大梯道网红打卡地

（三）以品牌打造为重要抓手，带动提升产品商业价值

培育“三峡好礼”“百味万州”“三峡天丛”“万州烤鱼”“万州古红桔”特色农产品电商公共品牌5个，线上网店和线下实体店同步运营并销往全国。培育“鱼泉榨菜”“伴神调味品”“万州牛肉干”“树上鲜花椒油”“白羊柠檬”“万县炸酱面”等网红品牌28个，现有“两品一标”产品认证102个、地理标志19个、重庆老字号7个。重庆市委常委、万州区委书记莫恭明带头“晒文旅·晒风景”（见图5），持续唱响“畅游三峡、万州出发”旅游品牌，建成重庆市大三峡旅游集散中心，实现线上购票、购物和旅游等。

图5　重庆市委常委、万州区委书记莫恭明“晒文旅·晒风景”

（四）以区域合作为重要纽带，不断拓宽产品消费渠道

深化东西部扶贫协作，山东省济宁市不定期举办消费扶贫专场推介会和万州扶贫产品进社区活动，长期设立8个专柜专区，常年展销万州30余种扶贫产品；鲁喀供销联盟在万州开设扶贫农特产品直采中心，通过线上线下两个平台，累计销往济宁市农特产品4000万元以上。引导农产品入驻阿里巴巴、京东商城、淘宝网、美菜网、美团优选、中国社会扶贫网、832平台、重庆消费扶贫馆等电商平台，玫瑰香橙、柠檬、李子等实现全国范围在线销售。

四、取得成效

通过大力发展线上线下有机融合的新型消费，消费环境进一步改善，群众的获得感、满意度持续提升。2021年，全区社会消费品零售总额达到441.8亿元，增长27.8%，两年平均增长11.9%，助推全区实现地区生产总值1087.94亿元，增长8.4%；接待游客2193万人次，增长32.8%，实现旅游综合收入123亿元，增长28.5%，基本恢复到疫情前水平。

（一）农村电商物流蓬勃发展

15万亩玫瑰香橙、10万亩柠檬、10万亩青脆李、10万亩古红桔等特色农产品的产销链条更加紧密、时间进一步缩短，三峡柑橘交易会销售玫瑰香橙3.5万余吨，成交金额2.1亿余元，实现足不出户销售全国。2021年，全

区农产品电商销售额达 6 亿元，同比增长 20%，发展态势良好。

（二）就业创业环境不断改善

成功创建国家第三批电子商务进农村综合示范区，大周镇农村电商创业孵化园（见图 6）被授予“重庆市专家服务团乡村示范点”、重庆理工大学“乡村振兴志愿服务站及大学生‘三下乡’社会实践基地”等称号，已入驻企业 73 家。全区直播品种达 2500 余个，电商各类市场经营主体达 3400 余家，电商直接从业人员 2 万余人，为实现全年城镇新增就业人数 3.05 万人、城镇调查失业率控制在 5.5%以内提供了助力。

图 6 大周镇农村电商创业孵化园

（三）城乡融合发展更具活力

建成村级电商服务站点 263 个，村级电商物流站点和益农信息社实现 413 个行政村全覆盖，国有企业带头进镇入村，实施 2021 年基础设施和产业项目 74 个，完成投资 13.7 亿元，带动社会资本投入资金 4000 余万元，打通农村电商“最后一公里”，城乡之间、产品生产和消费之间的流通与交易更加畅通便捷，城乡融合发展更具活力。

CHAPTER 6

第六章

促进新型消费供需匹配

编者按

随着我国制造能力迈向全球领先，新型消费由供给驱动逐渐转向由需求驱动为主，并通过数字化的方式洞察消费者需求。随着居民消费需求提质升级，对商品品质、性能提出更高要求。因此政府引导产地企业瞄准更高标准与新消费具体需求特点，改造提升现有产品结构，注重核心竞争能力的提升。从实效来看，首先，多地出台激励措施，鼓励企业加强技术研发与投入，提高产品技术、设计水平。其次，推动高端制造业的发展，努力提升产业链附加值，加大自主品牌培育力度。将传统文化与品牌建设相结合，为品牌注入文化内涵，实现由“中国制造”向“中国智造”的提升。

从各地典型经验来看，主要包括：(1) 着力打造具有影响力的新品牌。多个城市结合消费中心城市建设，聚焦区域化、国际化发展，积极培育新动能、新优势，通过政策与资金两方面扶持高潜力品牌。实施包括生态搭建、企业遴选、加速赋能、产融结合等举措，建立新消费孵化生态圈，推动包括政府、品牌、资本方、场景方、服务方在内的各生态圈主体有序合作，将数字消费的提质升级融合到新消费品牌成长发展中。(2) 增加商品与服务多样化供给。地方政府从“高质量”与“新需求”着力，实质提升商品和服务的供给能力，包括：根据企业不同的定位，鼓励企业按照不同档次满足不同群体的多样化需求；丰富新型供给的内容，鼓励新型信息化服务的发展，拓展居民消费空间；增加图书馆、影院等文化硬件供给，打造新型消费发展环境。(3) 夯实流通基础设施建设。各地政府通过畅通物流渠道，加强物流基础设施建设，建设高效率的现代化流通体系。充分利用国内国际两个市场、两种资源，增强经济发展的联动效应。

案例 15

北京东城区：新消费品牌孵化，探索商业改造新模式

一、基本情况

新消费品牌孵化在一定程度上参照科技孵化器的运作模式，在相对固定的场域空间内，通过孵化基地发现、引入潜力消费品牌，利用一系列赋能孵化手段，帮助新消费品牌成长。同时吸引创投机构等社会化力量关注、参与对有较大发展潜力的优质消费品牌的培育和孵化，最终达到优化消费供给、繁荣消费市场、促进经济长久高质量发展的目标。

东城区对辖区内疏解腾退空间、大型商业设施、产业园等重点商业空间资源近 50 处进行了全面梳理，根据初步沟通情况先后考察走访了前门商业区、王府井商业区等十余处商业空间，并协助空间对接孵化机构库单位，寻求合作机会。场地空间各有特色，部分地点有一定的品牌培育基础。在综合考量企业发展规划、场地空间条件、业态定位等因素基础上，一期推出南阳共享际、红桥市场、王府井 19 号府 3 处孵化基地，并于 2021 年 3 月 29 日完成孵化基地挂牌。

二、主要做法

（一）加强顶层设计，完善政策支持体系

一是制定区级工作方案。经过专家研讨、实地调研交流，制定了东城区新消费品牌孵化工作方案及前期推进方案，明确了“突出市场主体、坚持孵化导向、依靠专业运营、完善政策服务”整体建设思路，指导工作开展。二

是梳理制定政策。在落实北京市相关工作框架基础上，经东城区内部门多轮梳理研究，初步集成涵盖贷款贴息、融资奖励、上市奖励、租金补贴、孵化奖励、包容监管、资源赋能等十个方面的支持措施，并根据工作推进情况不断丰富完善。三是协调解决孵化基地运作中的实际问题。针对孵化基地运作过程中遇到的实际问题，该区领导高度关注，各部门第一时间响应，在政策法规框架下全力予以协调解决。先后理清王府中環四合院产权承租关系，简化承租环节，明确中长期合作意向，为企业制定新消费发展规划吃下“定心丸”；召开虚拟地址注册工作协调会，初步明确孵化基地范围内通过加强承诺制管理，增加注册品牌容量；加强外摆审批灵活性，助力孵化基地结合场地空间条件组织各类宣传推广活动，提升品牌影响。

（二）广泛调研交流，拓展工作思路

对接商业空间的同时，在北京市商务局的帮助下东城区也在积极与专业孵化机构、资本机构进行当面沟通，探索工作推进路径。先后拜访南阳共享际、德勤咨询、高榕资本、真格基金等近 10 家行业内头部企业；组织金慧丰投资、新龙脉控股等 7 家投资、科技消费品领域企业召开座谈，就资本运作、品牌成长规律、企业成长赋能、消费领域市场发展进行探讨和交流。机构普遍反映近年来新消费领域发展迅猛，喜茶、泡泡玛特等一批新消费领域企业脱颖而出，消费带动效应显著，政府推动新消费品牌成长正当其时。各机构对利用自身在消费场景搭建、资本运作、资源对接等方面优势，促进优质新消费品牌孵化成长表达了积极意向。

（三）开展广泛宣传，提升社会影响

广泛邀请媒体宣传报道新消费品牌孵化工作，助力品牌成长。人民网、新华网、中国经济时报、北京商报等多家媒体对东城区 3 月 29 日孵化基地挂牌仪式进行了相关报道，在行业内引发较大关注。6 月在东城区与北京卫视《这里是北京》栏目合作推出的《恰是百变风华》系列节目中制作新消费专集，宣传推广新消费品牌孵化基地建设理念和品牌特色。9 月，结合红桥孵化基地观坛艺术馆落成，对接北京卫视《北京您早》节目深入报道红桥“新消费、新业态、新空间”的转型升级工作，推广新消费品牌。

（四）加强“数字赋能”，开展丰富商业活动

“政府搭台、企业唱戏”，东城区内各部门加强联动，在活动审批、安全保障、融媒体宣传等方面为企业提供便捷服务，支持孵化基地举办各类特色商业活动，促进小微新消费品牌集聚发声，形成规模优势。在推广过程中孵化基地注重加强数字化赋能，利用直播等新兴传播渠道扩大品牌影响。红桥5G直播基地（见图1）8月建成以来面向海内外共计直播57场次，涉及抖音、快手、搜狐视频、视频号、Zoom等多个平台。抖音直播观看量4万余人次，快手观看量130万余人次，海外400余人观看。王府中環咖啡节期间为入驻品牌提供小红书、大众点评等线上平台支持，3天时间曝光量1500万，自媒体曝光近亿级，周边商户同期销售增长30%，推广效果显著。

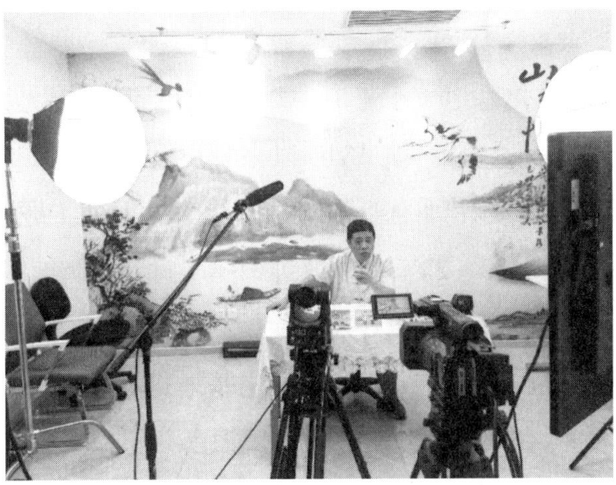

图1　红桥孵化基地赋能模块5G直播基地

三、典型经验

（一）完善的顶层设计支撑新型消费发展

政府在制定新型消费的发展方案前要充分了解新型消费的特点和当地的实际状况，积极组织专家会谈，在集思广益的基础上制定完善的顶层设计。例如东城区在制定新消费品牌孵化工作方案及前期推进方案时，经过了多次专家研讨、实地调研交流，明确了“突出市场主体、坚持孵化导向、依靠专业运营、完善政策服务”整体建设思路，从而制定方案，指导工作开展。

（二）用数字技术为新型消费发展赋能

在数字经济时代，数字技术是消费转型发展的强力推手。政府除了制定完善的顶层设计外，还需要善于利用数字技术为区域新型消费发展赋能，提高区域经济发展的效率。东城区在新型消费推广过程中注重加强数字化赋能，利用直播等新兴传播渠道扩大品牌影响，并建成了红桥 5G 直播基地，取得了显著的推广效果。

四、取得成效

几个月来，3 处孵化基地结合自身运营情况，逐步摸索建立了各自的品牌发现、遴选、培育、退出机制；物色了一批潜在优质新型消费品牌（截至 10 月在孵品牌 23 个）；推进多项软、硬件建设，对新型消费品牌孵化进行了积极探索。

王府井 19 号府孵化基地位于王府中環西侧四合院。基地定位为聚焦高端餐饮和精致生活方式类品牌孵化。今年以来先后利用孵化基地空间举办“融汇”艺术展、安邸家居设计师主理品牌孵化展等一系列主题活动，促进品牌交流展示。特别是 5 月 20—23 日举办王府中環咖啡节活动，汇集近百家咖啡品牌参与，4 天活动引入客流 12 万人次，销售 200 万元，线上曝光量超 1500 万次，时久酒等 2 家优质品牌成功引入孵化基地进行中短期培育孵化，取得丰硕成果。目前在孵品牌 8 家，其中端木良锦已获得社会资本 A 轮融资。

南阳共享际前身是中国对外演出公司排练及汇报演出场地，于 1994 年后基本废弃。整体项目于 2018 年由南阳共享际团队接手，项目共 3400 平方米，2019 年 10 月改造完成。南阳共享际以戏剧主题内容打造共享社区，围绕“戏剧创作、戏剧孵化、戏剧产业化开发”3 个环节构建戏剧文化场景，基地内集成演出、排练、办公、商业、住宿等多品类业态空间，吸引优质演艺品牌、媒体活动公司及网红消费品牌在孵化基地内交流碰撞，属于少有的集演出和内容孵化于一体的商业平台。目前基地在孵品牌 9 家，全部取得了优秀的行业口碑及业务收入，其中优质品牌单立人脱口秀月营业收入近 50 万元；猫头鹰脱口秀品牌经孵化基地培育不断成长，计划在东四大街开业戏剧酒吧实现业务扩展；铁手咖啡制造总局单店营业能力在北京精品咖啡市场进入前三名。

红桥市场孵化基地毗邻世界文化遗产天坛公园，聚焦“非遗文化展示、珍珠珠宝设计、国潮文化产品、创新传播体系”等领域新消费品牌孵化培育。市场方成立工作专班，不断完善和优化基地建设方案，形成以 1 个服务矩阵、6 大支撑平台、1 套孵化机制有机结合的孵化体系。8 月 27 日孵化基地 5 层中传红桥品牌交流中心揭牌。以此为契机，以品牌研究中心、5G 传播基地、配套餐饮嗨饭街为代表的红桥新消费品牌孵化基地建设一期成果得到集中呈现，在孵品牌 6 个。未来，红桥市场将按照《红桥市场新消费品牌孵化基地建设路径方案》，不断调整业态空间布局，最终形成以“文商旅”创新融合发展为核心竞争力的红桥新消费品牌孵化平台。

案例 16

洛阳市：聚焦文旅、抓特色，促进新型消费发展

一、基本情况

洛阳市位于河南省西部，面积 1.52 万平方公里，人口 717 万，是国家历史文化名城、中原城市群副中心城市。“十三五”以来，洛阳坚持以“互联网+”引领消费升级，培育壮大数字化、智能化的消费业态，以线上线下融合等新业态、新模式为特征的新型消费规模加速扩容，业态模式不断创新。洛阳已拥有 1 家国家级电商示范企业、21 家省级电商示范企业，偃师布鞋、钢制办公家具、牡丹特色产品等成为网络销售的热门产品；以智慧旅游城市建设为抓手，借助现代信息手段全面提升洛阳旅游的信息化、智慧化、数字化水平，建立了文旅产业新型消费模式；打造智慧体育云平台品牌，为广大市民、体育场馆、体育组织提供数字化服务；通过智慧养老服务平台搭建起政府、百姓互联互通的信息桥梁，使居家老人足不出户即可安享服务；建设智能公交项目，实现决策、管理方式信息化，为乘客便捷智慧出行服务……

在洛阳，线上线下融合的新型消费模式蓬勃发展，从吃、穿、用等实物消费领域加快向文旅、体育、医疗、交通等服务领域扩张渗透，极大丰富了消费内容、提升了消费体验、满足了消费需求。

二、主要做法

洛阳始终将促进新型消费发展作为城市高质量发展的重要途径之一，立足于时代发展特点和本地人文特色，以线上线下融合为手段，培育消费热

点，撬动城市消费活力，形成了一些具有洛阳特色的好的做法。

（一）发扬人文自然优势，推动文旅新型消费发展

洛阳历史文化遗产资源积淀深厚、山水自然景观秀丽多姿，以此为依托，于2013年启动了智慧旅游城市建设。积极引导旅行社、景区等市场主体大力开展数字化、信息化建设改造。洛阳中国青年旅行社、港中旅国际旅行社、八达旅行社、天天旅行社等企业开发了手机App、微信公众平台、旅行社同业平台、导游预约平台、电子合同等系统，线上线下融合了导游、酒店、景区、餐饮、租车、票务等多重业务（见图1）；龙门石窟、白云山、老君山等3家景区获得河南省5钻级智慧景区，龙门石窟等一批5A、4A级景区已实现在线预订、信息推送、智能导游、智能监控全覆盖。

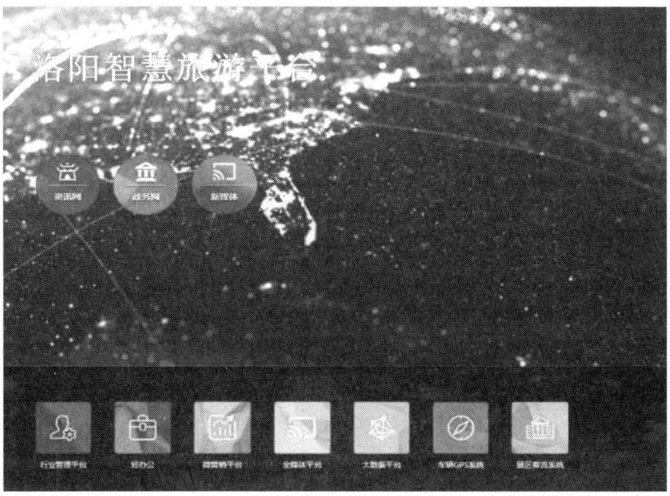

图1　洛阳市智慧旅游平台界面

努力打造沉浸式文旅目的地，依托《风起洛阳》《唐宫夜宴》《洛神水赋》《龙门金刚》等优质文旅IP打造一批沉浸式体验项目，建设“5G XR电竞未来乐园”、九洲池二期、大河荟、唐宫市场文旅商综合体等沉浸式文旅项目，打造“梦里隋唐、尽在洛邑”等实景剧本杀文旅产品，引入笑场喜剧、相声新势力等沉浸式小剧场，在打造沉浸式文旅目的地上取得实质性突破。积极打造文旅旗舰劲旅，省文旅集团积极与清华文创院对接，争取河南省文旅文创融合创新基地落户洛阳，引进一批文旅领军企业和文旅文创平台，更多依靠有实力、有创意的市场主体建设沉浸式文旅项目。旅游消费业态转型升级走出了一条具有洛阳特色的新路。

（二）建设青年友好型城市，抓住新型消费重点人群

青年是新型消费的主力，洛阳以建设青年友好型城市为契机，开展社交消费赋能工程建设。创新文旅消费模式，围绕青年消费特点，打造沉浸式体验旅游区，引导博物馆、老字号、特色店打造体验式消费场景。引进培育文创头部企业，目前洛阳卡卡和FB已成为全国剧本杀头部企业；高质量建设一批大型文旅综合体、文旅街区、文创基地。创造性做好文旅营销，做大做强工艺美术、精品演艺、实景游戏、数字文博等文创产业，提升洛阳城市文化对青年的吸引力。丰富发展夜间经济，围绕“吃、行、游、玩、赏、买”等出台支持夜经济发展系列举措，开发城市夜游精品路线；打造夜间城市书房，每周举办讲座沙龙、书享会，并增设水吧、夜宵茶点等服务，营造温馨环境；大力发展青年剧院、剧场，创办和提升一批音乐节、露营节；利用抖音、快手等新媒体推出更多网红打卡地，提升夜间生活魅力。丰富文体休闲活动，以15分钟“阅读圈”“健身圈”打造城市区“青年休闲环”，布局增建社区体育运动设施，积极举办帆船等时尚型体育活动；在城市公园、游园内设置主题亲子乐园，开辟户外运动专区，设立攀岩、轮滑、平衡车等场地和设施；在青年集聚区域布局小酒吧、咖啡厅、时尚音乐餐吧等休闲娱乐场所，丰富青年人业余文体生活。构建青年网络场景，加强头部社交平台合作，常态化策划定制彰显洛阳特质、符合青年特征的线上活动；推出网络爆款作品，形成一批原创高质量文化网络产品，构建彰显洛阳青年风采、展示城市魅力、传播河洛文化的网络社交场景。打造青年专属频道，建设新媒体人才队伍，打造“青春洛阳”工作室、“青春洛阳”会客厅等新媒体品牌，推出根植城市愿景、河洛文化的宣传产品，在信息传播、内容生产、价值影响等方面开拓创新，面向青年宣传好洛阳厚重与时尚、传统与活力的城市气质。

（三）开展网上促消费活动，创造新型消费的发展契机

在疫情防控常态化的大背景下，洛阳直面挑战、积极应对，采取培育电商载体、办好电商活动等措施，扩大线上消费，有效激发了消费潜能，以电商为代表的线上消费呈现出爆发式增长态势。电商示范基地、跨境电商示范

园区、跨境电商人才培训暨企业孵化平台等各类电商载体已成为拉动洛阳经济增长的重要力量。

洛阳积极谋划开展网上促消费活动，大力培育“直播经济”等消费新业态、新模式，积极组织本地企业参加由抖音、淘宝等各大电商平台发起的线上消费活动，组织开展“洛阳好物”消费季、“最是家香味”必买年货评选等系列活动，各县区自主开展直播带货、消费帮扶等各类活动。为做强牡丹花消费品牌，推出牡丹花礼品卡，采取了线上线下同步预售的模式，企业以销定产，消费者自主选择收花时间，借助电商通道，扩大了牡丹花销售范围，提升了牡丹花交易便利性，促进了牡丹产品品牌化（见图 2）。

图 2 牡丹礼品卡发行新闻发布会现场

三、典型经验

在推进线上线下新型消费融合发展的过程中，洛阳市重视利用互联网技术助推产业转型升级、数字经济创新与实践，在智能、健康、便利的消费生态建设中，积累了以下经验。

（一）先进理念引领新型消费，建设标准规范项目推进

大力宣传普及新型消费理念，市、县政府，主管部门，社会团体和旅游企业等率先统一思想，提高认识。广大人民群众普遍支持旅游智慧化等新事物、新服务，踊跃体验新型消费模式，为智慧旅游城市建设、全域旅游建设大发展奠定了坚实的群众基础。针对景区智慧化建设中存在的缺乏规划、盲

目建设、重复投资、系统孤立、数据壁垒等现象，洛阳市制定并在全市范围内执行《洛阳市景区智慧化重点项目建设标准（试行）》，重点突出，具有较强指导意义和可操作性，保证景区信息化建设工作顺利推进。

（二）政府主导、企业参与、市场化运作，共同建设新型消费网络平台

政府主导确保了平台的主要功能必须满足消费服务需求的目标；企业参与充分调动了各行业共建智慧型消费的积极性，形成了百花齐放的格局；市场化运作解决了技术及资金问题，保障了信息化建设可持续发展。洛阳在文旅产业上表现尤为突出，市文旅部门先后与腾讯公司、高德地图、河南电信、洛阳移动、洛阳联通签订了智慧旅游建设战略合作协议，与中山大学、郑州大学、洛阳师范学院开展产学研合作，获得了智力、技术、资金支持；搭建了享游河洛文旅消费平台，扩大特色旅游品牌影响力，便利游客旅游消费，2021 年通过该平台发放景区文旅消费券 800 万元，拉动消费 810.08 万元，直接带动比 1∶2.37。

（三）多方参与，注重实效，突出消费帮扶特色

开展消费帮扶工作，倡议社会各界人员积极主动参与消费帮扶活动，坚持线下和线上相结合，助力农产品网络销售。如新安县举办樱桃文化节，采取“电商企业+基地+农户（贫困户）”模式，约 1000 万斤樱桃依托当地供应链，为淘宝、拼多多、抖音、美团等平台供货，销往上海、广州等各大城市。积极参与 2021 年全国网上年货节，组织企业开展直播带货、参与各大电商平台的线上年货节活动。开展形式多样的农产品产销对接活动，如宜阳县举办上观水蜜桃产销对接、赵保镇第六届槐花节、宜阳首届直播带货创业大赛等活动。

四、取得成效

经过不懈努力，洛阳通过线上线下融合，推动新型消费蓬勃发展，取得了良好的经济和社会效益。

（一）新型消费模式在全社会迅速推广

广大市民对新型消费模式的接受程度越来越高。在洛阳，从城市到乡村，越来越多的人接触、使用直至习惯新型消费模式。新型消费的覆盖面从青年逐步向中老年人群扩展，其带来的便利、高质量、高性价比的良好消费体验，为其在洛阳的发展壮大打下了良好的群众基础。

（二）新型消费的发展为经济转型升级提供新动能

线上线下融合，电商产业转型升级，使电子商务产业成为全市经济社会发展的新动力。2021 年，全市电子商务交易额 3004 亿元，同比增长 13.3%；网络零售额 683 亿元，同比增长 20.4%。社区电商、直播电商成为新业态发展的“宠儿”，成为拉动经济增长的重要力量。

（三）新型消费发展助力消费层次的提升

随着新型消费覆盖领域的扩大，洛阳越来越多的市民利用新型消费模式追求更高的生活品质，消费内容更多地向文化旅游、休闲娱乐、健康医养、交通出行等方面扩大。同时，也促进了供给侧的建设和改造，支撑新型消费的软硬件设施不断完善，智慧旅游、智慧体育、智慧交通等业态持续涌现。

案例 17

广州市："智慧养老"，有效提振养老服务市场

一、基本情况

养老服务是涉及亿万群众福祉的民生事业。为积极应对人口老龄化，加快推进养老服务业供给侧结构性改革，保障基本需求，提升服务质量，让广大老年群体享受优质养老服务，切实增强人民群众获得感，广州市积极推行"互联网+养老"运行模式，全面整合全市涉老服务信息资源，建成涵盖服务对象、服务提供方、服务内容、服务形式、服务管理的全市统一的养老服务信息平台。同时，促进养老服务与社区服务、健康服务、家政服务以及其他公共服务信息资源共享，不断提升养老服务信息化、智能化水平。

广州市把创新"智慧养老"模式作为养老服务综合改革重点，自 2016 年开始，自上而下建设了统一的"广州市为老服务综合信息管理平台"。平台用户覆盖全市各级政府养老服务管理部门、老年人、养老服务机构及从业人员，是集业务办理、服务监管、资源整合、大数据分析为一体的综合性养老服务平台，2020 年被评为"市数字经济领域优质应用"。该应用取得了以下成效：一是实现了涉老数据的"全覆盖"。平台汇聚 23 家单位、56 大类的涉老服务数据信息，数据库资源达 2000 余万条，可以为养老机构制作个性化的养老服务方案，为精准链接养老资源提供数据支撑，切实让信息多走路、让群众少跑腿（见图 1）。二是实现了业务办理"一站式"。老年人可通过平台足不出户"一站式"办理居家养老服务申请、养老机构入住等全部养老业务；养老服务机构及人员也可通过平台全流程网上办理机构备案及政府补贴申请等。三是实现了

业务监管的“全流程”。通过统一的业务办理模块、移动服务终端以及大数据管理技术，实现了对业务办理、服务过程以及服务结果的全流程、实时性监管。四是积极探索“智能场景应用”。积极探索“生物识别”“视频监控”“地图定位及导航”“远程健康监测”“电子围栏”“用电大数据分析”等新技术在养老服务领域的广泛应用，打造了“助餐配餐”“平安通”“家庭养老床位”“居家宝服务”“养老服务地图”等一系列优质的“智慧养老”应用场景。五是推进“线上线下”深度整合，全面提振养老服务消费市场。建成涵盖服务提供方、服务需求方的全市统一的为老服务数据库，推进“线下”服务与“线上”需求的深度融合，有效降低了社会力量参与养老服务的门槛、提升了养老服务的易及性，全面提振养老服务消费市场。

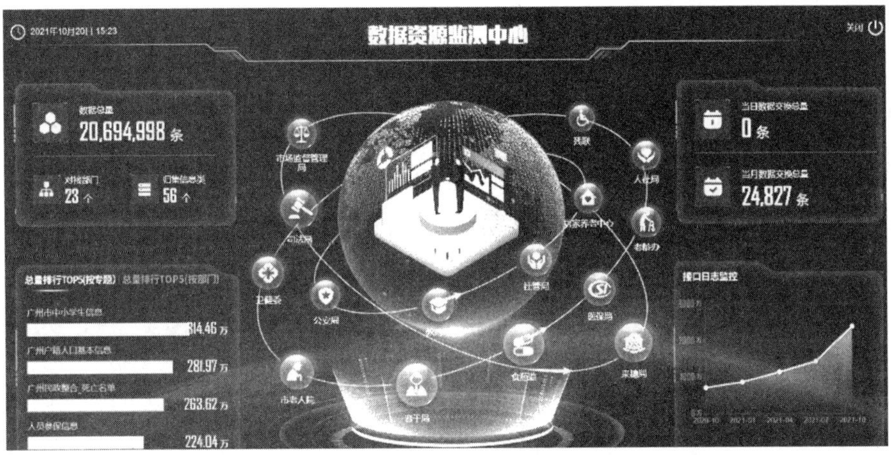

图 1　整合广州养老服务资源，形成“养老大数据”

二、主要做法

（一）实现统一的为老服务门户

基于网页窗口、自助终端等渠道建立面向老年人、养老服务人员、养老服务机构等的统一为老服务渠道，个人或机构在一个平台、一个窗口即可办理申请居家养老服务、民办养老机构入住、公办养老机构轮候、长寿保健金申请、家庭养老床位入住、老年人照顾需求评估、养老护理员岗位补贴和就业补贴申请、养老护理员入户指标申请、养老机构新增床位资助申请、护理补贴申请等，实现为老服务“一门式”服务（见图 2）。

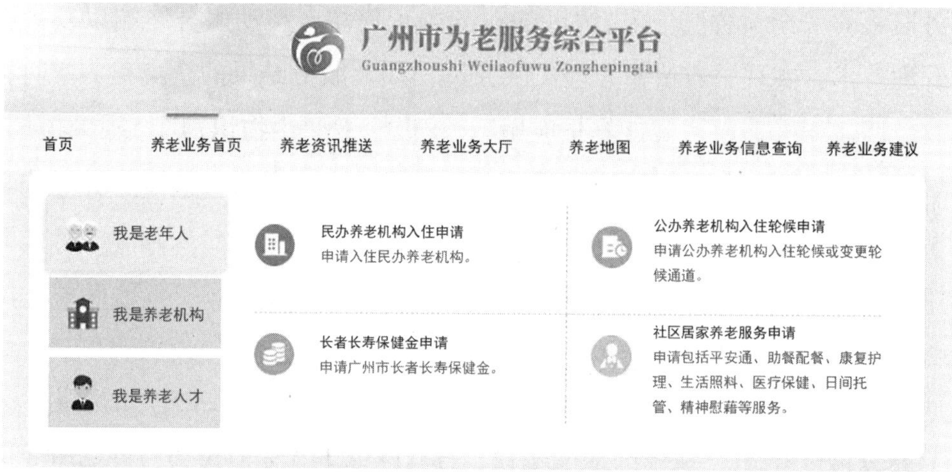

图 2　归集广州养老业务申办入口，提供为老服务“一门式”办理渠道

对受理的申请业务由平台派单给各级民政管理部门网办，处理后将办理结果反馈给平台，各部门间流水线作业和信息互认共享，避免重复核实申请人情况，缩短老年人等候时间，提供便捷服务。同时发挥社会监督作用，畅通公众表达渠道，提供老年人及家属、法人和其他组织参与监督为老服务的途径，畅通各司其职、各尽其能、相互配合的为老服务管理联动机制。

（二）实现统一的为老服务资源管理

充分整合共享全市为老服务资源，对外连接人社、教育、公安等部门，对内连接民政各业务处室和下属单位，建立大数据库，涵盖个人、机构、设施、资金、人才、产业等养老信息，共享医保、社保、健康档案、老年人信息、服务需求等基础数据，减少“信息孤岛”，实现全市老年人信息、老人资助信息、老人优待信息、老人评估信息、老人养老服务信息、为老服务资源信息等互通共享。平台统一管理全市为老服务资源，结合经济条件、照顾能力、临近设施量身定制最佳服务方案，分配公共养老资源，实现服务资源调配的科学性、合理性和精准性。

（三）实现统一的为老服务监管

利用物联网技术核心的全球定位系统、移动 App、网络技术等，通过标准化的数据接入规范，广泛运用手机定位、图像视频采集等信息技术手段，提高数据采集的真实性、准确性，实现对养老服务过程全面的实时监控，为老年人服务管理提供最及时准确的基础数据，推进为老服务管理工作服务过程可视化、报警提醒自动化、历史记录可查化，提升养老服务监管效果。

（四）实现统一的为老服务决策

以数据综合分析、智能挖掘为导向，实现对全市为老服务信息资源的多维分析、向下探查分析和变化趋势分析，掌握各个层次的数据并与前期或同期数据予以对比，分析数据变化趋势、发现问题及产生原因，精准测算广州老龄化趋势、评估养老设施资源需求，做到资源高效配置、供需精准对接，提升为老服务科学决策、社会服务水平。

（五）实现养老服务业务全面覆盖

为老服务贯穿整个老年生活，从老年人 60 周岁起按需供应居家、社区、机构等养老服务，针对老年人的需求提供助餐配餐、基本生活照料、日间托管、长期托养、康复护理等基本养老服务，整合居家养老综合信息服务平台、公办养老机构评估轮候平台、长者长寿保健金管理系统等，建立完整、闭合、智能的养老管理和服务生态链。

三、典型经验

（一）注重业务和政策导向

广州市先后被确定为养老服务业综合改革、长期护理保险制度、医养结合、居家和社区养老服务改革等国家试点城市，先后出台了 60 余份养老服务政策文件。为保障各项养老服务政策的落地实施，广州市全域推进“互联网+养老”行动，将现代技术引入养老服务各个领域，不断提升养老服务的信息化、智能化、智慧化水平，以科技赋能业务，以科技支撑业务，有效地保障了各项业务政策的落地实施。

（二）注重养老产品的“适老化”升级

深入贯彻以人民为中心的理念，充分考虑到老年人使用现代化技术存在困难的情况，在保留传统服务方式的前提下，通过不断提升养老产品科技含量和适老化水平，满足老年人多层次、多样化的养老产品和服务需求，引导老年人逐步适应、融入现代信息化社会，减缓焦虑，提升“自助式”服务能力，让老年人会用、愿用、想用，不断提升科技体验水平，增强老年人的幸福感、获得感。

（三）注重鼓励引导社会力量参与

发布《广州市智慧养老应用场景需求清单（2021年版）》《广州市智慧健康养老产品及服务推广目录（2021年版）》，通过智慧养老场景应用、养老产品及服务推广目录等，直观呈现信息技术与养老服务的融合发展，推动智慧养老产品和服务落地应用，为老年人提供多层次、多样化的优质养老服务。此外，以应用场景需求为导向，积极引导社会各界为全市智慧养老体系提供新的创意、开发新的解决方案。

四、取得成效

（一）有效提振养老服务市场

一是构建提供方“线上”数据库。建成了涵盖全市所有养老服务组织、养老服务从业人员的统一的数据库，并不断完善。各养老服务组织可通过平台备案为养老机构、居家养老服务组织、家庭养老床位提供商、颐康中心运营单位等，降低了社会力量参与养老服务的门槛。二是通过互联网赋能“线下”服务。老年人可通过平台，进行“点餐式”操作，选择合适的养老服务组织提供上门服务，极大地提升了养老服务的可及性；对于使用互联网存在困难的群众，也保留了传统的服务方式。老年人可寻求社区、街镇工作人员予以帮助。三是推进“线上线下”深度融合，全面激发养老服务市场。依托平台搭建供需对接平台，服务需求方（主要是各级主管部门）可通过平台对外发布需求，服务提供方可进行响应。吸引社会力量参与到养老服务工作中，全面激发养老服务市场活力。

（二）最大限度方便服务群众

老年人通过平台，可以足不出户“一站式”办理居家养老服务、民办养老机构入住、公办养老机构轮候、长寿保健金申领、老年人优待卡申请、家庭养老床位入住、老年人照顾需求评估、居家老年人适老化改造等8项服务并实时掌握申请进度；养老服务机构通过平台，可以全流程网上办理申请养老机构备案、变更、取消备案，颐康中心资格，家庭养老床位建床资格，以及新增床位补贴、护理补贴、等级评定补贴、医养结合补贴等各项政府资助共10项业务；养老服务从业人员可以通过平台申请岗位补贴、就业补贴；并为特殊艰苦行业一线从业人员提供入户指标申请业务。目前，平台总用户量达到 94.44 万人，累计办理各类养老业务 235.16 万宗，涉及资金 196272.17 万元。其中，老年人用户 92 万人，累计办理各类老年人养老业务 233 万宗，涉及资金 166968.07 万元；养老服务组织用户 1940 余家，累计办理各类养老服务组织业务 1.93 万宗，涉及资金 27086.6 万元；养老服务从业人员用户 2.25 万人，累计办理各类业务 2250 余宗，涉及资金 2217.5 万元。

（三）有效加强政府综合监管

平台对全市养老服务实现了事前、事中、事后全方位监管（见图 3）。一是通过对养老服务的“分权分域管理”，开展“事前监管”。市、区、街三级可以实时掌握本辖区内养老情况，并进行监管，包括：老年人口、养老机构、养老床位、老年人照顾需求等级评估、资金投入、防疫情况等；通过养老大数据实时获取全市 187 万老年人每个老年人基本情况、养老服务情况、享受救助情况等。二是通过对业务办理流程的管理，实现“事中”监管。平台对老年人申请居家养老服务、入住养老机构、申领长寿保健金等，养老机构办理机构备案、补贴申请、开展服务，各级政府养老管理部门审核、审批各项申请、补贴等事项均建立了统一、规范的业务办理流程，并实现了流程的可查询、可定位、可追溯。三是通过对服务过程的全方位监控，为“事后”监管提供技术支撑。通过人脸识别、刷卡机、定位功能、可视化监控等科技手段，实现对服务过程的实时监控。如：居家上门服务、照顾需求评

图 3　平台对广州市养老服务事前、事中、事后的全方位监管

估、助餐配餐等，都可通过上门服务 App，全程记录服务过程、服务情况、服务结果；服务机构可以随时进行服务质量跟踪；各级服务管理部门也可随时进行抽查、回访等日常监管。

建设广州市为老服务综合信息管理平台项目是完善和提升民政信息化工作的重要举措，有效打通养老服务信息共享渠道，推进部门信息资源对接，促进老年人信息的收集分析，整合集成为老服务、养老业务的便民办理，更有效率地监管养老服务机构的日常行为，逐步建立以“互联网+”“物联网+”以及“AI 技术”为基础的智慧养老体系，进一步带动和促进广州智慧养老工作高质量发展。

第三部分

新型消费发展典型案例：企业篇

典型企业案例综述

新型消费领域的代表性企业近年来进行了形式多样的实践创新，取得了多方面的成果。但考虑到企业实践模式的多样性，为便于研究和归纳，本书简化分 6 类汇编如下：智慧零售（新零售）、商品供应链服务创新、数字化新服务、智慧出行、数字文体和旅游、“互联网+医疗健康”。典型案例企业的分布如图 1 所示。

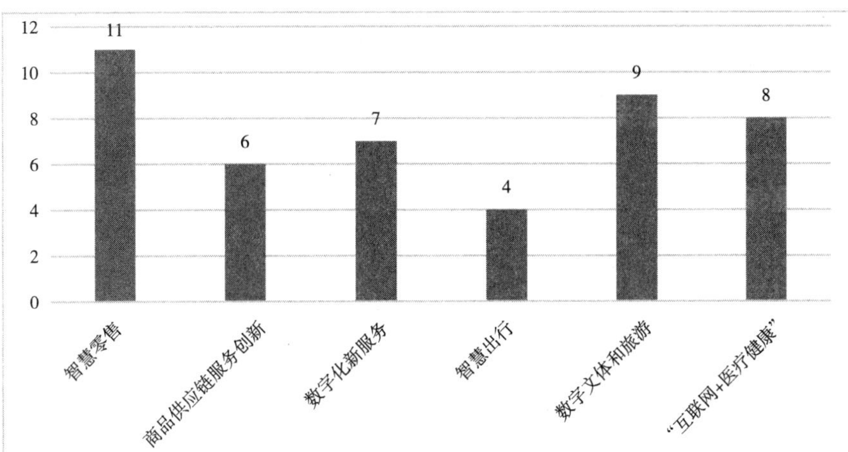

图 1　典型企业案例类型

从创新点来看，企业创新主要聚焦于新场景、新技术、新流通、新服务等方向。其中，新场景是指企业通过线上线下相结合的方式，搭建新的消费场景。新技术是指企业运用 5G、大数据等领先技术赋能传统消费。新流通则体现在现代流通体系的软硬件设施、流通领域新制度规范和新标准等，特别是体现在冷链物流、前置仓、城市仓、前店后场和外卖配送等新业态，以及冷链、LBS定位、热力图选址和悬挂链系统等新技术支撑。新服务是指企业通过模式创新，对传统服务业进行改造，完成线上线下的有机融合。

需要说明的是，一个新型消费领域的企业模式创新，既有可能会涉及多个业务、技术、模式领域，也有可能是多方面协同推进的结果。换言之，并不排斥从多个不同视角解读企业做法，本书的编辑分类也只是一家之言，敬请读者注意。

CHAPTER 7

第七章

智慧零售：打通线上线下，消费提质增效

编者按

智慧零售，是指运用互联网、大数据、物联网等技术，对消费者的消费习惯、消费趋势进行预测、感知，从而引导生产制造，为消费者提供个性化、多样化的商品和服务。智慧零售是线上线下融合的新型消费的主要战场，从本质上讲，为消费者提供优质、健康、安心的产品和高效、便捷、满意的服务是根本。在智慧零售探索发展过程中，涌现出一批典型案例，从线上线下融合、门店数字化转型以及发力下沉业态、社交模式的方式助力智慧零售发展。从实效上看，一是企业通过将电商经验和优势发挥到实体零售中，改善购物体验，提升流通效率，将质高价优、货真价实的产品卖到消费者手里，以此实现消费升级。二是基于数字技术和模式创新，探索全新业态，例如集正品潮流电商和潮流生活社区于一体的新一代潮流网购社区，以及探索开创“预售+自提”社区电商模式的“社区团购”。三是作为数字经济的重要组成部分，智慧零售在打通零售产业链上下游，加快传统农业、制造业转型升级方面也发挥了重要作用，进而帮助打造新的消费增长极。

从典型企业经验来看，主要包括：(1) 线上线下融合提升消费体验。典型企业融合打通供应链、商流物流、用户等渠道，推动全场景协同，搭建了线上线下一体化购物体验，为用户提供全渠道、全品类的服务。充分满足消费者个性化、多样化的需求，提供到家、到店等多品类服务。(2) 数字化转型提升门店效率。典型企业通过数字化系统，将门店场景、用户数据、经营数据等通过数字化集成管理，并将大数据、云计算等技术应用于“消费者服务、商品运营、场景体验、门店管理”中，实现精准获客、销售预测、智能运营，实现门店获客降本增效。从开店选址，到引流进店，再到店内互动、用户离店后运营效果评估，门店数字化转型一方面为顾客提供了极致的购物体验，另一方面也为门店降本增效提供了可复制的范本。(3) 社交电商促进下沉市场、农村市场升级。随着一二线城市市场的逐渐饱和，典型企业纷纷发力下沉市场，打造下沉电商新业态，并将社交电商与下沉业态相结合，促进了下沉市场的消费升级。

案例 18

盒马：打造 C2M 与数字化体验消费双引擎

一、基本情况

上海盒马网络科技有限公司（以下简称“盒马”）创立于 2015 年 6 月，盒马作为“在线新经济——新零售”的开创者和引领者，通过数据和技术驱动，通过线上线下一体化与现代物流技术的融合，为客户提供最快 30 分钟极速送达的智能购物体验。盒马扎根上海，辐射全国，目前盒马已在全国 25 个城市开设近 300 家店，注册用户规模 4000 万。其中，上海地区已开设超过 87 家盒马鲜生店及多个创新业态。根据中国连锁经营协会公布的 2019 年超市百强榜单，盒马位列第 6，营业额 400 亿元，营业增长率 185.7%。

盒马先后入选工信部 2021 年新型信息消费示范项目、全国首批信息消费体验中心、2021 年度国家级服务业标准化试点项目；荣获“零售业十大创新业态”、“四新”企业创新奖、“2016 及 2017 年度创新创业奖”、“改革开放 40 年创新力企业”、“2018 年度美好生活创造者”、“2018 年度创新模式”、“2018 中国最具创新公司 50 强”等奖项。

二、主要做法

（一）线上创新：以盒马鲜生 App 为核心的线上服务平台

盒马鲜生 App 以“生鲜电商”为切入口，通过 App 和线下门店为用户提供从生鲜食品到餐饮服务的一站式购物体验，满足用户随时随地“吃”的需求。盒马提供来自全世界 108 个国家和地区的生鲜产品，涵盖海鲜、蔬菜、水果、鲜肉等，更有每日推新的早餐、大厨现做的午餐和晚餐、有格调的甜品小食、琳琅满目的休闲零食，让消费者体验高品质的生活方式。盒马鲜生App 实现了下单后 1 小时内送达（最快 30 分钟送达）。

（二）线下升级：以盒马鲜生体验馆为载体的线下场景服务

1. 智慧收银：重新定义新零售收银体验

智能自助收银设备，集成了多种智能传感器和人工智能算法，在用户自助收银的场景下，能够充分利用人工智能识别用户需求，为用户提供具有针对性的服务。

2. 零售智慧价签：创新数字化互动导购展示系统

零售智慧电子价签里藏着很多数据，能让门店的效率大幅提升。通过电子价签（见图 1），拣货员能从原 15 分钟提升至 4 分钟之内完成拣货。同时，盒马的部分商品有新鲜度提示，消费者只需要看一眼价签，就能知道商品何时上架，商品的新鲜度一目了然。价签上的热销排行榜展示功能，可以缓解一下消费者的选择恐惧症。价签设备通过无线网络与云平台相连，并将最新的商品价格在云屏实时显现。电子价签系统以体积小、功能强的特点和无人化、智能化的管理，不断挖掘价签的应用价值，最终助推数字门店的发展。

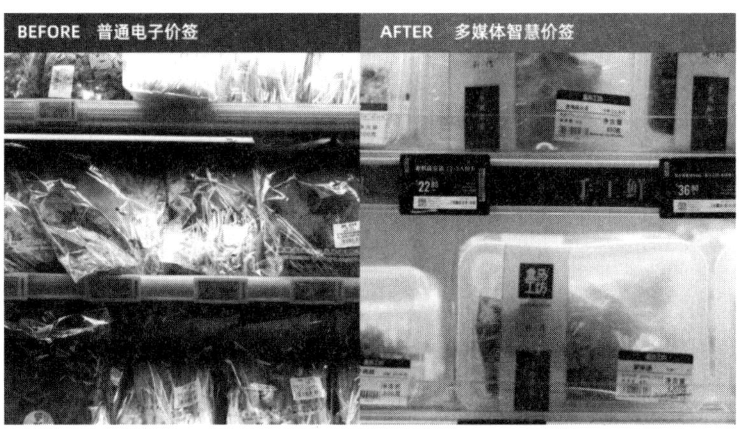

图 1 盒马零售智慧电子价签

3. 全自动物流

采用全自动物流模式，从前端体验店到后库的装箱，都由悬挂链（见图 2）和输送线来传送，从线上下单到装箱只要 10 分钟就可以完成。体验馆整合线下全渠道营销和交易模式，根据移动互联网消费的碎片化特点，在线下和线上选择不同商品进行下单，在3公里配送范围内订单可以自动合并，同时在体验馆和App的设计中充分体现了消费个性化的三要素，分别是个性化互动营销、个性化购物场景、个性化内容组合。

图2 盒马后场全自动物流悬挂链系统场景

（三）通过C2M模式助力乡村振兴

创新地在零售业提出C2M的反向柔性定制模式。盒马村，是指为盒马种植农产品的村庄，种出的优质农产品直接卖到盒马线上线下新零售平台。它的不同在于定向种植，以需定产。通过消费大数据，盒马把市场行情、消费趋势传递给种植端。2020年初，新冠肺炎疫情导致全国多地商铺、餐饮场所歇业，很多地区一度交通封闭，农产品流转、运输遇到极大困难，全国多个农业产地面临农产品滞销难题，但当时全国近百个盒马村无一滞销。盒马保供应的举措和助农行动，数天内解决超过2000吨的滞销农产品。一些滞销村在接入新零售、成为盒马村之后，解决了销路难题。四川丹巴黄金荚、重庆莼菜、甘肃沙葱、崇明翠冠梨等农产品反而成了热销品（见图3）。盒马扩大种植面积，科学管理，降低运营成本，提前配置供应链资源，让农户增收的同时，并未抬高农产品的售价。盒马开展农村基础设施建设、大规模建设盒马村，一方面是响应国家乡村振兴号召，另一方面，是要真正实现产、供、销全链路数字化的新零售生态。“十四五”期间，盒马计划建立1000个盒马村，拿出1000亿元采购优质农产品。

图 3　上海首家盒马村——崇明翠冠梨供应链基地

（四）通过数字化体验消费，促进消费扩容

通过商品再造、技术再造、流程再造和物流再造，把一般意义上的生鲜超市转变为移动互联时代的体验式消费中心，重构了传统零售业的商业模式。盒马在现在的商业体系上创新出新型的数字化消费业态，推动新零售行业的效率提升，实现人民群众的消费升级。盒马鲜生体验馆和线上盒马鲜生App 打造了一个覆盖生鲜食品和餐饮服务的一体化商业模式，盒马自营的生鲜与餐饮产品，满足用户随时随地“吃”的需求，既有美味熟食，又有广泛的生鲜直采食材。让用户体验好吃、安全、营养、健康、方便、实惠的理念。体验馆内所有食材都有团队在全球采购，从加州的车厘子到法国名酒庄葡萄酒，还有航空直达的澳洲生蚝，都让消费者品尝到原汁原味的正宗美食。盒马致力于为消费者打造社区化的一站式新零售体验中心，用科技和人情味带给人们“鲜美生活”，目前已成为上海乃至全国新零售的标杆品牌。

三、典型经验

（一）提升重大突发公共事件中的民生保障能力

新冠肺炎疫情突如其来，为保障市民疫情期间的民生物资持续供应，上海盒马作为服务民生的新零售企业，依托大数据、信息化、移动互联技术，整合线上线下资源，在疫情暴发第一时间便积极响应号召，不打烊、不涨价，全力保障生活物资供应。新型消费项目显著提升盒马物资供给能力和民生保障能力。

（二）通过门店数字化改造，使“共享员工”成为可能

疫情防控期间，盒马订单激增，人员缺口很大，与此同时，大量餐饮企业员工却因疫情而无法工作。盒马和50多家企业合作，目前总共有4000多名“共享员工”上岗。盒马数字化的建设为“共享员工”的模式打下了基础，“共享员工”在盒马之所以能快速上岗，是因为实现了人与技术的对接。新人来了后，只要会用员工RF终端设备就可以快速上岗，这背后是智能化的升级。

（三）全国推出“无接触配送”服务

为配合疫情防控工作，避免过多市民涌入线下门店抢购商品，盒马不断加强线上运力，坚持通过线上渠道服务更多的消费者，并在全国推出“无接触配送”服务。通过对后台链路的技术升级，消费者下单后可通过App看到配送员每日体温情况与到货提醒，减少了面对面接触，保障用户和骑手在收货环节的安全。

（四）让利于民，提振内需消费

2020年上半年全国人民度过了一个难忘的春节。大家秉承少出门的原则，尽量减少接触，不仅保护了自己的健康，也为全社会控制疫情做出了贡献。为加快提振消费信心、释放消费潜力，盒马率先在全国发起“重新过年”的促消费活动。针对消费者新年常吃的中高端食材，盒马通过线上App发券及线下85折的形式，全年累计发放了价值10亿元的消费券，大规模让利给各地消费者，让消费者补过幸福年。盒马希望通过企业社会责任的担当，创造更多的社会价值。

四、取得成效

（一）以美食和文化促进国际交流，满足全国人民美好生活需求

为欢庆上海合作组织五国成立20周年，以及为相关国家元首来华出席冬奥预热，盒马通过数字化的消费体验搭载美食和文化进行国际交流，推动上海合作组织多个国家驻华使节走进盒马，为自己的国家产品“带货”。过去一年，盒马进口直采的商品数增长近50%。其中奶制品、牛肉、休闲食品、红酒等品类增长迅猛。随着中国消费者需求日益增加，盒马通过C2M的反向

定制模式，洞察消费者对全球新奇商品的需求，已经从“全球买货”升级为“全球定制”，越来越多优质进口食材被打造成适合中国消费者的商品，满足中国人民对美好生活向往的美食和文化需求。

（二）以新模式、新业态释放消费潜力，践行乡村振兴国家战略

目前全国探索出以“盒马鲜生”“盒马 X 会员店”“盒马邻里”“盒马生鲜奥莱”为代表的各种业态，通过 C2M 和数字化体验消费的新型消费模式建设了 300 家新零售融合门店，并不断复制推广，为广大群众提供生活数字化、集成化、便利化、智能化的服务。在新业态、新模式的激活下，盒马保证了 4000 万盒马注册用户需求侧的市场体量。在保障市场侧需求量的同时，盒马也通过盒马村的订单农业模式进行供给侧改革。盒马村开展订单农业，一方面依靠销售端的用户反馈，把更多市场信息和用户需求带到田间地头，帮助农户规划种什么、怎么种；另一方面在农产品种植前提前约定采购金额和采购量，稳定农产品价格，避免了“菜贵伤民”“菜贱伤农”。

（三）以品质和创新洞察消费趋势，引领居民尽享品质生活

盒马“3R 运营团队”对 C2M 模式进行调研和趋势分析后，实现了餐饮零售化，把原本餐饮的商品转化成消费者的商品，在年货节期间推出了全国 18 个区域个性化大厨年夜菜套餐和年货商品，为不会做菜、怕麻烦的年轻人量身定制预制菜礼盒。同时，盒马始终绷紧疫情防控之弦，扎密扎牢防控网络。多地盒马的门店主动邀请和配合市场监管部门的大走访、大排查，实地进行政企共建，履行企业主体责任，落实好疫情防控、防疫物资、商品保供稳价等工作。

（四）以数字消费体验新业态实现老百姓的消费升级，引领行业数字化转型升级

盒马 X 会员店是全球第一家线上线下融合的会员付费制仓储式会员店目前在全国开设了 7 家，这种消费数字化的经验做法，也引领了整个行业数字化消费者体验的变革，积极践行加快行业数智化发展，打造国家数字经济新优势，协同推进零售业数字产业化和产业数字化转型，加快数字社会建设步伐，促进数字中国的建设和发展。

案例 19

美团闪购：助力小微实体零售数字化转型升级

一、基本情况

美团的使命是“帮大家吃得更好，生活更好”。作为一家生活服务电子商务企业，公司聚焦“零售 + 科技”战略，希望通过科技创新，和广大商户与各类合作伙伴一起，努力为消费者提供品质生活，推动生活服务业需求侧和供给侧数字化升级。

美团闪购是美团旗下的 LBS（基于位置的服务）即时零售电商，2018 年作为独立品牌发布。美团闪购依托美团配送 24 小时配送能力和覆盖 2800 个县（市、区）的良好基础，实现蔬果生鲜、日百五金、数码图书、宠物母婴、鲜花美妆等多种商品的“30 分钟到家”服务，合作业态覆盖了伊利、玛氏等品牌商，永辉、家乐福、7-11、罗森等连锁商超、便利店，丝芙兰、花西子等美妆品牌，以及苹果、华为授权经销商。2021 年 9 月，为更好响应用户需求、助力供给侧数字化改革，启动首期面向品牌商的“十亿品牌成长计划”和面向连锁商超的“百城万店行动”，以更务实的方式深化与零售行业的合作，助力实体零售数字化升级，抓住消费新机遇。

二、主要做法

（一）创新推出便利店前置仓，助力“万物到家”

前置仓是将仓库（配送中心）从城市远郊的物流中心，前移到离消费者更近、更快送达的一种解决方案。美团闪购将零售与前置仓模式结合，创新推出了“闪店仓”业务模式。美团闪购通过数字化运营分析本地区常消费商品品类，将商品提前贮存在各地区“闪店仓”中，更好地提升配送效率，防止供需错配。目前美团闪购在40余个城市设置了超过400家前置仓，打造了“小仓生活”等一批前置仓品牌，有力缩短了配送时间，助力“万物到家”的实现。

与以低毛利生鲜为主的前置仓业态不同，美团“闪店仓”销售的商品是毛利较高的预包装快消品和毛利更高的日百品类。为了与线下便利店在商品和渠道等层面形成互补，更好服务本地便民消费服务，“闪店仓”的经营品类数量更多，平均一处前置仓经营3000～5000个SKU（最小存货单元），同样面积的线下连锁便利店SKU仅为1000~2000个。此外，闪店仓较便利店拓展了品类结构，较好满足了消费者对安全帽、泳衣、电热毯等低频、应急商品的需求（见图1）。

图1　美团“闪店仓”经营品类多样

（二）赋能线下商超便利店，实现互利共赢

除前置仓模式外，美团闪购与包括大型连锁商超、中小微门店、社区便利店在内的线下实体门店合作，将实体门店的商品搬到线上，打造“线上超市”并为其提供履约服务，拓宽了门店服务半径，也更好满足了消费者居家购物需求。同时，闪购业务在基础快消品和专业化品牌两端同时发力，上线了包括华润万家、家乐福、物美等大型连锁超市，以及百果园、屈臣氏、苹果和名创优品等生鲜、美妆、数码领域的品牌。截至2021年6月底该业务已有超过150家品牌上线。

（三）利用数字化手段，提升消费者体验

美团闪购将新消费落脚在“万物到家”理念上，在全国范围内推广24小时服务，提出“30分钟配送到家”目标，通过合理配置门店资源、优化配送算法等方式，满足消费者即刻、当下消费需求，提升消费者购物体验。

2021 年 1 月至 6 月，美团闪购业务平均送达时间约为 31.5 分钟，基本实现了“半小时配送”的发展目标；全国范围内推广的“24 小时服务”，解决了夜间供给少、配送慢的痛点，满足了消费者夜间消费需求，更好地挖掘了消费潜力，增进消费者福祉。数据显示，美团闪购业务晚 20：00 以后夜间订单量与上午 11：00 相近，夜间订单占比可观。

三、典型经验

（一）提振消费需求从“快”入手

美团闪购并未创造新商品，而是通过挖掘潜在消费需求带动了消费增长。传统消费场景下消费者在消费时要付出时间、路程、等待等无形成本，消费的潜在需求难以转化为有效消费行为。通过减少消费场景中附带成本，能够有效释放潜在的消费需求，挖掘新的消费增长点。以美团闪购业务为例，通常消费者在即时满足的本能下，对商品使用价值的评估随时间推移而递减，消费者在消费决策时会根据实现满足时间来预期消费行为的价值。美团闪购业务最快 30 分钟送达的模式减少了消费者的等待时间，稳定了消费者的心理预期，提升了消费者的心理评估价值，有效释放了消费需求，特别是非传统时间段的消费需求。

（二）依托数字化能力赋能实体门店

传统零售消费领域存在着消费者不知商品品类与店铺位置、店铺不知消费者潜在需求的双向信息不对称问题。美团闪购业务将数字化和实际消费场景结合，为消费者提供可选店铺和商品的信息，助力消费者货比三家；为经营者提供本地区消费者商品偏好和需求估计，减少商品周转的损耗和资金占用。同时，美团自身能够分析出店铺布局的“空缺点”和消费供给的“孤岛”，配合前置仓模式，有效弥补了消费生态链缺失的区域和环节，优化了消费设施布局，促进消费增长。

（三）重视小微商户的“末梢效应”

小微商户是消费供给生态结构的基础，发挥着就近消费的“末梢效应”。但长期以来小微商户存在着基础商品需求有限、中端商品缺乏“最后一公里”、高端商品缺少消费者信任的问题，叠加供应链下段加价导致的价格偏高，即“末梢效应”并未得到很好发挥，制约了消费生态的完善，错配了消费供给资源。美团闪购通过提供基础产品数据、打通中端商品配送“最后一公里”、为高端商品提供信任保障等对应手段，加快了小微商户的产品与资金周转，盘活了“末梢”商户活力，促进消费供给资源梯次有序合理配置，为小微经营者提供就业保障。

四、取得成效

（一）释放消费潜力，培育新的消费增长点

借助美团6.7亿年度交易用户，吸引了大量优质且消费力强的用户群体，交易金额稳健增长。2021年第二季度，交易量和交易金额同比增长超过140%。同时，在鲜花、酒水等新消费增长点上有所突破。2020年5月至2021年4月，美团闪购鲜花销售额保持着同比超过100%的增速，2021年1月鲜花销量较上年同期增长509.6%，酒水销售额较上年同期增速达161.2%。

（二）助力小微商户，稳定就业与收入压力

目前已覆盖约2800余个县（市、区），连接了数以万计的小微商户，利用数字化手段帮助他们提高店铺点击率、扩大服务范围。2021年三季度美团全平台年度交易用户数和活跃商家数分别为6.7亿和830万，均创历史新高，有力保障了民生就业与群众增收。

（三）增进群众福祉，更好满足美好生活需求

通过减少消费者消费行为的隐形成本，使更多人群能够足不出户地享受到高质量商品和所需服务。2020年第四季度，美团闪购订单量峰值超过450万单。2021年七夕期间美团闪购订单量峰值超过650万单。巨大订单量反映了美团闪购满足了广大群众的新消费需求并得到了消费者认可，满足了人民群众对美好生活的期待。

（四）发挥民生保障作用，助力疫情常态化防控

新冠肺炎疫情发生后，美团积极承担社会责任，发挥自身非接触、快配送、多品种的优点，为执行封控、管控措施的城市提供基本的民生保障，并坚决打击趁机涨价行为。在疫情常态化防控期间，美团积极保障口罩等疫情防护物资及蔬菜水果等民生物资的配送，为常态化疫情防控贡献了力量。

案例 20

网易严选："品质+服务"创新发展智慧零售

一、基本情况

网易严选是受中国新中产喜爱的生活方式品牌，于 2016 年成立，以"严选好物，用心生活"为品牌理念，现已覆盖居家生活、服饰鞋包、美食酒水、个护清洁、母婴亲子、运动户外、数码家电、严选全球 8 大品类，为消费者提供一站式、全品类、全方位的生活解决方案。网易严选坚持互联网与制造业联动发展，从产品设计、原料采购、生产制造、质量检测，到物流配送、售后服务，实行严标准选择、全过程控制，以"网易严选"为终端品牌，深度介入制造业高质量发展，不断强化"品质+服务"两大核心竞争力，以品质商品、优质服务赢取消费者的信任，顺应国内国际双循环发展趋势，促进市场新消费。

基于"严选模式"的优势助力推动供给侧结构性改革，提升产业供给能力，帮助制造企业实现供应链、产业链、价值链、创新链等各类资源的整合、协同和利用，使制造企业生产出的产品品质可控且符合市场需求。在下游终端，通过大数据驱动挖掘消费需求与商品的相关性精准推荐，提高消费者选择效率。通过不断优化中间环节，降本增效，极大提升产品性价比，充分发挥网易严选"引擎性公司"品牌赋能带动作用，顺应消费升级的趋势，通过新型消费路径，进一步刺激释放消费需求，促进经济社会良好发展。

二、主要做法

（一）实施背景

随着中高收入人群的数量越来越庞大，中国社会处在新一轮消费升级的大趋势中，消费者已经从单纯的“买得到”过渡到了要“买得好”和“买得放心”，中国经济的新消费时代已经到来。网易严选通过创新的互联网技术进行流程再造，重塑电商品质和服务标准，给广大消费者提供放心的购物体验和质优价廉的商品，从而更好地满足人民群众对美好生活的新期待。

（二）案例创新及优势

1. 依托消费大数据，帮助制造业精准感知市场

传统制造企业对市场需求把握难以做到精准预测，许多厂家因为生产设计出来的产品不符合市场需求导致产品滞销，甚至资金链断流。网易严选坚持依托大数据思维与策略，聚合用户消费信息，灵活反馈市场动向；帮助制造企业按需生产，锁定升级方向，优化生产能力配比，促进国内制造业良性发展；建立“柔性供应链”，在供应链全过程包括供应、制造、物流以及相应的信息系统等方面都具备一定柔性，能够及时调整各环节，从而满足消费需求变化。

2. 发展原创设计，提供个性化定制服务

推动消费品工业和服务业深度融合，刺激促进并满足新消费需求，为消费者提供个性化定制等全方位的优质服务。企业拥有专业设计师近百人团队和近 400 人的外包设计团队，设计资源分布在全球 11 个国家，2018 年 4 月，联合设计开发院校、中国工业设计协会发起“设计创新开放平台”，围绕品牌形成设计生态、商品生态和创业生态，与优秀的设计机构、专业院校合作，整合全球设计资源，面向制造企业开放共享，从生产源头让原创设计（见图 1）产生高价值，让中国设计制造走向世界。

图 1　网易严选原创设计获奖作品——“蘑菇”锅荣获中国设计红星奖

3. 打通线上线下，全面拓展布局新零售

通过持续不断的营销创新建立消费者对品牌的信任与好感，积极探索跨界合作模式，推动市场关注度屡创新高。2018 年 12 月，企业开始发展新零售，首家线下店落地杭州西湖边解百购物广场，借助互联网技术力量赋能，线下店与线上的价格、会员账号、库存数据、售后服务等全面互通，实现互联网零售体验、场景化购物环境、数字化门店管理、智能化导购服务以及互动式营销运营，创造了无障碍的一体化零售体系。

一是智能选货。利用汇集全国各大城市消费者属性、产品购买习惯等数据，指导门店筛选适合周边消费者的产品。二是会员账号互通。会员积分及会员专享特权线上线下互通，消费者在线下门店消费，积分可累积进入其严选账号。打通线上线下订单，线下店购买的订单可在线上查看，无须到店即可享受线上快捷售后。三是电子价签。严选线下店引用电子价签系统，后端打通营销接口，线上与线下价格实时同步，为线下用户提供零差价的消费体验。四是库存共享。严选线下店通过与严选大仓的库存互通，共用完善的供应链体系。场景区的大件居家商品可以实现门店下单，由严选大仓配送，零售区的商品可以实现店内下单或者线上下单双渠道购物。

目前，企业在全国已经开设 30 多家门店，并持续拓展。未来将充分发挥后端大数据分析能力，进行精准营销提升转化。

4. 强化品质管控，带动消费领域品质升级

企业自创立初期便成立了一支专业素质过硬的质量品控团队，引进来自世界 500 强企业的人才，采用“专业背景+专线跟进”方式，负责把控中小企业从产品质量设计到上架再到售后的全生命周期质量管理。网易严选按照国际、国家标准制定企业产品检测控制标准，填补行业标准的空白，帮助中小企业实现制造端技术改造、提升自身产品质量。

5. 创新服务举措，引导树立行业标杆

企业创立伊始就承诺实施 30 天无忧退换货政策，远超电商行业“7 天无理由退换货”的一般标准，让消费者拥有更加便捷舒适的购物体验。为用户提供退换货免费上门取件服务，进一步完善售后服务体系。网易严选仓储物流体系也在不断完善，已在杭州、东莞、天津等地设立自营仓库，以及数十

个外部直发仓库，全国协同调配，多仓同步发货。基于大数据预测，网易严选把当地顾客要购买的商品提前布置到就近的仓库，提升配送速度，多项举措并行，为新型消费创新服务的发展提供了典型示范和行业标杆。

此外，企业还与制造企业建立深度战略合作，推动生产方式向数字化、智能化、精细化转变，切实帮助制造企业解决市场渠道难题。例如2020年新冠肺炎疫情期间，发布《致全体供应商书》，设立1亿元防疫专用采购及扶持基金，同时推出十大政策，通过资金支持、缩短账期、扩大采购等和供应商一起共渡难关，并帮助开发上线了100多款防疫新品。为帮助茶农渡过疫情难关，网易严选预付500万元助农茶叶预付款，保障采茶工及时回杭，帮助杭州西湖龙井顺利开采（见图2）。网易严选还上线了“头杯龙井春鲜”众筹活动，帮助茶农们扩展更多线上销路，众筹金额超出了原定计划的428%。

图2　网易严选“直播+众筹”帮助龙井茶叶拓展线上销路

三、典型经验

以网易严选为代表的品牌电商是区别于传统卖货型电商，通过渗透上游制造和供应链管理、减少中间环节、强化平台选品主导性、依赖数据技术提升供给端对市场需求变化的响应速度等方式，提升全站商品品质、为消费者提供高性价比商品的新兴电商模式。

（一）“零中间环节”优化，打造价格优势

传统电商和消费者之间隔着原料、赋税、运营、库存、店面、品牌溢价、层层利润等诸多隐形环节，占据了供应链大部分的成本。品牌电商采用“零中间环节”的优化，剔除层层溢价和不必要的中间环节，依托大数据和人工智能

技术智慧化，直接在“供应商协同系统、商品采购系统、仓配管理系统、库存管理系统、商品销退系统”等基础上，全面管控供应链的“数量、速度、价值”，初步建立起一条“可度量、可追溯、高准确”直达消费者的“一站式”透明供应链。一端连接工厂，一端连接用户，在性价比上有着先天优势。

（二）筛选高质量供应商，提升产品质量

相较于传统电商“商品丰富但质量参差不齐”的特征，品牌电商在商品质量方面严格把关，通过优质厂商、品牌和平台的多重背书，为用户甄选出高品质、高性价比的优质商品。优质商品始于品牌电商对于供应商寻源和审核的严格。品牌电商使用“功能需求分析”等专业需求分析方法定义产品概念。根据产品概念，一方面基于产品的行业分析和搜索，另一方面通过供应商赋能及管理优化案例及其他竞品分析，搜寻和筛选潜在供应商，而后经过动态且较为长期的现场考察和评估厂商质量水平、创新能力、价格竞争力、供应链服务水平、企业社会责任和可持续性。经过一个月左右的考察期，深入了解品牌、研发、资质、产能、专利、物料清单、品质，以及进行实物测试、实地考察等严格审核，最终选择具有较强创新能力的高质量厂商，层层对接，并进一步开展产品研发、设计以及专利方面的研究，持续追求极致的用户体验。

（三）融合线上线下渠道，通过数据分析打造爆款

爆款产品孵化的核心不是一味营销，而是基于爆款的推广能力，对用户需求有精准的把控，且有能力在最短的时间内满足用户需求。缩短供应链的直接利好就是打造爆款，优化了从用户需求到设计、生产的所有中间环节。

打造爆款的核心在于紧扣用户需求。网易严选通过数据挖掘，得到用户评论反馈和行为分析，围绕用户需求、用户感知进一步推动产品优化，秉承“以用户为中心”原则持续优化用户体验。并基于用户反馈的数据对于制造企业进行全面的数字化管理优化，包括但不仅限于产品设计优化、成本优化、交期优化、物流履约优化，精准刺激用户需求，打造爆品，最终借助智能供应链算法自动化支持，建立销售预测模型，运用自动化制定销售计划，打通爆款销售渠道。

四、取得成效

（一）广泛拓宽供应渠道，销售额创新高

截至2020年，企业考察了广东、浙江、江苏、山东等地的制造企业超过6000家，正式签约合作的超过2000家，网易严选的供应商制造企业遍布全国27个省份，相对集中在是长三角和珠三角地区。企业严格筛选并按照严选标准与制造业建立合作伙伴关系，赋能制造业企业转型升级，协同制造企业解决生产、销售渠道、品牌和资金方面的困难和问题，助力制造业企业高质量发展，实现经济效益最大化。企业已经为超过3亿的消费者提供优质的商品和服务。

2020年6月，网易严选分别与杭州市政府、宁波市政府达成战略合作，启动浙江制造拓市场"严选计划"，从品牌、品质、标准、渠道、市场等多方面发力深度合作，帮助制造企业拓展销路。当年7月，网易严选"浙江制造馆"专区上线，集中展销浙江制造好产品，试运行至今总计销售了超3000万件产品，销售额超过20亿元。

（二）倡导生态环保与社会公益，创造社会价值

企业新型消费项目建设也充分体现出环保、公益、共同富裕等方面社会意义。

1. 注重生态环保，倡导绿色低碳

制定绿色产品设计导则，在材料选择和使用、产品结构设计、制造过程、包装过程、使用阶段、回收利用及最终处理的六个环节落实绿色产品理念。商品设计简约，不过度包装，利用可再生材料，不断优化包装的设计和材质，做到绿色环保。秉承智能化、轻量化和循环化的原则，开发上线包装箱推荐系统及预包装属性系统，有效减少填充及打包耗材使用，包材空间利用率提升16%，折算节省超过3000吨原纸及千万级填充气枕和缓冲材料使用。同时，企业也在积极推动材料减量，实现商品及快递纸箱材质克重合理降级，快递袋厚度"瘦身"超过20%。

2. 注重社会公益，助力共同富裕

2018年企业启动品牌共创脱贫计划，从严选模式中提取出"造血因子"，从品牌赋能、商品开发、品质共创三方面探索一套科学、可持续、可复制的扶贫创新模式，致力于带动区域实现共同富裕的目标。

案例 21

识装信息：先鉴别，后发货，打造新一代潮流电商

一、基本情况

上海识装信息科技有限公司于 2015 年 7 月成立于上海虹口，旗下主要产品“得物” App 是全球领先的集正品潮流电商和潮流生活社区于一体的新一代潮流网购社区，致力于“帮助年轻人得到美好事物”。经过 6 年的发展，得物已经快速成长为全球领先的潮流时尚平台，成为全国电商第四极，同时是新经济领域的企业代表之一。

企业以上海为起点，陆续在全国范围内建成数十个供应链基地，形成了百万平方米的供应链集群，通过创新的业态模式带动产业链上下游高质量发展，直接、间接创造了几十万个就业岗位。

企业服务于中国广大的年轻用户，首创了“先鉴别，后发货”的电商服务新模式，通过建立严格的商品上架标准、统一履约交付和尽心高效的客服沟通为消费者创造了全新的购物体验。

同时，得物 App 还是年轻人聚集的潮流生活社区，聚集了一大批热爱球鞋、潮品穿搭和潮流文化的爱好者，话题讨论集中在球鞋、潮牌、手办、街头文化、汽车、腕表和时尚艺术等年轻人关注的热点话题，通过持续沉淀潮流话题内容，正在成为年轻用户的潮流风向标和发声阵地，成为中国潮流文化发展的土壤。

二、主要做法

新型消费是数字经济的重要内容。与传统消费相比，新型消费的突出特点是网络化、数字化和智能化。不少市场主体依托互联网技术，加快创新创

造步伐，从现有经营环节和领域中衍生出新链条和新业务，培育出定制消费、“智能+”服务消费等新型消费场景，满足了消费者品质化、个性化和中高端化的消费需求。

（一）创新“先鉴别，后发货”质量管理模式

在新型消费模式不断涌现的过程中，在消费升级背景下，“买到真货、买到好货”已成为消费者的核心诉求，得物顺应了产业发展的趋势，借助电子商务平台的特性，在商品流通环节中首创了“先鉴别，后发货”质量管理模式并以此为核心构建了辐射产业链上下游的诚信体系（见图 1），新型消费以流量为基础走向以诚信为核心。

图 1　得物“先鉴别、后发货”的产业链生态

消费者在得物选择商品下单后，卖家需要先把商品发货到得物，通过收货、质量检验、拍照留档、商品鉴别、防伪绑扣、复查复检、包装、出库这八个步骤（见图 2），对所有在得物完成交易的订单进行履约，从而确保商品

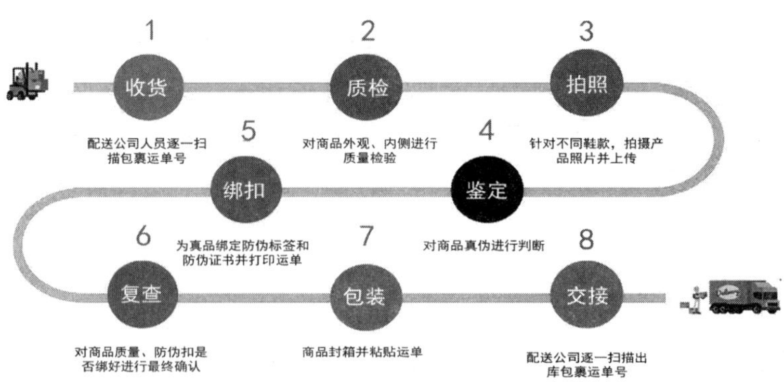

图 2　得物“先鉴别、后发货”的运行模式

的质量和正品属性，作为第三方查验、鉴别方，最大限度地保证了消费者的诉求利益，帮助消费者把好质量关。

（二）设立严格质检鉴别环节

在商品质量检验环节中，将对所有卖家发货的商品进行全量查验，以确保商品的品质。查验过程中，对于瑕疵较大的商品会直接拦截；如果是微小瑕疵，也会提前与用户一对一进行沟通，帮助用户买到心仪的商品。得物建立了《鞋类质检作业指导书》《服饰质检作业指导书》《箱包质检作业指导书》《手表质检作业指导书》等，以指导质检过程，确保流程的有效性。

在商品鉴别的环节中，得物投入了大量的人力物力，搭建了人员、硬件和技术并重的鉴别体系及团队。不仅有大量一线实操人员的经验沉淀，还有专业科研团队进行实验级别的分析检测。对于在售的潮流商品都一一建立了详细的鉴别档案。通过对海量一线球鞋服饰等产品进行系统性的研究，进行资料收集、数据对比、档案建立，进而形成一套“数据支撑，严谨作业工序，匠人精神，持续学习”的工作方法，对商品实施鉴别，确保商品的正品属性。

图 3 得物防伪套件

通过该模式的运行，升级了网络购物权益保障，用户可以放心购买到品类丰富的、经鉴别为正品的潮流装备。得物向每件商品颁发唯一编号的鉴别证书，为“好货正品”添加了标签，为消费者带来全新的品质购物体验（见图 3）。

三、典型经验

首创“先鉴别，后发货”的电商服务模式，以科技创新驱动业务增长，并持续在数字化、智能化探索创新，持续交出电子商务行业高质量发展新思路，服务于人们的高品质生活。通过模式创新、技术创新为国内的消费者带来全新的购物体验。

得物模式的典型经验是以商品的查验鉴别能力为核心，以全链路信息化管理系统为支撑，与完善的售后服务体系一起形成了行业独有的“先鉴别，后发货”的质量管理创新模式。

（一）以商品的查验鉴别为核心

以商品的查验鉴别为核心，为消费者把好每一件商品的质量关，为了做好商品的查验鉴别工作，得物多年来在线下投入了大量的人力物力，搭建了人员、硬件和技术并重的鉴别体系，为商品建立详细的鉴别档案。

面对市场琳琅满目的商品，为了满足用户买到真货、买到好货的核心诉求，得物建立了商品研究团队，从商品外观、包装材料、工艺等各方面制定明确的鉴别标准，符合商品鉴别标准后商品方可在线上平台进行交易，提供了正品保证。得物还建设了理化分析实验室，可对商品的成分、材质、物理特性进行分析，为多样化的商品研究和技术探索提供支撑，加快推进核心技术发展。在过程管控方面，建立了《鉴别方案设计程序》《商品鉴别管理程序》，根据产品品类及型号，建立了近千份《商品鉴别标准》，确保鉴别过程标准化。

（二）全链路信息化管理系统

为了提升运行效率，得物搭建起了完整的供应链履约智能信息管理系统，通过将生产要素互联互通形成了全面以数据驱动的工业互联网平台，基于“先鉴别，后发货”的新业态模式，得物的数字化系统实现了生产运营优化闭环，面向企业协同、用户交互和产品服务优化的闭环，设备运行优化的闭环，对整体业务发展起到了重要作用。

得物在商品的全链路过程中全面推行商品唯一标识（一物一码），运用先进的信息技术，从客户下单到商品发出，在商品流转过程中实施唯一二维码，实施“全过程视频摄像+全过程图片采集”，可实现商品质量查验、鉴别全过程的有效监控。得物已承诺“先行赔付，假一赔三”，建立并拥有完善的售后服务体系机制，有效提升了口碑。

为了促进行业规范发展，企业发布了国内首个“鞋类鉴别团体标准”“化妆品鉴别指南”，为数字经济、新型消费、互联网电商等产业的健康发展提供了有益借鉴。

四、取得成效

经过六年发展，得物已成为全球领先的潮流时尚电商，通过模式的不断深化，聚集了我国大量年轻消费者。

（一）前端创新领航后端国潮品牌发展

逐渐切入产业价值链，基于前端应用和商业模式创新，沿产业链牵引后端进行数字化协同、提质升级。同时，得物基于对年轻消费的洞察，帮助商家按需生产、更好地打造消费者眼中的“优质供给”，通过使用数字化工具带动后端生产进行转型。作为国潮消费的排头兵，得物是国潮商家首选的新品发售阵地。近年来基于创新模式帮助国潮产业快速发展，促进了中国品牌高质量发展。通过严格的选品和上架机制，对潮流消费产业链产生正向激励，引导品牌方主动提升产品的创意设计能力；通过对海量在售商品进行“查验鉴别”，促进产品提质升级，以质量和创意赢得消费者的认可与信任，更好满足不断升级的消费需求。

通过对国潮服装销售数据的分析，在满足消费者个性化消费需求的同时助力国内服装行业上下游企业实现高质量发展。以国潮品牌“PSO Brand”为例，作为一个成立时间不长的品牌，2019 年 6 月刚入驻得物平台时当月的交易单量是 6000 余单，经过得物模式一年孵化扶持培养，2020 年 6 月实现了交易订单量翻番、成交的交易金额同比增长 62 倍。单个品牌的高速发展也映射了整个国潮产业的发展，同时反映了当代青年人逐步形成的文化自信。

（二）助力“中国制造”口碑提升

得物“先鉴别，后发货”的新电商服务模式已得到了广大消费者的认可，拓展了质量管理的范畴，不仅渗透到得物内部所有部门，同时延伸到消费品产业链的上、中、下游，助力中国在世界潮流时尚产业发展，为消费者在产品品质和真伪上把关，以品质和创新赢得了国内消费者的认可与信任。目前，得物已发展成为国际潮流消费品集聚地、全球新品首发地、高端品牌首选地、原创品牌集聚地，更好地满足消费者不断升级的消费需求。

让用户得到美好事物是得物始终践行的初心使命。得物将继续完善以创新质量管理模式为核心的诚信体系建设，以鉴别标准的制定与颁布、客户服务的优化与迭代、信用管理的科学与规范、知识产权保护力度的持续加大为抓手，不断优化新型消费发展环境，更好地为产业高质量发展和高品质生活服务。

案例 22

兴盛优选：推动新型消费的社区电商引领者

一、基本情况

湖南兴盛优选电子商务有限公司（简称“兴盛优选”），成立于2018年1月，注册地为湖南长沙市高新开发区，入选商务部首批线上线下融合发展数字商务企业，入围“2021年中国独角兽企业”和“2021胡润中国500强”。兴盛优选是一家关注民生的新零售平台，也是湖南省第一家估值超过100亿美金的独角兽企业。平台主要定位是解决家庭消费者的日常需求，提供包括蔬菜水果、肉禽水产、米面粮油、日用百货等全品类精选商品。依托社区实体便利店，通过“预售+自提”的模式为用户提供服务。

目前，已辐射湖南、湖北、广东、江西、四川、重庆、陕西、贵州、河南、广西、福建、河北、山东、江苏、安徽、浙江和山西等17个省份、1400多个地（县）级城市和10万多个乡镇和农村。在全国的合作门店超过100万家。兴盛优选作为社区电商行业的开创者，一直引领行业发展。

二、主要做法

（一）模式创新：线上线下优势互补，融合发展

构建线上线下融合的新零售模式。兴盛优选探索开创“预售+自提”社区电商模式，以实体便利店为依托，利用店主等群体的社交属性，吸引社区居民通过微信小程序或App下单，平台在第二天将商品统一配送至自提点，消费者上门自取或由店主进行最后一公里配送。

畅通供需两端的信息交流渠道。平台提供信息发布、商业推广、商品交易、物流配送及与此有关的互联网技术服务。综合运用人工智能、大数据等信息技术，从销售数据中分析消费者的购物偏好，将用户需求与货源动态匹配，实现精准营销，提高流通效率。消费者的需求也能实时逆向反映给生产端，推动供应链由传统的“以产定销”转变为“以销定产”。

助力合作伙伴破除影响转型的壁垒。门店和供应商是兴盛优选主要合作伙伴，对于有需求的门店，兴盛优选免费组织开展社群营销等技能培训，周均培训门店约1000家；对于供应商，兴盛优选提供从推广销售到终端配送的全流程服务。同时，兴盛优选为门店和供应商伙伴提供“零账期”结款，当天销售商品第二天便可以提现，解决了传统供应模式下账期长、资金周转困难、资金占压成本高等痛点。

发挥自身优势提质增效让利消费者。充分发挥线上在商流、信息流和资金流方面的优势与线下在物流、服务和体验方面的优势，打破传统供应中价格信息不对称、中间环节损耗多的局面，让消费者买到“高品低价”的商品。

（二）业态创新：加强供应链协同与整合

供应链协同发展。不仅向供应商提供信息化管理系统和仓储托管等服务，还在品牌培育、爆品打造、电商运营策略等方面积极开展交流合作。根据供应商的体量大小、商品特点等量身定制营销方案，基于各地不同的饮食和消费习惯开设“地方馆”，为各地消费者提供区域性的差异化商品。大中小供应商协同共进，区域行业市场联通互促，上下游全链条推进，实现供应链整体的降本增效。

提高供应链物流能力。兴盛优选自建物流，首创“中心园区-网格站-门店”三级物流体系，保证生鲜商品在质量和规格上的标准一致和“今日下单，次日自提”的配送时效。通过物流串联协调供应链各参与方和经营环节，不断在物流规划与建设上深耕、加码，通过技术研发、设施升级、园区迭代等持续性行动，在品控管理、到货时间、物流下沉及冷链配送等方面领跑行业，得到了平台消费者的广泛好评。

整合资源共助乡村振兴。湖南军杰食品是国家辣椒行业领军企业，2017年与兴盛优选达成合作以来，年销量从100万增长至1200万。销路扩大后，军杰食品在湖南省邵阳市隆回县成立生产基地，采用免费发苗保价收购的方式带动农户种植辣椒增收，并成立了兴盛优选乡村振兴产品专供生产车间（见图1）。据统计，2021年隆回县种植直供兴盛优选辣椒的农户共计1139户3850人，平均每人增收超过1500元。

图1　军杰食品兴盛优选乡村振兴产品专供生产车间

（三）技术创新：以数字化技术全流程赋能

提升数字化水平。将数字化技术运用到电商平台运营和物流履约的全流程之中，在网格站选址、选品排期、竞品分析、仓库作业等业务环节实现数智化管理，建立从供应商到消费者的端到端整体业务数据分析与数据服务，全面赋能电商业务，实现对供应链的科学管理，提升经营决策能力与履约效率。

赋予乡村振兴新动能。不断深化应用现代信息技术，培育农村电商实体及网络直播等业态，助力工业品下乡和农产品进城（见图2）。通过直播带货等方式，推动麻阳黄桃、芷江水晶桃等“一地一品”的打造。走进郴州汝城县沙洲村开展“助力乡村振兴网络直播培训”，经过系统培训后的村民不仅可以独立运营短视频与直播号，还有机会成为兴盛优选的签约主播，通过兴盛

图2　郴州汝城县首批2.3万斤奈李上线发车仪式

优选为家乡农副产品代言，解锁致富新方式。通过5G、平台大数据、物流下沉等国家基础设施和平台能力的运用，让更多乡村百姓走上“云间致富路”。

（四）服务创新：完善管理体系，保障服务质量

严格平台管理。严格管理平台上各类供应商的生产经营资质，提高企业自身和合作商家的守法意识。规范门店和供应商入驻流程，设立统一审核标准，通过官方小程序提交申请资料，严防商业贿赂等经济违法行为。门店和供应商入驻无需支付任何加盟费用。

健全售后服务机制。通过门店和400客服热线为平台用户提供无忧售后服务，保证生鲜类商品48小时内无忧售后，百货类商品7天内无理由退货。

加强政企互联互通。长沙高新区市场监管局在兴盛优选成立首个“服务企业高质量发展工作站”（见图3），在工作站的指导下，兴盛优选提高了对相关政策法规的理解水平，规范经营，依法维护市场经营秩序，保护供应商、消费者合法权益，防止知识产权侵权等行为。

图3 湖南省市场监督管理局局长向曙光等领导为驻企工作服务站揭牌

三、典型经验

（一）紧扣门店痛点，创新商业模式

兴盛优选社区电商项目自2013年立项以来，通过数次更新迭代，经历了“门店自配送模式”“网仓模式”“配送站模式”，最终确定了“预售+自提”的商业模式。

平台以刚需、高频的生鲜为切入点，不断建构完善各大产品体系，逐步引进个护日化、美妆、服饰、家纺、母婴、文体、绿植、家电、数码等实体便利店的互补产品，向广大消费者提供全面化、多样化、特色化的产品供给，让兴盛优选真正成为消费者日常生活必备的一站式购物平台。

（二）缩短流通链条，高效对接供需

通过对社区实体便利店私域流量和熟人社交的充分利用，降低获客成本，并由门店承担最后一公里的配送或自提，极大节约了物流配送和终端运营成本。

围绕社区集中采配，降低配送成本。采用“单品+预售”模式，提升上游议价能力的同时，以几乎零库存的方式降低损耗，实现市场供销需求的有效对接，缩短商品的流通链条，减少中间环节和成本，提升流通效率。

（三）技术应用创新，提升消费体验

通过应用大数据、人工智能等信息技术，有效地收集和整理消费行为产生的大数据，应用机器学习、深度学习和边缘计算等数据处理技术，进行用户行为分析和用户画像，运用个性化推荐、全链路营销、智能补货、销量预测等实际运营环节，实现精准营销和业务决策。为社区家庭消费者带来更便捷、更高品质的消费体验。

四、取得成效

（一）赋能实体门店，促进消费增长

2019 年，兴盛优选的年度商品交易总额（GMV）达到了 100 亿元，纳税超过 5400 万元。2020 年，平台 GMV 增长超过 300%，纳税超过 3 亿元。全国合作门店超 100 万家，店均 GMV 达到 4000 元/月，活跃门店月增收数千元甚至上万元。据相关调查结果显示，消费者通过网络零售消费时，除去线下转移的替代性消费，能够产生 40%~60%的新增消费。

（二）深入下沉市场，助推消费升级

根据平台消费大数据分析，农村地区的消费者约占 50%，农村地区的门店超过 55%。由于交通不便等因素，平时农村消费者未能充分享受到数字经济时代的便利性，部分需求难以被满足。平台上提供的差异性产品和丰富的 SKU，能够对实体便利店的商品品类进行补充，同时，完善的物流体系能够

解决“最后一公里”的配送难题，次日即可送至消费者手中，激发了三线城市及县域农村等下沉市场的消费潜力。

通过冷链物流的建设和“一品汇”的打造，提高生鲜食品到货质量，增加精品生鲜产品的供应，满足消费者日益提高的生活消费需求（见图4）。

图4　兴盛优选冷藏车在配送途中

（三）畅通上行通道，落实扶农助农

深度践行乡村振兴战略，通过开设专题馆、建设产业园、开设主题培训等多种途径帮助乡村百姓增收创收。依托平台优势，开展专场、直播带货等方式，解决产销信息不对称造成的农产品销售难问题，利用完善的服务体系和仓储物流配送体系，帮助当地农产品“触电”上行，打开销路。目前，兴盛优选已经与郴州、麻阳、花垣、龙山、古丈等多个地区达成战略合作，销售特色水果、蔬菜、大米和肉类等商品超过80亿元，带动40万多户农户增收、创收（见图5）。

图5　郴州汝城县首批2.3万斤奈李抢购一空

案例 23

食行生鲜：社区生鲜电商，数字化零售普惠亲民

一、基本情况

苏州食行生鲜电子商务有限公司（以下简称“食行生鲜”）是一家数字化生鲜零售企业。食行生鲜于2012年在苏州创立，通过“生鲜电子商务+全程冷链配送+社区智能冷柜自提”的运营模式，为市民提供生鲜消费服务。食行生鲜零售服务入驻苏州、上海、无锡3个城市，共投建4000多个社区站点，设立19万个社区冷链智能柜终端，服务330多万家庭用户。

食行生鲜创立以来，先后被评为“国家电子商务示范企业”“国家农产品冷链流通标准化试点企业”“国家供应链创新与应用试点企业”“国家公益性农产品示范市场”。2020年，食行生鲜入选“国家网络扶贫典型案例”，无接触配送项目入选“国家信息消费助力疫情防控案例”。

二、主要做法

（一）顺应线上消费趋势，构建丰富生鲜品类

针对居民多层次差异化在线生鲜消费需求，构建丰富多样的品牌化、品质化生鲜商品库，满足消费者一站式购齐的需求。平台商品涵盖蔬菜豆菇、水果、肉禽蛋、水产品、米面油、休闲食品等18大品类，共14000多种SKU商品，蔬果产地覆盖江苏、山东、新疆、海南、昆明、贵州、云南等20多个省份。其绿色食品、有机和地理标志农产品等品类成为平台引流“IP”，顺应了消费者对品质生活的追求，用户不仅能通过线上体验到菜品的“新鲜

度”，还能享受“新口味”带来的生活“新乐趣”。目前，平台线上月均活跃用户数超60万，平均每隔3.2天使用一次App，商品复购率65%，次月留存率40%，用户满意度98.6%，回头客占比91.5%，黏性指标高于行业平均水平。

（二）优化软硬件设施，拓宽新型消费场景

着眼生鲜电商零售特点，搭建便民消费场景。在苏州、上海、无锡3个城市贴近社区生活圈布设智能冷柜共19万个，自建5万平方米冷链物流配送中心，投入200多台冷链运输车，保证从产地到社区全程冷库存储、冷链运输和配送。自主创新研发和运行供应链信息、用户订购信息、采购及仓储信息、智能生鲜直投保鲜柜、食品安全检测及追溯五大数据管理系统，保证生鲜产品精准供应和高效服务到每一个站点用户。复用线上供应链体系，配备2000多支特色SKU，在苏州试点50余家社区生鲜店，实现线上线下双向融合，将线下体验、线上预订和支付充分结合，与社区自提柜业务互为补充，不断丰富居民生鲜消费场景，实现在线融入生活，服务紧贴社区。

（三）精心打磨运营模式，不断优化供应链效率

以苏州城市智慧菜篮子为原型精雕细刻9年，形成独创的供应链和冷链配送调度体系。区别于“烧钱”圈市场扩规模，坚持优化供应链效率，提升数字化服务能力，以适应市场竞争。通过直采直供、集约化配送和全流程数字化调度，突破生鲜行业20%~30%损耗率的普遍规律，做到损耗率全口径2.5%。通过制冷预冷、温控保鲜等到柜技术，解决高成本跑完“最后一公里”的痛点。如通过大数据计算，分拣中心调整1个栈板位线路，在发货仓节省17秒钟，所有线路发车提前22分钟，每个订单成本降低3分4厘；通过数据汇总分拨，企业1辆冷链车可以同时配送600户家庭。以全流程数字化运行提高效率、降低成本，让利消费者，为城市流通增速减负，为市民生活增惠减压，让居民拥有“下楼开柜，菜还不贵”的美好体验。

（四）全链条信息追溯，保障“舌尖上的安全”。

运用大数据、云计算等技术，实行生鲜产品周转数字化管理。建立农产品全品类、全区域、全覆盖和全流程的一站式追溯体系，让每件产品生产可记录、安全可预警、源头可追溯、流向可跟踪、信息可存储，打造闭环追溯生态系统，实现农产品“从田间到舌尖”全过程追溯。食品安全检测中心每天检测每批次生鲜产品，检测数据与当地食药监部门实时共享，并在食行生鲜 App 上公示每日检测结果，在消费者、监管部门和企业内部共同监督下确保食材安全。

三、典型经验

衔接打通生鲜农产品厂地预冷“最初一公里”到冷链末端“最后一公里”，从产地到社区实现全程冷库存储、冷链运输和配送。生鲜产品通过冷链车到达配单中心，在配单中心实行分温分拣作业，配单中心到站点自提柜全程由冷链车配送。冷链自提柜末端广泛分布在住宅小区、城市地铁口、商务楼宇等场所，且具有常温、冷藏、冷冻三种功能，保证食材全程不脱冷，始终保持新鲜，直接触达消费端。

（一）应用数字技术建立智慧供应链

采用消费者预订、基地采购、集约化冷链配送，缩短农产品流通供应链，实现生产与消费无缝对接，有效提高农产品流通效率。在上游推广订单式农业，“以销定采”实现生鲜商品零库存，结合大数据适时智能分析，解决供求信息不对称的难题，引导基地建立质量安全管理机制，推动农产品质量安全可追溯体系建设，促进基地生产的标准化、集约化和规模化。在中下游打造高效的数字化供应链，建立生鲜农产品电商“采、供、购、配”技术平台，供应链中心高效完成检测、加工、包装、分拣、结算，形成产品采购、物流运输、订单处理、检验检测、在线支付、冷链配送和售后服务完整闭环，履约成本下降至同行业的 1/3。

（二）深度融入社区便民生活服务圈

围绕社区便民生活需求，实现线上线下融合、“到柜到店”相互协同。一方面，通过“预订制+集约化配送”的线上运营模式，降低损耗和配送成本，实现有效成本控制，并将成本优势传导到消费端，让社区居民真正感受到平价、便捷的消费品质和体验。另一方面，加速线上线下融合，复用生鲜供应链和后台管理体系，通过直营和加盟方式，布设社区生鲜店（见图 1），打造老百姓家门口“不用挑就能买到放心菜”的生鲜大卖场，促进线上线下双向导流。

（三）优化新型消费网络节点布局

建立社区智能冷柜自提网络，推进“无接触”配送到社区。用户通过手机 App 线上订购，同时选择提货时间和配送站点，食行生鲜根据订单信息配送至对应站点的智能冷柜，客户可自由安排取货时间。商品入柜前，智能柜根据数据指令提前预冷，存放期间始终保持适应温度，满足消费者对新鲜品质的需求，提升了线上生鲜消费体验感。社区智能冷柜网点的规模化布设不仅提升了生鲜农产品流通的质效，其“无接触”配送方式也提升了食品安全系数。

图 1　食行生鲜社区智慧微菜场

四、取得成效

兴盛优选应用现代信息技术建立智慧供应链体系，加快推广农产品“生鲜电子商务+冷链宅配”服务新模式，在城市住宅小区规模化布局智慧生鲜零售网点，对保障居民日常生活需求、品质消费需求，全面促进消费、线上线下消费融合发展，加强城市新型消费配套基础设施建设，作为后疫情时代的新型消费供给、新型应急力量均具有重要意义。

（一）数字生鲜零售促进民生服务品质提升

兴盛优选走进社区，贴近市民生活圈，弥补了超市、菜市场以外的场景空缺，满足了市民多元化消费需求，成为一刻钟便民生活圈的重要组成部分。可追溯的食品安全体系给市民舌尖上的安全提供了充分保障，对改善城市居民消费环境，培育新型消费方式和习惯起到很好的促进作用。

（二）为完善城市新型基础设施提供有力支持

高效的流通体系能够在更大范围内把生产和消费联系起来，从而激发市场活力。企业线上线下深度融合，消费场景丰富，用户随时下单，搭建高效的冷链流通体系和社区冷柜网点作为保障，不仅加速农产品流通、降低损耗，而且对于推动城市新型消费基础设施上台阶、完善城市流通功能都有着现实意义。

（三）成为既适应市场需求又满足应急需要的储备力量

作为服务城市的民生项目，针对城区布局设计，满足区域内生活需求。智能供应链、冷链配送、数字化调度体系及服务保障能力在市场运行中得到充分检验，自 2019 年起，苏州市场实现持续盈利。另外，在面临自然灾害、事故灾难、公共卫生事件和社会安全事件时，可以及时响应，迅速实现市场化运营队伍向应急保障力量队伍的角色转变，极大地缩短物资筹集和力量召集的时间，为民生基本保障提供平台和抓手。

案例 24

银泰百货：数字化重构引领百货行业的新零售变革

一、基本情况

浙江银泰百货有限公司（以下简称“银泰百货”）成立于 1998 年，经过数十年的努力，已逐渐成为一家全面架构在“云”上的互联网百货公司。营业面积、经营业绩和业务创新能力皆位居中国零售业前列。银泰百货立足全国，以创新为血脉，线上线下齐头并进。

银泰百货引领百货行业的新零售变革——通过“人、货、场”的数字化重构，实现会员通、商品通和服务通。银泰百货致力于建立数字化会员系统和全国首个百货业付费会员体系 INTIME365，整合优化供应链，银泰创新新零售，推出喵街等多个“互联网+”产品，着力打造智能化新商场，开创了线上线下相融合的购物场景和营运模式。

二、主要做法

银泰百货作为第一家全面“上云”的百货公司，于 2019 年“双 11”前夕，“告别”了最后一台服务器，实现了 100%云化，成为全球首家完全架构在“云”上的百货公司。得益于“上云”，2021 年银泰的交易峰值是 3 年前的 20 倍。

（一）“人”要素数字化，为消费者决策提供更加全面的支持

作为三要素中的“人”，在传统商贸企业数字化进程中，扮演着极其重要的角色，而在这其中，消费者与导购构成的“人”要素可谓数字化工作的重中之重。企业基于这两个“人”要素，对其进行人格数字化，为购物决策提供全面支持。

1. 消费数字化

以往在传统百货商场购物，消费者只有走进实体商铺才可以获取品牌与商品促销信息，实体百货没有渠道和载体提前为消费者提供有价值的消费决策信息。如今在银泰百货，只要消费者提前打开银泰百货的喵街 App，即可在消费决策前获知商场有哪些品牌店铺、商场是否有车位，在注册会员后，更可以提前全面了解所有商品的优惠信息。同时，对于习惯在线完成购买行为的消费者，通过喵街 App 还可以实现在线逛街、在线下单并同样享受购物优惠。基于喵街 App 及背后数字化的技术驱动和分析能力，企业成为服务数字化会员的互联网商场。目前，喵街 App 的数字化会员已破千万，可以跨品类、跨业态、跨时间和跨空间进行人货匹配，从过去的“人”找“货”变成真正的“货”找“人”，使得“物以类聚”的生意变成“人以群分”的生意。

2. 导购数字化

精准量化导购员价值，通过行业销售数字化完成行业人员升级。导购员工作内容数字化扩展，从销售扩展到打包发货、发布商品、人员招聘等（见图1）。市场化程度进一步深入，提升行业内容、服务供给。全行业人员提升数据能力，数据驱动行业人员能力升级，产生很多细分领域专家、精英导购。

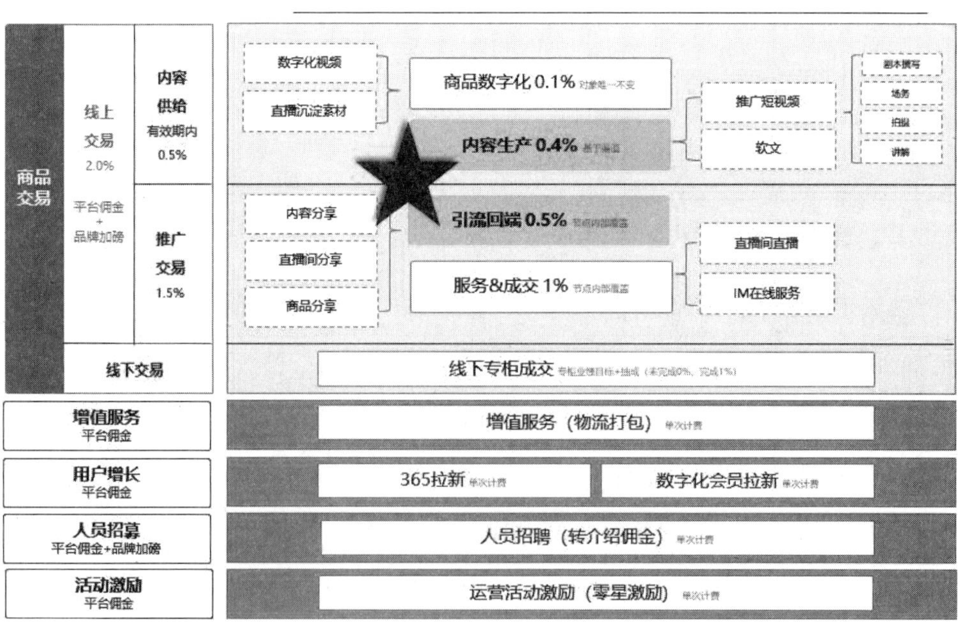

图 1　导购员工作数字化

3. 运营数字化

通过数字化、可视化、流程化、协同化的一站式会员运营平台（见图 2），银泰百货会员持续倍增。数字化会员从 400 万到 800 万再到 2500 万，提高商场所有角色的协同效率。

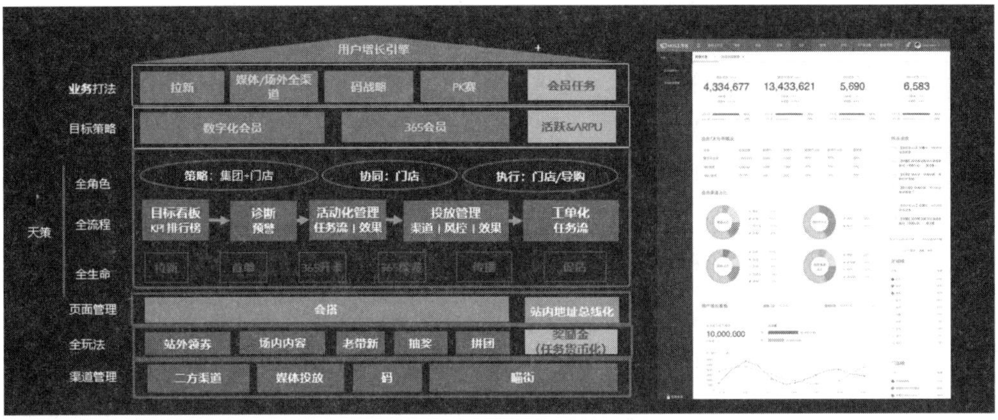

图 2　会员运营数字化

（二）“货”要素数字化，实现商品管理运营提速提效

首先将商品进行单品管理全覆盖，再对 90% 的数字化商品进行追踪货品库存、流转情况、销售情况以及销售预测管理。针对核心关键的货品库存，进行了商品生命周期管理，运用新品、畅销、滞销等不同状态的商品标签，根据商品滞销情况建议降价、自动匹配流量。运用四色管理、畅销品补货系统，对供应商补货直达等产品增加畅销库存，并通过缺货池运营、补货直接推送等方式，让门店经营者和供应商能够及时进行经营管理。在销售端进行智能价格管理、360 度（线上线下、同城）比价，提升商品竞争力，保障消费者体验。商品数字化的库存管理和销售管理能让品牌方的货品分配与商场达成一致。银泰百货可以根据各门店的营销活动节点，通过数据分析来精准安排要货和到货情况。

（三）“场”要素数字化，打造销售模式创新

新零售直播是在技术变革和需求变革共同驱动下，线下零售商家触达消费者的一种最新的渠道和内容形式，实现了对营销、销售等零售业活动要素的改变。2021 年，银泰百货与淘宝、天猫联合推出的“淘柜姐”，一起通过

直播和短视频的方式将导购的专业能力沉淀下来，把他们送到更广阔的场景中去，满足更多的顾客需求。过去一年，得益于直播卖货，近三成导购平均年薪达到了20万元，收入最高的导购年薪甚至超过了50万元。对比全国门店和银泰直播用户分布，银泰直播用户最多的20座城市，已经超出了线下大本营区域。在上海、广州、重庆等未进驻银泰百货的城市，都吸引了相当一部分直播用户。新零售直播不是短期风口，而是在电商和内容深度结合这一趋势下，以直播为前端切入点，为零售行业带来的一种新的增长形态。

三、典型经验

（一）打造一品多端的数字化渠道体系

银泰百货通过多角色数字化发布商品，同时选取其中线下50%的商品，进一步丰富商品详情，如短视频、详情图等将商品内容沉淀，做到了在喵街、支付宝、天猫、淘宝、抖音进行一品多端的销售（见图3）。这些商品除了在商场供场内消费者试穿试用外，还可以供不在场内的消费者在家浏览。同时配套提供导购员服务，线下导购员面对面服务，线上导购员通过即时通信等方式服务。相较于纯线下销售模式，商品的曝光度增加了3~4倍，头部专柜、线上销售业绩占比达50%以上。以新零售方式卖货创造了会员价值，也让导购员的收入实现翻番。

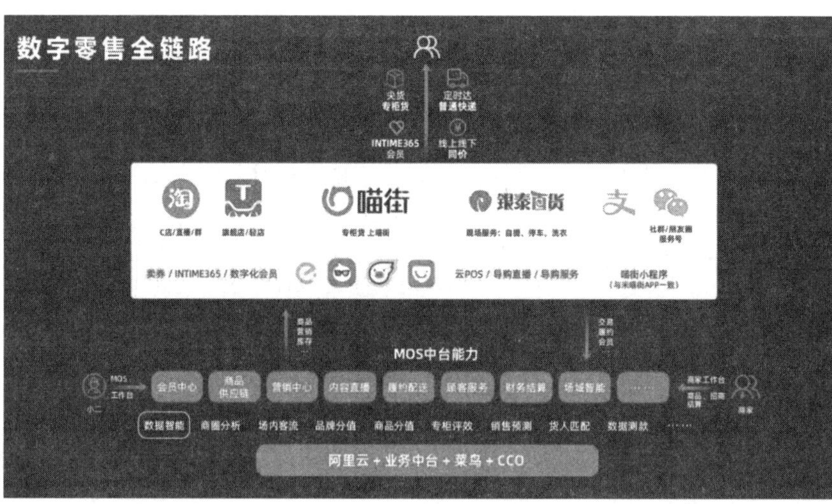

图3　数字零售全链路

（二）搭建百货行业的仓配物流体系

在菜鸟仓配物流基础上对仓库做了数字化改造，并利用大数据精选门店TOP级品牌入仓，打印订单、分拣、验货、打包、发货全部在银泰门店数字仓完成。这样不仅提高了前台专柜导购员的工作效率，也大大提高了后台仓储配送的运转效率。

（三）建设本地和线上结合的云店能力体系

银泰云店最大的特点，在于专柜内线上线下一体化的链路都是数字化的，但跟纯电商比，又具备专业导购，能带来更优质的服务体验。这能帮助品牌在不开专柜的情况下，拓展到更多的新兴市场。2021年，云店不仅拓展了下沉市场，还拓展了浙江外国语大学、杭州师范大学、浙江大学城市学院等高校场景。从2020年开始，云店项目已经开始实现盈利。一家云店的回本周期短则3~5个月，长则8~12个月。这样的“迷你百货”云店已经开进了衢州、上虞、诸暨、寿光、淮北等34个城市，总数达到60家以上。这也意味着，更多三线以下城市的用户，也可以享受到在银泰百货买专柜正品的服务体验。

韬略项目是一个偏底层应用的智能化产品，它的价值在于“补全了百购行业数字化的最后一块拼图”，实现对客流PV（浏览量）、UV（独立访客数）的识别，真正实现线下客流的数字化、消费者行为的数字化、场内动线的数字化。为线下场景带来了多个新的数字化场景支持，包括门店客流、门店品类专柜客流转化漏斗、品牌专柜客流分析、楼层人群动线分析。在线下客流分析场景的实际运用中，实现了行业的领先，真正实现了场的数字化以及场和人结合场景的数字化。

1. 智能调改

传统的专柜调改，依靠于业务人员的经验判断，不稳定且不可复制。银泰利用韬略系统的流量漏斗分析结合专柜客流人群以及交易转化，形成了一套数字化评估体系，帮助武林银泰进行数字化的专柜调改。

2. 智能营运

商场内工作人员比较多，如何实现有效的人效统计管理是一个难点。韬略系统利用数字化的技术去评估场内导购、营运人员的工作内容，做到人效数字化，寻找优化的方向。韬略系统统计分析使门店提高管理效率和经营业绩，通过对进出客流量的统计分析，可以合理地为门店专柜及店铺选址或者为商品选择适当货柜，可以比较科学合理地决定档铺的租金，可以更合理地布置广告，检验促销活动、广告宣传等的实际效果，还可以更科学地分配营业员的数量等。可以说，以客流数据为基础，通过对历史数据的深入挖掘与分析，客流统计系统为门店提供了一系列重要的市场研究手段。

该企业的数字化不是简单的大拆大建，而是从点到面的柔性升级。每一个抓手都直指消费需求、直击商业问题，都是基于数字化能力驱动的消费体验的全面提升，在消费者买得舒心和品牌商家卖得称心之间实现和谐共生。

四、取得成效

在基于“人、货、场”一系列数字化创新转型的新零售业务支持下，企业取得显著成效。

（一）线上线下协同便利助力疫情期间率先消费复苏

新冠肺炎疫情期间企业得以率先复苏，并斩获优异成绩。2020 年天猫“6·18”当天，销售额同比增长了 85.8%，远超 2019 年同期。其中，杭州武林银泰、杭州中大银泰城、合肥滨湖银泰、芜湖银泰城、海宁银泰城等多家门店的销售同比增长超过 300%。2021 年“双 11”，上线微信小程序，与线下门店共同提供更便利的消费服务。同时，全国的门店提供专柜包邮发货服务，让消费者可以更轻松地完成购物。2021 年 10 月 20 日至 11 月 10 日，快递单量同比增长 44%。

（二）“定时达”夜间配送业务激发杭城“夜经济”消费

在数字化手段支持下，2021 年以来，喵街 App“定时达”订单量达上一年同期的 5 倍，订单占比已经超过 4 成。在 2020 年新型消费政策出炉后，“夜经济”成为新型消费增长点，部分银泰门店的“定时达”夜间配送服务时间延长至 22 点。喵街 App 在晚上 11 点至凌晨两点期间，每过 1 小时客单价提高 1000 元。

（三）云端销售实现绿色低碳环保

银泰通过数字化转型实现绿色运营和全流程无纸化运营，于 2019 年 10 月 12 日，正式下线最后一台服务器物理机，这台曾承载相当于 20 亿的业务体量的设备退役。得益于“上云”，企业峰值是 3 年前的 20 倍，通过数字化技术使商业运营效率高速提升，场内无须部署机房和服务器。收银无纸化、会员卡券无纸化、发票小票电子化等数字化技术全年累计节省 1600 吨纸，保护 35000 棵树。

案例 25

苏宁易购：赋能县镇智慧零售，助力国家乡村振兴

一、基本情况

苏宁易购集团是中国领先的零售服务企业，拥有国内最完整的线上线下零售服务体系。2021 年，苏宁易购连续 5 年蝉联《财富》世界 500 强，并且在 2021 年“中国 500 最具价值品牌”中，以 3291.56 亿元的品牌价值蝉联零售行业第一；7 月，成功引入国资以及多家行业领先的产业投资者的战略投资，并作为独立主体进入了全新的发展时代，坚决推进“做好零售服务商、做强供应链、做优经营质量”三大战略目标，推动要素资源向零售主业集中，增强企业核心业务盈利能力和市场竞争力。

近年来，作为零售业的领军企业，坚定不移地践行“智慧零售”，积极贯彻国家乡村振兴发展战略，落实党中央、国务院关于全面促进消费、培育新型消费的决策部署，大力发展“零售云”模式，把战略方向投向乡村，资源技术赋能乡村、基础建设反哺乡村，打通了“上行”与“下行”的有机链路，完善了城乡融合消费网络，探索解决了基础设施水平低、进货渠道单一、商品服务质量不高、传统零售能力低下、市场秩序欠佳等难点问题，实现了经济效益与社会效益的双赢，帮助更多的小镇青年创好业、轻松创业，创造更多就业机会。

通过对零售云加盟商的调研发现：目前零售云个体加盟商主要为“85后”，其中年销售 300 万以上的加盟商占五成，近九成的加盟商有高中以上学历，加盟商主要以县乡镇本地家电 3C 零售商（夫妻店）转型为主，家电家居行业相关群体创业，县乡镇零售商跨界创业，返乡及本地创业者、退伍

军人、企业白领、会计、律师等行业转型均有涉及。

二、主要做法

（一）案例实施背景

苏宁通过零售云这一零售新业态新模式，将其智慧零售能力输出至农村消费市场，充分利用农村现有零售资源，通过线上线下融合赋能，帮助农村实体小微零售商转型升级，提升数字化能力和运营效率，成功实现了：以业态创新挖掘农村消费潜力，创造农村就业机会；以品质供给保护农村消费市场，助力农村消费市场；以持续投资升级农村消费体系，推动农村区域发展。

（二）特点及主要创新点

针对目前农村市场流通渠道“三无”产品泛滥、产品质量和售后服务无保障、区域发展不平衡等情况，以及库存资金投入大等传统门店的经营痛点，苏宁易购零售云整合品牌、供应链、技术、物流、金融、运营等智慧零售资源，通过新型加盟模式，有效解决加盟商面临的产品、价格、资金、营销、售后等诸多问题点。

1. 供应链赋能，构建优质商品资源池

提供数千万种商品资源与加盟商共享，仅需一次性投资 25 万~35 万元，门店主营商品即可从 200 个 SKU 扩充至 17000 多个 SKU，线上更可共享苏宁的 700 万个 SKU 商品，零售云加盟商可以零库存运作，以代销形式“先销后采”，避免库存风险和市场风险，提高门店效率。

一是品类丰富。苏宁从自有平台 7000 多万种商品中筛选出适合零售云经营的 700 多万种商品，供零售云加盟店自由选择，通过“门店实物+云货架虚拟”两种方式出样。重庆市北碚区静观镇的零售云门店面积只有 180 平方米，店内出样商品仅几百种，但选择零售云模式，线上线下可供销售的主推商品达 1 万多种，相当于传统 1 万平方米的大型店面。据统计，使用云货架的门店销售平均提升 24. 3%。二是推荐精准。苏宁运用大数据、云计算等技术，根据当地消费者需求和消费习惯进行智能推荐，让零售云加盟店出样准、备货准，不但充分满足消费者个性化需求，而且使供应链效率大为提高。2020 年以来，零售云单店平均每月收入 30 万元以上，平均毛利率超过 17%，一般情况下 18 个月即可收回投资，资金周转提升 5~6 倍，订单量提升 4 倍。三是商品竞争力强。苏宁易购集团根据市场的主力消费群进行产品 C2M 定制化生产，使之与一二线市场投放产品进行区隔，包括外观、功能和价格实行差异化经营，让投放在下沉市场的产品更具性价比优势（见图 1）。

图 1　供应链赋能：提供海量商品供零售云加盟商自主选择

2. 服务赋能，打造全面支撑大后台

为加盟店提供抵近帮扶，让加盟商快速掌握成熟的实体零售运营范式。一是为加盟店提供全流程帮扶。门店开业期间，苏宁易购零售云派团队进店，提供门店开业前后 25 天驻店帮扶，实时解答门店运营过程中的各种问题，保障门店顺利经营。二是扩大物流服务覆盖面。苏宁拥有全国零售行业规模最大的自建仓储物流网络，仓储面积超过 1200 万平方米，自有苏宁物流，以及庞大的快递物流合作商。目前，苏宁物流构建的“1 小时生活服务圈”已覆盖全国 15 万个社区，“6 小时城市圈”当日达、次日达覆盖全国 90%以上城市，乡镇网络覆盖全国 98.8%地区。苏宁易购零售云的货源全部由苏宁供应，并提供与城市相同标准的物流服务，为零售云在当地市场的竞争提供有力支持。三是为消费者提供与城市相同标准的售后服务。苏宁在全国有 6500 家售后服务中心，为全国超 3 万个乡镇提供“24 小时送装”服务，覆盖全国近 95%的县镇，零售云门店消费者也享受到和城市同样标准的安装、维修、保养、退换货等服务（见图 2）。

图 2　为防城港消费者提供海上送货上门安装服务（左），为东兴口岸消费者提供送货安装服务（右）

3. 科技赋能，探索智慧零售新模式

帮助零售云门店从人、货、场实现全面数字化升级，提供了零售云商城、POS、社交等 IT 工具，2~3 人便可以操作苏宁上千万种类商品的销售和管理（见图 3）。采取线上线下双线运营的方式助力门店成功破局“流量焦虑”。在线下，零售云通过周期性促销活动、门店展陈和培训、刷墙广告等方式帮助门店深耕乡村市场；在线上，零售云利用“场景社交+社群+直播”组合拳，打造小店里的大流量，并借助微店、推客、拓客等工具以及裂变、拼团、秒杀等多种社交玩法为门店二次增长提供空间，积极推进互联网融合

图 3　增强互联网技术融合，实现门店商品进销存的在线化管理、线上促销等功能

发展，加强电商与乡村经济融合，设立直播电商企业和加盟商交流平台，通过直播带货等新模式助力本地加盟商转型升级。

4. 管理赋能，实现直营管理规范化

帮助零售云加盟商强化体系治理，输入先进企业管理经验，让加盟商能够在新形势下直面市场竞争。一是对加盟商实行直营化管理。施行统一形象标识、统一门店管控、统一设施配置、统一服务标准、统一进货采购、统一物流配送的“六统一”，并建立个人工作准则和绩效评估体系。二是全国片区化帮扶门店。在全国建立 672 个片区组织、1400 人的区域团队，实时查看门店的整体销售状况和各品类销售结构，实现数字在线化巡店打卡，持续为门店提供带教和帮扶。三是建立红黄牌惩戒制度。对加盟店出现外购商品甚至假冒伪劣商品、引发消费者重大投诉、门店间恶意竞争等违规行为，根据情节予以限期整改、经济处罚、终止合作等处罚。

5. 金融赋能，助力门店解决资金难题

为零售云加盟门店提供资金、支付、资产管理等经营难点解决方案。一方面共享苏宁的仓储实现先销后采，另一方面对优势货源采购享受苏宁金融服务支持，解决加盟商的经营资金问题。如苏宁金融对加盟商提供“货速融”（便捷的仓单质押贷款），加盟店只要付 15%的订金就能锁定货源，实现杠杆采购，释放门店资金压力。

三、典型经验

坚持把农村现代流通体系作为方向，既不搞低水平的重复建设，也不搞无序的不公平竞争，通过零售云来推进农村商业的信息化、标准化、规范化建设，补齐农村商业短板，改变农村商业落后的面貌，提高农村商业发展水平与农民生活质量。既有力推动了农村零售数字化转型和消费升级，又与广大农民共享了社会发展成果，这对于提升流通业整体效率意义重大。

（一）立体多维全面赋能，让农民共享乡村振兴红利

当前，各种以补贴式亏损营销为手段的资本涌入农村消费市场，将会导致乡村传统零售“夫妻店”的大量倒闭，这种与农民争利的方式，不但不利于让农民共享发展的红利，还容易引发社会问题。苏宁零售云通过“五大赋能”，从供应、销售、物流、管理、资本等多个维度进行支撑，实现了乡村

“夫妻店”零售模式的现代化转型，帮助广大的实体零售从业者更高效、更简单地做生意，繁荣当地消费市场。

（二）线上线下深度融合，让传统零售插上“智慧翅膀”

线上线下融合是未来零售的发展趋势。零售云打造“一步到位”的家电以旧换新全流程，消费者只需通过手机即可完成线上旧机估价、新机购买，线下旧机回收、新机送装的全过程，并且享受高额旧机回收费用和新机补贴费用，实现“省心超值换旧机、实惠方便购新机”的双向满足。

面对农村零售市场相比城市起步较晚，个体零售商不具备资金和技术实力的问题，苏宁零售云发挥国内智慧零售行业领导者的丰富经营经验和技术优势，将供应链、服务、科技、管理、金融这些成熟的模式赋能给农村加盟商，让农村加盟商以最小的成本获得最优的零售支撑。

（三）缩短流通链路环节，让农民享受质优价低商品

零售云让加盟商共享苏宁的商品资源池，通过“门店实物+云货架虚拟”两种方式，提供数百万商品供消费者选择，将高品质商品直接推送到农村零售一线，避免库存积压带来的市场风险，解决农村地区假冒伪劣横行的难题；依托 C2M 模式（见图 4），整合了从厂商到消费者的产业链，利用零售云大数据、商品中台、价格中台、订单中台和搜索前台的相互配合，链接工厂实现针对性投产，按需定制产品，通过 C2M 反向供应链与会员大数据的完

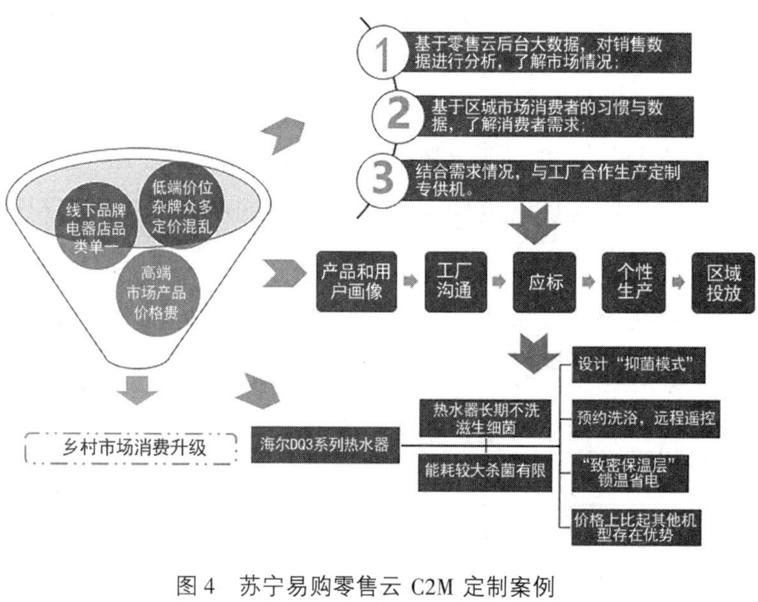

图 4　苏宁易购零售云 C2M 定制案例

善建设，打通了全产业的数字化链路，满足消费者的个性化需求。

四、取得成效

零售云创始于 2017 年初，从成立至今，以平均“一日 7 店”的效率加速拓展，帮助超 1800 个品牌商下沉农村市场，覆盖全国 31 个省级行政单位的上万乡镇，运营 10000 多个社群，双线服务超 2.5 亿用户，直接带动就业规模超过 5 万人。2021 年一季度零售云规模同比增长近 70%，10 月 1 日，全国累计开店超 10000 店，标志着零售云正式迈入“万店时代”（见图 5）。

图 5 苏宁易购零售云第 10000 家门店在广东佛山开业

2021 年，国庆大促期间，更加节能、舒适、美观的中央空调正在成为广大乡村居民的“心头好”，零售云渠道中央空调销售增长 268%；“双 11”大促期间，零售云传统家电品类继续保持着稳健的增长速度，其中冰洗品类同比增长超 100%，中央集成品类增长超 170%，以芝华仕、喜临门为代表的软体家居销售大涨 11 倍，箭牌、四季沐歌等卫浴花洒产品销售同比增长超 5 倍。从大牌国货、品质家电、厨房升级等消费风向不难看出，县域消费市场正在被“好产品、好服务”加速唤醒。

目前，除了家电 3C 外，零售云正在进一步拓展家居、快修等新赛道，提供更多的垂直解决方案，服务于更多“夫妻店”转型升级，帮助更多区域加盟商扩大经营规模，推动整体消费市场尤其是农村消费市场的数字经济与实体经济深度融合。随着新品类的开拓，零售云预计将带动数十万级的就业规模，在三四级市场和乡村中释放创业带动就业的倍增效应，为县镇实体经济发展提供助力。

案例 26

海尔智家：家电制造与新型生活消费的融合生态

一、基本情况

海尔智家成立于 1994 年，被评为《财富》世界 500 强企业，是全球家电行业的领军企业。2021 年，公司实现收入 2275.56 亿元，较 2020 年增长 8.5%、较 2019 年增长 13.3%；实现净利润 132.17 亿元，较 2020 年增长 16.7%、较 2019 年增长 7.2%。2021 年，公司再次入选《财富》世界 500 强，排名较 2020 年提升 30 个名次；入选《财富》杂志 2021 年全球最受赞赏公司；连续 3 年作为全球唯一物联网生态品牌入选 BrandZ 最具价值全球品牌百强。

经过多年发展，海尔智家已经发展成为全球大家电行业的领导者。根据权威市场调查机构——欧睿国际数据显示，海尔连续 13 年蝉联全球大型家用电器品牌零售量第一名，拥有全球家电品牌集群，包括海尔、卡萨帝、Leader、GE Appliances、Candy、Fisher & Paykel 及 AQUA。海尔是全球智慧家庭解决方案的引领者，依托全品类的家电产品优势，是业内首批推出智慧家庭解决方案的家电企业之一，在 2021 年“全球智慧家庭发明专利排行榜”中，海尔智家以 4535 件排名榜首，连续 6 次排名全球第一。

二、主要做法

（一）新家电融合催生新消费

近年来，家电产业上游的技术跨界推动新一代信息、新材料等先进前沿科技与家电融合，重构和拓展了传统家电产品的内涵和外延，催生出会感知、能交流的新型智能家电，促进了传统家电向智慧家庭和数字化的转型。在转型过程中，用户的消费已从单纯的家电产品消费延伸到各类生活场景的居家服务消费，推动家电产业融合下游的衣食住娱、康养、教育等消费服务资源，极大地改变了传统家电产业形态。技术跨界与服务融合将使智慧家庭产业能够带动的相关产业规模从目前的万亿级增长至未来的十万亿级，成为未来国民经济一个非常重要的增长源。

（二）“技术赋能+模式创新”的海尔品牌升级路径

持续推进“高端品牌、场景品牌、生态品牌”的三级品牌升级战略，加快推进“IoT+AI”技术赋能智慧家庭场景方案商业化落地，加快推进品牌跨界带动衣食住娱产业生态共赢进化，创传统制造与新型生活消费融合的生态品牌，带动制造业产业链实现数字化、服务化升级。

1. 打造智慧家庭数字基础设施

大力推进从产品到产业再到赋能生态的全链式数字化转型，构建了行业领先的贯通用户、企业前中后台、外部生态伙伴的智慧家庭数字基础设施。

（1）打造海尔智家大脑平台。智家大脑平台由智能连接平台、智能感知平台、智能交互平台和智能决策平台组成，目前已升级迭代到3.0版本。智家大脑围绕衣食住娱家庭场景，用“云+端”方式实现家庭全场景的智慧感知、交互、控制，实现“人-物-服务-家”的智能连接。终端层面，以智慧家电、音箱、手机App为交互入口，集成触控、声控、视控等多模态交互技术，用软件定义方式实现服务可定制、可升级；云端层面，集成用户画像、知识图谱等人工智能、大数据算法，主动分析用户需求，提供定制化服务。

（2）打造海尔智家体验云平台。平台由业务单元终端与云端大数据平台组成，围绕用户的深度个性化交互需求，打通业务终端与用户信息，实现用户定制化需求与“企业+生态”能力无缝对接。终端层面，针对经销商、加盟店、线上线下渠道、物流、服务各个业务单元开发业务终端，实现数据上云、业务集成；云端层面，开发数据集成、业务并联、服务集成等中间件，链接智家App、1号体验店等入口，把线下的体验中心、专卖店和线上用户资源整合起来（见图1）。

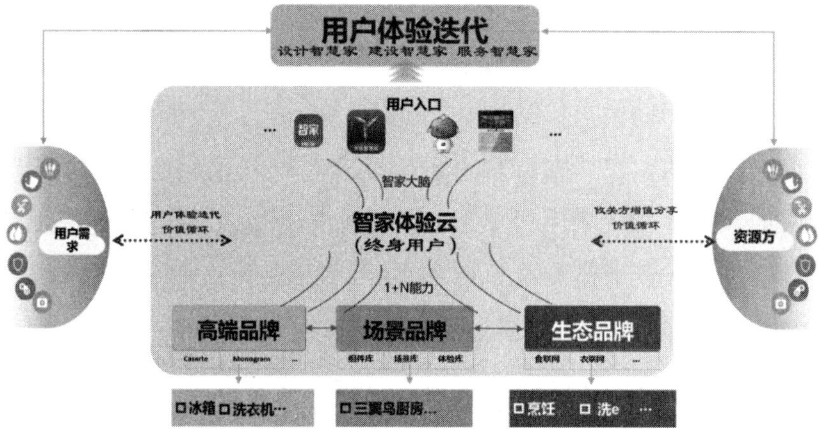

图 1 海尔智家体验云

（3）打造全流程数字化平台（见图 2）。平台聚焦智能排产、智能运维、智能安防等生产制造环节，赋能智能工厂，通过平台互联、数据流动、跨域协同，把用户需求分析、研发、设计、检测验证、小批验证、大规模定制、物流等不同平台体系的数据流贯穿起来，倒逼业务流集成重组，提升柔性化生产能力、推广柔性化定制，围绕用户需求实现“企业+生态”资源能力跨域协同和价值共享，增强企业核心竞争力。

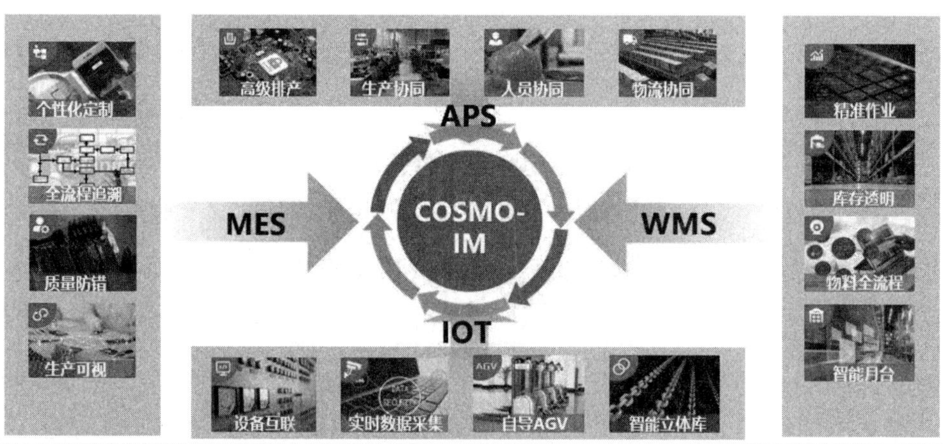

图 2 海尔智家全流程数字化平台

2. 打造线上线下融合的新型消费模式

在与用户长期的交互过程中，发现用户真正想解决的是吃得健康放心、穿着舒适得体、空气清新宜人这些痛点，于是海尔从零售模式开始创新，打造了开放式家庭全场景体验平台——三翼鸟 001 号店，为用户提供空间定制、产品定制、服务定制的一站式场景消费体验；将生活服务延伸到家电的全生命周期，打造了食联、衣联等线上线下融合服务模式，用户通过家电联通云端服务资源，在家就可享受衣食住娱全场景优质服务。

（1）打造一站式场景消费体验模式——三翼鸟 001 号店。三翼鸟 001 号店则是承接海尔智家首创的场景品牌、场景服务等新型消费体验模式落地的载体，凝聚了海尔在品牌营销、商业模式上的一系列创新。

在方案定制上，实现了成套家电互联方案替代家电单品销售，将单品升级为成套方案。店内配备定制交互专员及三翼鸟智慧终端，及时获取用户需求并线上推送到开发团队，根据用户需求开发云端个性化控制程序，通过 OTA 升级方式满足用户场景需求。

在空间定制上，用户在店内三翼鸟智慧终端可以直接导入户型图，根据家庭空间的定制改造需求进行设计，在线选择搭配的家居、软装产品，一站式实现拆改、家居、家电、软装配套服务，实现智慧家庭焕新。

在现场体验上，旗舰店面向用户、媒体、开发人员提供为多元化家庭场景开放体验服务。用户在店内能够亲身体验各类智慧家庭解决方案，感受各类家居、软装及生活配套服务的实现效果；三翼鸟 001 号店也定期向各类网红、主播开放，成为与粉丝、用户交互的拍摄制作载体；各类开发人员可以利用店内实景搭建，研发新技术、新产品、新方案，成为创新验证载体。

（2）打造线上线下融合的物联网新型消费模式。以食联网模式为例，海尔冰箱、厨电等产业的团队在与用户长期的交互过程中，发现许多用户想在家中享用正宗北京烤鸭、剁椒鱼头等以往只能在酒店堂食的传统中华美食，由此产生了要让传统中华美食菜品从酒店走入用户家庭的创业想法。团队通过用户调研，精选了最受用户喜爱的菜品清单，从每道菜品的食材构成、批量预制、采购物流、家庭烹饪等各环节入手，与各领域的专业服务商合作，成立了海尔食联生态联盟，构建起融合了健康、食品、生鲜、烹饪等 12 大消费领域，合作方规模超过 3000 家的食联网新型生活消费产业生态。

在食材供应链上，将海尔卡奥斯工业互联网平台跨界复制到农业领域，创立了海优禾农业物联网生态平台，与主要农产品基地合作，建设了海优禾金乡大蒜示范基地、海优禾东港越光有机大米示范基地等食材供应平台，已吸引近百余家农业企业入驻（见图3）。

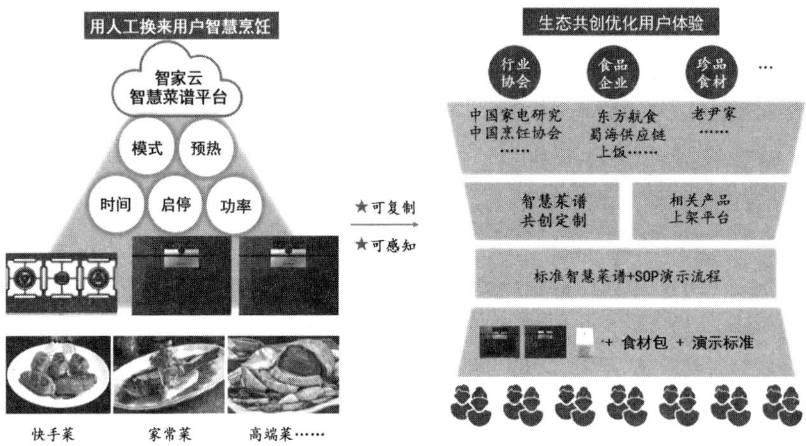

图3　海尔智家线上线下物联网消费模式

在菜品预制环节，联合中国烹饪协会，将北京烤鸭、剁椒鱼头等传统名菜菜谱标准化；与全国鸭胚协会等行业组织合作，开发了标准化的名菜配餐预制工艺，实现了传统名菜批量预制的工业化。

在采购物流环节，依托海尔智家大脑、智家云平台及海尔成熟的物流配送体系，用户可以在家对冰箱说“我想吃烤鸭”，语音信息经智家大脑平台分析匹配，调用相应智家商城云端组件，将食材供应商页面直接推送到冰箱大屏或智家App，用户扫码支付，全程冷链快递到家，实现了全流程服务衔接的无缝化。

在家庭烹饪环节，与全国100多位传统名菜大厨合作，开发了适用于厨房家电的烹饪控制算法，不断优化温场、湿度等传感及控制技术，将大厨多年烹饪技巧变成软件程序，通过云端技术推送到用户家中的智能家电，后期还可实现更多大厨名菜的迭代升级。

三、典型经验

（一）用场景替代产品

依托智慧家庭数字基础设施的互联互通能力，突破家电产业一贯以来依靠单品消费的策略，在2020年9月发布了三翼鸟场景品牌，将厨房、阳台、浴室、客厅、卧室以及全屋空气、用水等智慧家庭场景打通、集成起来。三翼鸟场景品牌还聚合设计师、家装、家居、建材等服务资源，为用户提供方案设计、场景规划、加点定制、装修交付等一站式的个性化升级消费解决方案。

（二）用生态覆盖行业

依托智慧家庭数字基础设施的互联互通能力，海尔智家创传统制造与新型生活消费融合的生态品牌。推动冰箱、厨电、洗衣机、空调等各产业板块聚焦用户在家庭厨房、餐厅、阳台、起居等空间中的生活需求，通过“云+物联网”等技术赋能，与家装、家居、餐饮、日化、服装等相关生活消费服务业1万多个生态伙伴建立合作关系，将分散互不连通的家电单品组合成基于AIoT与云端服务的智慧家庭成套解决方案，让用户在家中通过新型智能家电就可以链接到放心便捷的高品质生活服务，不断推动制造业向服务业延伸融合，衍生孵化了食联网、衣联网、空气网等一批新型制造与生活消费融合的生态品牌。

四、取得成效

（一）品牌价值跃升

2020年，三翼鸟001店模式有效带动成套家电产品销量同比增长41%，其中高端智慧成套家电销量同比增长63.2%，客单价跃升进入2万~4万元区间。2021年开始，北京等一线城市的三翼鸟001号店的服务类、生态类产品销售额已接近家电产品销售额，占比已接近整店销售额的一半，带动越来越多的上下游生活产品与服务合作伙伴加入产业生态。

（二）用户体验升级

受新冠肺炎疫情影响，2021年春节期间许多人不能回家与家人团聚，海尔依托食联网，联合餐饮上下游服务商，为居家过节的用户提供汇聚6大菜系18道菜品的预制式年夜饭套餐。整个春节期间，全国2万多个家庭通过食联网在线订购了1.5万套年夜饭，共计12万道预制菜品通过线下快递被送到消费者家中，消费者足不出户就可以感受浓浓年味。

（三）带动行业发展

2020年，智家体验云平台帮助线下3万家实体店实现线上化，完成了100%的乡镇店覆盖，平均日活达到120.6万，同比增长546%。智慧解决方案带动云平台注册用户数超过1.3亿，活跃用户超过6000万，家电互联交互次数超过4000亿次/天，通过云平台带动零售产品消费，其中仅预制北京烤鸭产品销售就超过20万套，带动下游鸭场养殖、鸭胚制作等链条企业实现成倍增长。

案例 27

红豆集团：在线化、高端化智慧零售模式的探索

一、基本情况

红豆集团有限公司初创于 1957 年，现有员工近 3 万名，产品从最初的针织内衣，发展到纺织服装、橡胶轮胎、红豆杉大健康、园区开发商业地产四大领域，居中国民营企业百强。红豆集团一直致力于民族品牌建设，旗下拥有“红豆男装”“红豆居家”“红豆家纺”“红豆童装”“红豆万花城”等系列连锁品牌。在世界品牌实验室 2021 年公布的中国 500 最具价值品牌排行榜上，红豆品牌位列第 79 位，品牌价值 715.36 亿元。

近年来，红豆集团围绕品牌定位、研发设计、智慧生产、智慧门店、线上线下全渠道、智慧供应链等方面，全方位打造在线化、高端化智慧零售模式，加速推进新一代信息技术与传统制造业、先进制造业与现代服务业的融合。红豆集团打造的敏捷供应链平台，实现了线上线下全渠道营销，形成了“线下门店（联销、直营）+线上店铺（平台电商、社交电商）+个性化定制”的立体化营销渠道，为用户提供全流程的高品质消费体验。

二、主要做法

（一）打造高端化智慧门店

以顾客与市场为导向、从消费者需求出发，对旗下红豆男装品牌连锁门店进行全方位提档升级。通过对门店进行数字化改造，以信息消费体验中心为样板，不断提升高端化形象、环境、营销及服务，不断提升消费者体验，

形成核心竞争力。部分旗舰门店已加装智能量体仓，提供智能定制服务（见图1）。

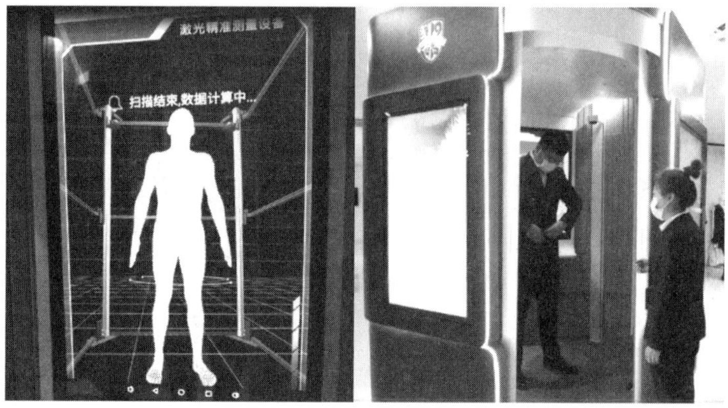

图1　红豆男装旗舰店提供智能量定制服务

消费者可通过 App、小程序等发布需求，经智能量体、智能打版、数据自动分发、平台工厂接收数据进入生产、成衣配送等环节，实现30秒智能扫描、1分钟个性定制、2分钟自动出版、3天内成衣发货、7天内全国交付的消费体验。

（二）打造全渠道智慧营销体系

上线全渠道会员系统，打通线上线下会员渠道，通过对会员标签、会员行为等数据分析，实现精准化营销。多形态多场景触及用户，以天猫、京东、唯品会、苏宁传统电商平台等为基础，结合社交电商抖音、快手、拼多多等不同形态为流量触点，应用社交或内容影响，促进商品购买信息、使用体验等高效传递；加快O2O业务的全方位进化，拓展多元化、场景化的消费者触点，深度开展小程序、直播等电商新业态的运营，以有效触达提升用户黏性（见图2）。

图2　红豆专业化直播团队进行专场直播

（三）打造在线化智慧工厂

以数字化手段赋能“智慧生产”，基于数据“大工程”，建立面辅料、工艺工序、质量、人员设备4个数据库；通过“智能设计系统CAD、智能排产系统APS、生产执行系统MES、仓库管理系统WMS、管理系统ERP”五大系统集成，实现数据快速高效共享和应用；引进先进的模板机、自动裁床、自动压烫机等智能化设备，与联通合作打造5G应用工厂（见图3），整体采用动态虚拟产线形式优化产线组合，以销定产动态控制交期，以快反供应链对接柔性消费需求。

图3 红豆集团打造“5G+纺织服装工业互联网”智慧工厂

（四）打造智慧供应链体系

紧紧围绕服装产业链，以“技术研发赢得主动、品牌营销开拓市场”为原则，紧紧围绕“微笑曲线”两端，基于红豆纺织工业互联网平台，依托现代信息技术、物联网技术、大数据技术、智能制造技术的运用，打造智慧供应链体系。集团上线供应商协同SRM系统，与供应商共同构建了柔性供应链，实现供应商准入电子化、生产进度可视化、产品质检在线化，提高供应链协同效率。

三、典型经验

（一）“平台+智能化生产+个性化定制”融合发展

在制造端，开发应用红豆纺织工业互联网平台，打造“智慧工厂”，构建柔性供应链。目前工厂整体采用动态虚拟产线形式优化产线组合，以数字化应用实现生产要素间的全域连接，以销定产动态控制交期，以快反供应链对接柔性消费需求。基于精准财务计划、柔性供应链、精准调配机制，整合“一盘货”的快速反应能力，适应个性化、多样化的碎片化消费。推进个性化定制，利用5G、工业互联网、物联网、大数据、云计算、人工智能等新一代信息技术，融合服装领域先进的制版技术和测量技术、激光3D量体和720°可视化量体，发展个性化设计、用户参与设计、交互设计、产品个性化重组。

（二）数字化赋能智慧零售新模式发展

在渠道端，顺应零售变革，积极尝试多样化营销，打造线上线下全渠道营销模式，打造智慧门店。建立战情、商品、运营、会员的数据分析模型，提升后台服务能力，并在已上线的全渠道系统基础上，全面提升数据的采集、管理、加工、分析、挖掘和应用能力。基于腾讯体系，搭建了门店侧、线上平台侧、员工侧私域流量池，并将企业微信作为未来企业私域流量的核心载体，发挥其在会员数字标签、数据资产留存、打通微信等方面的优势。对用户属性相似的公域流量进行布局，例如在抖音、快手平台开设小店，并基于产品和平台属性开展直播业务。同时布局微信朋友圈信息流LBS、公众号资源互换、网红达人KOC/KOL合作等方面来吸引公域流量。

（三）全渠道会员体系建设提升精准化营销效果

在会员端，不断完善会员体系建设，灵活运用会员系统，打通线上线下全渠道会员体系，不断发力于“人”的整合。基于会员标签进行会员的分群、分层，建立会员社群，制定社群运维方法，进行精细化运营，例如基于数据分析明确消息推送的时间、基于社群标签确定消息推送的内容等。尤其是在内容方面，红豆集团搭建了内容输出组织，匹配品牌营销的节奏，输出有趣、有用、有销售的内容。作为提升店效的有效路径，近年来红豆集团将会员的维护提到了更加重要的位置。除了建立健全会员系统并进行日常营运外，还开展会员感恩回馈活动，加强粉丝对品牌的认同感。

四、取得成效

（一）加快线上线下融合发展，智慧新零售能力显著提升

不断优化营销渠道结构，加快线下门店线上化，完善销售网络和产品配送物流体系，赋予用户更优的消费体验。通过现代化信息技术软件的开发与应用、大数据分析，实现全国连锁门店统一管理、统一配送、统一调配，以

全链路进化提升零售能力，旗舰连锁门店零售额稳步上升。注重发展电商直播，在新零售赛道中逐步闯出一条新路。2021 年 11 月 29 日，旗下红豆男装携手淘宝 TOP 主播烈儿宝贝，开启首次专场直播合作，直播间订单量达 7.5 万件，实现销售 1800 多万，荣登当天男装品类第一名。

（二）加快提高在线化水平，企业营收能力稳步增长

在全渠道营销模式下，红豆集团在线化比例不断提升，2019 年在线化比例为 10%，2020 年 18%，2021 年达 30%。集团把不断做深直播确定为现阶段电商新业态的主要战略。多业态、多形式的直播取得了骄人业绩，从“流量”到“留量”，集团在智能化、高端化、在线化的转型升级中，不断加强与消费者的深度沟通，给消费者带去极致舒适体验。主品牌红豆男装在门店数量逐渐减少的情况下，整体营收及毛利仍稳步增长。

（三）加快“智改数转”，智能制造成熟度显著提升

红豆集团主动拥抱数字经济，努力推动产业“智改数转”，以数字技术深度融入企业生产运营各环节，重塑传统产业形态，提升企业核心竞争力。销售端运用大数据构建精准营销，生产上则积极建设智能工厂，产品研发借助数字化应用向高端化升级。其中红豆股份智能工厂投产后总体运营成本下降 14%，生产效率提高 20%，人均效率提升 22%。2021 年，红豆集团荣获数字化转型先锋奖，子公司江苏红豆工业互联网有限公司荣获数字化转型创新服务奖、工信部“特色专业型工业互联网平台”、无锡市“十大数字化解决方案服务商”，成为“智改数转”综合服务商。

（四）加速打造现代供应链体系，产业生态逐步形成

红豆集团从产品的设计阶段引入消费者参与，通过敏捷的生产供应链体系，提供差异化定制服务，构建深度参与的用户关系，客单价、客户黏性及复购率均显著提升，更好地满足消费者的个性化需求。红豆集团与供应商共同构建柔性供应链，实现了供应商准入电子化、生产进度可视化、产品质检在线化，提高了供应链协同效率，解决了行业标准化程度低、上下游供应链不协同、市场反应慢、用工成本高、库存高等问题，大幅提升了库存周转效率，降低了物流成本，实现单耗成本下降 10%，在制品减少 30%。红豆集团带动了纺织服装行业快速发展和转型升级，打造了一个多方合作共赢的产业生态圈。

案例 28

孩子王：全渠道数字化赋能，助力母婴童行业发展

一、基本情况

孩子王儿童用品股份有限公司（以下称“孩子王”）是一家秉承“科技力量+人文关怀”理念，以用户为中心，为母婴童成长提供一站式服务的智慧零售企业。孩子王创新采用全渠道“无界”运营模式、“商品+服务+社交”体验模式、专属“育儿顾问”贴心服务模式以及“重度会员制下的单客经济”营销模式，建立了集线上 App、小程序、社群及线下大型全数字化门店于一体的全渠道智慧零售体系，打造了“无界+精准”的用户体验，有力推动了母婴童智慧零售行业高效协同发展，并先后被商务部评选为“首批线上线下融合发展数字商务示范企业”“全国供应链创新与应用试点企业”，被工信部评为“新型信息消费示范项目”等。

二、主要做法

（一）创新数字化全渠道“无界”运营模式，为用户提供全时空智慧服务

孩子王创新性打造了全渠道营销网络。线上，在用户端构建了 App、小程序、扫码购、门店到家、“云门店”（孩子王 App 基于用户常逛的门店或地理定位，精准打造的超 500 家线上门店，可以在线选购门店商品，并由“孩子王到家”快速送达）等数字化服务工具，提升用户体验；在员工端开发了会员营销管理工具“人客合一”、会员数据管理工具“云客合一”、店总经营

管理工具“阿基米德”等，赋能员工高效管理（见图1）。线下，在全国开设了超500家大型数字化实体门店，建立了与用户交互、感知的多个触点。消费者进入数字化门店，打开手机即可“云逛”一个大数据匹配的线上“专属门店”，查看评价、自动优惠、一键联系“育儿顾问”面对面服务，购物完毕，可以使用“扫码购”直接结账，也可以选择“孩子王到家”门店极速配送（见图2）。

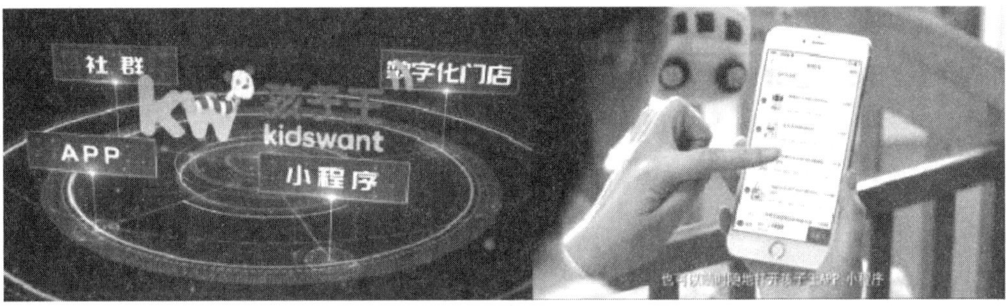

图1 孩子王线上线下数字化“无界”融合

图2 孩子王全新数字化智慧门店

（二）创新“商品+服务+社交”体验模式，为用户提供全领域综合服务

围绕亲子家庭育儿过程中衣、食、住、行、用、玩、教、学等各种需求的升级，持续打造线上线下一站式多元化的全域新消费体验（见图3）。

1. 为用户提供多种商品解决方案

不论线上还是线下，孩子王都按照用户需求场景所需的解决方案来布局商品陈列，如孕产服务中心、户外出行体验专区等。孩子王的全渠道SKU数近60万个，经过大数据分析，它们以孩子成长不同阶段特定需求为原则相互组合，形成的商品和服务方案包，能解决用户近2000多个育儿、成长问题。

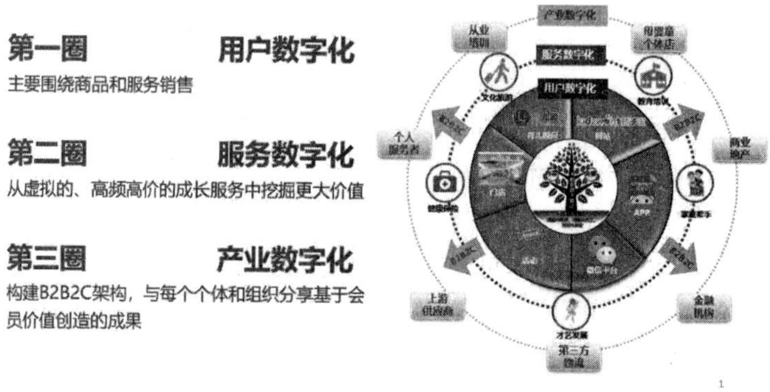

图 3　母婴童生态化服务平台示意图

2. 为用户提供广泛、深度的优质服务

孩子王通过整合超万家优质异业资源，打造了链接广泛的母婴生态，涵盖摄影、旅游、素质教育等多个领域，并深度结合育儿顾问和育儿专家资源，线上线下帮助会员解答育儿问题、传递科学理念。

3. 为用户提供科学、丰富的社交互动

孩子王在社群、抖音等社交平台上基于兴趣分类组织了丰富的社交活动，并且在孩子王的每家门店，年均举办 1000 场基于科学孕育、成长规律设计的互动活动，如新手爸妈训练营、宝宝爬行大赛等。

（三）创新专属“育儿顾问”服务模式，为用户提供全方位暖心服务

为更好满足新生代父母需求，促进科学孕娃、快乐养娃，孩子王在全国培养了近 6000 名专业的育儿顾问，均持有人力资源与社会保障部颁发的育婴员执照，并定期培训理论知识及常见急救等实用技能。孩子王还邀请各地区三甲医院有多年工作经验的育儿专家给予专业支持。

通过数字化工具赋能，让孕产妇拥有“专属育儿顾问”，在孕妇营养、母婴护理、儿童成长培训等多方面给予支持（见图 4）。在线上，育儿顾问随时随地提供孕娃、养娃等专业指导；在线下，她们面对面提供产妇催乳、婴儿抚触和心理咨询等全方位暖心服务。孩子王的育儿顾问们同时运营着近 30000 个母婴微信社群，也频繁组织各类互动活动；她们为会员提供人性化的服务，更能在孩子遇到危险时，通过“海姆立克急救法”等挽救生命于危难之间。

图 4　育儿顾问在线服务

（四）创新“重度会员制下的单客经济”营销模式，提供全周期伴随服务

孩子王在行业内首创“互动产生情感–情感产生黏性–黏性带来高产值会员–高产值会员口碑影响潜在消费会员”的整套“单客经济”模式。

通过人工智能及大数据技术深度洞察用户，孩子王建立了 400 多个基础用户标签和 1000 多个智能模型，为用户提供“千人千面”的个性化服务；并进一步依托平台优势，整合城市资源，面向父母和孩子推出了两大本地服务平台。面向父母的“孕产加”服务平台，孩子王提供月嫂、育儿嫂、产后修复等照护解决方案；面向孩子的“成长加”服务平台，孩子王提供琴棋书画等素质教育。

三、典型经验

（一）“数字化+人性化”贴心服务，是赢得消费者信赖的最好手段

随着中国母婴童市场的迅速发展，用户消费行为和消费理念正发生着根本性变化。孩子王紧紧抓住新消费升级窗口期，认准自身“经营顾客资产的大数据公司”定位，建立了数字化的精准营销和人性化的解决方案，培养了用户新的消费习惯，增强了情感黏性，最终赢得用户的信任和依赖。在高品质满足人民对美好生活的需求中，它高质量推动了行业发展、开创了母婴童行业的新型消费时代。

（二）深耕“单客经济”伴随服务，是提升生产者能力的不竭源泉

孩子王着力构建以情感为纽带的会员制企业，一切经营都围绕着增强用户情感，根据大数据匹配用户的个性化需求，不断挖掘新会员、黏住老会员。在这种理念下，孩子王再针对会员进行互动营销，形成独特的创新服务模式，为消费者提供了更物美价优的商品、更深度专业的服务、更优质贴心的体验。

在新冠肺炎疫情期间，凭借突出的数字化应用能力，孩子王做到了停店不停业、停班不离线，继续为家长提供不间断周到的服务。它做到了让顾客不烦心、让员工有工作、让品牌有口碑、让商家有发展，并实现了单客产值、商家生意、员工收入的全面增长，成为数字经济有力促进新型消费发展的鲜活案例。

（三）积极发挥示范引领作用，是优化全行业生态的坚强支撑

孩子王充分发挥行业龙头企业引领作用，结合自身的会员体系、数字化平台和门店布局，用数字化能力赋能上下游生态链中母婴童品牌企业、中小机构和创业者，构建了产业服务平台，并联合厂商、物流企业共建数字化柔性供应链体系，打造出多产业融合发展生态圈，为行业发展和创新提供实践基础，展示了数据赋能、示范引领对推动全行业服务升级、生态优化的强劲动能。

四、取得成效

（一）服务千万家庭，有效降低全社会育儿成本

孩子王帮助家长降低“带娃”难度、提高“养娃”质量。“无界”运营模式，让家长在购买母婴童产品时不再纠结；全领域综合服务，帮助家长适应各类育儿场景；专业的育儿顾问，解决育儿过程中的种种问题；全周期的会员模式，让孩子在素质教育过程中快乐成长。目前，孩子王已为5000万会员家庭提供了优质的母婴童服务。

（二）助力行业发展，为“朝阳产业”树立标杆

通过会员模式提升服务质量获得巨大红利，孩子王引领促进全行业走上一条正确的道路。目前，孩子王会员贡献收入占比达99%，高黏性付费黑金会员规模超200万人，单客年产值达到普通会员的10倍左右。这些实打实的业绩为全行业发展提供了良好示范。

（三）促进企业成长，产业链形成“微笑曲线”

在带动产业链上下游方面，目前孩子王在全国17个省3个直辖市开设了大型数字化门店超500家，全渠道服务会员家庭超5000万，同时整合赋能了国内外厂商超8000家，带动创业就业近10万人，在育儿、商品、客服、童乐园、物流服务等方面获得消费者认可度达93.22%，同比上升1.36%。

CHAPTER 8

第八章

商品供应链服务创新：升级消费场景，挖掘地方特色

编者按

供应链是以客户需求为导向，以提高质量和效率为目标，以整合资源为手段，实现产品设计、采购、生产、销售、服务等全过程高效协同的组织形态。推进供应链创新发展，促进经济运行中物流、资金流、信息流和商流的高效流动和反馈，能够有效降低企业的经营和交易成本，深化产业分工，提高集成创新能力。当前供应链发展的重点正在从单个企业、单条链路效率优化与提高，转向生产全流程、价值链全过程的协同。从实效上看，一方面，供应链服务是新型消费的基础与关键环节，在新冠肺炎疫情影响下，企业提高供应链发展水平，加快供应链数智化升级，全面提升供应链数字化、智能化、国际化水平，提高应对国际风险的能力，更好保障新消费供给。另一方面，通过新型消费升级促进产业转型，可以实现社会效益，例如带动农产品供给量大幅增长和农产品加工业高质量快速发展。特别是培育优质农产品品牌，着力构建长期稳定的产销关系，推动农业农村现代化和农民增收的实际需要。

从典型企业经验来看，主要包括：(1) 服务工、农业发展。典型企业主要聚焦于提供供应链和生产资料供应链管理的前端服务，以及消费供应链管理，销售供应链反馈市场和用户的真实需求，从而影响制造业的产能分布。(2) 挖掘供应链地方特色。典型企业供应链建设与本地特色产业相结合，加强在关键节点的布局，强化对关键资源的掌控。以大规模的产业协作，实现跨区域、跨产业协同。促进产业集群发展，提升产业竞争力。同时，应当优化企业内部与产业间协同平台，带动上下游企业形成完整高效、节能环保的供应链链条。(3) 拓展数智供应链专业服务。典型企业依托技术、平台、市场优势，积极赋能中小企业，为中小企业提供购销管理、质量管理、追溯服务等供应链专业服务。同时，供应链企业也与金融机构相配合，发挥“供应链+金融”结合的优势，为上下游企业提供基于供应链的授信、保理、结算、保险等金融服务。

案例 29

湖畔笋业：供应链服务创新让农产品插上互联网翅膀

一、基本情况

黄山新华湖畔笋业有限公司成立于2016年4月，是由黄山市黄山区新华乡境内的三兄弟笋业、节节高笋业等7家竹笋加工企业合作成立的笋竹产业化联合体。公司注册资本1350万元，股东全部为企业法人。主要经营范围为以竹笋为主的农产品收购、加工、销售、仓储服务、电子商务服务等。黄山新华湖畔笋业有限公司成立后，在黄山区政府及新华乡党委政府的支持下，以线上线下融合发展的新型消费模式为抓手，通过做强生产链、锻强加工链、建强销售链，促进了当地竹笋特色产业供应链体系构建，提升了当地笋竹特色产业，带动了村集体发展，带动了农民增收，有效助力了脱贫攻坚收官战，同时为早日实现乡村振兴跑出了"加速度"。2019年，黄山湖畔笋业被安徽省农业农村厅认定为"全省示范农业产业化联合体"。

二、主要做法

位于黄山区北部的新华乡是远近闻名的竹笋之乡，全乡有4个村，6000多人口，有1.3万亩雷竹林，年产鲜笋3500吨。现有笋竹加工企业7家，但由于企业规模小，笋产品品种少（只有几种初加工的笋干），而且单纯靠线下批发给浙商，销售渠道单一，多年来企业难以发展壮大，当地的笋竹特色产业也难以在原来的基础上提升，农民增收乏力。2016年，新华乡政府引导境内的7家竹笋加工企业联合成立笋竹产业联合体（暨高质量发展联盟）——黄山新华湖畔笋业。黄山新华湖畔笋业成立后，一方面统一鲜笋收购、生产和加工标准，统一对外销售笋产品，统一开展区域品牌化申请；另一方面在传统线下批发的基础上，积极促进农产品上行，发展新型消费，有力地促进竹笋产业链的发展。

（一）推广绿色种植模式，做强生产链

要发展线上线下融合的新型消费，产品内在品质至关重要。该企业积极配合新华乡政府推广以有机肥（有机肥与配方肥的混合肥）和人工除草代替化肥和化学除草的绿色种植模式，在乡政府对笋农补助有机肥的基础上，企业对采用绿色种植模式的鲜笋收购价上浮5%；同时，企业还通过雷竹林再流转经营、与农民专业合作社合作方式建立自己的高品质示范基地，进一步示范和推广绿色种植模式。结合“亚行贷款”项目竹林示范园的建设，黄山新华湖畔笋业所属的7家竹笋加工企业已确立企业原材料来源的绿色种植基地4000余亩（见图1）。在此基础上，在鲜笋收购环节，企业还鼓励笋农及时采拔鲜笋和打老节，保持鲜笋嫩度。

图1　雷竹绿色种植基地

（二）打造特色网货产品，锻强加工链

要发展线上线下融合的新型消费，农产品必须成为可以触网的商品。针对竹笋产业在当地已有一定的基础和规模，笋产品具有地域特色、供应充足，且因独有的本地原始品种和优良品质，已在省内外具有一定的知名，可以打造成为网货农产品的情况，企业积极开展申请注册商标、农产品“三品一标”和“黄山竹笋”区域公共品牌、地理标志证明商标，同时不断开发新产品、推进精深加工，使黄山竹笋这一特色农产品达到触网要求，成为网货产品。目前，笋产品已从原来单纯的笋干发展到5大类（即食类、脱水类、低盐类、清水类、鲜冻类）20余个笋产品，其中龙头企业三兄弟笋业生产的黄山笋干荣获中国名优农产品暨农业产业化交易会参展产品金奖，先后入选

2015 年度、2017 年度全国名特优新农产品目录，并被认定为绿色食品和有机食品。

（三）线上线下融合发展，建强销售链

为消除因新华乡地处偏远，物流发货慢、费用高，在发展新型消费上存在瓶颈的问题，黄山新华湖畔笋业抓住新华乡政府创建全省农村电商示范镇和全市农村“四好”公路先进乡镇，大力推进乡、村物流体系建设的机遇，主动对接，争取到中国邮政等物流企业对农产品上行电商企业 3 公斤以下小件快递费降价 50%、大件快递费降价 20%的有利条件，并到新华乡揽件，大大降低了物流成本，畅通笋产品上行“最初一公里”。物流问题解决后，黄山新华湖畔笋业率先直接开设线上店铺，销售以黄山竹笋为主的农特产品，开拓线上销售市场，线上线下融合，不断拓展笋产品销售渠道。目前，黄山新华湖畔笋业及成员企业三兄弟笋业分别在拼多多、天猫等电商平台开设了线上工厂店 6 个，并与黄山区邮政局等单位和企业开展合作，在邮乐网、叮咚买菜等平台销售笋产品。

三、典型经验

（一）建设一个 O2O 电商中心，解决“巧联动”问题

在市、区商务和交通部门的大力支持下，2018 年，黄山新华湖畔笋业租用闲置的新华交通运输管理站，并将其改建成笋竹产业 O2O 体验暨电商公共服务中心（占地约 5000 平方米，建筑面积近 3000 平方米，其中展厅约 500 平方米，可以承担 50 人以上规模的集中演示）。

该中心主要采取线上线下相结合的 O2O 体验模式，线上消费主要是引进电商企业入驻，在淘宝（天猫）、拼多多、京东等电商平台开设专营店，销售以雷笋系列产品为主的农特产品，并在线上展示和推广农特产品，达到产、供、销全面发展。

线下主要通过在中心展示地方农特产品、配合特色文化和旅游资源的对接，一方面展示雷笋等农特产品的优势，另一方面向游客推介当地的农特和旅游产品，让顾客在体验当地农特产品和文化的同时，既可以线上交易支付，也可以线下支付完成购物和旅游体验，增加了客户的黏性和长期消费的

可能性（见图 2）。该中心的农特产品展示销售区，设有乡村振兴（扶贫）专柜，展售全区 19 个脱贫出列村的“一村一品”农特产品。游客购买产品后，还能与新华雷笋代言人卡通“笋小新”合个影，通过朋友圈等发布动态，展示助力乡村振兴（脱贫攻坚）的成果。

图 2　游客通过线上或线下方式采购笋产品

这一方面扩大了对新华乡竹笋产品的宣传，另一方面又连通了买家和卖家，新的买家可以通过扫描笋产品上印制的线上店铺二维码来购买笋产品。对于没有经历过扶贫和乡村振兴的游客来说，是一个很好的接触、参与机会。

（二）培育一批多元化电商主体，解决“谁来卖”问题

为了抓住当下流行的直播卖货方式，黄山新华湖畔笋业一方面在拼多多、淘宝平台的线上工厂店开展直播活动，介绍产品的产地环境、产品的品种和品质特色等，让顾客充分了解笋产品，搭建买家和卖家交流的平台；另一方面在抖音平台注册企业抖音号，不定期拍摄并发布竹笋生产环境、种植加工过程、竹笋菜肴制作方面的小视频，同时每天定时进行直播，向抖音用户全方位推介新华乡所产的黄山竹笋。其还根据笋产品品质好、单位价值低（如黄山扁尖拼多多店拼单价为 17.8 元/斤）、适宜向熟人推荐的特点，抓住黄山市实施“四千工程”，向乡村派出金融专员、邮政专员、专技人员、科技特派员和驻村工作队的机遇，与新华乡产业发展服务站和各村产业发展服务队合作，请他们在抖音直播间为笋产品直播带货，向他们背后的选派单位、战友、同学、朋友等人脉资源宣传推荐笋产品，发动他们购买笋产品，为他们挂职的乡村产业发展助力。

（三）打造一批展会节庆活动，解决“怎么卖”问题

1. 参加展会“走出去”

黄山湖畔笋业及所属成员企业一方面积极参加商务、农业等相关主管部门组织的各类展会，另一方面积极参加相关社会组织组织的各类展会，线下把笋产品卖到全国各地，同时把自己的线上工厂店宣传推介到全国各地，把展会的一次性客户变成具有长期消费可能的固定客户。近两年，黄山新华湖畔笋及加工龙头企业三兄弟笋业先后参加2020年度及2021年度合肥农博会、2020年度河南（郑州）国际现代农业博览会，安徽省优质特色农产品展示展销会、新疆农展会等，每次参加展会现场销售额可达10万元，产品供不应求。其中2020年11月，三兄弟笋业参加厦门两博会一举与北大荒集团等签订160万元订单。通过参加各类展会进行宣传推介、市场开拓、品牌推广，搭建了直接、互动平台，笋产品知名度和美誉度得到极大提升。

2. 举办节庆活动“请进来”

黄山新华湖畔笋业连续举办雷笋节，不断提升竹笋产品的知名度。2019年3月与福建海峡旅游合作举办第三届新华雷笋节暨“村跑”活动。2021年4月联合上海堃航体育举办第五届雷笋暨美食节，设有农特产品展售区和风物市集区，活动吸引了省内外媒体记者和旅客参加，他们通过采风、跑游、赏美食等方式体验新华乡春暖竹富、花重十里、人鱼共乐的乡村之美，并在中心内的展售厅和门口的风物市集区线下直接采购或从线上下单、物流配送方式采购了大量的本地农特产品。受疫情影响，2020年则举办了以“雷人雷笋看新华”抖音短视频大赛、笋竹姑娘评选、竹产品Slogan征集等活动为主要内容的线上雷笋节，网络阅读量超过100万次，进一步带动了黄山新华湖畔笋业抖音小店笋产品的销量。

另外，线上成员企业还与自营生鲜产品及提供配送服务的生活服务类App——叮咚买菜平台合作，手机下单，29分钟内配送到位。线下，三兄弟笋业为昱品源、方家铺子等食品公司代加工线上销售的笋产品，为麦德龙线下连锁超市提供笋产品。结合近两年消费扶贫，黄山新华湖畔笋业主动与相关市直、区直帮扶单位和学校对接，采取线上下单、线下直接配送方式采购中笋产品。

四、取得成效

（一）带动农民增收

线上线下新型模式消费模式的运用，使竹笋产品销售由过去坐等客户上门批发的单一线下批发转变为线上线下融合的新零售模式与线下批发并举的模式，且线上线下融合的比例逐年提高，销售渠道不断拓展，从而带动了鲜笋收购价的提升。笋产品年网络销售额由2017年的200万元增加到2021年的1600万元。2021年新华乡境内的7家竹笋企业将鲜笋收购价提高到3元/斤，比2020年上涨15%，比本区其他乡镇及宣城的泾县、宁国等高10%左右，加上产量的提高，2021年新华乡笋农人均售笋收入比上年增长近1000元。

（二）带动村集体增收

一是2018年脱贫出列村大保村将扶贫项目资金25万元投入到笋竹产业O2O体验中心，每年获得2.5万元的固定收益。二是根据电商企业需要，整合革命老区及2个村的移民、扶持村集体项目资金338万元，利用笋竹产业O2O体验中心院内的存量建设用地，量身定制仓储冷链包装一体化及一件代发中心，租赁给竹笋加工及电商企业使用，年租金6万元由3个村按投资份额分成。2021年，新华乡政府引导4个村共同争取衔接和移民项目资金840万元，联合建设雷笋速冻及鲜储中心，租赁给竹笋加工企业，年租金40万元由4个村按投资份额分成。三是2021年9月份以来驻村工作队线上直播带货、线下推介共销售笋产品15万元，村集体获得1.5万元利润分成收入。

（三）促进产业提升

2018年，新华乡被安徽省农业农村厅认定为全省“第十一批‘一村一品’（笋产业）专业示范乡镇”。2019年，新华乡被认定为安徽省农村电商巩固提升工作示范乡镇。2020年在全省农村电商巩固提升电视电话会议上作交流发言；大保村、赐田村分别于2019年、2020年被认定为全省农村电商示范村，三兄弟笋业、瑞华笋业先后被认定为市级农业产业化龙头企业，三兄弟笋业还被中国绿色食品协会加工与推广分会增补为副会长单位。新华乡笋竹产业O2O体验中心被安徽省经济和信息化厅认定为安徽省第六批信息消费体验中心。2019年，安徽电视台《新闻联播》以“激发产业活力，谱写精准脱贫安徽答卷”为标题，报道了新华乡笋竹产业助力脱贫攻坚；《安徽日报》国庆专版报道了新华乡笋竹产业。2020年央视第17频道《我爱发明》栏目、《人民日报》和安徽电视台《新闻联播》《第一时间》栏目等先后采访报道新华乡的笋竹特色产业在助力脱贫攻坚、促进乡村振兴的方面的做法。

（四）惠利消费者

线上线下融合的新型消费模式，为产地、加工企业和消费者之间架通了联系的桥梁，消费者可以通过淘宝、拼多多、抖音等任一平台了解笋产品，知晓竹笋的烹饪方法等，购买笋产品，消除了隔在产地、加工企业与消费者之间的信息不对称的屏障。

案例 30

淘大集供应链：集市搬上网 轻松逛菜场

一、基本情况

淘大集供应链是全国第一家以区域为中心将农批市场、销售商户、采购商户整体搬上网的农产品供应链企业，通过数字化平台对农批市场进行升级改造，搭建起农产品生产者、门店老板、消费者等产业链各环节共赢的桥梁，引领农业产业新型消费升级，实现了“集市搬上网、轻松逛菜场”。

淘大集于2015年在上海组建研发团队，2016年正式落地襄阳，目前已陆续落地武汉、深圳、宁波、宜昌等多个城市（见图1）。公司采用“基地+农贸市场+同城共配网络平台+B端客户+物流体系+售后体系+产品品牌化”的一站式创新型运营管理模式，将农副产品与城市内的酒店、食堂、超市、

图1 淘大集各城市站点仓配中心

家庭高效连接，平台提供订单自由交易、订单生产、订单采购、智慧仓储、智能物流、售后、品牌打造、市场推广、数据统计与分析、行业咨询等一条龙新型消费服务，用数字化让每个环节互联互通，提高农业产业各环节运营效率，开启了生鲜智慧流通新模式。

企业持之以恒地开拓农产品供应链新模式，线上构建了移动端 App、微信公众号、微信商城、小程序、PC 端后台等多线、交互布局，线下开设统仓统配中心、消费扶贫馆、肉品冷链分割中心、农村电商服务点、社区网络自提点。企业还将建设襄阳市农产品电商物流园等项目，打造农产品产业集群，构建线上线下一体化经营生态链。

自成立以来，淘大集持续创新为供应链各环节赋能的做法得到国家各部委的高度认可，被商务部评为“商业科技创新应用优秀案例”“国家级服务业标准化试点（商贸流通专项）”“典型电子商务服务企业”，入围“国家级电子商务示范企业”；被农业农村部评为“‘互联网+’农产品出村进城工程试点”；被科技部列入“科技助力经济 2020”重点专项；被湖北省发展改革委评为“湖北省疫情防控重点保障企业”，属于国家高新技术企业等。未来淘大集将面向全国服务农业产业链各个环节，力争成为全国农产品供应链服务创新应用示范。

二、主要做法

（一）实施背景

作为民生消费的刚需行业，生鲜农产品零售有着万亿级别的市场体量。2020 年中国生鲜零售市场规模超 5 万亿元，随着人均可支配收入和消费支出的提高，预计到 2025 年将达到 6. 8 万亿元。

生鲜农产品具有不易保存、品类多、非标准化产品居多三大特性，为了在运输过程中保持产品的新鲜度，流通环节大多复杂烦琐，物流配送成本较高。同时供应链上下游成本控制水平不一、不能有效协同，导致各环节资源存在着巨大的浪费。

对此，淘大集应势而动，践行“集市搬上网、轻松逛菜场”创新模式，将互联网与传统农业深度融合，启动一系列新业态、新模式创新。

（二）农批市场数字化升级改造及运营创新

1. 搭建绿色同城共配网络平台，连接各方共赢桥梁

企业自主研发具有协同效应的农产品绿色同城共配网络平台（见图2）。平台总体架构是“B2B/C 网站+移动终端+实体店+仓储运输”，围绕供应协同、客户协同、财务协同、服务协同等构建供应链的各智能化模块，通过大数据平台实现各模块的互联互通，做到内部业务领域和内外资源的高效协同。通过淘大集 App 和小程序、淘好运、淘大运、优货宝、淘创客、微信商城、质量追溯系统等多线、交互式布局，服务覆盖 B 端用户、C 端用户、大客户、农产品基地、加盟商、司机创客、农业创业者等全链条用户。同时鼓励返乡农民工带车加入平台一起创业，实现了“无车承运”模式，整合社会闲散运能 600 多台，实现车辆共用。

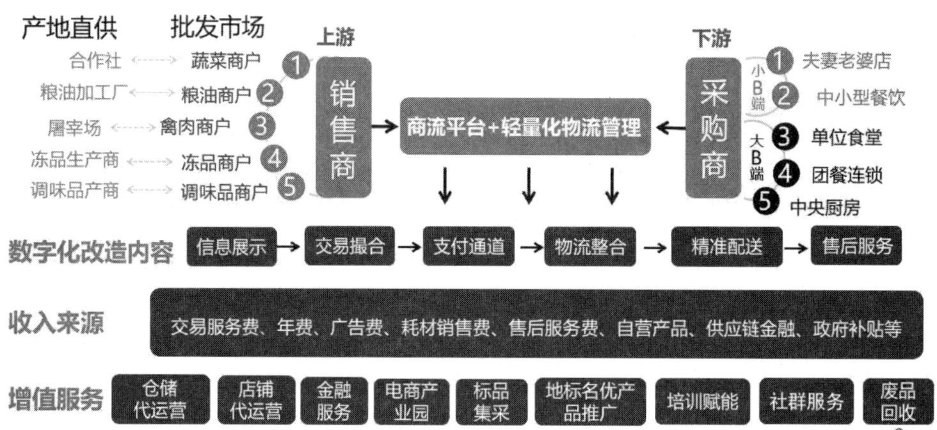

图2　淘大集同城共配网络平台产业结构图

2. 创新采用一站式新型运营服务模式，满足客户多元需求

采用“基地+农贸市场+同城共配网络平台+B 端客户+物流体系+售后体系+产品品牌化”的一站式创新型运营服务模式，以地级城市为中心，通过对农产品进行分类、分级、分选，打造本地农产品三个销售通道，即本地农产品本地销售、本地农产品卖全国、本地农产品跨境电商卖全世界。

3. “大众创业，万众创新”，赋能上下游

企业始终坚守“己欲立而立人，己欲达而达人”的核心经营理念，积极帮助供应链上下游的企业创新创业。组建创业服务团队，聘请创业导师，设立“开放办公区”“电商运营服务中心”“电商品牌中心”“创业培训中心”

等七大功能区，联合产业园、电视台、财智联盟、银行、高校等各方资源，通过创业培训、资源对接、品牌打造、驻店辅导、股权投资、标准化建设等多种方式，共同为入驻平台的上下游农业创业者赋能。

先后举办、参与不同形式的技术观摩、示范调研、创业大讲堂、优秀供应商评选、特色食材电商节、展销会、投融资对接等各类创业创新活动2000余场，培训2万余人次，累计孵化创业企业及团队3000多家，被评为湖北省“省级星创天地企业”，先后被襄阳市科技局、湖北省科技厅考评为“优秀”。

4. 创新采用“线上+线下”多元服务场景，创新消费新模式

采用“供应链平台+农村电商服务点+社区网络自提点+肉品分割中心+扶贫馆+产业集群”线上+线下多元服务场景，开创消费新模式。

通过线上线下搭建农村电商扶贫服务点和社区服务点，解决农产品电商销售最后100米和最初100米问题。

线下开设襄阳市最大的肉品分割批发中心，实现了肉品分割自动化、标准化、冷链化和规模化，让本地市民吃上放心肉、优质肉的同时，让本地特色肉类产品走出湖北，走向全国。搭建襄阳市最大的消费扶贫专馆，将各县市区域核定的扶贫产品和本地特色农产品纳入扶贫馆，并将产品同步入驻到淘大集电商平台，“线上+线下”相互促进，融合发展，带动贫困地区农产品销售，巩固脱贫攻坚成果，助力乡村振兴（见图3）。

图3　消费扶贫专馆及肉品冷链分割中心

同时，还将打造农产品产业集群，包括联合建设、运营乡镇物流园、县城电商农批市场、城市农产品物流园、大型冷库等基础设施。目前襄阳市农产品电商物流园项目已启动。

5. 创新“1126”绿色供应链发展模式，促进消费低碳可持续发展

为推动绿色消费与企业绿色可持续发展，淘大集设立了“1126”绿色发展模式，树立“一个理念”（企业与城市是和谐发展的“共同体”）、确立“一个目标”（建设节能减排和循环经济的绿色供应链企业）、依靠“两个创新”（技术创新和管理创新）、依托“六个核心模块”（绿色经营、绿色仓配、绿化包装、绿色物流、绿色智能、绿色回收），将绿色发展理念融入企业发展的顶层设计。同时建立了绿色管理制度，保障绿色发展理念的落地和执行，为绿色消费及企业低碳环保可持续发展奠定了基础。

三、典型经验

（一）发挥农产品供应链链主作用，创新农产品流通模式

采取“基地+农贸市场+同城共配网络平台+B 端客户+物流体系+售后体系+产品品牌化”的一站式运营管理。通过搭建农产品供应链同城电商网络平台、整合供应链上下游资源、建立高效的物流配送体系、建立稳定的农产品价格长效管控机制、建立 24 小时售后服务体系、建立农产品质量安全标准化体系、搭建“线上+线下”扶贫馆、开展农产品品牌建设、进行农产品电商培训等做法，充分发挥了农产品供应链链主的核心作用，开启了生鲜智慧流通新模式，可带动农民增收 3～10 倍，食材采购商降低采购成本 20%～30%。其“农产品供应链同城电商网络平台”案例入选商务部 2021 年商业科技创新应用优秀案例。

（二）“网联仁心”，构建利他的生态化产业结构

“已欲立而立人，已欲达而达人”是淘大集核心理念，公司自创办之日起，始终主导“网联仁心”利他的服务理念，并通过构建“供应链平台+农村电商服务点+社区网络自提点+肉品分割中心+扶贫馆+产业集群”，打造“线上+线下”多元服务场景，构建生态化产业结构。

淘大集专注于撮合交易，把各种养殖基地、合作社、加工厂、农批市场商户等传统交易生态搬到线上，通过数字化平台收集消费者需求，对业务流程进行集成、标准化和培训，并通过扶贫馆、基地直播、短视频营销、农业博览会、旅游团等多种方式进行线上线下推广、销售农产品，提高生鲜农产

品运营效率，为农业产业链各个环节赋能。

（三）依托供应链平台，践行企业社会责任

疫情防控突出贡献。2020 年新冠肺炎疫情期间，积极响应政府号召，第一时间加入疫情保供，服务襄阳和武汉各城区，国务院新闻办公室发布新闻予以表扬。2021 年，淘大集再次开展武汉封控小区保供服务，助力平稳物价，满足市民日常所需，并为封控小区赠送“爱心蔬菜包”，以实际行动践行了企业责任担当。

乡村振兴担当。通过“一个企业帮扶一个脱贫家庭”的方式，防止返贫；通过“授人以鱼不如授人以渔”的方式，直接、高效地帮助贫困户销售农产品，并与贫困户签订长期网销协议；通过技能培训、指导创业等方式帮助农民就业，通过“扶贫、扶心、扶志、扶智”模式，帮助孤贫儿童健康成长。

四、取得成效

（一）日均服务农产品经营者 600 多户，实现年产值 8 亿元

淘大集在 5 个城市将 45 个农批市场搬上网，涵盖了蔬菜、冻品、粮油、调味品、水产等 11 大品类，日均服务农产品经营者 600 多户，全年近 6000 户。通过大集课堂、一对一驻店辅导、线上指导等培训方式使他们具备线上电商经营的思维和技能，每户农产品经营者在不影响线下生意的情况下提供一个稳定的线上流量，每户月均线上交易额 10 万元，2021 年年产值累计达到 8 亿元，同比增长 120%。同时襄阳和武汉城市站点均实现盈利，打破了生鲜电商难以盈利的“魔咒”。

（二）建立生鲜产品标准、配送标准 1200 多条

深耕 6 年，淘大集与农业合作社、农产品种养殖基地、烹饪协会、科研所、高校等共同研究建立了生鲜标准规范，如品质规范、规格规范、分拣规范、包装规范、配送规范等达 1200 多条，开展标准化培训 1700 多次/年，包括每日的质量分析、每周的大集课堂、每月的线上运营培训等。

（三）全年配送 20 多万车次，降低碳排放 4 万多吨

整合同城闲散运能 600 多辆，通过集中配送、统一配送、夜间配送的集

约型配送模式，持续优化配送线路，高效省时，节能环保。一台车一次可配送 30 多家酒店，相对于传统的采购模式，减少了车辆的投入和能源的消耗，促进城市商贸物流降本增效，全年降低碳排放 4 万多吨，助力实现碳达峰、碳中和。

（四）建立食品追踪溯源体系，为数万家餐厅食品安全保驾护航

企业建立了食品追踪溯源体系，日均配送 1 万多家餐厅，每日订单 10 万多条，已实现“产地→批发市场→分拣环节→运输环节→交付环节”全程追溯，可实时进行数据在线查询和管理。溯源体系已与国家重要产品追溯体系——肉菜追溯查询平台对接，通过扫描溯源码即可获知肉菜名称、供应商、采购商户、配送日期、检验结果等信息，确保肉菜来源透明，为广大市民“舌尖上的安全”保驾护航。

（五）社会贡献突出

（1）抗疫服务数万户家庭。2020 年淘大集疫情保供服务 20 多万户家庭，并在武汉、宁波、深圳等新一轮疫情中，持续守护人民群众“粮袋子”“菜篮子”，在当地起到稳定物价、安稳人心的核心地位。

（2）带动就业 5000 余人。淘大集通过“无车承运人”、培育孵化创业者、就业培训等方式直接带动就业 5000 多人。

（3）带动农户增收 6000 余户。淘大集持续践行精准扶贫、乡村振兴担当，通过产业帮扶、基地直采等多措施并举，2021 年度带动农户增收 6000 余户。

（4）帮扶孤贫儿童 200 多户。淘大集创始人团队成立了襄阳市慈善总会孤贫儿童志愿团，通过“一对一”结对帮扶 200 余名孤贫儿童，采取“扶贫、扶心、扶志、扶智”的“四扶”帮扶模式，陪伴孤贫儿童成长。

案例 31

供销冷链：发展现代流通，助力乡村全面振兴

一、基本情况

江西省供销冷链科技有限公司（以下简称“省供销冷链公司”）隶属于江西省供销合作社联合社（正厅级），省属国有企业，负责江西省重大重点项目——全省城乡冷链物流骨干网的投资、建设和运营。紧紧围绕基地种植、冷链仓储、冷链运输、生鲜配送、市场贸易、供应链金融、大数据智慧平台、中央厨房等八大核心业务板块，集中各方优势资源打造“全链条无脱冷，绿色节能环保，5G 物联智配”三结合的新标准和冷链仓储、农批市场、商住配套融合发展的“三位一体”建设新模式，形成新型业态、节能环保、科技智能的冷链物流生态圈。

现在已经与中国邮政集团江西省分公司等多家大型企业签订战略合作协议。江西省城乡冷链物流骨干网建成后，将减少食品浪费，每年降低农产品腐损导致的经济损失约 39 亿元；通过跨季销售、延长销售期提升江西农产品增量附加值 200 亿元以上；创造就业岗位约 3.5 万个，带动超过 500 万户农民增收，平均每户每年将增加收入约 1000 元，对助力乡村振兴和农民增收致富具有重要意义。

二、主要做法

（一）发展功能型冷链物流，实现生产消费线上线下联动融合

省供销冷链公司聚焦农产品冷链物流基础设施短板，顺应城乡居民消费

升级趋势，在全省布局建设“全链条无脱冷、绿色节能环保、5G 物联智配”城乡冷链物流骨干网，为农产品生鲜流通、精深加工保值增值夯实必要的硬件基础。一是建设冷链物流园区。立足江西农业产业特点和冷链物流实际，计划投资 115 亿元，在全省建设 40~50 个县域冷链物流园、120 万吨冷冻冷藏库容、购置 2000 辆冷藏车。并推进各冷链物流园在冷藏、运输、配送等流通环节深度融合，使其连接成网，逐步发挥网络优势，形成冷链物流闭环。二是搭建冷链大数据平台。推进冷链物流数字化应用，研发冷链物流大数据智慧系统，逐步构建融智能温控、库存库容优化、智慧调度运输配送于一体的智能化冷链运营作业体系，打造集物流信息、产品溯源、网上交易、供应链金融等为一体的全方位信息服务平台，建设全省乃至全国的冷链物流大数据管理与交易中心。三是延伸冷链产业链条。围绕农产品冷链物流这条主线，延伸产业供应链条。先后与麦金地等多家知名品牌企业开展合作，共同开展生鲜配送、中央厨房、冷链仓储物流服务等业务。探索发展与新消费方式融合的冷链配送新业态，创立“供销江南”品牌，在 129 个省直企事业单位、居民社区开展生鲜“网络销售+冷柜自提”业务；打造“供销壹号”智慧农贸市场，实现线上线下融合联动，打通从生产端到消费端的全程产销链条。

（二）发展区域型末端物流，打造“互联网+第四方物流”供销集配体系

紧紧围绕农产品进城“最初一公里”和消费品下乡“最后一公里”问题，发挥面向买方（第一方）、卖方（第二方）、物流企业（第三方）提供县域乡村末端配送服务的第四方物流配送企业的主体作用，运用现代信息技术手段，整合仓、货、车、线路、网点等资源，开展县乡村集中配送业务，实现“一点多能、一网通用、一体融合”高效配送。一是布局集配网络。通过市场化运作，在县（市、区）组建供销集配运营企业，建设具备快递分拣、货物仓储、寄发集配和电商运营等功能的标准化县级集配中心，布设标准化的乡（镇）村（社区）集配站点，推广应用统一供销集配信息化系统，构建集约共享、开放惠民、安全高效、双向畅通的城乡物流集中配送网络。二是整合集配业态。聚焦农村市场需求，将县域分散经营易聚合且聚合效能

高的城乡快递、大宗快消品、农资、农产品等业态进行整合，通过共享供销集配中心仓储、分拣功能，集中开展面向终端的配送服务，逐步扩展集配经营种类、丰富集配服务业态。三是规范集配服务。采取“统一仓储、统一分拣、统一配送”的模式，对所涉及业态进行统一规范化运营，不断优化仓储管理水平、分拣操作流程、配送路线设置和服务辐射范围，不断提高供销集配运营服务质量，培育定型“江西供销集配”服务品牌。

三、典型经验

（一）重视市场需求，依据市场需求开展创新运营

供应链企业的发展重点之一是聚焦目标市场的需求，针对目标市场的需求创新运营模式着力提升供销集配体系的服务能力和水平。省供销冷链公司深入分析其服务的农村市场，突出整合提升，通过授权、参股运营等形式，将县域原来分散经营的多家城乡快递、大宗快消品、农资、特色农产品等多业态货量整合进入供销集配中心，共享仓储、分拣、配送能力，并对业务进行流程再造、电商引流赋能。同时，推动与城乡冷链物流、供销传统业务、基层组织建设等融合发展，提升了服务实效。

（二）联合企业携手共赢，实现多方资源整合

供应链公司的业务范围覆盖采购、产品生命周期管理、物流和订单管理等多个方面，因此供应链公司在发展过程中应该与供应链各环节公司开展广泛的合作，重视多方资源整合。在冷链物流运营上，省供销冷链公司广泛开展联合合作，借助国内外知名企业资源优势，创新发展适应城乡居民消费需求的各种冷链运行业态，实现合作互补、互利共赢。省供销冷链公司先后与香港新华集团、京东等多家知名企业签订战略合作协议，谋划冷库招商运营、农产品贸易、生鲜配送、中央厨房等合作事宜。在供销集配建设上，省供销冷链公司广泛联合县域内骨干快递物流企业和重点商贸流通企业，汇集各类城乡流通业态，打通了企业之间、行业之间的界限和壁垒，实现了商流、物流、信息流的有效融合，促进了乡村末端流通高效管理和规模运营。

（三）突出模式创新，强化科技赋能

供应链公司竞争优势的培育离不开高科技技术的赋能和运营模式的创

新。省供销冷链公司在冷链物流方面，以县域为节点布局建设冷链骨干网，既直接满足了农产品产地端特别是农村田间地头的冷冻冷藏需求，又通过冷链节点联网运营，实现了农产品进出全链条无脱冷，提高了冷链物流规模化效益和现代化水平。在供销集配方面，建立标准化统一管理运行模式，推行城乡物流资源和配送渠道共享共用，有效降低城乡末端流通成本、提高流通效率，让乡村居民与城市居民一样享受到便捷、高效、价优的物流服务。

同时，在冷链物流项目建设过程中，省供销冷链公司广泛运用新能源、5G 数字信息等前沿技术，建设低能耗建筑、绿色智能环保冷库，打造冷链物流大数据智慧平台。自主研发供销集配信息系统，积累了 34 项知识产权专利，变原来的“多把枪”切换作业为现在的“一把枪”统一分拣，突破了原有信息系统各自孤立、数据不连、接口不通等多项瓶颈，实现数据交换共享、信息互联互通的智慧化管理，促进城乡物流数字化转型升级。

江西供销冷链——粤港澳大湾区菜篮子产品赣州配送中心

四、取得成效

（一）健全完善城乡物流基础设施，进一步夯实消费升级的物流支撑

冷链物流骨干网在农产品生产、流通、销售集中节点区域布局，为县域特色农业产业发展补齐了冷链短板、打下了牢固“地基”。“互联网+第四方物流”供销集配体系完善了乡村物流末端基础设施建设，有效解决了乡村物流“末端梗阻”，打通了农村“微循环”。

（二）有效提升城乡双向流通效率，进一步扩大高品质市场供给

冷链物流省域全网模式，连点成线，组线成网，实现了货库资源合理配置，解决了冷链断链问题，真正支撑起“从农田到餐桌、从枝头到舌尖”的

高品质生鲜质量。“互联网+第四方物流”供销集配体系基本实现快递“发件当天出港、派件当天签收”，农村快递送达时效由过去的7~15天缩短为2~3天，县乡村配送效率提升了70%左右。

（三）大幅降低城乡流通环节成本，进一步激发城乡居民消费潜力

城乡冷链物流骨干网建成后，农产品腐损率将大大降低，每年预计可减少经济损失约39亿元，提升江西农产品增量附加值200亿以上；“互联网+第四方物流”供销集配体系通过高效集中配送降低流通成本20%以上。以上均大幅降低了城乡居民物流费用支出，进一步激发了城乡居民消费需求、拓展了农村消费市场空间。

案例 32

良品铺子：数字化供应链服务创新深挖消费潜力

一、基本情况

良品铺子是在东西湖区土生土长的武汉市总部经济型民营企业，于 2020 年 2 月 24 日在上海证券交易所 A 股正式挂牌（股票代码：603719），成为沪市主板首家“云敲锣”上市企业。良品铺子主要从事休闲食品的研发、采购、销售、物流配送和运营业务，16 年来已形成了集全渠道、多品类、OEM 定制加工、三产融合协同发展的新模式。注册时间 2010 年 8 月 4 日，注册资金规模 4.01 亿元。

二、主要做法

（一）锚定客群，满足多场景需求，精准营销

在新冠肺炎疫情期间，良品铺子仅花两周时间就上线了支撑社区团购业务的社群运营系统“良品优选”，上线 10 天发展了 3 万多名团长，成交过万单，支持分享裂变、效果跟踪等功能。在外卖方面，开发了可支持多级履约的订单中台，将传统的 3 公里外卖半径拓展到不限时间、不限空间的领域，实现了门店商品、电商商品无缝满足用户的不同场景的需求，将门店订单数提升了 10%左右。“良品铺子+”小程序矩阵，已经涵盖外卖到家、拼团、新人礼、礼品卡、付费权益卡、电子换购柜、全渠道储值卡等功能，能够满足消费者在多种场景下的消费需求。

2021 年拓荒新通路，数字化精准营销高端客群，整合自有和第三方平台的销售数据，圈选目标人群，分析喜好和需求，确定目标市场，精准营销京

东 PLUS 会员、天猫 88VIP 会员，抢占新锐白领、精致妈妈客群，大幅提升高端客群占比。同时多级履约订单交付中心能够根据顾客下单的特征，灵活实现半小时交付、2 小时交付、24 小时交付等多种交付模式，有助于提升顾客的购物体验和品牌黏性。

（二）信息化管理提升供应协同效率

信息技术事业部为支持业务发展，陆续上线或优化了数个信息系统，包括供应商协同平台（SRM）、多级履约订单交付中心、财经服务平台、数据中台、渠道库存共享等。

良品铺子的信息化专业人才近 200 人，拥有良品大厦、金银湖 IDC、良品 1 号、物流基地 4 个机房，建立了覆盖全公司范围内的网络系统，桌面到达率为 1000M/s，整个局域网信息点超过 1500 个，拥有各类服务器超过 300 台。

良品铺子持续迭代深化 S&OP 系统，从年、季、月、周四个层级做全链条信息拉通管理，建立了年度预算规划、季度产能拉通、月度计划调整、周度供需响应的供应协同管理体系。基于直播等新业态，协同供应商打造工厂直发模式，全年协同 30 个供应商对 83 个 SKU 进行直发。历经两轮 SRM 系统的升级，进一步提升了对供应商的全生命周期管理，实现了供应商从引入、评估、改善、淘汰以及成本的在线数据化管理，为供应链职能数字化管理奠定基础（见图 1）。

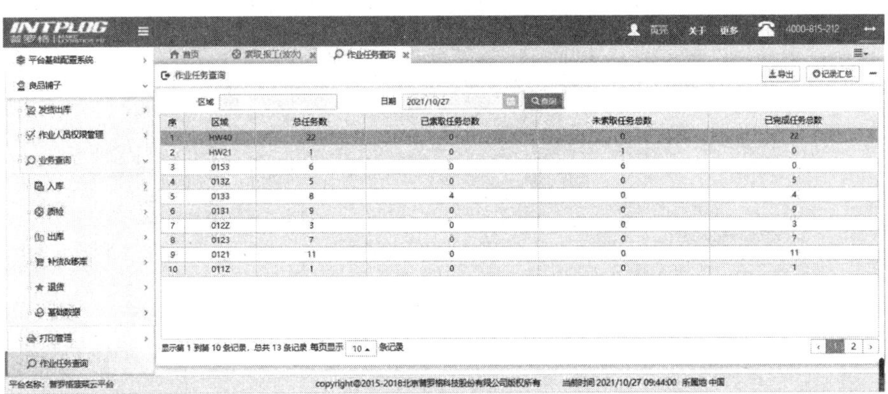

图 1 普罗格系统

（三）建立全链条互通数字供应管理平台

良品铺子以供应计划为调控枢纽，以物流管理为供应保障，以质量管理为安全保障建成全程质量管理系统，对产品的采购、仓储、物流、交付进行全程数据化、透明化的监控管理模式，通过数字化手段进一步提升产品质量标准。

在供应计划环节，良品铺子会根据各渠道的销售历史与趋势预测，分期对商品的销售和供应进行分解预测，制定采购计划，提升采购效率。与优秀供应商合作，采取锁定全球优质大宗原料等措施，保障产品质量，优化采购成本。还实施“以销定采”的模式，精准地、有计划地采购定制和非定制的产品，极大地缩减库存周转率，保证产品达到消费者手上的新鲜度。

在仓储物流环节，库存模式为全渠道库存共享，系统识别各渠道之间库存与需求的满足关系后进行自动库存平衡，有效支撑全渠道需求及时响应，应用的 EWM 系统还与各物流承运商的系统实现了数据共享，使公司能够监控到每个订单的实时状态并对订单进行时效和异常管控（见图 2）。2021 年“双 11”期间，良品铺子全渠道成交额同比增长 16%，线下门店同比提升，成为行业 TOP3 唯一销售正增长品牌，社交电商抖音零食行业销售额 TOP1，从 2021 年 11 月 1 日到 11 月 15 日，仅线上渠道订单全国总发货达 581 万单。

图 2　EWM 系统、索勤系统界面

在产品质量保障方面，制定了全面覆盖的产品质量控制体系，通过供应商准入管理、供应商评估考核和淘汰管理、工厂质量管理、食品安全检测管理等监管措施保障全链路食品安全，为了确保产品品质的稳定与高标准，制定了严苛的产品质量标准书，建立了自己的实验室，通过了国家级实验室（CNAS）认证，覆盖产品入库到上市销售后的全部环节，同时根据业务变化，不断完善全过程质量管控流程，形成了全流程的产品质量安全管控体系（见图3）。

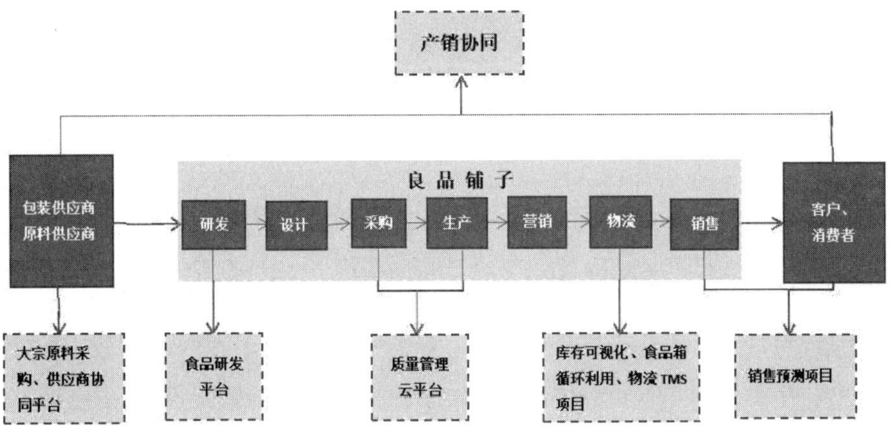

图3 供应链系统

三、典型经验

（一）抓焦点，加速推进线上线下消费有机融合

线下方面，实现了从核心商圈到社区门店的多层次覆盖，线上渠道方面，同时布局平台电商、社交电商、社区电商等新渠道，有效地满足了不同消费者群体在不同场景下的多元化休闲食品需求。

（二）抓亮点，打造爆款，顺应直播新时代

洞察先机，赋能新品创新，搭建以用户为核心的全链路营销模式，全年孵化9个千万级别爆款新品。2020年，平台电商搭建金字塔达人主播资源矩阵，布局店铺直播精细化运作，全年直播内容营销销售额突破3.5亿元。

（三）抓难点，切实优化细分零食矩阵

分别推出儿童零食小食仙系列、女性特色零食、健身零食良品飞扬系

列、中老年人（糖尿病）专用零食系列等，让高端零食概念占领消费者心智，避免同质化竞争。

（四）抓痛点，产学研融合，研发高端零售

良品铺子的研发团队拥有食品科学、食品营养、农产品加工与贮藏工程等多个领域的科学家和研发专家，并且与中国农业科学院农产品加工研究所、中国农业科学院油料作物研究所、中国农业大学、江南大学食品学院等科研院所和高校展开了深度食品研发合作。在健康营养技术和加工技术上深度研发，研究和突破了新型膨化、植物肉生产加工、果蔬保鲜保脆、果脯果汁减糖、三重控糖、中温灭菌等关键技术，申请受理了13项专利技术。

四、取得成效

（一）打造丰富品类、深挖潜力赛道，实现营收突破

2020年良品铺子营收78.94亿元，同比增长2.32%，其中线上销售额39亿元，同比增长5.4%，全国纳税5.35亿元。截止到2021年9月，员工总数11223人，2021年1—9月实现营业收入65.69亿元，同比增长18.78%，全国纳税3.55亿元。目前，已在全国20多个省份开设门店近3000家，平台电商公司的销售覆盖全国，连续6年高端休闲零食细分市场销量领先。

2021年，围绕用户在健康营养方向的口味升级需求，聚焦高蛋白猪肉市场的机会进行品类创新，研发出好吃更营养的“高蛋白肉脯”，借助品牌营销的最大化渗透，打造猪肉脯用户心智第一选择，抢占先机引领新的增长机会，2021年猪肉脯产品全年终端销售额突破5亿，同比增幅超41%。

针对用户节庆送礼需求打造了品类丰富、产品组合多样、包装精美的礼盒产品阵容，满足各渠道布局需求。在销售策略上，加强品牌推广，在年货节通过天猫超级品牌日、京东大牌风暴，占领品牌推广的关键制高点，并形成全渠道联动的运营策略。2021年全年礼盒品类产品营业收入较上年增长155.10%。

针对年轻人防脱发、补气血、美容的需求，快速切入年轻人滋补养生这一潜力赛道，结合中式滋补食材做零食化演绎，向消费者传递“食疗养生”新体验，下半年推出的爆浆芝麻丸首发即成爆款，该产品通过三层爆浆工艺，0 添加蔗糖、香精、色素、防腐剂，一口享受五黑营养，上市 3 个月全渠道终端销售额突破 750 万元。燕窝小椰炖系列产品，0 糖低脂轻负担，上市 5 个月全渠道终端销售额累计达到千万元以上。

（二）通过新型消费升级促进产业转型，实现社会效益

目前，良品铺子已经成为国内具有较强竞争力和影响力的休闲食品品牌，获得了包括“农业产业化国家重点龙头企业”“4A 级物流企业”“中国驰名商标”“湖北省著名商标企业”“湖北省金种子企业”“电子商务示范企业”“中国特许连锁 100 强”“全国产品和服务质量诚信示范单位”“湖北企业 100 强”“湖北改革奖”“武汉名品”等荣誉。

通过消费升级促进休闲食品产业转型，提高国民生活水平，同时带动农产品供给量和农产品加工业高质量快速发展，是抓重点、补短板、强弱项，加强农产品产销对接渠道基础设施建设，扩大特色农产品销售，培育优质农产品品牌，着力构建长期稳定的产销关系，推动农业农村现代化和农民增收的实际需要。

随着产业的逐渐兴起发展，良品铺子将为社会就业提供更多的机会，发挥更大的经济和社会效益。通过品牌的影响，实现以点带面，有利于推动城乡要素自由流动，加快形成工农互促，促进农业转移人口市民化，促进有能力在城镇稳定就业和生活的农业转移人口进城落户，实现经济和城乡一体化深度融合发展。良品铺子引导区域产业结构和产业布局的调整，带动商业、物流运输业和加工业等行业迅速发展，从而促进项目影响区域的经济繁荣，带动地方经济发展和财政增收。以市场需求为导向，以先进的管理方式全面提升企业的经济效益，有利于促进企业的持续稳定发展，具有良好的社会效益。

案例 33

爱菊粮油："一带一路"农产品供应链服务模式

一、基本情况

西安爱菊粮油工业集团有限公司（以下简称"爱菊"）始建于 1934 年，是一个老字号粮油企业，现为国家级农业产业化重点龙头企业、全国供应链创新与应用示范企业、全国爱粮节粮社会教育实践基地、全国粮食安全宣传教育基地等。爱菊立足国内，搭乘"一带一路"东风，走出国门，探索"粮食安全"供应链新模式。多年来，企业紧扣"为消费者提供优质健康粮油产品"这一宗旨，以爱菊品牌为依托，以自有销售网络为媒介，以国内国际双循环为抓手，积极促进产业链、价值链、供应链三链协同，努力推动线上、线下融合发展，构建了陕西西安、新疆阿拉山口、哈萨克斯坦北哈州"三位一体"跨国物流供应链体系，竭力打造"从田间到餐桌""从种子到筷子"全产业链，让人民群众吃到优质放心的爱菊产品。构建国内国际优质农产品"双循环"大通道，探索"一带一路"农产品供应链服务新模式。

二、主要做法

（一）理念创新，构建"三位一体"跨国大物流、大加工体系

爱菊主动融入"一带一路"倡议，目前已建成"以哈萨克斯坦北哈州爱菊农产品物流加工园区为集结中心、新疆阿拉山口农产品物流加工爱菊园区为中转分拨中心、陕西西安国际港务区爱菊农产品物流加工园区为集散中

心”的三位一体优质粮食大物流、大加工体系，形成了“以国内大循环为主体、国内国际双循环相互促进”的新发展格局，打通了我国与“一带一路”沿线国家，特别是中亚国家的物流供应链，让境外优质粮源“买得到、运得回”，让我国特色轻工业产品出口国际。

（二）机制创新，探索中外农商互联农产品跨国供应链运作新模式

（1）推行“政府+银行+企业+农场主+高校”的新型“订单农业”合作模式，并通过“订单收购”“预付货款”的方式，解决了哈萨克斯坦农场主的种粮费用问题，带动当地种植，受到哈萨克斯坦社会一致欢迎，实现多方共赢，逐步建立中外农商互联农产品跨国供应链，从而确保国内长期稳定的优质粮源供给。目前已在哈萨克斯坦推广“订单农业”种植150万亩，后期将逐步扩大至200万亩以上。

（2）中欧货运班列（长安号）因中哈铁轨宽度不一致，需在阿拉山口处进行换装，且原粮食为袋装运输。为此，爱菊集团积极沟通，最终探索出一个可行性方案，即“哈萨克斯坦到阿拉山口采用开口漏斗车进行运输，阿拉山口到西安采用普通集装箱进行散粮运输，同时对卸粮设备进行改良，使用后翻式液压翻板进行卸粮替代原来的侧翻卸粮”。这种方式有效提升了境外粮食运输的效率、降低了运输成本，原本袋装集装箱专列，从装车到运输到卸货要经过25天的时间，现在仅15天就可完成。运输量也从袋装集装箱每个箱子装运21吨小麦，提升为散装集装箱每个箱子装运27吨小麦，既节约了运输和人力成本，也大大方便了海关进行抽样检验。

（3）积极做好当地社会公益事业，如捐资助学、捐建住房、扶贫助弱等，变“走出去”为“融进去”，促进“民心相通”，筑牢民心基础，为企业可持续发展打下坚实基础。

（三）模式创新，推行“工业体验游+”新旅游模式，着力提升爱菊品牌影响力

为进一步提升爱菊品牌影响力，增加爱菊产品销量，依托国内外先进的面粉、大米、食用油加工生产车间，企业改造提升爱粮节粮科普文化馆、健康生活饮食体验馆、放心产品展销中心，并融入80亩、数十种造型的丝路菊花展，打造一个集观赏、学习、品鉴、体验等为一体的现代化、花园式的工

业园区（见图1），力争让广大市民“请进来、留得住、有所得”，实现以“菊”聚人，以“体验”留人，争取让每一个来企参观体验的消费者成为爱菊产品的忠实粉丝。

图1　爱菊粮油产业园区

（四）产业升级，探索“中央厨房+食材冷链配送+主食成品正常配送”服务模式

（1）发挥现有主食产业化优势，探索“大制造”，打造主食产业化升级版“中央厨房”，新建20000多平方米加工中心，成立现代化的检测中心，实施标准化质量体系，建立产品追溯制度，严把产品出口关。

（2）研发推出五彩凉皮、多种稀饭、各种包子、速冻扯面、烤饼、肉夹馍、卤面、系列蒸碗、系列营养砂锅等，努力满足市民对成品、半成品食物的需求。

（3）与一些企业建立“代加工+双商标”合作模式，增加盐、酱、醋等调料产品，丰富爱菊产品种类。

（4）依托于各类爱菊实体连锁网点约1000家，探索“爱菊自有电商+第三方电商平台”合作机制，统筹规划，选择部分网点作为“社区粮仓取货点”，在西安市逐步打造一个让广大市民可以一站式“购、选、取”的“线上线下融合”的综合连锁物流网点，做市民家庭的“后厨”，为市民健康把关，进而推动线下线上融合消费双向提速。

（5）依托“自有为主+合作为辅”的物流配送网络，解决好“粮油进社区”“最后100米”问题，向广大人民提供营养、健康、快捷、方便的“爱菊好食品”。

三、典型经验

（一）对外拓展合作，建立利益联结机制

推行“政府+银行+企业+农场主+高校”的新型“订单农业”合作模式，

与政府、银行、农场主、高校开展密切合作，建立利益共同体，在合作中实现了多方共赢。同时爱菊发展的“哈萨克斯坦北哈州、新疆阿拉山口、陕西西安国际港务区”三位一体优质粮食大物流、大加工体系，不仅响应了“国内国际双循环”发展，也与国外物流公司形成了业务上的密切往来，分散了业务风险。另外，爱菊还摸索了“工业体验游+连锁物流网络”新模式，不仅塑造了品牌形象，还增加了新的经济增长点。从爱菊的这一系列创新探索可知，供应链企业应与利益相关方开展密切的合作，建立利益共同体，不仅分散业务发展的风险，还可以在密切合作中开辟新的业务和收入增长点。

（二）打造电商平台，深度融合线上线下服务

紧抓“无接触”“宅生活”“云消费”等新型消费大潮，及时调整新型消费布局。爱菊与一些企业建立“代加工+双商标”合作模式，依托于“各类爱菊网点+爱菊自有电商+第三方电商平台”，筹建“社区粮仓取货点”，逐步打造市民可一站式“购、选、取”的“线上线下融合”的综合连锁物流网点。通过探索“中央厨房+食材冷链配送+主食成品正常配送”服务模式，极大拓展了爱菊产品应用场景，为市民提供极大便利，丰富了市民的体验感。在“后疫情时代”，通过搭建电商平台来连接线上和线下服务，是爱菊向新型消费转型的一个重要突破点。

四、取得成效

借助“互联网+”大背景，实现“线上、线下”融合发展，线上数据对接、共享、汇总和分析，线下“人、财、物”相互配合、相互制约、共同发展，取得了显著成效。

（一）利益联结机制切实保障了服务质量

先后实施政府放心粮油、放心馒头、放心豆制品三大惠民工程。在陕西省率先承诺爱菊面粉不加增白剂、增筋剂，让消费者吃得更健康。在全国率先取缔散装油，研发推出 10kg、15kg 一次性中包装油品，杜绝了卫生隐患，为消费者提供了安全保障。自行研发出真正“无任何添加剂”的全国首例的“可以生吃的”放心豆芽，填补了我国规模化无添加剂豆芽生产技术的空白。

积极在哈萨克斯坦打造“民心相通”工程，目前为哈萨克斯坦北哈州捐

资助学、捐建住房、扶贫助弱等共计 80 多万元，变“走出去”为“融进去”，使企业更受当地政府与居民认可，为企业树立了良好形象，也为企业可持续发展打下坚实基础。

新冠肺炎疫情期间，作为龙头企业积极履行社会责任，各销售网点实行“不断货、不涨价、不关门”三不政策，携手保障粮食市场供应稳定，面粉、大米、食用油等较往常销量增加 3 万多吨，为满足居民日常需求体现了爱菊担当。

（二）模式创新显著为企业增益提效

发展“订单农业”新型农业生产经营模式，有效避免农户盲目生产，规避市场风险。目前在哈萨克斯坦建立优质粮食订单种植基地 150 万亩，累计向国内输送优质原粮 12 万吨，保证了粮食产量稳步增长。

通过打通我国与“一带一路”沿线国家，特别是中亚国家的大物流供应链，优质粮食、优质食品供给大幅增加，爱菊集团平均年粮油销量增加 5%。2019 年以来，企业新增利润 7000 余万元，同时也带动了中哈两国近千人的就业。据初步品牌评估，爱菊品牌价值 2 亿元以上。

通过供应链创新，加大在哈萨克斯坦投资，爱菊目前已经累计投资 12 亿元，打造了哈萨克斯坦北哈州、新疆阿拉山口、陕西西安国际港务区“三位一体”的优质粮油产供销全产业链。在哈萨克斯坦首家实现集装箱散装粮运输，大大降低了物流成本（时间上从原来 25 天降低到 15 天，费用基本相等 500 元左右/吨）。2016 年以来，从哈萨克斯坦北哈州累计进口小麦和面粉、食用油近 15 万吨，进口菜饼 6 万多吨，极大提高了流转效率。

案例 34

快成聚合：卡车后市场互联网零售服务创新

一、基本情况

山西快成聚合电子商务有限公司（以下简称“快成聚合”）成立于 2019 年 4 月，是山西省唯一一家卡车后市场互联网零售服务平台。

快成聚合在职员工过百人，其中研发人员占比近 30%。自主研发快福宝商户 App（见图 1），快乐购微信小程序、H5 等多个用户终端（见图 2）；将大数据、物联网、中台服务等新技术落地到加油站、维修店等传统场景，帮

图 1　快福宝（为商户提供在线交易、商品管理、信息交互、资金流通等服务）

助其提高运营效率，降低运营成本，简化能源、货品物理空间转移过程，使交付成本更低，进而降低碳排放，助力大宗物流领域实现“双碳”目标；用数字化重新定义供应链，用科技服务助力传统卡车后市场零售服务智慧升级，打造基于循环经济与共享经济的生态闭环，并形成深层互通、互利共赢的新网络零售生态。

图 2　快乐购首页（快成司机端 App 首页模块内）

快成聚合成立以来，在省委、省政府、太原市各级政府部门的支持下，借数字经济发展转型之机，紧跟 5G 信息技术浪潮，秉承国家“上云用数赋智”行动精神，积极探索技术创新，不断刷业绩新高。截至 2021 年 9 月，快成聚合平台注册用户总数达 19. 5 万人，较 2020 年新增 11. 2 万人，同比增长 136%；平台交易订单量 130. 6 万单，同比增长 108. 8%。

二、主要做法

（一）以网络货运平台引流，获客方式独特

快成聚合以网络货运为核心业务，经过 4 年时间的发展，通过整合运输市场资源，目前平台已整合司机 70 万人，车辆超 68 万辆。快成聚合以网络货运平台引流，收集网络货运平台整合的司机、车辆资源，结合车辆后市场服务加盟商、供应商的多元化需求，将中途运输、维修服务、加油站、加气站等众多运输环节囊括进自身体系，形成多元化发展模式。并利用平台大数据，实现后市场的规模集采与线上支付，共同打造一个以“金融+供应链”

为核心的强大的生态闭环。

（二）算力算法精准匹配，供需双方互利共赢

运用算力算法及大数据精准筛选，为货运司机精准推荐运输线路上优质的加油加气及汽车服务站点，并合理规划到达站点的线路，让司机通过最优的线路到达推送油气站点，降低司机运输成本。

解决了商户匹配难度大、库存周转效率低、运输成本高、消费分散、缺乏供应链金融支持等导致的终端产品价格高、渠道不透明等问题。

（三）构建全链条数据体系，实现结算统一管理

改造传统线下实体油气站、维修门店，实现店铺全渠道一体化运营，构建全链条完整数据体系。帮助企业实现油气发票统一结算管理，降低企业财税成本。目前，省内外线下油气站点和汽配商户已接入超500家，并形成包括山西吕梁、晋中、孝义及陕西榆林等多条主要线路的O2O网状服务运营体系布局，帮助平台用户实现了增效。

（四）创新业务模式，打造一站式服务平台

运用O2O运营模式，通过用户访谈、市场调研、预售团购等方式从用户端采集需求，筛选整合上游供应商，并与上游供应商建立紧密的战略合作关系，帮助平台获取稳定、高质量的货源，同时通过集采模式建立价格优势，形成价格壁垒。对接物流和加油站两端，把流量聚合在一起，让加油站有增量，让物流企业及司机获得价格优惠的油气产品和保质保量的油气产品。

三、典型经验

应用全新的互联网模式，面对大宗商品运输行业相关从业者，建立垂直电商平台，形成“上游供应链联盟+下游司机商户异业联盟+平台金融保险”组成的服务联盟，提供供应链产品服务及金融服务，扩大消费场景。

（一）平台用户规模化

平台整合运输市场资源，将中途运输、维修服务、ETC卡、加油加气站、轮胎服务等众多运输环节囊括进自身体系，形成多元化发展模式。服务用户涉及从事大宗商品物流运输的司机和车辆、车辆后市场消费服务商以及上下游生产企业。

（二）线上线下消费一体化

打通线上线下消费场景，平台司机用户通过 App 购买轮胎、机油、汽配件后，可根据自身定位，选择距自己最近的门店进行取货安装（见图 3）。

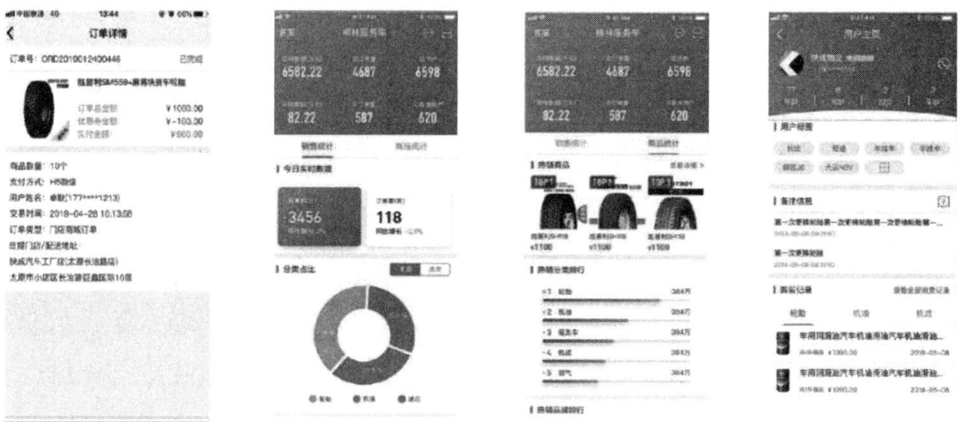

图 3　快成司机（端）App 订单和服务界面

（三）集采节约化

依托于平台司机、货主、供应商等多方资源，实现后市场的规模集采，为司机提供质优价廉的汽配件及油气产品，从根本上降低了运输成本，实现上游生产企业、终端服务商、货车司机的多方共赢。

（四）服务精准化

根据平台沉淀的大量司机、运输路线、线上消费门店等数据，基于多种维度，可以计算出司机潜在的消费时间和地点，从而实现智能推送周边服务加油加气站点、成本最优加油路线规划、热点加油站错峰加油机制设定等创新服务，精准匹配车辆和服务产品，并为线下合作服务网点导流，实现多方共赢的目标（见图 4）。目前，快成已推出陕西榆林到山西吕梁的精

图 4　快成司机端 App 精准服务相关界面

品线路，为线路承运司机精准推荐该线路油气站位置、价格等信息，降低司机运输成本，提升油气站经营收入。

（五）支付方式安全化

快成聚合与农业银行合作，为商户和司机开通账户，保障线上资金流向的可视化与可追溯性，保证了资金支付的及时和安全（见图5）。

图5 快成司机端 App 支付页面

（六）交易数字化

依托平台海量真实的用户和交易信息，为加油加气站、车辆维修站等提供经营信贷服务，帮助平台商户更好地进行经营活动。目前快成聚合已与光大银行、中信银行合作。

四、取得成效

凭借快成聚合平台带来的巨大用户与市场可拓性，挖掘司机与消费者需求，通过线下网点、线上服务平台等渠道，贯通线上线下，形成全方位的网状服务模式。通过平台数据的规模化采集，引入第三方金融机构，打造保险、快福金贷等多种金融衍生服务，降低司机运输过程中的油气成本与资金压力，全方位地为平台司机服务。形成了卡车后市场供应链服务生态体系，提高了卡车后市场供应链上下游的协同化水平。

（一）形成全新盈利模式，实现多维度交易提升

形成“商品溢价+金融衍生品”的全新盈利模式。盈利业务主要为油气业务及轮胎、机油、机滤等汽配业务。

平台运营模式不仅形成了透明的线上交易价格，提升交易额，同时还打通了线上线下的消费场景，实现了多维度的服务交易额提升。汽配、油气、保险等一系列庞大后市场业务，可形成 10 万亿级的市场空间。

目前已合作加油加气站共 253 家，司机通过平台消费累计优惠金额 5244 万元，商户通过平台引流收入增加近 20 亿元。

（二）健全系统资源管理，实现供应链多方共赢

建立健全系统化资源管控结构，保证维修、保养、加油加气等项目形成多元化服务结构，实现有效的互通互联，为货运司机提供更加明确的服务。快成聚合通过集中采购手段，从生产企业入手，为终端服务商保障来源供给，为司机提供质优价廉的汽配件及油气产品。不仅减少了供应链条中不良因素的影响，提高了服务类产品种类，而且从根本上降低了运输成本，实现上游生产企业、终端服务商、货车司机的多方共赢。

（三）合理配置车辆资源，带动经济效益提升

科学调度车辆。通过平台整合服务类产品生产企业及供应商，科学调度车辆，解决车后市场发展中信息不对称、上下游供应链难以协同发展等难题，实现“线上资源合理配置、线下物流高效运行”。

截至 2021 年 9 月，平台合作加油加气站点已达 503 家、车辆维修站点 145 家，油气集采交易额达到 9. 67 亿元，轮胎销售量达到 4. 5 万条，销售收入超 5000 万元。

CHAPTER 9

第九章

数字化新服务：联通生活场景，提升消费体验

编者按

数字化新服务是由数据驱动，充分运用 AI 智能技术，以用户体验提升为核心的服务模式。在线办公、电子签约的普及提高了工作效率，维护了企业正常运转。在线餐饮、智慧家居、本地生活服务便利了居民生活。疫情期间，以电子商务为主要代表的数字经济开启了数字化生活和生产新方式，重塑了消费场景和零售渠道，为稳定畅通供应链、产业链，助力经济复苏发挥了积极作用。从实效来看，数字化新服务已经广泛地向消费者渗透，培养了消费者新的习惯。在服务业各个方面，企业均积极探索数字化转型方式，打造数字化网络平台。由于我国拥有广阔的消费市场，通过打造数字平台，形成规模效应与竞争效应，可以极大提高消费体验，为消费者带来便利。此外，随着 5G 的发展，新基建将大大加速，会为数字服务业的创新和广泛应用带来新机会。

从典型企业经验来看，主要包括：(1) 生活服务业数字化转型。本地生活服务业通过线上平台建设，联动线下商超、餐饮等消费场景，为消费者生活提供了极大便利。此外，利用先进的商业模式，本地生活服务平台能够很好地赋能商家，助力疫情期间中小服务企业复工复产进程的推进。同时，发展本地生活服务应当放眼长远，不断拓宽消费场景，强调技术赋能，关注长期价值。(2) 提供数字化新服务。典型企业运用数字时代的新技术、物联网、AI 的模型算法、云计算网络能力，以及海量数据近乎实时的大规模并行运算能力，构建面向未来的智能商业模式。以提高消费者的体验价值为核心，通过构建精准匹配的交互模式，及时将产品的使用价值呈现给用户。(3) 助力中小企业数字化转型。从发展现状来看，单个企业信息化基础较弱、信息流动性较低、现金流压力较大，单个企业数字化转型成本较高，压力较大。而数字化平台的建设可以沉淀海量数据、发挥规模效应，重构产业生产和消费体系。例如打造数据中台，方便商家实时查看运营信息，进行精准营销触达；通过对传统商超进行数字化运营与服务系统改造，促进传统消费模式改造与场景升级。

案例 35

58 到家：让选择更简单、服务更放心

一、基本情况

58 同城旗下“58 到家”品牌，针对行业“大市场、小主体”特点，以及服务体验不佳、有效供给不足的痛点，从供给侧和需求侧两端发力，积极践行国家数字经济与实体经济融合发展要求，应用互联网技术对家政和居民服务行业进行全方位、全链条改造，提升发展效率，努力成为老百姓生活的贴心管家、中小微企业升级发展的数字引擎。

一是借助大数据和 LBS 等技术，让供需匹配更加高效精准；二是通过全程管控的闭环交易模式，实现服务过程规范化、服务价格透明化；三是应用 SaaS（软件即服务）系统实现全流程线上化，推进行业降本增效；四是聚焦社区打造线上线下结合的数字化综合服务体系——58 到家智慧社区，让大家“看得见、用得好”；五是从源头入手，构建“招（聘）培（训）就（业）派（单）”一体化链条，设立清晰确定的职业发展路径，让劳动者享有职业获得感。

58 到家汇集 20 个品类服务，主要包括日常保洁、家电清洗、保姆月嫂育儿嫂、放心搬家、开锁换锁、家电维修、管道疏通等，覆盖居民的绝大部分日常生活需求，并实现一站式接入，1 小时内上门。目前，58 到家已经在 200 余个城市开展业务，服务万余家中小微企业、数十万劳动者和超过千万家庭。随着新技术应用带来行业发展水平和效率的提升，进一步激发了服务需求。

二、主要做法

家政服务业事关千家万户福祉，既是朝阳产业，也是爱心工程。到 2020

年底，家政服务业的经营规模达到5700多亿元，从业人员总量超过3000万人，是服务百姓居家生活、促进就业、扩大消费的重要领域。58到家积极应用数字技术，从供需两端发力，着力提升家政服务业数字化发展水平，更好服务于高质量发展和高品质生活。

（一）抓住关键环节，提升家政服务品质

58到家针对家政行业特点和痛点，以数字技术和模式创新为支撑，采用供需高效匹配、服务全过程管控的闭环交易方式，提升服务标准化、品质化、便利化水平。

1. 精选优质商家

基于在家政行业的长期积累，从数十万平台商家中，经过严格的资质审查、在线考试等程序，甄选出一批实力强、口碑好的商家作为“58到家”的服务商。同时，采取企业缴纳保证金、建立信用等级评选和奖惩机制等措施，对商家实行扶优汰劣的动态管理。

2. 严控服务品质

将服务品质作为最高优先级的追求。开发、应用服务人员端App，连通后台管理系统，通过签到、拍照、用户评价等方式，做好服务全过程和关键环节的管理。一是服务过程规范化。针对保洁等市场价格相对统一的服务种类，完善服务范围和质量标准，要求商家严格遵照执行。通过品质化、细分化、标准化路径，为用户提供更优质的服务。二是服务价格透明化。针对管道疏通、空调加氟等维修服务，分类规定收费项和收费标准，超出报价部分用户可拒绝支付。

3. 做好售后保障

建立投诉维权24小时处理响应机制，并借助售后流程化设定等护航用户的消费体验。消费者遇到下单、服务等问题时，通过联系58到家客服即可解决。联合保险公司，全程保障消费者人身和财产安全，消费者如遇乱加价、不按标准服务、财产损失等均可得到售后保障与赔偿。

（二）数字化赋能商家，助力家政服务升级

58到家依托数字技术，在品牌背书、流量扶持、经营补贴、技术支持、客户服务等五个方面赋能，帮助家政企业降本增效，扩大业务规模，助力行

业提质扩容。

1. 高效匹配需求

家政行业长期处于供需高度分散的状态，信息不对称的矛盾十分突出，也是造成有效供给不足的痛点的核心原因。用户有需求的时候，难以找到好的服务供应。反过来，优质的供应商也因为无法接到足够多的需求而维持好的服务品质。58 到家帮助商户线上化转型发展，投入大量的研发资源，通过 LBS 和大数据算法的智能调度系统，让供需对接更加精准、资源调配更加高效。在劳动者侧，将劳动者的平均接单距离缩短了 60%，同时接单数提高 45%，如 1 名保洁阿姨由原来的每天最多完成 2 个订单变为 3~4 个订单，大幅降低通勤时间和成本，在单位时间多接订单，意味着劳动者获取更多的收入；在用户侧，如北京等大城市能够提供预约 2 小时后的服务，并提出“慢必赔”，即上门比约定时间慢于 5 分钟就给予赔付。

2. 提升经营效率

当前，有众多中小微家政公司仍是线下派单、记账、电话联系的传统经营模式，家政行业的线上化率不足 10%，远落后于平均水平。针对商家管理水平普遍不高、行业效率较低的现状，58 到家免费提供 58 智慧家政后台管理系统，实现商品、订单、服务人员的智能化管理，这套系统可将平台上家政企业的资源进行公开共享，并结合服务评分体系与订单距离远近实现智能派单，可帮商家提升 30%以上的经营效率。同时，58 到家还利用人工智能等科技手段，及时反馈和收集用户需求，帮助商家从繁杂的线上运营中脱身。不仅如此，在疫情时期，58 到家还将简历、视频面试、签约等环节搬到了线上，保证服务透明化、安全化。此外，免费提供超过 600 人的客服中心服务，大幅减少商家人力和资金成本。

3. 支持复工复产

2020 年新冠肺炎疫情期间，为帮助商家渡过难关，58 到家免除 2 月份全部费用，免费开放培训课程，为服务人员购买最高 30 万元的新冠肺炎保险。结合政府健康码，开发“健康档案”产品，为服务人员提供上门健康凭证，解决复工人员进小区难的问题。

（三）打造线上线下融合、关联服务融合的数字化社区综合服务体系

58 到家依托多年深耕行业积累，应用大数据、LBS 等数字技术，线上线

下融合、关联服务融合的创新模式，搭建品质优、种类全、保障好的社区生活综合服务体系，“安全、便捷、品质、实惠”地满足居民日常生活服务需求。同时，为社区治理和社区居家养老等公益性服务提供有益支撑。

1. 在线上建设一站式“虚拟社区综合服务中心”

线上通过 App、小程序等方式，聚集 58 到家的 20 个品类的服务，覆盖了居民的绝大部分日常生活需求，并实现一站式接入、下单、支付和履约。

2. 在线下构建多层门店网络

线下门店（见图 1）主要承担五大功能。一是服务体验。集合主要刚需服务和最优质供给，居民可咨询、体验并获取服务，其他服务也可在店内下单。二是售后客服。第一线处理售后问题。三是就业培训。为社区有意愿从事社区服务的劳动者提供培训和就近的就业岗位，开展服务人员“回炉”培训。四是社区活动。用于社区组织和社区工作者开展公共和公益性活动的场所。五是运营协同。合理配置服务资源，作为社区生活服务能力的主要支点，管理和调度服务资源。

图 1　58 到家智慧社区望京旗舰店

三、典型经验

（一）打造线上家政平台，提高传统服务的质量和效率

58 到家依托互联网，搭建了连接提供服务的商家和需要服务的消费者的平台。通过搭建这一平台，58 到家将闲散的家政服务者和广大家政服务需求者连接起来，在提高服务效率和增加经济效益的同时，推动了线上线下结合的新型消费的转型。由此可知，家政商家可以打造线上平台来提高家政服务

的质量和效率。通过线上平台来收集目标客户的数据，从而更加精准地定位目标客户群体，同时也可以为消费者提供更加有效的服务、提供建议，从而更好满足消费者的需求。

（二）依靠数字化技术，连接线上线下服务

服务型平台向线上线下融合的新型消费转型时不仅要从需求端出发，优化服务水平，为消费者提供更优质的消费体验，也要从供给端考虑，满足商家的需求，为商家提供更便捷的使用体验。例如，58 到家依托数字技术，在品牌背书、流量扶持、经营补贴、技术支持、客户服务等五个方面赋能，帮助家政企业降本增效，扩大业务规模，助力行业提质扩容。而且，其应用大数据、LBS 等数字技术，线上线下融合、关联服务融合的创新模式，搭建品质优、种类全、保障好的社区生活综合服务体系，为社区治理和社区居家养老等公益性服务提供有益支撑。

四、取得成效

随着居民收入增加、人口结构变化（老龄化）、家庭规模小型化、生活节奏加快、生活方式改变，以及更好品质的服务供给的出现等，家政市场规模将继续快速增长。随着新技术应用带来行业发展水平和效率的提升，也将进一步催生服务需求。

2021 年春节期间，58 到家开展春节大扫除市场活动，日均订单年同比增长 71%，日常保洁、擦玻璃和抽油烟机清洗需求分别比平日增长了 2.9 倍、2.2 倍和 1.7 倍。2021 年 9 月换季期间，油烟机换季清洗环比增长 13%，同比增长 3 倍，基础和精细深度保洁环比分别增长 20%和 32%，大衣外套清洁环比增长 21%；同时，年轻人青睐的一些新兴品类需求呈现明显增长态势，宠物保洁环比增长 20%，地暖清洗环比提高 3.5 倍，日式收纳环比增长 23%。

足够精准的数字化赋能也可以弥补当前家政服务市场存在明显的供给缺口，比如在周五的晚上或节假日前夕等场景下，很多大城市会出现“用工荒”。针对此状况，58 到家的智慧家政系统基于领先的 LBS、大数据算法以及海量数据，对高峰时段的用户需求进行智能调度，保证用户最快 1 小时享受到上门服务。

案例 36

斑马家政云：创新打造“数字家政生态链”

一、基本情况

江苏斑马软件技术有限公司（简称“斑马家政云”）是国内知名家政产业互联网运营商，成立于 2016 年 12 月，企业现有员工 300 名，平均年龄 26.6 岁，其中技术研发人员占半数，硕士、本科人才超过 80%。斑马家政云立足家政，利用“互联网+家政”赋能传统家政行业，以技术优势驱动行业转型升级，为家政企业提供互联网电商系统、服务供应链体系、诚信体系，线上线下融合，实现供需对接与业务培训全面数字化管理。

斑马家政云先后荣获全国巾帼建功先进集体、国家级服务业标准化试点企业、国家发展改革委信用 App 大赛试点推广项目、江苏省产教融合型企业试点单位、江苏省家庭服务职业培训示范基地、江苏省数字商务企业、江苏省巾帼电商示范基地、南京市培育独角兽企业等资质。

二、主要做法

斑马家政云从建立家政健康生态的战略高度，重构家政产业链，赋能全链条降本增效。上游规模化培训输出高技能、高素质、高学历的家政服务员，中游系统化促进家政企业、家政行业协会、职业培训学校数字化转型，下游加快消费诚信体系、放心消费环境、社区精品家政工作站建设，最终完成高效、有序、持续优化的家政消费流通链路，形成互联网赋能家政消费升级的叠加倍增效应（见图 1）。

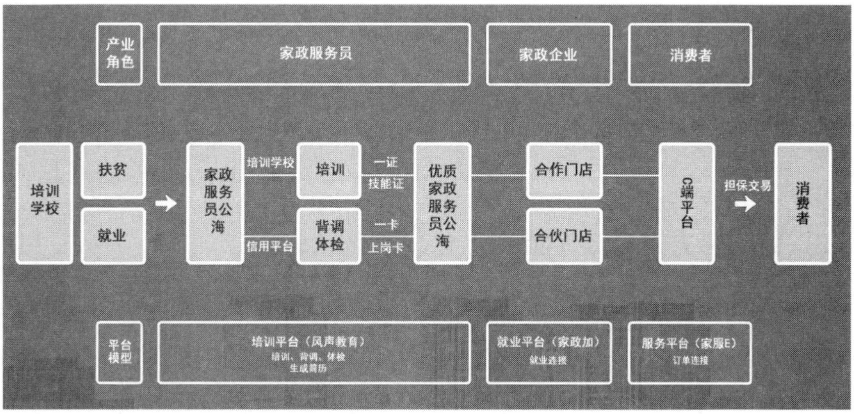

图 1　斑马家政云产业互联网整体模式

（一）探索建立家政职业培训标准体系

斑马家政云先后主导或参与制定了《家庭保洁服务质量评价规范》《家政 O2O 服务规范》《家政服务机构管理要求》《家政服务机构服务能力评估规范》等行业标准和地方标准，在企业内部积极贯标的同时，创建斑马家政云职培品牌，推广至全行业，引领家政职业培训规范发展，规模化输出高技能、高素质的家政服务员。2021 年 7 月，被商务部认定为为国家级服务业标准化试点企业（商贸流通领域）。

（二）开发应用“互联网+双师”线上培训平台

通过建立 1 个总部培训基地、8 大直播中心、N 家分校，形成“1+8+N”的全国性家政职业培训网络，立体化赋能家政服务人员技能提升（见图 2）。

图 2　斑马家政云的风声云课堂

"互联网+双师"教学是一个线上直播中心连接多个线下课堂，线下助教帮助学员实操，线上线下无障碍实时互动，大幅提高教学效率。即使是在缺乏师资和优质课程体系的西部贫困地区和偏远乡村地区，也能利用线上平台，开展职业培训。平台上线至今，累计为超过30万妇女提供培训并帮助其就业。

（三）数字化支撑家政企业线上化、规范化转型

传统家政企业经营模式下，家政员、家政企业、消费者三方角色之间容易陷入互相博弈的局面，由于缺乏信息透明和标准流程，彼此之间沟通成本较高，给消费者造成体验不佳的印象。斑马家政云基于家政相关业务大数据沉淀和应用，打造零门槛、零成本的家政 SaaS 平台，吸引家政企业入驻，通过交易流程再造、权益保障、服务环节可回溯以及用户需求智能分析匹配与调度技术实现了高效交易、安全服务、放心消费的消费场景，帮助家政企业从一次性服务的中介型企业转型为员工制、电商型、品牌化家政企业。家政加 App（见图3）让家政企业一台手机即可实现业务管理，实时接单，实时派单，服务情况随时掌握。在新模式下，所有人变成合作关系，任何一个参与者都能成为系统的一个可治理、可服务的有机节点，家政企业开始注重品牌积累和服务反馈，从而形成家政服务供给与消费需求相互促进提升的良性循环。

图3　家政加 App 界面

（四）开放型平台助力供求双方共赢

斑马 SaaS 平台链接身份信息认证服务、体检服务、保险服务、培训服务和信用服务多种赋能类型，推动服务员和家政企业信息透明化、规范化。平台的资源聚合和互动功能，能够规模化培训合格家政服务员，满足面广量大的家政服务需要，实现供求双方共赢。新冠肺炎疫情暴发后，平台迅速开发视频面试、在线签单等功能，帮助家政企业在足不出户的情况下完成与雇主、家政服务人员的沟通与开单，在保证质量与安全的条件下，有效满足疫情期间的家政服务需求。

（五）信用大数据实现家政“放心消费”

平台通过对家政企业、服务质量的追踪、分析和数据沉淀，建立企业、服务人员信用榜单，构建家政企业和服务人员信用模型，形成信用信息大数据，让服务可查可评可追溯。家政企业“一企一证一码”，企业持证经营；服务人员“一人一卡一码”，服务人员持卡上岗，实现在线安全查询家政从业人员身份信息的信用情况，平台家政服务人员通过身份校验率百分之百，从根本上杜绝信用信息不完善、有严重失信记录的家政员进入消费者家庭。该项目于 2019 年入选国家发展改革委全国家政行业信用推广项目。

（六）精品家政进社区引领家政消费升级

结合南京市“宁姐月嫂”家政服务社区工作站项目，斑马家政云持续推进精品家政进社区，推广“一碗汤”距离的家政服务。联合社区打造的服务站除提供基础家政服务外，还具备幼托、老年日托、长者照护等功能，居民们得以近距离享受高质量的家政服务。公益与市场化相结合的运营模式拉近了消费者与服务机构的距离，让商业与社区服务深度融合，让家政消费充满温情和信任。目前，斑马家政云已为南京市 30 个精品家政社区工作站提供供应链和公益服务赋能。

三、典型经验

斑马家政云在家政服务员技能提升、家政企业高效经营、用户放心消费三个产业链的节点上同时发力，系统化推进行业转型升级，对于促进家政这个事关一老一小的民生产业提质扩容具有重要意义。

（一）数字化支撑行业创新转型

针对行业内家政服务员职业技能不高、家政企业经营方式落后、消费者缺乏信任、交易流程不规范等痛点，斑马家政云凭借多年互联网技术积累和产品经验，打造了赋能家政职业培训的“互联网+双师”教育平台、便利家政企业经营管理的SaaS平台和让百姓放心消费的信用体系平台，建立起家政产业的全链路、全业态、全场景生态链条，重塑家政消费产业链各关键节点和服务流程，以技术能力和服务开放的形式赋能家政企业、家政服务员和消费者，将品质服务送到有需要的家庭，推动行业创新和“进化”，促进规范、开放、共享的家政产业生态圈的建立。

（二）标准化引领职业技能提升

聚焦家政服务上游供应链的核心——家政服务人员，提出“人的标准化”即“服务标准化”的理念，在家政行业首推“线上+线下”双师课堂的教学模式，结合平台收集到的消费者反馈、评价、需求数据及家政服务培训的质量标准，建立起独具特色的家政培训体系，同时积极参加家政领域国家标准、行业标准、团体标准建设，不仅解决了全国家政培训师资、标准短缺，线下地区距离偏远等行业痛点问题，而且实现了优质家政劳动者的标准化培养、规模化输出，有效提升了家政从业人员的服务能力和水平。

（三）规范化保障用户放心消费

致力于运用SaaS电商系统技术规范家政服务和培训，促进家政行业诚信经营和规范发展，努力保障用户“放心消费”，让消费者感受到温情。在招募、培训、上岗三个环节，从服务人员的身份认证、上下户，雇主和服务人员匹配，到电子数据和保险公司的互联互通，构建了完整的数字化规范化服务链条。通过信用模型的建立和使用让家政员可信任、技能可评价、服务可追溯；通过赋能精品家政社区体验店，让公益与市场化服务相结合，融洽邻里关系，让服务质量看得见，本质上都是打消消费者顾虑，帮助消费者获得美好的消费体验。

四、取得成效

斑马家政云在伴随我国家政产业规模快速发展的过程中，经过多年探索和实践，逐渐成长为成熟的家政产业互联网运营商，该公司布局的产业多领域协同发展的战略取得积极成效。

目前已在全国 31 个省份 120 座城市建 400 多家分校，培训人数近 30 万人，并以每年翻番的速度持续增长。斑马家政云 SaaS 平台家政企业用户已达 45000 家，遍布全国 300 多个城市；平台入驻的家政服务人员数量已达 440 万人，通过平台助推上岗就业的人数达 332136 人，就业成功率高达 92%。

案例 37

本地生活：线上到线下，“券”动新消费

一、基本情况

阿里本地生活服务公司（简称“本地生活”）成立于2018年10月，包含饿了么、口碑、蜂鸟即配、客如云等业务板块，服务全国3.5亿消费者。饿了么专注到家生活服务（包含在线外卖等），口碑专注到店消费服务，蜂鸟即配专注即时配送服务，客如云专注为商家提供数字化升级的产品和服务。本地生活紧紧围绕“坚持扩大内需”和“服务业数字化”两大战略，努力推进生活服务行业数字化转型，最大限度投入资源助力提振消费，为服务业转型升级和高质量发展注入新的动能。

新冠肺炎疫情暴发以来，本地生活协同社会各方力量，积极发挥平台的科技力量和数字化能力，线上线下联动餐饮、零售、生活服务等各业态场景，并精准派发数字消费券，将政府“消费促进月”等大型活动和品牌馆、数字生活城市等项目有机结合，共同促进商品供应链服务创新、助力中小企业复苏、支持民生保障。

二、主要做法

新冠肺炎疫情给全球经济带来前所未有的冲击。为了重振经济、刺激消费，我国通过线上经济的活力带动线下经济的复苏，并成为全球第一个发行数字消费券的国家。实践证明，在数字消费券的催化作用下，线上线下融合发展的新消费场景不断涌现，呈现出刺激居民消费、推动商家复工复产、提

高资金效率的“三赢”效果。

在上海市政府的鼓励下，本地生活通过搭建消费券在线发放平台，降低线上线下联动的门槛、创新合作模式，与商家共同打造消费季、美食节、生活节等多元化主题活动，涌现了数字早餐工程、智慧农贸市场、老字号数字化等新消费类型。有效促进消费回补，切实改善民生，释放经济潜力，形成“在线新经济”以及新消费的热点。

（一）依托产品技术支持，实现“人人可用、处处可用、安全好用”

第一，与已经覆盖全球12亿用户的支付宝合作，同时也与微信支付合作，使得数字消费券可以普惠精准地发放到广大消费者手中，确保了消费券“人人可用”。

第二，在全国范围内开展业务，有400多万商户上线平台，有效减少消费者消费意愿和商户空间距离上的错位，确保了消费券“处处可用”。

第三，阿里巴巴先进的云计算和数据库系统让数百万人同时抢券也不用担心宕机问题，完善的风控能力配合实名账户体系能识别领券用户，有效控制冒领、套现等问题，切实保证数字消费券“安全好用”。

（二）线上线下融合共振，打造创新品牌项目

1. 打造线上线下融合的品牌项目

2020年11月30日，本地生活与上海市普陀区政府签约共建全方位的“数字生活城市”，推动普陀区在线新经济、数字新基建的发展。在“数字生活城市”项目中，线上，本地生活对重点商圈的门店进行数字化改造升级，给予品牌企业入驻饿了么、口碑，换装客如云智慧商家大脑，加大流量倾斜等特殊政策支持；线下引入天猫小店、零售通小店、未来餐厅等智慧门店，带动城市市容市貌的提档升级，助力全普陀区生活性服务业数字化升级，为市民带来线上线下融合的数字消费体验。

此外，通过搭建消费券发放平台，联动淘宝、天猫、饿了么、口碑等电商平台，推出“云上购物折上折”活动，联手区内商场商街，进行网红探店、线上抢红包、美食五五折等活动，营造“云逛街”氛围，甚至跨界支持了汽车节的现场直播（见图1）。

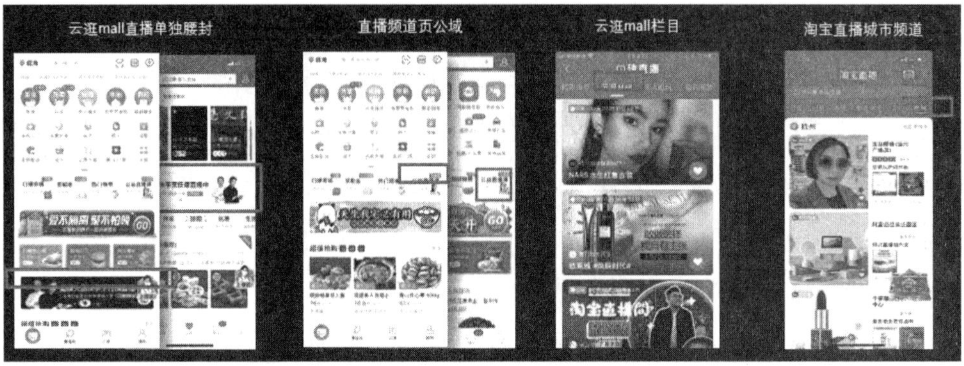

图 1　饿了么、口碑等多渠道实现“云逛街”

2. 推动创新消费场景的建设

主动顺应生活服务消费需求升级的趋势，推动实体商业线上化、生活服务数字化、物流配送即时化、零售终端智慧化，实现“数字早餐工程”“智慧菜场”“24 小时送药服务”等创新消费项目的落地，同时结合消费券的发放，向消费者推广这些创新场景。

（1）数字早餐工程。根据上海早餐工程实施方案和行动计划，主动赋能传统早餐企业，以“门店+分布式智能取餐柜”的形式助力早餐工程数字化。一方面运用大数据分析，发掘早餐用户数据价值并反馈给早餐生产企业，助力早餐生产企业发挥产业链优势提供消费者需要的优质商品。另一方面探索破解新零售发展瓶颈，通过在楼宇以及地铁沿线网点铺设零售终端智慧化产品——智能取餐柜（见图 2），推广网订柜（店）取模式，已覆盖汉堡王、麦当劳、蔡先生等数千家早餐商铺及品牌，实现早餐到家和到店服务。

图 2　智能取餐柜

（2）智慧菜场项目。本地生活支持建设的“蓝田智慧菜场”项目，作为上海市民生工程数字化标杆先后登陆央视《财经天下》和上海电视台收视率第一的城市新闻栏目《新闻坊》。针对传统农贸市场商户较多，数字化转型难度较大等问题，提出“智慧菜场”解决方案，包括选品智能化、管理可视化、营销数字化、质控数字化、技术多样化、履约数字化。具体体现为：为实体农贸市场的摊贩开拓线上渠道，将生意延展到5平方米外的3公里生活圈；农产品实现全流程数字化，扫描二维码就可以进行农产品溯源；将菜摊与会员制度结合，通过会员制度增加用户黏度；同时，在饿了么App上线“买菜频道”，实现生鲜商品进销存全链路管理与食品溯源、价格管控、野生动物违法经营等数字化监管的有机结合，提升监管效能，助力放心消费。

（3）24小时送药服务。疫情以来人们对医药服务的需求快速增长，本地生活在上海率先实现24小时送药到家服务，并且推出全天候极速社区送药服务，夜间30分钟送达，为市民提供便捷的线上寻医问药服务。2021年3月2日，联合高德地图推出“地图找药”服务，近10万家在线药店接入高德，同时也接入本地生活买药服务板块，消费者在高德地图搜索“买药”，即可查找附近的药店、药品，并可通过本地生活的外卖服务送药到家。该项目让药店同时增强线上线下的经营能力，扩大药店服务范围，改变了传统售药方式。

（4）老字号数字化。在新的商业格局下，支持老字号面向新一代消费人群创新经营模式、加强品牌建设。相较于线下门店，线上平台的用户更为年轻，在传统老字号转型和数字化升级的过程中，正好可以提供业务增量和新阵地。2021年12月，本地和豫园股份建立战略合作，豫园旗下的黄金首饰、百货、食品、美妆以及餐饮等类目的88家老字号门店集体上线本地生活的饿了么平台。线下门店进行数字化技术提升，线上结合国潮主题升级品牌影响力。数据显示，松鹤楼上线后，月订单同比增长了30%左右。

三、典型经验

线上线下联动、发放数字消费券是希望释放一个信号：鼓励消费者出门，让商家重新开张，对重启消费更有信心。如何更好地实现上述效果，我们得到的启示如下。

（一）积极尝试生活服务业数字化创新转型，打通线上线下联动链路

宏观上，在疫情防控不松懈的大背景下，高频次的生活消费面临流动局限性等实际问题，数字化创新项目能够有效解决这些问题。可推广类似普陀

区“数字生活城市”的模式，不局限于具体的餐饮或者零售行业，而是将线上资源与线下的街区商圈、商业布局、一刻钟便民生活圈等规划相结合，让线上线下的发展得以协同增效。微观上，线上推广与下单、线下提供即时配送的新型服务模式将成为本地服务业的新趋势，并通过智慧零售终端的补充，进一步降低门店经营成本、提升服务水平。比如在数字早餐、智慧菜场、医药服务等项目中，数字技术结合软件能力和硬件能力，做到全渠道、全流程的数字化，打通供应链管理、业务运营、品牌建设、线上渠道、顾客服务等线上线下联动的链路。

（二）消费券助力小微商户上线，增强消费者获得感

消费券的灵活性降低了商户参与线上经济的门槛。商家通过平台自行发放消费券，可灵活设定发放金额、优惠幅度、发放时间等，这使得大型商业体和街边小店，都能享受到数字化红利，抹平了经济规模带来的营销鸿沟。甚至连路边的小店都能通过平台发放专属消费券，首次参与到全市购物节中（见图3）。同时，根据平台发券和商家发券的总金额发现，餐饮券和零售券的总额最多。一方面，餐饮行业里中小微企业较多，在此次疫情中受到的冲击最直接，亟待回补，而且数据显示，规模越小的商户受益越大。相比发券前一周，小、中、大的商家经营流水分别增长了6.6倍、1.44倍和0.8倍。另一方面，餐饮和日用零售品也是消费者的日常生活所需，更能体现便民利民、改善民生的初衷。

图3　小店参与数字消费券

在消费者获得感方面，消费券的面额设计应充分考虑消费者多元化需求。消费券面额较小时，消费者更多的是用于“刚需型”消费，比如零售生鲜等，面额提高后则更多用于“享受型”消费，比如休闲娱乐和电子设备的配件等。消费券对人均收入较低地区、年龄较大或过去消费意愿较低的人群，拉动效应更好，可以针对不同人群设计个性化的消费券方案。

四、取得成效

线上线下融合发展效果显著，消费券进一步刺激消费，提振信心。从全国范围看，2021 年本地生活发挥“6·18”“双 11”“双品购物节”等互联网消费节点的带动效应，累计与全国 16 个省（市）、67 个地市、110 余个区县合作开展促消费活动，平台投入和商家让利超 50 亿元，累计拉动各地社会消费约 500 亿元。

（一）促进线上线下融合，培育新型消费市场主体

2021 年平台的年度活跃商户数达到 280 万，商户借助本地生活的数字化能力打通生产、分配、流通、消费各环节，借助本地生活的流量体系促进销售增长，实现线上线下融合发展。同时，本地生活做强“云”技术能力，打造更具技术性的支撑，深入构建基于后台超算建设的智能调度能力，面向商家提供更为精准的营销工具、面向消费者提供更符合需求的供给生态。这也符合中央政治局常委会会议提出“把在疫情防控中催生的新型消费、升级消费培育壮大起来，使实物消费和服务消费得到回补”的同时，又强调“加快 5G 网络、数据中心等新型基础设施建设进度”的深层次逻辑。

（二）缓解居民收入压力，提升全民福祉

受疫情影响，人们收入减少并对物价变化十分敏感，此时消费券起到了一定的社会救济功能，对低收入群体的帮助更大。考虑到上海市整体复工复产率较高，又是国际消费中心城市，市民更重视消费品质和消费的多样性，因此本地生活在设计五五购物节的数字消费券时，首先考虑的就是综合型的数字消费券卡包，内含餐饮、购物等场景，并且与市内交通、酒店景区和通用的满减优惠券打通。居民领取后可在区内 40 余万家实体店使用，也可在天猫、淘宝、口碑、饿了么、飞猪等平台上使用，极大地丰富了消费场景，最大限度满足消费者的个性化需求。2021 年五五购物节，饿了么、口碑与品牌方发起“新海派生活节”，累计补贴超 20 亿元，将这些补贴实实在在地发放到消费者手中，保障其真正惠及民生，精准地帮助消费意愿低下的人群提升消费能力，符合共同富裕的战略目标。

（三）扩大供给侧和消费侧的连锁效应

线上线下消费相融合，扩大了全社会消费支出规模，而消费侧的扩张又刺激了供给侧的销售，促进企业加大生产和投资，有利于稳定就业和增加岗位，也即增加了居民收入。本地生活 2021 年度交易用户达 3.5 亿，同比增长 28%，即时配送订单数同比增长 35%，月活骑手 110 万，在供给侧和消费侧形成了连锁效应，消费、生产、投资形成良性循环并向上发展，从而获得超越刺激消费意义的经济增长，有助于持续推进“六稳”“六保”工作。

案例 38

京东餐饮：基于一站全托供应链价值服务

一、基本情况

京东根植于实体经济，成长于实体经济，服务于实体经济。除了提升自身的运营效率外，充分发挥新型实体企业的增长效能，凭借扎实的零售和物流基础设施、高效的数智化社会供应链、创新的技术服务能力，服务实体经济、贡献社会价值，为绿色消费、低碳环保和乡村振兴等提供有力支持。2020 年以来，京东在用户服务方面投入超过 350 亿元，已在全国多个城市、区域建立起了完善的全品类即时消费的零售生态，为用户打造极致购物体验和“京”质生活。

面向餐饮行业，基于京东海量品质商品资源、供应链基础设施、数字技术优势，为大中型连锁餐饮企业提供供应链整体解决方案，利用互联网新技术手段提升实体经济产业链条效率和活力，满足人们对美好生活和高质量消费的需要。

2019 年 1 月，开拓国内连锁餐饮品牌客户，如蒸小皖、丰茂烤串等；2019 年 6 月，开拓国际连锁餐饮品牌客户，如宜家、无印良品等；2020 年 1 月，开拓团膳餐饮品牌客户，如快客利、新又好、振达餐饮等；2021 年 2 月，与京津冀地区知名餐饮连锁品牌局气携手打造一站式全托供应链解决方案（见图 1）；2021 年 6 月，与全国知名餐饮连锁品牌羲和正式开展合作，一站式全托供应链模式的可复制性和可参考性得到了实践的不断验证；2021 年 9 月，与全国知名餐饮管理企业美心集团正式开展合作，2021 年前三季度营业额增幅达737%，合作品牌门店遍布全国各地，合作门店数近200家，得到更多客户认可、为行业学习借鉴提供了优秀经验做法。

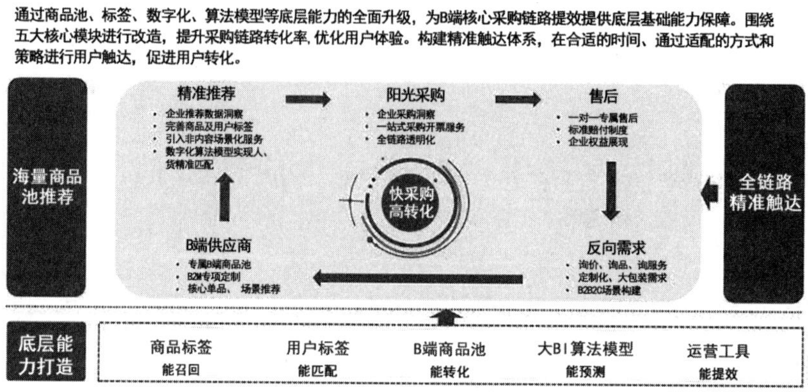

图1　京东餐饮一站式供应服务模式

在拓展客户的进程中，精准满足了中式餐饮企业和国际餐饮企业的差异化需求。针对中式餐饮企业更加注重降本增效，整合了全方位资源，从优质食材、物流、金融、供应链管理等多方面帮助客户降低平均10%～15%的成本，提高供应链管理效率；针对国际餐饮企业更加注重品质安全，通过“欧洲双认证”、ISO三标认证等高水平体系审核，以超高标准的优质食材迎接餐企客户和消费者的检验。

二、主要做法

（一）促进餐饮行业高质量发展和新模式

致力于解决餐饮企业的经营管理越发复杂、采购流程烦琐、食品原材料很难标准化、成本不透明、人员仓配成本高、门店坪效低、系统管理薄弱、营收模式单一，消费者对食品安全、高品质美食、味蕾新型消费等餐食新需求的问题。

1. 线上海量商品库与餐饮线下供应商资源有机融合

2021年新增大B端餐饮渠道供应商500余家，新增商品超过4000个，涉及20个二级分类、54个三级分类，合作品牌128个，基于百万级商品库，结合新拓餐饮专属供应商，更好地满足餐饮企业需求，为消费者提供品质好食材。

2. 线上智能订货系统有力支撑线下餐饮企业实时订购全品类商品

精准把控订货量，避免订货过多导致食材浪费，也不会因为订货过少影响门店收益，同时，线上智能订货有效促进了无纸化办公，且全流程数据可追踪，有利于企业规范化经营。

3. 消费者在餐饮门店可通过扫码关注食材品质溯源信息

截至2022年2月，已为局气实现近3万只烤鸭的品质溯源（见图2），未来还将拓展伊豆野菜村、和牛等其他餐饮企业经典菜品食材溯源。联合餐饮企业打造专业化、品质化饮食，满足消费者味蕾升级需求、保障食品安全。

图2 鸭胚区块链品质溯源

4. 深入贯彻国家绿色消费指导意见

通过“青流计划”，倡议生态链上下游合作伙伴以共创美好生活空间、共倡包容人文环境、共促经济科学发展，共同建立全球商业社会可持续发展共生生态。目前北京市自营城配车辆全部使用新能源车，通过一车多温层技术，减少送货车辆数和运送频率，降低能耗。

（二）自身六大核心能力的全面升级

通过为B端核心采购链路提效提供底层基础能力保障，助力餐饮企业提升采购效率，以技术为导向优化客户采购体验，实现一键轻松下单，打造智慧餐饮供应链，满足消费者的营养、食品安全、经济、方便、美味等多维多层次餐食需求。

1. 建设 B2B 自营冷链

联合冷链物流首创“餐饮业务自营冷链 B2B 仓配体系”，七大区域设置七大仓并通过 BRCGS S&D 全球标准体系认证，为全国的大型餐饮客户提供生鲜食材的跨区域分拨配送，助力餐饮企业全国范围内的连锁门店拓展；落实“青流计划”，助力绿色消费。

2. 自建餐饮 B2B 系统

为餐饮企业量身打造智能订货系统，实现一键轻松下单、异常订单提醒，减少因误操作造成的损失；全流程数据可查，为政府监管提供数据参考。

3. 食品安全保障

通过京东区块链溯源系统——智臻链，为餐饮企业客户提供透明、安全、可追溯的食品供应链信息。BRCGS A&B 代理人与经纪商全球标准、IFS Broker 国际经纪商标准满足国际餐饮企业需求（见图 3），ISO 9001 质量安全管理体系、ISO 45001 职业健康安全管理体系、ISO 14001 环境管理体系满足政府机关、企事业单位食品安全需求，从食材供应端保障消费者用餐安全。

图 3　BRCGS A&B 代理人与经纪商全球标准和 IFS BROKER 国际经纪商标准证书

4. 味道研发，提供标准化、专业化的餐饮食材和餐饮原料，提升菜品研发水平

成立研发中心，将先进的产品研发技术赋能原料厂商，帮助餐饮企业提升菜品研发水平；以国内地方小吃为基础，创立飨南诏、飨小芙等小吃品牌，多渠道共同满足消费者味蕾升级需求。

5. 供应链金融

为餐饮企业提供金融账期及金融消费服务，支持餐饮企业一定期限内付款，免于每天对账打款，解决小微企业资金难题，激发实体经济活力。

6. 营销赋能

借助京东集团内部 PLUS 会员、生活圈、1 号会员店、京车会、生活服务等资源，促进餐饮消费场景线上宣传推广、提升线下门店客流量，赋能餐饮线下门店；为消费者带来品质餐饮福利，提升社会整体餐饮消费水平，为经济社会创造更多效益。

三、典型经验

（一）商品供应模式由单一卖货向供应链价值服务转变，线上线下全方位赋能

一是搭建自营冷链 B2B 仓配体系，以平台化的模式整合多方资源；二是通过 5G、物联网技术进行物流方案设计，提升餐饮行业整体运转及人工效率，减轻交通压力，结合实践引导创新，促进环境和经济可持续发展；三是打通食品溯源、食品安全检测、财务开票、数据留存等环节，进行行业预审，解决企业发展过程中的主要难题，保障民生；四是结合实践引导科技创新，促进环境和经济可持续发展。

（二）打造可复制样板案例，以点及面稳步发展

携手区域餐饮连锁品牌打造一站式全托供应链解决方案样板，进而与全国型餐饮连锁品牌开展合作。一站式全托供应链模式的可复制性和可参考性得到了实践的不断验证，总结可借鉴的优秀经验做法，得到更多餐饮企业和消费者的认可。

（三）运营方式标准化前置解决餐饮企业痛点，提升行业效率

通过优化供应商、散货标准化等运营方式，进行标准化前置，解决餐饮

企业原有采购逻辑粗放、以菜市场散货采购为主、食材标准化程度低、食品安全问题频发等问题。提升行业效率，保障消费者食品安全。

四、取得成效

运用数字化营销能力促进餐饮消费：通过京东 App 从线上向线下引流。整合京东 PLUS 会员权益，为超 2500 万会员附加餐饮特惠权益：将局气烤鸭升级券上线到京东 App 的 PLUS 会员生活特权版块，截至 2022 年 3 月，线上领券、线下核销的桌数超过 1000，为门店拉动客流的同时，也为消费者提供切实优惠；将伊豆野菜村“买四免一”活动上线到京东员工生活圈，每周为门店拉动新增客流 80~100 人，吸引更多消费者到线下餐饮门店消费。

（一）加快产业结构转型升级，提高产业链数智化建设，更快、更好、更精准地连接农产品产地端和消费者端

依托供应链创新和数字技术应用，打造餐饮行业供应链中台，打通一二三产业环节，结合科技金融赋能，实现餐饮供应链全链路降本增效。

（二）标准赋能品质可信赖化发展

通过 BRCGS A&B 和 IFS Broker 国际标准体系对供应商准入和评估、物流、客户满意度等进行监管，保障商品完整授权链，降低食品安全风险，保障民生；积极响应国家区块链建设政策要求，借助区块链溯源平台进行品质溯源，保证商品全生命周期可追溯，为企业打造产品防伪追溯信息集中化管理能力，为消费者提供品质可信赖的商品，为政府监管提供经验、技术和数据支持。

（三）打造一站式供应样板，综合降低企业运营成本

以京东餐饮与局气的合作为例，在短短半年时间内，京东协助局气进行了供应商整合优化、散货标准化、物流成本承接、对账开票流程优化、一键下单系统打通、整合营销赋能等一系列服务升级，为局气降低 10%~15%的运营成本，使得局气有更多优惠权益下发到消费者，从而促进消费。在业内得到了众多行业媒体和协会认可，如餐饮老板内参、世界中餐业联合会、中国烹饪协会、中物联农产品供应链分会等，与众多中大型连锁餐饮企业（如羲和、美心、伊豆野菜村等）达成合作，预计 2022 年业务规模将呈 6 倍增

长，服务门店突破 1000 家。

（四）线上与线下流量带动多领域消费

通过微信社群、京东 PLUS 会员、员工生活圈等渠道，整合线上流量，引入线下餐饮门店，为单一门店带来每月超万元的营业收入。此外，将线下流量转移到线上社群，为消费者推荐高品质食材，从源头“现场带货”，带动产地农产品消费。

（五）技术助力行业实体轻松经营，引领餐饮消费新格局

通过区块链溯源系统及高标准品控要求，为餐饮行业蓬勃发展保驾护航。加快建设新型消费基础设施和服务保障能力，促进线上线下消费融合发展，为餐饮供应链从产地到消费者的全链路新型消费提供典型经验。

案例 39

值得买："星罗"基于直播的数字创意营销服务平台

一、基本情况

"星罗"基于直播经济的数字创意营销服务平台（简称"星罗平台"），由北京值得买科技股份有限公司（简称"值得买科技"）运营。值得买科技是一家专注于消费产业的科技集团，成立于2011年，于2019年在深交所上市，业务涵盖大数据、营销服务、消费内容等多个领域，旨在构建用户、电商和品牌商多方共赢的数字消费生态系统。先后获得商务部电子商务示范企业，2020福布斯"最具创新力企业50强"、2021年中国互联网综合实力百强企业等荣誉。

星罗平台借助专属罗盘大数据分析，减少直播达人和品牌商之间信息差，提高双方匹配效率，为直播达人提供从内容到流量变现的商业闭环，打造达人专属的供应链，实现直播带货"人、货、场"的重构，构建一个商家、直播达人及达人带货全链路协作服务平台，解决中腰尾部达人低效带货问题，释放更多直播带货的活力和潜力，提供基础的供应链通道，实现商品供应链革新，进一步加速消费MCN机构转型升级。星罗平台获得全国工业App和信息消费大赛"信息消费产品创新奖"，入选工信部2021年新型信息消费示范项目、2021年服贸会"业态创新服务示范案例"（见图1）。

图 1　星罗平台入选 2021 年工信部新型信息消费示范项目、服贸会“业态创新服务示范案例”

二、主要做法

（一）线上线下融合，助力中小实体企业转型

星罗平台通过技术和资源两方面优势，实现线上线下的深度融合，创新商品供应链路径，形成全链路服务生态。一方面利用大数据和人工智能技术为有线上推广需求的品牌商家寻找最优的达人推广，实现流量的高效转化；另一方面星罗平台也为达人推荐最符合其人设的商品，在高效变现流量的同时，增加粉丝黏性和粉丝数量。同时通过达人及时反馈消费者的需求，帮助线下品牌商快速掌握消费者的需求动态，从生产源头进行产品反向定制，以大数据为牵引，推动线上零售和线下制造的无缝对接，帮助线下品牌商实现数字化转型，助力线下品牌商降本增效，提升销量，减少产品中间流通环节，提升整个消费产业链的运行效率，更为品牌和用户之间架起一道完美的沟通桥梁。

同时，星罗平台通过和上下游平台的系统打通，以及为中小型的合作伙伴提供工具产品的方式，保证整个体系高效运转，并持续完善基础设施，提升用户的使用体验，探索从消费端拉动产业端的发展模式。同时，将互联网的能力向上游延伸，在企业、产业之间实现融合互动，建立起更高水平的数字化网络，从而推动整个产业的效率提升。

（二）技术服务创新，提升商品供应链效率

星罗平台构建了由商家、达人及带货服务组成的全链路协作平台，并且为参与者提供带货基础设施，从而通过技术和资源两方面的力量，促进“达

人直播带货”这一新业态效率的提升和健康发展。

加快新型消费基础设施和服务保障能力建设，打造了以MRP（物资需求）系统和罗盘为核心的两大后台支撑系统。为商家和内容创作者提供一个全链路多角色的协作平台，通过全链路数据监控和分析，精准高效匹配直播达人、品牌生产商供需两端，为直播达人提供专属直播日历、项目内容及执行日志、带货效果等功能，让达人带货全流程清晰可见，实时掌握平台和内容创作者数据，形成更好带货决策，让直播带货更加透明化。

同时，平台引导品牌生产企业实现柔性化、定制化的生产制造，通过消费端需求反馈影响生产端的设计生产，从而优化消费产业各流通环节的服务流程，促进市场供给和需求之间更精准的匹配，缩短了流通链条，减少了大量的中间交易环节，提升商品供应链效率。星罗平台通过推动商品供应链的数字化，极大提升了数字消费领域的运行效率。

（三）加强品牌孵化，打造全链路服务体系

在“直播+电商”的时代背景下，流量平台也在寻求独立于主流电商平台的电商解决方案。星罗平台聚焦零售业和直播电商，以行业模式创新，技术赋能线上、线下为突破口，建立全链路、全模式、全零售的新型商业模型；同时以优质、低价、服务与科技为核心经营策略，提出一种适配于各种直播场景，服务于内容创作者的一件代发模式，涉及供货商、直播内容创作者、消费者、星罗平台及其中的信息流、物流、现金流，该模式缩短了商品从供应链到买家流通环节，帮助消费者买到更优惠商品，提升了内容创作者的流量变现效率，并且可以保证商品的质量和售后，实现了消费生态闭环，构筑了完整的商业链条。

同时，平台融合新媒体代运营能力，形成全链路服务生态。依托值得买科技在消费领域和内容创作方面的积累，将电商和内容代运营两种能力有机结合，帮助品牌制定全盘立体化营销策略，向全域范围内消费者营销推广；同时，平台依托丰富的大数据资源和能力，帮助前端高效运转，并为用户定制专属营销策略，有效优化品牌营销效率和成本。

三、典型经验

（一）坚持问题导向，解决行业难点痛点

坚持以问题导向和市场需求导向，解决直播行业痛点，顺应用户消费升级趋势，培育壮大新型消费场景和服务业态，提升新型消费竞争力，更好发挥平台服务作用，为新型消费发展提供全方位技术和服务支撑，促进品牌消费、品质消费。

（二）坚持技术驱动，赋能行业稳健发展

秉承“技术创新驱动发展”战略，推动技术、管理、商业模式等创新，引导实体品牌企业更多开发数字化产品和服务，发展个性化定制、柔性化生产，推动互联网和各类消费业态有机融合，加快线上线下消费双向深度融合，双向提速，促进新型消费蓬勃发展。基于数智化驱动的创新业务模式，星罗平台大幅提升了直播带货的运转效率和履约率，不仅有效解决了直播链条上各环节的痛点，而且为直播带货行业提供了标准化模板，推进了整个行业的规范化健康发展。

（三）坚持产业链思维，助推行业提质增效

坚持产业链思维，提出“海底捞式”全链路服务的概念，打造直播带货全流程链路，为各种角色提供全方位服务，通过数据分析为各方提供最佳的匹配，进一步延长消费的产业链、完善供应链、提升价值链，提升直播行业运营效率，刺激消费，助推数字消费提效增产，进一步提高行业的市场竞争力。同时，坚持“走出去”拓展国际市场，尤其是“一带一路”沿线业务，充分依托新型消费带动传统商品市场拓展对外贸易、促进区域产业集聚。鼓励更多合作品牌商以多种形式实现境外本土化经营，降低物流成本，构建营销渠道，实现直播行业的提质增效。

四、取得成效

（一）助力实体企业，构建数字消费新格局

星罗平台通过技术帮助实体企业打破时空限制，以数字化赋能，实现线上精准营销变现，提升商品和服务的供给质量，满足高层次的消费需求，形

成供给和需求之间的正向反馈机制，以更高水平的供需动态平衡来助推形成强大的国内市场，促进消费潜力释放。截至 2021 年 12 月，星罗平台年服务的商家超过 28000 家，合作达人超过 4000 人，订单量超过 3800 万单。

（二）孵化新国潮品牌，助力国货品牌崛起

通过“新国货品牌扶植计划”，先后孵化了 30 多个国货新锐品牌，4000 多位内容创作者；已助力 20 余个国产品牌实现销售额过亿，60 多个国货品牌商家通过亚马逊、速卖通等平台出海。星罗平台逐渐成为新国货品牌发源地，让国货更好地触达全球消费者，助力国货品牌崛起。

（三）消除消费信息壁垒，促进全产业链融合

致力于解决商家、直播达人之间的信息不对称难题，消除消费信息壁垒，实现直播达人与产品供应链的精准链接，快速推动流量变现；从生产到销售，线上到线下，境内到境外，建立消费生态闭环，进一步释放了数字消费新活力，促进消费全产业链深度融合，推动了数字经济新发展。

案例 40

有赞科技：电子商务 SaaS 服务平台赋能新零售

一、基本情况

杭州有赞科技有限公司（以下简称“有赞”）于 2012 年 11 月孵化成立，是一家从事零售科技服务的企业。有赞帮助商家进行网上开店、社交营销、提高留存复购，拓展全渠道新零售业务。有赞于 2018 年完成部分资产在港上市（代码：08083）且是国内最大的 SaaS 软件服务商。在 2020 年，有赞服务商家交易额已达到 1037 亿元人民币的规模。

有赞旗下目前拥有新零售、社交电商、美业、教育及国际化五大业务体系，全面帮助商家解决在移动互联网时代遇到的推广获客难、成交转化难、客户留存难、复购增长难、分享裂变难等问题。

有赞于 2018 年通过“国家高新技术企业认定”；2019 年至 2020 年分别获评“杭州市企业高新技术研究开发中心”“浙江省级高新技术企业研究开发中心”“浙江省级企业研究院”；2021 年获得“杭州市新零售示范企业”的认定。有赞拥有核心技术自主知识产权 60 项，已授权发明专利 8 项，软件著作权 52 项。

二、主要做法

基于 SaaS 技术不断研发出商家需要的线上线下融合、技术与数据驱动、全行业全场景全链条扩展的新产品，形成有赞新零售技术及产品服务。

（一）以“人”为主，为商户打造线上线下融合的新零售解决方案

随着社交媒体及平台的迅猛发展，商家正寻求通过在各类社交平台上建

立影响力来吸引和转化市场中潜在的客户流量，线下商家也逐渐意识到线上客户流量对业务增长的重要性。同时，零售逻辑也发生了本质的革命，从1.0时代以“货”为主，到2.0时代以“场”为主，而新零售3.0时代，则是以“人”为主，注重全渠道触达消费者与线上线下全场景交易转化。有赞新零售工具即是通过以“人”为主的私域发展，推动商家实现数字化转型。

企业新零售解决方案作为门店全渠道一体化经营工具，通过门店数字化（每个门店都有24小时不打烊云店）、管理数字化（门店管理全程在线，数据化决策）、会员数字化（精细化运营、精准营销、促进复购）、导购数字化（全面激发导购线上销售）、营销数字化（多渠道引流获客、涨粉丝、涨销量）、多级架构管理（灵活管理区域分公司和终端门店）等改造，为线下商家提升有效客户量和客户LTV（用户的终身价值），最终实现门店、私域商城全域业绩增长（见图1）。

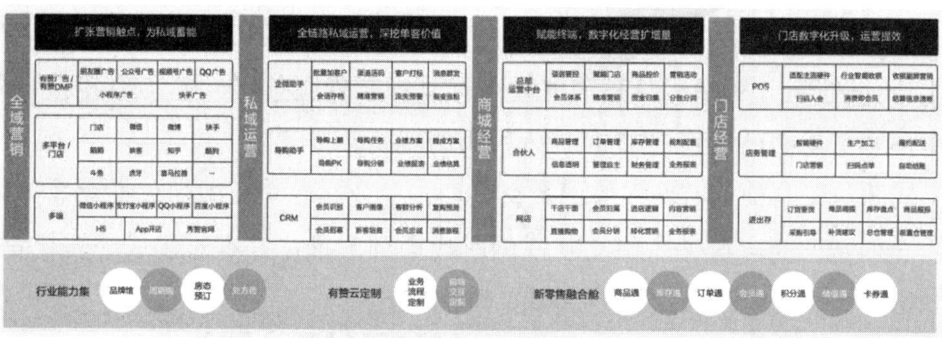

图1　有赞门店全渠道一体化经营体系

门店管理中通过对门店的数字化升级，有效提升了运营效力。其中为多行业量身定做智能收银台、硬件终端POS机等，通过智能化的门店收银系统快速有效地链接消费者，并在有效的隐私合规保护下，通过会员管理系统将一次性的客流转变成可触达会员。同时，有效的门店管理系统将收银、店务管理、进出存系统打通，极大地提高了门店运营效率，同时增加客户营销转化。

（二）数据团队打造数据中台，赋能新零售商家复杂业务

有赞数据团队从2014年成立开始，伴随商家一起成长，以数据为基础，深入挖掘赋能商家，在实践的过程中对齐业界领先标准，构建具有零售基因

的整套数据产品解决方案，截至 2021 年 6 月 30 日，有赞技术团队输出的 SaaS 产品发布逾 10.3 万项更新和升级。

有赞在不同城市设立独立数据中心为商家提供服务，数据中心配备了领先的技术基础架构，具有更好更灵活的数据兼容性及备份能力，可有效地支持数据系统的大规模营运以及频繁的产品开发及创新。有赞打造了完备的数据中台整体架构，其中，数据中台负责从数据来源的接入到加工处理，最后形成资产和服务，用以支撑 SaaS 零售业务。图 2 展示了有赞数据中台“分层”治理和“分区”治理的结构，以及和业务中台的上下游关系。

图 2　有赞门数据中台技术架构

该数据中台是基于云原生架构搭建的一整套大数据处理集群，最大限度地复用了数据处理能力和数据模型应用能力，满足了 SaaS 平台海量数据的离线和实时计算性能，构筑了有赞和有赞云灵活的数据开放能力，支撑有赞数百万新零售商家的复杂业务。有赞新零售方案的优势就在于利用 SaaS 平台的数据和经验，最终沉淀出一整套能覆盖电商、新零售、各行业的算法模型。

（三）助力传统商超改造，六大转变促效益增长——泰富百货店改造案例

常州泰富百货商场创建于 1993 年，商场定位为高档百货，目标顾客群以都市白领和中高端消费者为主。在整体百货行业增长趋势缓慢，甚至负增长的市场大背景下，泰富百货也曾因其经营模式单一，以及商贸综合体等竞争

对手的强大竞争压力，致使门店客流下降明显。在此情况下，有赞通过系统改造及运营服务为泰富百货量身打造了专业化的数字转型方案（见图3）。

（1）数字化系统改造。利用有赞产品低成本、轻落地、快速部署特性，高效提供线上商城系统及营销工具库，快速实现了线上商城与门店系统关键环节的打通，线上线下一体化经营管理。

（2）运营服务的改造。通过数字化经验、方法的分享培训，帮助泰富快速培养数字化新零售团队，从而使其能够灵活、机动、个性化地使用新零售产品体系，最大化经营效果产出。

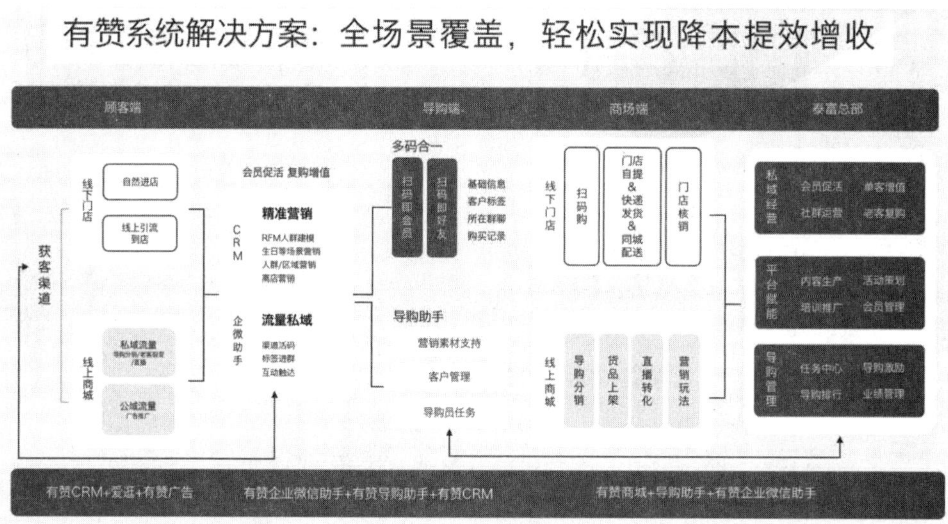

图3 泰富百货系统解决方案一览

改造后的泰富百货在经营格局、B2B2C经营模式升级、经营管理提效、新消费时代的百货商场本地化IP打造等方面得到了显著提升，主要体现在以下六个方面的转变：

一是经营时长的转变。线上商城24小时营业，消费者随时随地可逛、可购、可享受服务。二是经营空间的转变。除了门店周边3～5km的顾客外，可以覆盖整个城市的消费者，甚至是周边省市消费者。三是经营模式的转变。深化与百货商场内品牌商的合作伙伴关系，基于线上线下联通的服务场景，持续为消费者提供高性价比的精选好货；基于线上商城快速聚客、高效爆发的销售能力，实现商品优胜劣汰的良性循环，保持年度25%的品牌更新率，持续为当地消费者提供喜欢的商品。四是服务在线化的转变。全员电商，实现导购员数字化、导购服务在线化，为顾客提供更好消费体验的同时，也帮助商场内的导购员获得销售业绩和收入的增长 。五是经营管理的转变。高效的产品系统，保障了在同等人员投入的情况下，同时经营线上场和线下门店；便捷的流程工具持续简化员工的系统操作，提效减负，释放更多的劳动力进行经营创新。六是本地化 IP 风向的转变。通过小红书、视频号、朋友圈等渠道，以图文、直播等内容，逐步打造泰富百货的新消费、数字化 IP 形象。同时培养出一批员工主播、导购主播，利用丰富多样的营销活动，培养新客流量。

经过新零售解决方案进行改造后，在 2020 年至 2021 年泰富百货线上商城销售额均超过 1 个亿，占全渠道销售额的 10%。带动了线上销售的增量和门店客流的增长，真正实现全域增长，年平均增长率约 8%，远超行业平均水平。同时通过线上商城及营销工具，泰富百货在此渠道获取了约 65% 的新客。

泰富百货的新零售转型经验，具有较强的行业典型性。有赞已将泰富百货的成功升级经验在百货行业进行推广并取得成效。如“唐山百货大楼集团”在线上直播营销、“广百股份”导购员在线服务推广销售，都取得了非常有价值的突破，最终带动了经营模式的转型升级和销售的增长。

三、典型经验

（一）创新商业模式，实现数字化改造

将原有的零售三要素“人、货、场”进行重构，有赞为传统零售企业做数字化改造，也为企业创造了更多模式创新的机会，如出现 DTC（direct-to-customer）、B2B、B2C、B2B2C、跨境等商业新模式。

（二）打造新型消费场景，推动商家服务延伸

企业的目的是创造更多的消费场景。原来是人找货，在企业运营新零售系统后，可有效对单个客户的消费生命周期、场景运营等方面进行管理。从原来的到店服务延伸为到家服务，个人服务延伸至家庭服务，从多次随机购买到仅需一次即可完成周期购买规划，从单个商品售卖升级到解决方案服务。

（三）推动运营提效，助力商家实现成本把控

有赞利用新零售的小程序方案，为商家的营销数字化、新品测试等最大限度地节约了时间、人力、资金等方面成本，基于底层数字化能力，帮助商家实现快反式运营、以销定产，更有效地为商家降低在生产、库存、销售等方面的风险。同时也能够更及时地了解消费者反馈，实现快速的产品优化迭代，紧跟市场变化。

自推出新零售解决方案后，有赞已陪伴恒安集团、王府井、周黑鸭、都市丽人等各行业商家经历了其品牌新零售改造的落地。

四、取得成效

（一）私域经营推动用户触达，提升商家利润空间

在新零售之前，实体门店是品牌唯一的服务场所，触达手段、服务方式单一，品牌与用户之间缺少互动的机制。而在零售 3.0 时代，有赞新零售产品的实质是以“人”为主的私域发展，推动商家实现数字化转型。通过私域经营帮助商家连接和触达用户，从时间、空间维度给门店带来销售增量，最终给商家带来利润空间的提升。

私域经营从时间、空间维度真正给门店带来销售的增量。在此前，一家门店的销售时间及物理半径集中在十几个小时和周边 3 公里。在商家纷纷开始尝试新零售转型后，门店销量得到明显的增长，由于线上店的同步运营，商家实现 24 小时不打烊的销售状态，因销售时间的增加而增长的订单达 9.4%（晚 22 点到早 9 点的订单增长），空间增量达 11%（促进了跨城市、跨店订单的增加）。

私域经营为线下商家有效降低经营成本，明显提升利润空间。通常门店的成本集中在场地租金、人员工资、营销成本、物流成本等方面，而在转变经营模式，从线下走到线上运营后，这几项成本都会大大降低，即使是在增加了线上活动的情况下，总计平台电商比门店利润仍多出 10%，而转型私域电商后，与门店之间的利润差则可以高达 22%。

（二）促进就业、整合企业生态，创造社会价值

1. 降低创业门槛助力更多就业

可减少企业空间、时间成本（如房屋租赁、商品库存、运输流转等），与消费者直接触达的沟通手段促进了商品快流通。成本减少，触达终端消费者渠道便捷，降低了商家开店门槛，最终促进社会创业热情，以创业带动更多的就业机会。

2. 生态资源高效整合

原来企业经营数据分散割裂在各个数字化系统或工具中（如 POS 机存储）形成“孤岛”，企业在数字化转型过程中数据打通较为费时、费力、费成本，新零售联动数字化系统服务商以“融合舱”的方式“多”“快”“好”“省”地提高企业底层数字化能力，实现企业数字化转型。

3. 增强企业抗风险能力

线上导购模式的培养，增强了线下门店应对社会经济环境变化的能力，如在疫情期间，闭店不打烊，线上持续经营，也为商家带了极大的抗风险经营能力。

案例 41

广州移动：5G数字商贸平台助力商贸零售数智化

一、基本情况

2020年12月，在2020广州国际购物节启动仪式上，广州市商务局指导广州移动牵头成立了“5G+数字商业联盟”，并打造发布了“广州5G数字商贸平台”，全面助力商圈商场、连锁零售、专业市场等商企数字化转型，推动实现广州零售业“十四五”数字商务高质量发展。

“广州5G数字商贸平台”基于5G室内高精度定位和移动大数据能力，融合5G消息、AI等信息化技术，面向商贸企业经营管理方、店铺、顾客多类群体，实现智慧管理、智能运营、智能导购等应用，促进线上线下消费深度融合，提升广州商贸行业智能化水平。平台率先落地广州核心商圈中日均客流排名第一的广州标志性综合体——正佳广场，建成“5G+智慧零售/智慧商圈”，发挥消费新业态、新模式、新场景的应用示范效应。

二、主要做法

（一）洞察行业痛点，聚焦各类商贸主体需求

传统零售业由于缺乏信息化支撑，商场、商家与顾客都存在迫切的转型需求：商场获客成本高、效率低，精准营销缺乏有效抓手，运营和决策缺乏数据支撑；商家客流提升难度大、获客成本高，不能准确掌握客户需求，人货精准匹配率低，运营效率低；顾客无法精准获取商铺、商品、促销、车位与关键设施等信息，线下购物体验差。

（二）完善新型消费基础设施建设，赋能行业发展

广州移动在 2020 年已完成天河路商圈（含正佳广场）、北京路商圈、白鹅潭商圈等重要商圈 5G 网络覆盖，现有 5G 基站超 1.7 万个，正全力将广州打造成为全国领先的 5G 网络和应用标杆城市；家宽覆盖规模超 630 万户，其中 99%的家庭客户具备百兆宽带接入能力，正加快推进“5G+千兆宽带”社区建设，着力打造“双千兆”智慧社区。

（三）打造“5G+数字商贸”平台，助力产业升级

基于移动大数据、5G 室内定位、5G 消息等核心能力，打造了“广州 5G 数字商贸平台”。平台聚焦各主体痛点，开展以 5G、大数据、室内定位等各类信息技术的集成创新应用，增强商贸零售企业对市场需求的捕捉能力、快速响应能力和敏捷调整能力，推动线上线下消费双向深度融合，实现商贸零售营销、管理等场景的数字化、智能化升级。

1. 精准客流分析，助力商场管理方智慧运营、智慧管理

基于 5G 室内定位和移动大数据的客流分析（见图 1），使客流从一个不精确的数字演变为关于消费者洞察的能力集合。通过客流数字化，商场管理方可以洞察到更为丰富的客流信息，包括不同出入口的进店人次、热度区域、消费者动线、驻留时长、商户经营情况、商户关联度情况、商户流向等。再结合大数据技术对商场及周边区域进行透视，快速分析客流基本属性、人口分布、客群结构、消费习惯、职住分布、商业氛围、交通状况，利用大数据建模准确预测客流来源与变化、客户到场交通方式等信息。

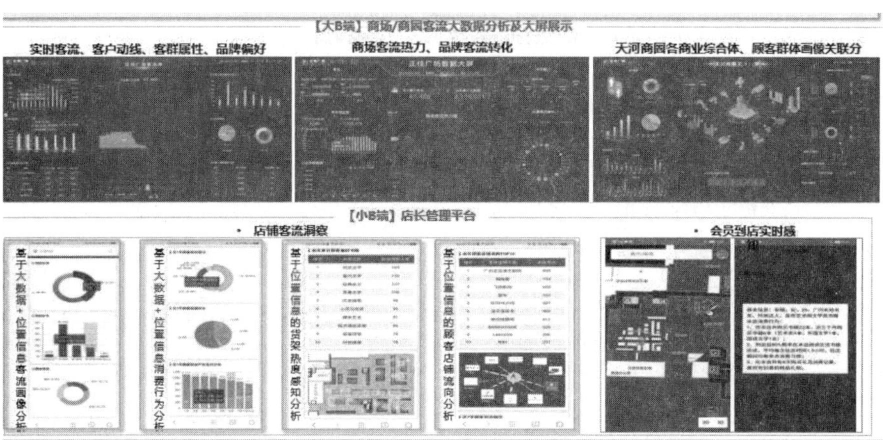

图 1　5G 智慧商贸平台——大数据客流分析等界面

2. 顾客精准触达，助力线上线下消费融合

一方面，融合顾客位置和画像信息，通过5G消息向会员、潜在顾客精准触达会员权益、促销信息等，创造高效的即时近场消费场景，助力商家开展精准营销、提升销售转化；另一方面，顾客通过手机收到的5G消息作为统一服务入口，实现购物、餐饮、娱乐等优惠、预订、支付、导航功能等一站式服务。

例如，当顾客进入正佳广场，平台可实时感知，根据客户画像实时触达欢迎5G消息，包括正佳广场介绍的短视频以及“优惠福利”“新店开张”“新闻速递”等内容，实现顾客引流；当商场的书店会员进入，平台可选择实时触达书籍推荐5G消息，如新书、畅销书、偏好书籍推荐，位置信息指引等，并可实时交互，购物的同时实现一键点餐、娱乐预订服务（见图2）。

图2　5G智慧商贸平台——5G消息精准触达界面

3. 室内定位导航，智慧服务提升消费体验

基于5G室内定位和移动大数据的客流分析。基于5G室分站点的信号强度、信号角度、指纹算法实现室内米级、亚米级客流定位与跟踪。通过客流数字化，洞察到更为丰富的客流信息，包括不同出入口的进店人次、热度区域、消费者动线、驻留时长、商户经营情况、商户关联度情况、商户流向等。通过大数据技术对商场及周边区域进行透视，快速分析客流基本属性、人口分布、客群结构、消费习惯、职住分布、商业氛围、交通状况，结合大数据建模准确预测客流来源与变化、客户到场交通方式等信息。参见图3。

图 3　5G 智慧商贸平台——5G 室内导航界面

（四）新零售背景下的信息技术应用创新

“广州 5G 数字商贸平台”助力商贸零售行业实现了营销互联网化、体验科技化、运营大数据化。拥有以下三大创新点：一是平台为全国首个 5G 数字商贸平台，融合移动 5G 定位、大数据、5G 消息能力，开创 5G 消息规模商用适配场景，一条 5G 消息就是一个统一服务入口，包含购物、餐饮等预订及支付服务，端到端精准触达，为商场和店铺提供线上线下融合经营有效“武器”。二是 5G 室内定位技术实现室内米级/亚米级客流定位管理，移动大数据技术可快速分析客户画像，两者融合使客流从一个不精确的数字演变为精准的消费者数据集合。三是创新客流分析。借助中国移动的大数据能力，并通过大数据可视化分析应用，经营者对同一商圈其他商场与本商场的引流关系、本商场不同店铺的引流关系、到店客户画像与偏好标签等一目了然，助力精准开展促销活动与租赁运营等。

三、典型经验

（一）推进新型消费基础设施建设，加强 5G 示范应用

中国移动作为全球网络和客户规模最大的电信运营商，积极发挥网络强国、数字中国、智慧社会、智慧城市主力军作用，大力推进广州信息网络基础设施建设，完善商贸零售信息基础设施，优化新型消费云网资源布局。广州移动在广州已投产 5G 机房超千个，建成 5G 基站超万个，实现 5G 信号主

城区连续覆盖，广州成功入选中国移动5G网络十大优秀城市。

（二）加大新型消费政策及技术支持

新冠肺炎疫情发生以来，在广州市商务局的大力支持下，广州移动在2020年2月13日发起了“火山计划”，积极响应国家“加快传统企业数字化转型步伐”的号召，为广州友谊、安华汇等多家商业综合体提供5G、云计算等先进信息技术及产品服务，支撑实体商业复苏，覆盖了五大行政区、七大核心商圈和八家商业综合体，以免费帮扶的方式，为严重遭受疫情冲击的商业体提供大数据应用服务，直接帮助到其经营管理，有效应对疫情带来的困境。广州“5G+数字商业联盟”即由“火山计划商企联盟”演进而来。

（三）推动“5G+数智能化技术”创新应用

广州移动一直致力于通过5G、大数据、人工智能、物联网、云计算等能力助力实体商贸经济全面复苏，推动新型消费与智慧城市发展有机结合，全面提升商务领域数字化、网络化、智能化水平。

“广州5G数字商贸平台”解决方案复用5G网络设备，在通信能力之外开发室内基站的定位能力，利用移动大数据和5G消息等运营商核心能力，实现精准客流分析、精准顾客触达和室内定位导航等应用，助力零售百货行业精细化运营，提升销售转化力及智慧营销与服务能力，推动线上线下融合发展。

四、取得成效

“广州5G数字商贸平台”从正佳广场商圈层面、店铺层面和顾客三个层面入手深入分析不同层面的需求，为商场经营管理者提供智慧大脑，助力科学管理、运营、营销，提升商场商圈客流。

通过5G数字商贸平台的使用运营，正佳广场有效客流增长5%，驻留客流提升11%；商场整体收益增加，营业收入提升6%，平均租金提升3%；入驻商户收入增加，活跃客流平均提升10%，新客客流提升15%，在新冠肺炎疫情对实体零售商业造成严重冲击的背景下，实现了逆势提升，取得了良好的经济效益。

CHAPTER 10

第十章

智慧出行：技术赋能，提升服务价值

编者按

智慧出行是指借助移动互联网、云计算、大数据、物联网等先进技术和理念，将传统交通运输业和互联网进行有效渗透与融合，形成“线上资源合理分配，线下高效优质运行”的新业态和新模式。随着无人驾驶技术的发展，物联网技术的进步，居民交通出行便捷化程度不断提高。智慧出行是产业互联网发力的重要领域，也是新旧基建的交融点，是传统运输行业与新兴互联网技术的结合，促进供需更优匹配，为司乘提供更优服务。从实效来看，无人驾驶与物联网技术的发展还处于起步期，需要政策规范引导。各互联网汽车平台也抓住机遇，加强技术创新，促进智慧出行发展。

从典型企业经验来看，主要包括：(1) 加强智慧出行平台建设。智慧出行平台以数据平台为核心，结合物联网技术，链接智慧出行各细分业务。首先，整合行业闲置资源，通过平台掌握的用户出行信息数据与闲置司机信息数据的精准匹配对接，更精准为用户调度车辆。其次，整合城市路网信息，进行行程规划，提高出行效率。最后，通过提高平台运营能力，赋能城市智慧交通建设。通过分析平台沉淀数据，向车辆全产业生命周期延伸。(2) 完善车联网AI服务布局。车联网企业通过新一代信息技术，可以实现车与平台、车辆之间、车与路、车与人的全方位网络连接，在提升司乘体验的同时，也可提高交通运输效率。(3) 推广低碳化出行方式。交通运输行业是我国推广低碳出行的重要阵地，各地通过加速电气化发展方向，大力发展电气化相关技术，布局低碳出行网络，加快充电桩、换电站等基础设施的布局，打造低碳出行生态圈。此外，加强数字产业与实体产业的融合，通过算法和人工智能对交通资源进行有效调配，打造低碳出行生活场景，实现交通出行资源合理配置。

案例 42

首汽约车：新型消费下网约车业态升级

一、基本情况

北京首汽（集团）股份有限公司（简称“首汽集团”）成立 70 年以来，始终坚持“真心为宾客”的服务宗旨，提供高品质出行服务，多次服务于全国“两会”，承接各大政治任务和保障重要外事活动。2015 年 9 月，首汽集团进入网约车行业，推出首汽约车出行服务平台，能够提供即时用车、预约用车、多日接送、日租、半日租、接送机等常规的网约车服务场景，以及提供舒适型小轿车、商务 7 座等车型。除此之外，针对个性化用车需求推出了指定司机、批量用车、代人叫车、多功能车，针对海外用车需求乘客提供国际用车业务等多样化服务。

二、主要做法

随着车辆智能化时代来临，网约车平台将具备更多交互能力和交互场景，有望结合海量人、车、场等数据信息，利用大数据、云计算、人工智能等技术提升平台能力，实现更优供需匹配，构建强有力的竞争壁垒。在构筑可持续演进的服务竞争力方面，首汽约车平台在不断探索中采取了一些创新做法，以智能化的技术手段，实现了网约车业务线上线下的融合，更好更高效地解决了供需两端的痛点（见图 1）。

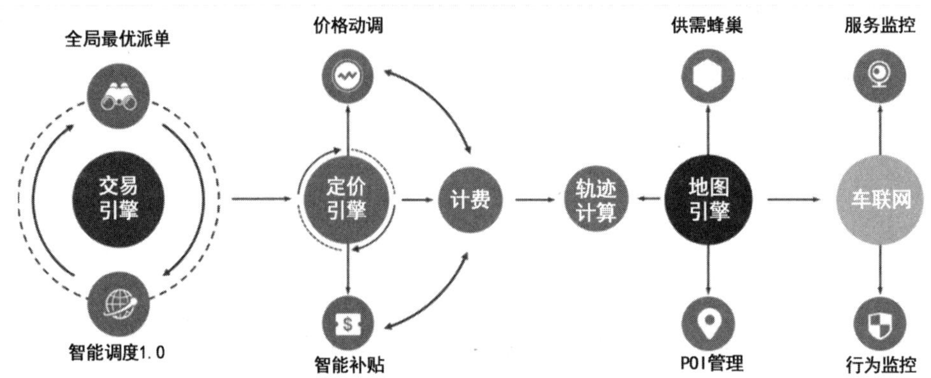

图1　首汽约车交易引擎模式图

（一）依托大数据，提前预测供需，引导需求匹配

首汽约车基于海量数据计算，建立供需预测算法模型，通过智能算法自动化分析全天用车需求高峰的用户行为特征、平台运力服务方的时空分布特征，实现供需预测，并提前进行供需匹配引导。在运力供给侧，为运力服务方推荐最优接单时间地点，并给出跨级接单、关闭回家和顺路模式等具体建议。并且可以在需求集中爆发前提前准备充足的运力，提高司机接单的效率及收入。在需求侧，首汽约车为乘客推荐最佳叫车时间地点，让订单能够更快被应答、被更优质或更适合服务该订单的司机应答，提高需求匹配效率，给乘客更好的叫车体验和用车服务体验。通过提前引导干预供需双边的行为特征，首汽约车提高了平台供需匹配效率，进而提升司乘双边的用户体验。

（二）采用智能派单策略，提升供给侧的服务质量

根据乘客偏好、路线偏好、车型偏好、场景诉求、供给方服务等级与收入水平实现精准匹配，构建平台高效与优质体验服务竞争壁垒，同时实现平台收入的最大化。为了灵活应对不同体量和供需密度的城市需求，首汽约车平台支持两种派单策略供智能切换。

使用GMV（订单价值）作为派单指标：在供需密度相对较高的城市，通过对运力分布的全局最优调度，将优质运力集中到需求热区，增加运力平均服务时长占比，提升运力利用效率，同时在不对完单率进行较大影响的条件下，适当放弃一部分低价值订单，提升高价值订单的完单率，从而提升平台整体GMV。

使用EDA（订单最短调度距离）作为派单指标：在供需密度相对较低的城市，往往因为订单取消率高拉低整体GMV，而订单EDA与取消率强相关，因此我们通过智能切换全局最优EDA或即来即派EDA决策模式，整体降低城市订单取消率，从而提高整体GMV。

三、典型经验

（一）通过改革，以更轻的模式实现运营成本及结构优化

首汽约车能够率先盈利与其“轻质化”的发展策略密不可分。在总成本领先战略的指引下，2018年，引入加盟合作，扩大优质运力供给量。2019年底，其运营车辆突破80万辆。在扩大规模的同时，也通过科学的管控体系，将质量管理战略落到实处，同时也对各地的加盟合作伙伴提出了更高的要求，并借助自身平台的优势，搭建线上、线下赋能体系，扶持合作伙伴提升自身管理能力，确保合作伙伴在首汽约车体系下可以达成高门槛准入、高效率成长、高质量服务的目标，从而一起实现公司发展目标。

（二）深耕场景，构建生态协同的服务模式

围绕出行，有很多具体的痛点场景需要被解决，而对网约车平台来说，这也是增加用户黏性的机会点。首汽约车与各个行业的企业合作，深耕场景化出行，让消费、旅行、购物等场景边界逐渐模糊，巧妙地以出行服务串联用户的日常生活场景，推出定制化、精细化的“出行+”服务，在满足用户核心需求的同时，也赢得了更多用户。首汽约车已触达OTA、酒店、航空、购物、餐饮、医疗等不同的生活场景，为用户在全球范围内提供高品质出行服务。此外针对政府、企业类客户在会议活动中的出行需求，结合首汽集团常年服务于国家级大型会议的运营保障服务经验，推出了会议宝产品，利用大数据、人工智能、云计算技术建立云端智慧调度引擎，实现了会议用车的智能化调度。

（三）提升服务标准与科技赋能，实现差异化服务

网约车平台要留住用户，还是要靠服务和口碑。近年来，通过对消费者出行生活和新消费形式的分析，持续提升服务标准，在推出15项金牌服务标准之后，又针对孕妇、儿童、行动不便、视听障碍、携带宠物、饮酒醉酒六

类乘客推出特殊人群服务规范，上线宝妈车、学生车等细分产品，有针对性地提高了服务的质量。同时，还从驾驶员的入职面试、培训到服务等方面的管理入手，用一整套标准化的体系来进行保障，实现驾驶员服务的标准化，从而保障平台的服务水准。

四、取得成就

作为网约车平台，不仅要构筑市场竞争力，坚持合规和安全为第一要素，保障出行安全，更需要践行网约车平台社会价值。

（一）为弱势群体提供专业化服务，增加社会效益

在学生用车方面，为保障学生群体安全出行，让家长能够放心将孩子单独托付给平台，在安装了监管设备的服务车辆中，挑选优质司机开展“学生用车”服务，支持家长通过 App 实时查看车内外视频直播，对孩子的乘车情况实时掌握。

在老人用车方面，为响应国家号召，为老年群体提供更加方便的出行服务，平台基于车联网设备拟提供无须老人进行任何操作的“老人用车”服务；同时通过 GPS 定位、路况识别、人脸识别等能力，支持老人直接接受出行服务，无须进行系统操作。

（二）依托智能派单策略，提高平台收益

在乘客排队方面，增加高价值优先队列，保障大单优先派单，提高排队出队订单单均价。在主要城市如北京、上海、成都、天津、西安、深圳等均已上线；已上线城市，GMV 收益总体日均为 35 万~55 万。

在智能调价方面，采取冷区到热区订单降价，从而刺激下单到完单的转化率，减少司机空闲，仅在部分城市上线。上线城市 GMV 收益为总体日均 4.5 万~6.5 万；全量开城预估 GMV，增加 0.5%~2%。

同时，自动半径策略依据小单必近派、大单可远派的原则，分里程、分渠道自动分配派单半径，调节大小单占比结构。仅部分城市上线实验，如昆明、兰州、淄博等；已上线城市 GMV 收益提高 1%，平均接驾距离减少 14%，单均价提升 7%。

另外，增加按照绕路比方式计算回家/顺路模式，提高顺路/回家的召回

率，减少因为司机开回家/顺路造成的订单无人应答，全国均已上线。GMV收益，总体日均为16.5万~22.5万。

在互联网技术的加持下，智能出行时代确实正在快速到来，而这意味着需要更高的安全保障和更优的服务标准。首汽约车车载智能终端系统的推出以及迭代升级，实现了通过技术手段为网约车行业提供可行的管控和防控手段，这将为乘客安全和行车安全提供强大的保障基础，并具有广阔的市场前景和良好发展机遇。

目前首汽约车后台注册车辆数超过150万辆，较2020年同期上涨28%，日均运营车辆数4.9万辆，同比上升9%；并在北京、上海、杭州等167个城市已经取得了当地的网约车线下经营资质，其中29个城市为当地的001号线下资质认证。

案例 43

车联科技："长安出行"平台推动出行消费新模式

一、基本情况

重庆长安车联科技有限公司是重庆长安汽车股份有限公司的全资子公司，已在 2019 年被认定为国家高新技术企业，获得 2019 年重庆市重点软件产品称号，2020 被列为《重庆市技术创新指导性项目推荐目录》，2021 年成为首批重庆市企业型数字化转型促进中心。该公司基于 IT 科技型企业和出行服务企业的自身定义，与长安智能化研究院、长安新能源科技等研发团队形成相互支撑配合、优势互补的态势；与重庆大学结成产学研合作，是科研、教育、生产不同社会分工在功能与资源优势上的协同与集成化，是技术创新上、中、下游的对接和耦合；专注于网联汽车出行领域的行业知识积累，拥有一批专业过硬、经验丰富的研发及经营团队。

自 2016 年起，打造出车联网数据平台、网联汽车长安出行智慧平台、天璇资产管理平台、车辆统筹协作工单系统平台等数字化平台，推出了"长安出行"共享汽车品牌，为市民提供 24 小时便捷自助租车服务。网约车车辆代管服务主要客户有 T3 出行、滴滴出行，全国代管车辆超 27000 辆。智能驾驶示范运营项目等产品，是传统汽车后市场服务及相关产业链转型为数字化、在线化创新发展的成功典范。

二、主要做法

（一）打造线上智慧出行平台连接线下车辆，提供满足不同场景的出行产品

以数据平台为核心的运营服务中心突破了时空的限制，随时随地满足消费者提出的需求。

1. 搭建数据服务中心

数据服务中心是信息化平台建设的根基，主要由 OneDaDa 体系和 OneService 体系构成，分为车联网、公共服务、业务三大板块。通过面向不同渠道客户、不同信息分类、不同信息有效性等进行客户端信息采集/接入，同时与其他数据供应商进行数据爬取/采购，实现数据库搭建，可以把车联网数据中心想象成用数据元搭建出来的“店铺”：业务板块是“店铺”里的“商品”，有“共享出行”“汽车长短租”“公务用车”等供消费者挑选；消费者以客户数据的形式“进店”选购所需的服务或产品；通过公共服务如“芝麻信用”“移动支付”等来实现购买。

2. 创新数据产品

赋能长安出行平台数据，实现了基于信息化平台与消费交互过程中的基础数据运营、数据及时分析、数据决策支持，提供了数据后台监管、管理决策、运营路径的技术支撑产品，所有的服务方式、运营管理手段数字化、智能化。只有以大数据技术为驱动，才能达到新型消费模式所需的服务能力。

3. 整合长安汽车丰富车辆资源

依托长安汽车的车辆制造背景，采用自有车辆投入运营，互联网与实体经济深度融合，将符合当地出行需求的车辆投放到当地市场。如将 SUV 车型投入山城重庆，将新能源车投入杭州这类对新能源车不限号的城市等，极大满足有用车需求的市民出行。

4. 为用户提供最安全、省心的汽车租赁平台

市民可通过平台在线选车，选择自己喜欢的车型，即时下单，在出行高峰前安排好出行用车。可以实现 24 小时用车，即开即走，自助开车，特别是在疫情期间，体现出产品的高度私密性，实现消费者智能出行、安全出行、

便捷出行的目的，是一种创新无接触式的消费模式。

线上的网联汽车“长安出行”智能平台不仅集合了分时租赁（即行）、长短租等租赁业务产品的平台化运营，同时也为网约车、公务服务用车、自动驾驶商业运营等业务提供强有力的运营数据处理和车辆状态分析方面的技术支撑（见图1）。线下有效整合车辆资源，发挥出车辆的最大化社会服务价值，充分提升出行消费智能化、便利化。真正做到“互联网+服务”、线上线下深度融合。

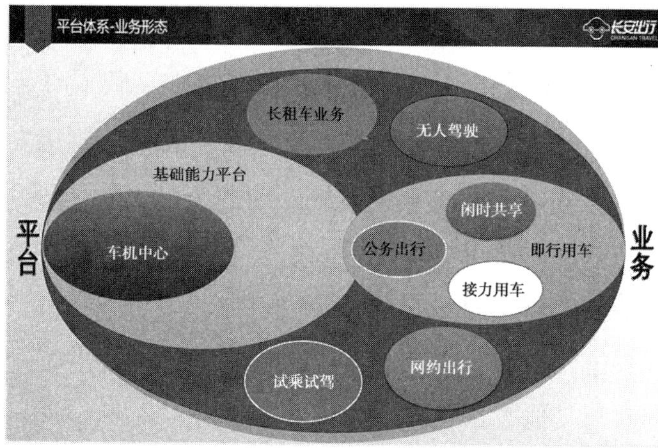

图1　出行平台业务形态

（二）打造线上车辆资产综合管理平台，赋能线下汽车后市场服务

新业态带来的消费力是呈指数增长的。随着消费量级的不断扩大，相应需要增加的实物投资（车辆）也越来越大，用传统的线下管理方式不可能实现对庞大、遍布全国的资产（车辆）进行有效管理，极易造成资产流失。线上车辆资产综合管理平台是影响出行消费新业态健康发展的关键问题，短板有效弥补。

（1）实施智能数据管理。主要由数据仓库、模型构建、指标规范、数据预测、监控告警构成，是数据产品规范和数据产品体系化的关键，是数据资产管理的前提，起到了以数据为基础，驱动产品、运营在线监控，多维度、精细化统计分析，秒级处理、实时分析等管理效果。

（2）实施数据资产管理。主要由数据资产地图、资产分析、资产管理、资产运用、资产运营构成，是数据技术服务中心的四大板块业务之一，是数据资产转化成数据资产价值的关键环节，实现了实物资产全生命周期管理，充分融合业务协同和数据共享，充分满足业务的连贯性，保证了数据的一致性，提升管理效率、准确率、便捷度。

（3）赋能第三方运营商。平台打通车辆供应端、汽车经纪端、维修站、客户信用追踪端、交管数据端、二手车处置端等，使汽车后市场服务者整体数字化率提升 100%。

（4）创造基于资产管理平台的业务。基于平台数据分析管理，将大量车辆投入网约车业务线，为 T3、滴滴、高德等网约车出行平台商提供车源，形成中国网约车出行服务矩阵；随时跟踪车辆运营和大客户信用状态，实现风险预判和应对措施，推出了车辆融资租赁产品，取得丰厚的利润突破。

车辆资产综合管理平台（见图 2）实现以下两个功能：

（1）共同提升出行消费供应链智能化水平。依托强大的平台管理能力，向整车厂、运营商、经销商等合作伙伴输出系统技术，提供整套平台技术服务及管理体系支撑；通过数据挖掘，提供数据应用，如车辆残值评估、UBI 保险、高价值客户分析、整车改进分析、交通管理数据提供等增值服务。维修站实现备品备件数量提前预判，方便备货和安装；对易损件 TOP3 数据进行分析后，对单品厂家渠道招标，降低运营成本；通过车辆状况数字化分析，即时下线不适合业务运营的车辆，进行二手车处置或者新能源车电池回收。实现车辆不同生命周期的利润最大化，并实现出行消费行业生态的智能化升级。

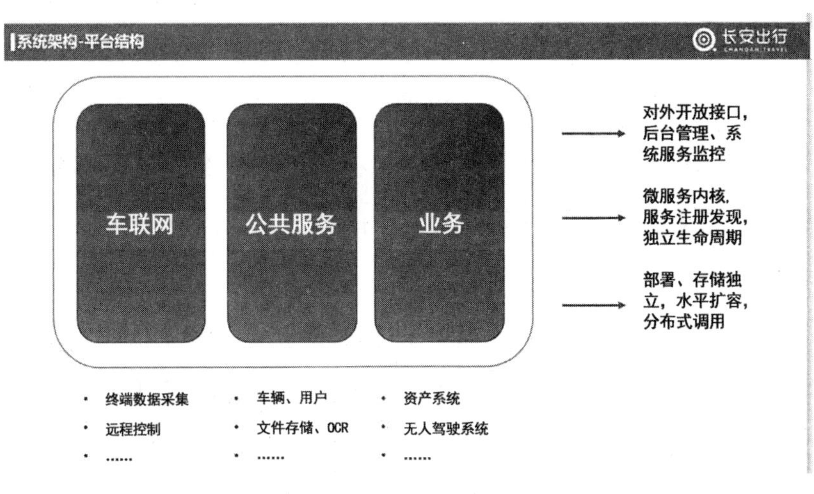

图 2　资产管理平台架构

（2）为网约车市场输送丰沛的车辆资源，促进网约车出行市场的良性发展。截至 2020 年，中国网约车出行市场已经达到 2980 亿元。随着我国人均 GDP 持续增长、消费升级及城镇化趋势加深，消费者的网约车出行需求仍在持续释放。市场需要有更多的车辆投入到网约车运营，然而沉重的资产负债压力成为影响行业发展的关键问题，行业需要有平台来持有和管理资产。只有打造出线上车辆资产综合管理平台才有能力和底气为网约车出行消费市场提供车源，从而加快推动以网约车出行为代表的新型消费扩容提质。

三、典型经验

（一）坚持加强智能化技术集成的创新应用，以线上线下深度融合为发展重点

抢抓大数据智能化战略，通过智慧出行平台和车辆资产综合管理平台建设，在线数字化管理，实现了庞大资产群的风控监管，满足市场需求的同时，又实现了业务多样化，大大增强了出行市场消费力度，推动数字产业化。“长安车联出行”智能平台将线下服务变为线上，实现用户“想什么时候租还车就什么时候租还车”的分时租赁服务方式，逐渐形成以共享汽车在线租赁为代表的创新服务业态，和公交、巡游出租车、网约车一起协同作用，为市民提供 24 小时无缝衔接的出行服务。

（二）坚持创新驱动，推动技术、管理、商业模式等各类创新要素集聚

（1）技术应用创新。深度研究应用车联网、大数据分析应用技术在出行消费行业中的支撑作用。打造出适应新时代出行消费需求的智慧线上平台。真正做到科学技术为人民日常生活服务。将车辆表现数据进行收集、分析后反哺主机厂，从而提升车辆制造技术和产品质量，实现制造业与现代服务业高度融合发展。

（2）服务机制和方式创新。基于平台，向用户提供车辆租赁服务，将此业务线相关的产业链打通，共同形成数字化、平台化产业生态。大力提升用户体验感，促进行业消费量级质变。深化商业模式与因地制宜相结合。从“长安车联出行”智能平台到车辆资产管理平台的打造，形成了以重庆为数据基地，多点消费业务覆盖全国的经营模式。同时，根据全国各地不同的出

行需求侧重点，投放对应的出行产品。如在山城重庆投放共享汽车，在成都、杭州、合肥等投放网约车，在厦门、新疆等地投放旅游自驾租车，在海南岛投放新能源汽车融资租赁产品。

（三）跨界构建一体化智慧出行体系，实现出行消费新模式

“长安车联出行”智能平台构建了以平台、汽车、用户、第三方服务为一体的智慧出行消费体系，实现跨界整合新模式，形成了行业规范。该模式通过试点试验、反复优化已向全国推广，满足全国不同城市网约车、共享出行需求，为做大做强智慧出行贡献力量（见图 3）。“长安车联出行”智能平台有利于降低汽车购置率，减少汽车资产浪费，缓解交通、环境污染等社会问题，为实现碳达峰、碳中和国家战略提供基础保障，为我国城市优化新型消费发展方向，特别在智慧出行和数字文化建设方向提供一种可借鉴的商业模式。

图 3　长安车联共享汽车产品

四、取得成效

（一）实现平台数字化转型，促进汽车行业智能化

平台通过互联网新技术及车联网技术远程监控和操控车辆，应用大数据技术将网联汽车车辆表现数据进行收集、分析、利用。平台服务商、数据运营商、消费者等产业链智能化、数字化提升 100%，形成新的商业模式，建立新的生态链关系，满足消费者对美好生活的向往之上，也促进了汽车出行产业链智能化的“新陈代谢”，反哺消费的人性化、效率化。

（二）解决闲置资产浪费，带动行业经济发展

2019 年至今，平台实现营业收入超 5 亿元。组织闲置车线上运营，提升车辆使用效率，减少车辆等资产由于闲置而产生的浪费；采用停车场网点电子围栏取还车模式，提升闲置车位的利用效率。2021 年，向市场投放长安新能源网约车 14000 辆，累计完成近 30000 台车辆资产结构优化，大力提升相应资产市场竞争力，带活重庆本地一大批汽车经纪公司、二手车处置交易平台、维修保养服务站等。

（三）输出社会就业岗位，提高社会就业水平

与公交系统、巡游出租车等行业协同为市民提供 24 小时便捷出行服务。网约车车辆的输出向社会提供了超 14000 个网约车驾驶员岗位，全国网约车驾驶员平均收入约 9000 元/月。

案例 44

小马智行：基于人工智能技术的自动驾驶出行服务

一、基本情况

小马智行成立于2016年底，致力于提供安全、先进、可靠的全栈式自动驾驶技术，实现未来交通方式的彻底变革。以中国和美国为起点，分别在硅谷、北京、广州、上海设立研发中心。凭借人工智能技术领域的最新突破，与丰田、现代、一汽、广汽等国际国内一流车厂建立合作，目前已累积了超过800万公里的自动驾驶路测里程。

PonyPilot是由小马智行于2018年12月推出的自动驾驶出行服务。2021年4月，自动驾驶出行服务全面升级为PonyPilot+。通过其同名应用/小程序，乘客可以在服务范围内使用其自动驾驶出行服务，在程序中选择出发地和目的地，自动驾驶车辆即可接送乘客，为乘客带来全新、安全、愉悦的出行体验。

2021年5月，全面升级的PonyPilot+服务在北京扩大开放范围，用户可以在北京高级别自动驾驶示范区（北京亦庄）60平方公里范围内，坐上小马智行无人车自在出行。根据日常出行需求，核心服务区内覆盖多个地铁站口，公园、体育中心等公共设施，重点商圈和住宅小区。PonyPilot+服务运营时间从早间8点30分到夜间10点30分，支持全天候和长时段的服务运营。

小马智行是国内首个落地常态化Robotaxi车队服务的公司。随着技术的积累与运营能力的不断提升，将加强在全球范围内提供自动驾驶出行服务的能力，扩大Robotaxi的服务范围。

二、主要做法

（一）依托先进人机交互页面，优化自动驾驶出行体验

小马智行在自动驾驶车内设有人机交互界面，分别是面向乘客的 PonyHI 和面向测试安全员的 PonyDash，保证提供优质舒适的出行体验。

PonyHI 是面向乘客的交互界面，安装在前排座椅背面，轻松上手操作，画面有趣友好。PonyHI 具备丰富视觉呈现效果，规范自动驾驶乘车流程，能帮助乘客更好地理解自动驾驶汽车决策行为和路径规划，比如转向、变道、减速等。乘客可以实时反馈乘坐体验至研发流程中，促进技术提升。通过 PonyHI，乘客能获得生动有趣的技术说明，缓解初次乘坐的紧张。

PonyDash 是面向测试安全员端的交互界面，安装在前座。PonyDash 加强了 Robotaxi 服务模块的展示，涵盖订单详情、路线规划、后台消息、故障上报等。其次，PonyDash 优化了整体界面和 3D 场景显示，操作更加便捷。

（二）加强与上下游企业合作，协调整合资源

凭借人工智能技术领域的最新突破，已与丰田、现代、一汽、广汽等国际国内一流车厂建立合作。2021 年 2 月，搭载小马智行最新一代自动驾驶软硬件系统 PonyAlpha X 的丰田雷克萨斯 RX450h 从标准化产线正式下线，随后在广州、北京、上海开启全天候的自动驾驶公开道路测试，并加入公司 Robotaxi 车队投入规模化运营。

2021 年 11 月，与如祺出行达成合作，双方将基于各自在自动驾驶及共享出行领域的优势，共同推动自动驾驶技术商业化落地（见图 1）。双方将在良好合作关系的基础上，整合优质资源，继续推动前沿自动驾驶技术在出行平台上的商业化落地

图 1　广州车展期间，小马智行联合如祺出行展出自动驾驶车辆

应用，为用户提供安全、可靠、便捷的自动驾驶出行服务，助力未来交通和智慧城市建设的变革。

（三）成熟的底层支撑，保障产品化落地

“PonyPilot+自动驾驶”出行服务的落地，得益于其自动驾驶车队管理平台。通过这个平台，小马智行不断将安全、舒适的理念落实到产品的每一处细节。该平台包含五大板块：

系统生产自动化，实现自动驾驶系统生产时的全自动化配置和部署。从产线生产、性能验证到器件管理，小马智行尽力避免人工参与可能造成的误差，这是产品化的重要前提。软硬件版本管理，保证了技术的有机迭代和功能更新，它包括软件迭代、硬件固件更新，并且支持将迭代或更新“一键部署”到 Robotaxi 车队上。车辆实时信息共享，小马智行自主研发了一套云平台，除了实时监控系统运行情况，还负责处理及分发运营时感知到的路况信息，比如临时施工的锥桶、暴雨天里快速积涨的水坑等。出行服务管理，即 Robotaxi 应用平台，支持灵活拓展，可与第三方出行平台深度融合。用户体验管理，为了从乘客的主观感受中找到规律，设计了一套自动化流程分析车辆表现和用户反馈，帮助研发工程师有迹可循地调试技术。

三、典型经验

（一）技术赋能，完善用户消费体验

新型消费时代，企业迎合新型消费转型的重点在于利用先进技术改造消费场景，完善用户的消费体验。在自动驾驶车内设有人机交互界面，不仅保证提供优质舒适的出行体验，而且增强了出行的安全性。其自动驾驶车队管理平台可以实时协调车辆状况，并提供分析车辆表现和用户反馈的自动化分析流程，以此为产品迭代提供依据，不断提高用户的消费体验。

（二）加强企业间合作，获得发展助力

定位于蓝海市场的企业为了减轻发展过程中的阻力，提高发展效率，可以与其他企业开展广泛的合作，以获得发展助力。与如祺出行达成合作，双方将基于各自在自动驾驶及共享出行领域的优势，共同推动自动驾驶技术商业化落地。通过双方的合作，加速了其自动驾驶技术的发展和商业化落地过程。

四、取得成效

截至 2021 年 10 月，已向公众提供了超过 30 万次自动驾驶出行服务。根据美国加州公共事业委员会公布的自动驾驶运营季度报告（2019 年 11 月至 2020 年 1 月，2020 年 2—4 月），小马智行的单车运营效率连续位列首位，即单车日均接单数最多、单车日均运营里程最长、每单之间空跑时间最短。

2021 年 6 月，在疫情侵袭、物流受限之时，小马智行以自动驾驶技术为广州市民的生活需求贡献力量，全力支持广州抗疫。这并不是自动驾驶首次协助当地社区抗击新冠肺炎疫情。2020 年 4 月，在疫情肆虐时期，与北美电商平台亚米网达成合作，为加州尔湾市市民、弱势群体提供自动化、无接触的“最后一英里”货物运输服务，为阻止病毒蔓延做出努力。整整一年，在加州已运送超过 20000 份包裹。

小马智行始终在探索自动驾驶技术如何更好地赋能人们的日常出行，自动驾驶技术的逐步普及释放了更多可能性，将带来出行模式以及商业模式的更大变革，优化提高消费福利，提升整体交通通勤效率，产生更大的商业、社会价值。

案例 45

哈啰：低碳出行新消费，让大众参与城市减碳

一、基本情况

上海钧正网络科技有限公司（简称“哈啰”）是国内领先的本地出行及生活服务平台，致力于应用数字技术，为人们提供更便捷的出行以及更好的普惠生活服务。哈啰于 2016 年 9 月在上海成立，从大家最熟悉的共享单车业务起步，逐渐进化为包括两轮出行（共享单车、共享电单车、哈啰电动车、小哈换电）、四轮出行（哈啰顺风车、全网叫车、哈啰打车），以及新兴本地生活服务（哈啰酒店、到店团购等）的多元化出行及生活服务平台。

截至 2021 年底，哈啰共享单车与电单车已进驻中国超 450 座城市（含县级市），用户累计骑行里程达 423 亿公里，累计减少碳排放量 194 万吨。其中，哈啰校园车累计服务国内高等院校逾 1000 所，哈啰景区车已入驻国内逾 500 个景点。

二、主要做法

（一）从购买自行车到购买骑行服务

哈啰共享单车（电单车）已经成为大众最日常的出行方式之一，分别覆盖 0~3 公里、3~8 公里的出行距离。注册成功后，用户只要通过 App 或小程序扫码解锁单车，到达目的地后停放在规定区域内，再关锁，即完成一次出行。车辆的运营维护都由哈啰负责。共享单车（电单车）出现后，大众很快完成从购买交通工具到购买出行服务这一消费思维的转变。

（二）全行业率先实行免押金政策，让用户更安心

2018 年 3 月 13 日，哈啰宣布免押金政策，成为共享单车行业内第一家宣布免押金的运营企业。共享单车行业在发展初期，为了防止用户恶意损坏车辆，都向用户收取 199~300 元不等的押金。到了快速发展的 2017 年下半年，行业内有些企业出现了押金退还困难的情况，牵动了消费者的敏感神经。

依托芝麻信用分体系的免押金模式不仅能打消用户对押金的担心，在保障企业风控的同时还能吸引更多用户。平台与芝麻信用挂钩后，用户如果出现“失信”行为，将会影响其信用记录，从而可以更好地引导用户文明使用单车。同时，共享单车（电单车）作为一个高频、低单价的使用场景，也反过来促进了信用体系的建立和完善。

（三）智能调度：让用户随时随地有车骑、骑好车

智能调度是人工智能技术在共享单车（电单车）领域的落地应用，体现了新技术与新模式、硬件与软件的深度结合。从智能化到智慧化，是发展新型两轮出行的必由之路和方向。具体来讲，哈啰智能调度系统，能够基于 POI 站点属性、历史骑行数据、实时天气等因素，通过算法和人工智能对某一点位的车辆进行供需预测。同时基于调度人员的实时位置、载具运力，生成不同点位的调度任务，并为调度人员规划出相对最优的调度路线。

1. 智能锁

作为共享单车（电单车）的核心智能硬件，智能锁迭代升级进入第 6 代，进一步优化在智能定位和智能自诊等方面的功能，在行业内处于领先地位。通过提高车辆定位精准度，提升用户找车体验，同时提高运维工作效率。而借助智能自诊功能可以及时将车况诊断结果上报给服务器，帮助运维人员精准掌握车辆情况，对故障车辆快速反应、进行维修。以此保证路面车辆维持正常车况，为用户提供优质骑行服务。

2. 蓝牙道钉

面对共享单车（电单车）在城市无序停放的难题，平台推出行业最高技术标准的“蓝牙道钉”，用技术引导用户在规定区域内有序停放车辆，在停放区域内才能实现关锁。推动共享单车（电单车）泊停智能化管理，助力提升城市交通的智能化和规范化管理效率，营造更友好的城市环境。

蓝牙电子围栏系统是通过在落锁区内部署蓝牙道钉，利用蓝牙定位技术设置虚拟电子围栏，通过神经网络自适应等智能算法，可实现用户停车行为的智能判断、对不规范停车行为给予智能提醒与教育，形成引导与约束的双重保障，从而实现共享单车（电单车）的规范管理。

3. 非机动车停放行为智能识别系统

基于图像识别技术、AI分析等多项技术，哈啰出行自主研发非机动车停放行为智能识别系统，通过该系统可实时智能判断所在区域停放的各品牌单车、社会车辆数量。当某区域单车总量过多时，系统会自动派单给运维人员前去调整车辆数量，从而实现了运维工作的及时性和准确性，实现总体单车的动态平衡。

三、典型经验

（一）共享单车（电单车）助力新冠肺炎疫情后城市复工复产

2020年，新冠肺炎疫情突如其来，在城市复工复产初期，为减少因人群密集而产生交叉感染的风险，很多市民都会选择骑车出行。共享车辆的使用需求一度强势反弹，短距离通勤使用人数明显增多。为了促进城市交通和通勤尽快恢复，哈啰推出可免费领取骑行卡的复工福利，并且安排运维人员对于街面的共享车辆施行无差别消毒。当下疫情防控与复工复产统筹推进，共享单车（电单车）在户外一人一车骑行，相比公交地铁，能更好地阻断病毒传播。

（二）用技术手段协助城市治理："0530"城市保障计划

随着共享单车（电单车）越来越流行，这些车辆不断地被骑行和停放，难免出现停放不规范问题。2021年6月，哈啰率先在行业中推出"0530"城市保障计划，再次定义共享单车（电单车）城市运维新标准、将运维保障的响应时效提升至"分钟级"。其中"05"表示企业在接收到城市管理者需求后，在5分钟之内进行响应；"30"则是在收到指令后，30分钟内到场并进行现场调度处理。

在哈啰推出的"0530"城市保障计划的加持下，"智能调度+人工"双线并行，让城市共享单车（电单车）运维更及时、更高效。据哈啰大脑统计，年初至今，全国范围内城市单车堆积现象平均减少了12%。企业技术支撑、监管数据接入、线下日常沟通处理具体问题，几条线互相支撑与补位，让共享单车（电单车）逐步成为城市慢行交通和谐生态的重要组成部分。车辆路面停放秩序在各个具体细节上的不断完善变得肉眼可见，最终受益的是城市和市民。

（三）助力公益，提倡简约适度的生活方式

景区车赋能乡村振兴。依托哈啰景区车入驻，助力乡村出行智能化，设立车辆运维公益岗位，将骑行收入作为村民合作社的分红来源，助力文旅扶贫。

哈啰积极探索将单车废旧部件整旧如新，用创意赋予其新生命。例如将废弃车轮通过创意重组，成为能让流浪小动物在冬天感到温暖的家（见图1）。其背后是哈啰出行完善车辆生态循环、打造绿色生产生活方式的可持续发展理念。

图1　废弃车轮创意重组

四、取得成效

（一）共享单车（电单车）作为高频的低碳场景，让普通大众参与城市减碳

哈啰在2021年面向数以亿计的注册用户搭建了一套个人碳积分系统，在App中创造性地用科学的方法，为每位用户创建一个记录碳减排情况的“碳账户”。用户的骑行里程数被转换成碳积分“小蓝C”，分值累积到一定额度后，可达成不同类型的公益成就或兑换绿色出行福利（见图2）。

自上线以来，有近百万用户建立了哈啰碳账户。其中超过3000位用户用“小蓝C”捐助了由哈啰与中华环境保护基金会等权威公益机构联合组织的

环保公益项目。对于市民来说，骑行共享车辆在平日的出行行为之外又赋予了个人更为宏大的社会意义，让每一个人都能为城市交通减碳出一份力。

（二）打造行业共生生态，发挥所长共同推动，每家企业都是主角

图 2　哈啰碳账户

哈啰已有近 500 家生态合作伙伴，随着业务的扩展，更多的合作伙伴将加入哈啰生态中。对生态合作伙伴，哈啰致力于建立一套公正、透明的导入制度，了解潜在合作伙伴的能力和不足，寻找共同提升的空间，并确保所有潜在合作伙伴都得到公平的对待。

共享单车由于使用频次更高，使用环境更复杂，对自行车的质量要求更高，所以哈啰制定了自己的企业标准，高于现行的国家标准和行业标准，目前合作供应商中采用哈啰企业标准的已经占据很大比重。哈啰也在积极推动共享单车自身的行业标准，从而更系统化地推动行业发展。

共享出行模式的出现，需要新的企业变成产业链的一部分，包括智能马蹄锁、芯片等智能件生产商，还有车辆组装工厂。与生态圈伙伴建立“共生”关系，维护行业健康发展环境，助力产业链能力提升，更好解决社会出行问题，是哈啰对于行业的承诺。

哈啰上游制造业伙伴已经接近 500 家，涵盖锂电池、半导体、通信等超 20 个产品类别，直接、间接吸纳了 15 万名员工就业。

CHAPTER 11

第十一章

数字文体和旅游：
促进异业合作，高效匹配供需

编者按

数字文旅是指以使用数字化的知识和信息作为关键生产要素，以现代信息网络作为重要载体，以信息通信技术的有效使用作为效率提升、质量提升和结构优化的重要推动力的一系列文化旅游经济活动。疫情防控常态化情况下，大批数字文体、旅游新项目涌现。伴随虚拟现实、智慧景区等各种文旅消费新场景的出现，在数字技术的加持之下，传统文旅产业加速迭代创新。各文旅企业通过应用 5G、大数据、AR、VR、云计算等技术，加快文旅行业数字化转型。从实效上来看，发展数字文旅不仅提高了消费者感官体验，更加强了消费者思维认同。在数字科技的加持下，有关场景的时空体验得以不断延展。

从典型企业经验来看，主要包括：(1) 打造一站式文旅出行平台。文旅产业与科技的结合日益紧密，开辟了新的增长空间。以“一机游、一码游”等为代表的智慧旅游平台有效助力旅游产业转型发展。线上平台的出现丰富了游客消费场景，便捷了旅游消费方式。通过手机终端便可实现“吃住行游购娱”的线上一站式服务。(2) 提高消费者体验价值。沉浸式场景打造是数字文旅的重要一环，疫情期间，借助 VR、AR 等技术，各大平台、企业打造虚拟旅游业态，使得消费者足不出户也可拥有文旅消费体验。而博物馆、艺术馆等，也通过打造线上平台，实现线上自主游览、360 度全场景体验等，提高游客的观看体验。数字文化与技术平台紧密合作，不断提高消费者观赏体验。(3) 挖掘地方文旅特色。数字赋能地方文旅，可以充分挖掘地方特色，给游客带来更好的消费体验。大多地区形成独特知识产权的 IP，并进行 IP 推广，助力品牌落地。利用数字化的推广方式，打造地方文旅产业特有名片。

案例 46

腾云公司：数字文旅赋能全域旅游的实践探索

一、基本情况

云南腾云信息产业有限公司（以下简称“腾云公司”）成立于 2017 年，由腾讯公司主导发起，联合云南省投资控股集团、云南省交通投资建设集团共同组建成立。在深化运营“一部手机游云南”项目的基础上，腾云公司在“互联网+文旅”产业道路上不断探索前行，目前已成为集文旅智慧化产业解决方案、文旅数字化营销策划与执行、文旅及政务服务平台开发与运营、智慧旅游咨询与规划、旅游资源批发于一体，直接服务于政府、企业、游客的文旅产业智慧化解决方案供应商。

“一部手机游云南”由“一中心两平台”（云南旅游大数据中心、旅游综合服务平台“游云南”App、旅游综合管理平台“一部手机管旅游”）组成。云南旅游大数据中心通过强化涉旅数据的共建共享，为“一部手机游云南”持续提供数据支撑。“游云南”App 围绕“游客旅游体验自由自在”的目标，通过文旅资源和产品展示、导游导览、公共服务、在线购物、投诉退货等功能，对旅游全产业链进行有效串联和整合，提供精准化和个性化服务。“一部手机管旅游”着眼于“政府管理服务无处不在”的目标，通过建立涉旅企业诚信评价、投诉处置、“30 天无理由退货”、预约入园等机制，实现公共服务、行业监管、综合执法的闭环运行。

二、主要做法

（一）大数据中心对游客消费行为进行精准画像，为政府决策和旅游产品设计提供支撑

云南旅游大数据中心依托腾讯云完成技术构架，汇聚腾讯位置大数据和交通、旅游、工商、气象、机场、银联、景区等相关部门、涉旅商家的基础数据，对游客消费行为进行精准画像，为政府端的涉旅决策、行业端的产品设计和营销提供数据支撑，助力实现旅游消费的需求侧和供给侧的紧密结合。

例如，基于腾讯位置大数据和银联商旅消费大数据，大数据中心通过实时监测游客的“吃、住、行、游、购、娱”6类消费情况，以及制作节假日旅游大数据分析报告和月度旅游大数据分析报告，为全省文化和旅游部门开展行业分析及决策提供重要参考，助力企业及时掌握市场动向，并据此进行产业供给侧的调整。

（二）“游云南”App提供全链条在线旅游服务，促进线上线下旅游消费融合

（1）功能贯穿旅游消费全链条，充分贴近用户消费需求。“游云南”App于2018年10月正式上线，整合了旅游资讯、旅游定制、门票预约、导游导览、便捷入园、智慧厕所和智慧停车场、智慧交通出行等功能，为游客提供全链条在线旅游服务。

主要包括：①旅游资讯。汇总发布了云南省16个州（市）、129个县（市、区）1分钟城市宣传片或城市名片，以及850个景区、博物馆名片，以慢直播的方式接入超过1800余路景区直播流，让游客“足不出户，尽览云南美景”。②旅游定制。除提供机票、住宿、门票、租车、旅游线路等传统在线预订服务外，还可满足游客对出行时间、出行线路、出行方式、出行成本等的个性化需求。③门票预约。既保障入园过程中的客流分散，又避免出现排队拥堵。④导游导览。为游客提供手绘地图、在线导游、语音讲解、AI智能识花草等服务。⑤便捷入园。通过对各景点入园闸机的改造，提供刷脸、扫码、小程序、手持终端核销等多种便捷入园方式，提升游客入园体

验。⑥智慧厕所和智慧停车场。共接入了 2.3 万座厕所和 1460 个智慧停车场，其中有 1346 座智慧厕所可实现人流量、拥挤程度和坑位占用情况的实时显示。⑦智慧交通出行。提供高速公路 ETC（云通卡）充值和实时路况提示，实现了汽车客票的联网线上销售，已覆盖 14 个州（市）、130 余个客运站点、2500 余条客运线路；向游客提供在线选租、免异地还车费等便捷租车服务；在新能源汽车续航服务保障方面，上线了 146 个充电站和 944 个充电桩的点位信息。

（2）上线特色主题新品、推出“达人推荐”服务、发放超值优惠券和旅游补贴，助力游客畅游云南。“游云南”平台从细分客群的实际需求出发，深度挖掘文旅资源要素，为游客提供有防疫保障、更灵活生动、更具引领性、更高性价比的文旅新产品。2021 年 9—10 月，为迎接云南旅游消费旺季，“游云南”面向不同年龄、人数和需求的游客，上线了包含“乐享周边、带娃趣玩、安心长假、探秘云南、研学科考”五大主题在内的 175 款产品。2021 年 12 月，“游云南”平台积极顺应“本地人游本地”的趋势，推出了“致敬红色”“亲子研学”“冬季玩雪”“中老铁路游”等云南冬春旅游四大主题新玩法，发布了 169 款冬春文旅系列新产品（见图 1）。

图 1 “游云南”平台新推出的云南冬春旅游四大主题特色产品

为契合“迷你团”自由行、半自由行的消费趋势，按照国家“创新旅游公共服务模式”的政策要求，“游云南”平台推出了“达人推荐”服务，在游客与本地“旅游达人”间建立起高效、权威的沟通渠道。云南本地“探险达人”金飞豹（见图 2）、“潮玩达人”周青、“童心达人”阿威等旅游达人结合切身旅行经验，带领游客挖掘解锁更多新鲜玩法、感受多样化的旅游消费体验。

图 2　云南“探险达人”金飞豹带领游客开展研学探险

此外，“游云南”平台还联合盒马鲜生、交通银行、中国银联、曹操出行等行业伙伴，为用户送出超值礼品及优惠券，发放旅游补贴，实施门票、酒店、线路、接送机及租车等服务的全线优惠，拉动本地旅游消费，形成旅游消费内循环。

（三）“一部手机管旅游”集合多项行业管理功能，全方位保障游客消费权益

（1）集合多项行业管理功能，方便政府监管。“一部手机管旅游”平台于 2020 年 4 月上线运行，是云南旅游市场治理数字化的重要尝试。平台集合了投诉、退货、诚信评价（含餐饮企业、酒店、旅行社、旅游汽车公司、租赁车公司、旅游景区、涉旅商品经营户 7 个业态）、旅行社管理、导游管理、综合考核、景区预约等智慧管理功能，极大方便了政府相关部门对旅游市场的管理。

（2）建立投诉和退货处置体系，保障游客消费权益。旅游投诉处置“1+16+129+X”工作体系，是全国首次将政府、游客、涉旅企业纳入同一网络平台上进行投诉处置。线上依托“一部手机游云南”平台设立“30 天无理由退货”快速办理平台，线下统一设立 130 个“退货服务点”，全方位保障游客消费权益。

三、典型经验

（一）以技术创新优化消费体验

上线以来，“游云南”App以用户需求为导向，以“小步快跑”的方式不断迭代升级，全方位优化服务功能和交互设计。在2019年首届“数字云南”区块链国际论坛上，“一部手机游云南”平台开出全国第一张区块链电子冠名发票（见图3）。“游云南”App自上线以来，安卓版已迭代99次，iOS版已迭代90次，不断打磨高频消费场景，改善消费体验，实现了从量的积累到质的提升。

图3 “游云南”平台开出的全国第一张区块链电子冠名发票

（二）以模式创新构建消费闭环

“一部手机游云南”紧密连接政府、企业和游客，建成了面向政府侧的产业治理平台、面向游客端的咨询服务平台、面向涉旅企业的资源交易平台，为激活文旅消费潜力、创新旅游治理方式、提振企业信心带来新的活力。

（三）以服务创新丰富消费供给

通过与腾讯IP、本土特色IP进行有效链接和创新型营销，积极探索本地文化旅游资源科学融合，推出“唱片茶”、“QQ表情茶”、“盲盒咖啡”、景区红包封面、亲子研学线路等特色新文创产品，进一步丰富文旅消费产品供给。

（四）以管理创新优化消费环境

降低游客投诉受理门槛，简化投诉受理程序，实现一键投诉、及时响应、联动处置、实时反馈。通过“30 天无理由退货”功能管理涉旅企业，24 小时投诉办结率达 95%以上、游客满意率达 98%，目前已成为全国旅游投诉处置最快的智慧旅游平台。

四、取得成效

（一）引领智慧旅游发展，成为全域智慧旅游实践标杆

经过三年探索实践，“一部手机游云南”平台不断引领智慧旅游发展。2020 年，“一部手机游云南”项目作为全域智慧旅游实践标杆，入选文化和旅游部科技教育司编纂的《2020 年度文化和旅游信息化发展典型案例》（见图 4）。2021 年，“一部手机游云南”项目被国际知名行业机构 IDC 评为“经济、旅游、艺术、图书馆、文化及公共空间”类别的最佳亚太智慧城市项目。

图 4　中央网信办官网相关报道

（二）实现云南 A 级景区预约全覆盖，为游客创造舒适、安全的消费环境

云南省 435 家 A 级景区已全部开通“一部手机游云南”门票预约功能，累计超过 1800 万人次的游客通过“游云南”App 实现预约入园。景区通过预约智能化管理、景区预约数据统计分析等，为游客提供更精准、高效的服务；旅游主管部门则通过“一部手机管旅游”平台，查看全省景区游客预约

实况，对旅游景区进行实时监测、及时预警、科学调度和高效管理，为游客创造舒适、安全的消费环境。

（三）特色主题旅游产品紧贴市场，在旅游企业产品新供给和游客新消费需求之间实现精准衔接

通过推出“小小茶农”“插秧捉鱼小能手”“小小机长”“夜宿海洋馆”“夜宿博物馆”“我们的西南联大·昆明一日研学活动”“腾冲研学6日游”“研学科考·西双版纳亲子研学营”“冰雪之约·雪道初体验”等不同主题、各具特色的旅游产品，既帮助云南本地193家旅游相关企业丰富了旅游产品供给、提升了消费服务质量，累计创收约2280万元，又满足了游客现阶段不断增长的短途游、周边游等消费新需求。

（四）投诉和退货体系便捷高效，保障游客消费权益取得阶段性成果

依托“1+16+129+X”旅游投诉处置工作体系，目前云南旅游实现了99%的投诉在24小时内办结，平均办理时长在4小时以内，成为全国旅游投诉处置最快的省份，最终推动良性发展的云南旅游生态的建立，坚定守护云南旅游的“金字招牌”。

“30天无理由退货”经过两年多的运行，取得较好成效，优化了旅游消费环境，已成为诚信云南新标志和云南旅游新品牌。2019年5月至2021年4月，云南省已为游客成功办理退货17494起，退款1.22亿元，平均每起退货金额6896.72元。其中，退货金额最高的一起达30.61万元。退货种类最多的为珠宝玉石类，占退货数量的76.35%，其次为银制品占14.15%，普洱茶占1.27%。

案例 47

“好客山东 云游齐鲁”：“互联网+旅游”的有益实践

一、基本情况

山东文旅云智能科技有限公司（简称“公司”）成立于2020年12月24日，经山东省委省政府部署、省文化和旅游厅批准，由山东文旅集团、海看网络科技（山东）股份有限公司、深圳市腾讯产业创投有限公司、山东省财金集团共同出资组建，全面负责“好客山东 云游齐鲁”智慧文旅平台（简称“平台”）的承建和运营，建设“一中心四平台”体系：山东智慧文旅融合大数据中心、国内外游客智慧服务平台、政府综合监管服务平台、文旅企业综合服务平台、全域文化创意产业平台，打造山东文旅产业的“总入口”、“总出口”、“新引擎”和“新大脑”。

二、主要做法

（一）项目背景

2020年9月召开的全省旅游发展大会要求：“要抓好‘一部手机游山东’，横向整合各部门涉旅数据，纵向打通各层级数据归集。确保2021年‘五一’节前上线运行全省智慧旅游云平台，让游客‘一机在手、畅游山东’。”目前平台一期已上线运营，包含山东智慧文旅融合大数据中心（见图1）、国内外游客智慧服务平台。

（二）平台特点

最懂山东的文旅平台。作为服务全省的平台，涵盖文旅产业全要素，具有鲜明的地域特色，逐步实现文旅、居游一体化，提供本地化文旅体验。最具科技感的文旅平台。耕耘文旅产业供给侧，为文旅产品、体验、服务注入科技元素，例如全景 VR、智能导览、在线预约等，提供科技化文旅体验。最放心的官方文旅平台。平台为游客提供可搜索、可预订、可支付、可退款、可分享等一站式服务，提供最具安全感的文旅体验。

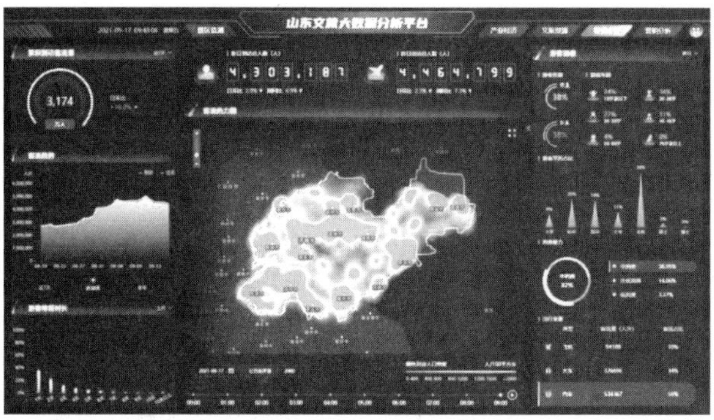

图 1　山东智慧文旅融合大数据中心

（三）平台运行模式

平台引入数字智慧科技，打造“1+5+N”运行模式，即为山东文旅产业带来 1 个文旅数据底盘，实现文旅资源数字化、行业监管在线化、旅行体验智慧化、文旅企业智能化、文旅产品精品化 5 个赋能，打造 N 个“科技+文旅”应用场景，以“数据化、系统化、融合化”破局“碎片化、低端化、封闭化”，进一步激活释放新型文旅消费活力。

“1”即一个省级文旅数据底盘：横向打通省内涉文涉旅数据，纵向整合省市县文旅数据，将海量、高度离散的文旅数据进行汇集和挖掘，绘制出省市县乃至景区的游客画像，更清晰地获得消费偏好、消费水平、消费结构等数据，为各层级文旅产业规划、行业管理、产品开发、服务设计等提供依据。

“5”即实现 5 个赋能：一是赋能文旅资源数字化。建设山东智慧文旅融合大数据中心，实现全省文旅产业资源的在线化、数字化、可视化，助力优化资源配置。二是赋能行业监管在线化。实现分时预约覆盖至省内 4A 级及以上景区，实时掌握景区限流入园和日常运营管理情况，实现诚信体系覆盖省内大多数典型文旅企业等。三是赋能旅行体验智慧化。建设包含“云游齐鲁”两微一端的国内外游客综合服务平台，提供一站式服务。四是赋能文旅企业智能化。帮助重点景区实现可视化的旅游客情数据分析，向文旅企业输出包含智慧停车场、智慧闸机、智慧景区等解决方案。五是赋能文旅产品精品化。整合优质文旅资源，打造一批具有网红热点效应的旅游产品，深度融合营销创意和文旅资源（见图2）。

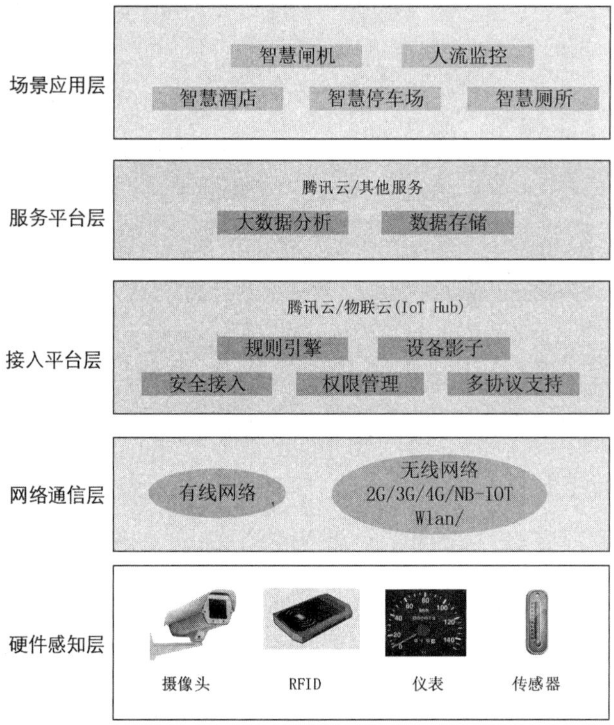

图2　企业智慧化解决方案的系统架构

“N”即N个“科技+文旅”多场景应用。依托于平台，公司将众多新兴技术引入文旅产业。基于技术支撑开展消费者行为分析和功能优化，充分整合文旅资源，策划多种消费者喜闻乐见的文旅活动，释放文旅消费新动能。随着“一中心四平台”体系日趋完善，将逐步实现对智能数据精准分析、个性化精品旅游线路打造、旅游产品智慧化推荐、文旅资源IP化打造、文旅企业的诚信监管等多维度运营，增强消费者在鲁旅游的安全感、体验感和价值获得感。

三、典型经验

（一）打造全省联动的智慧旅游平台

核心价值在于提供一种解决方案，即“一部手机游山东”打造省域文旅消费的“总出口”“总入口”，为“好客山东”品牌提供可落地、可变现的产业载体，为山东人游山东和省际旅游提供一个涵盖游前、游中、游后的官方智慧文旅平台。目前，公司正按照省委省政府部署积极推进文旅资源“应接尽接”“应连尽连”，积极推进智慧文旅平台及文旅企业融入省级“云游齐鲁”平台体系中来，共享“一机游”价值。

（二）构建资源整合的文旅生态体系

致力于推动G端政府侧、B端企业侧和C端用户侧的转型升级，不断做优文旅生态体系。明确“三不”，即不做OTA，做CTM（文化旅游生态）；不赚佣金，赚服务费；不仅卖单票，更要卖通票。对消费者而言，不杀熟、无套路，开展惠民活动让利游客；对企业而言，不收佣金、减负运营，诚邀山东文旅企业入驻；对于政府而言，当好帮手、做好参谋。公司已与腾讯、深大智能、力石科技、飞思达科技、中鼎天下、联通等优秀科技供应商开展交流合作，整合产品、技术、智力资源，优化平台功能，让消费者爱用、文旅企业愿用、政府职能部门管用。

（三）优化企业智慧升级的解决方案

致力于为各级政府、企业提供完善的智慧化升级解决方案，包括智慧景区、智慧社区、智慧城市等方面的开发建设集成，丰富山东全域旅游数字化管理手段和营销方法，带动全省旅游经济发展。公司先后为沂山、微山湖、天蒙、天下第一泉等提供服务，有效提升游客体验，让消费者在山东文旅场景中充分感受智慧化的便捷和美好。

四、取得成效

（一）实现了一站畅玩山东文旅

平台坚持以游客消费需求为中心，充分整合吃、住、行、游、购、娱等各种旅游资源。目前，平台基本汇聚山东全文旅资源要素，接入山东省景区、酒店、民宿、文博场馆等2万余家，实现一站畅玩，游客可5秒完成预订酒店、门票、餐饮等。城市“数字名片”专题频道，便于游客快速检索各地旅游资源。

（二）优化了全环节的服务功能

已具备预约入园、全景VR、智慧导览等十三大类功能，实现游前、游中、游后环节全覆盖，满足游客不同阶段的需求。出游前，查阅咨询出行攻略，提前观看VR全景、景区直播、智能规划，提前预订景区门票，预约场馆活动，预订酒店服务；出游中，使用智能导览、智能客服、智慧停车、智慧文旅项目、智慧园区体验游览、扫码购物等；出游后，互动点评、海报分享、投诉建议等。

（三）提升了游客智慧旅游体验

以“手绘地图+精准导航+语音讲解”三位一体形式的智慧导览，方便游客快速获得路线导引，不走重复路、据游客所处位置实时获享景点语音讲解，提高游览效率和质量，同时方便快速寻找景点、餐馆、洗手间、景区出口等，解游客燃眉之急。通过“线上购票+景区人脸识别”的组合拳，实现游客快速入园，缩短等待时间，减少聚集时间。

（四）丰富了优质文旅产品供给

常态化开展“万券齐发 惠游齐鲁”全民开抢惠民券活动，激发居民消费潜力和活力。2021年度已累计发放惠民消费券6.15万张、150.84万元，带动文旅消费近690万元。目前平台GMV累计近300万，平台累计访问人次600余万。2022年还将构建山东省级文旅惠民消费券发放唯一平台，进一步提升文旅惠民的推广创新性、群众参与度，推动文旅恢复的领先地位。

依托平台发起“英雄山东”红色景区专题、“暑期嗨游”亲子消夏专题、“1元专享 惠游齐鲁”秒抢全省景区门票、“国庆钜惠游 家乡好风景”等线上线下融合的活动，促进文旅企业复苏。其中，联合省内16市文旅局开展“1元专享 惠游齐鲁”秒抢全省景区门票活动，每周一市，精选优质热点景区每周周二、周四1元开抢，活动开始一分钟内门票即售罄。联合全省30余家景区开展“国庆钜惠游 家乡好风景”主题活动，通过官方主流媒体、户外地标展示等多渠道推广，游客“扫码下单即享立减20%优惠”。虽有疫情和天气等因素影响，但国庆期间仍实现新增注册用户量近 6 万人，GMV 营收近百万元，发放全省文旅惠民券 40 万元，实现游客、平台、企业多方受益。

（五）强化了景区动态实时监管

依托智慧文旅体系建设，规范旅游行业行为，创新旅游监管模式。节假日期间，省领导、主管部门通过大数据中心调度指挥全域文旅景区的运行，实时把握景区客流情况，满足政府部门远程监控与实时预警的需求，有效实现了文旅系统的有序运营、无缝监管、智能化监管。

案例 48

马蜂窝："北极星攻略"创新数字文旅新消费

一、基本情况

马蜂窝是中国最大的自由行服务平台，是全球最大的旅游分享社区，也是中国年轻一代用得更多的旅游 App。马蜂窝拥有全网最多的旅游攻略、游记、笔记、视频、直播等全生态旅游内容，涵盖全球 6300 万个兴趣点（POI）。通过人工智能（AI）技术与大数据算法，马蜂窝将个性化旅游信息与全球各地的旅游产品供应商连接起来，高效匹配供需，为用户提供与众不同的旅游服务和体验，以提高游客的消费决策效率。目前，马蜂窝旅游服务已覆盖全球 6 万多个旅游目的地，提供 1000 多万家酒店、餐厅、景区的攻略及旅游预订服务，每月帮助至少 1.5 亿旅行者出行。

基于十余年积累的原创内容，以及服务全球客户的丰富经验，结合自身"内容+交易"的商业模式，基于"在线旅游资产指数"（Travel Property Index，TPI）开发了"北极星旅游大数据服务系统"，为 TPI 指数在旅游产业侧的实际落地进行了积极的探索和尝试，并提供了首个体系化产品级应用。通过与国内外旅游局、景区景点的合作，不断优化数据系统，为 TPI 在行业内的普及提供实战经验。

二、主要做法

（一）搭建"北极星旅游大数据服务系统"，培育文旅"在线资产"

目前，已经有众多境内外旅游目的地、景区等旅游实体开始重视自身在网络世界的口碑，并有意识地开展跨平台合作，通过大数据分析精准获取消费者需求，以智慧化运营不断为消费者提供新的旅游体验附加值。在此背景下，马蜂窝搭建了“北极星旅游大数据服务系统”。该系统通过消费者在行前、行中和行后的阅读、分享、评论、购买等行为数据，对各大旅游目的地、景区景点等旅游经营主体进行综合评价，对其内容资产规模、内容传播强度、互动活跃度、口碑舆论态度、实时交易热度等进行综合评分。通过TPI综合值的分析和总结，帮助其合作伙伴提升线上运营能力，给出整套智慧营销方案，实现其线上资产的可积累、可衡量和可增值。

（二）依托“北极星攻略”，提升用户旅游价值感

依托自身的旅游数据库以及与马蜂窝长期保持深度合作的各地旅游局等官方机构的支持，保障了“北极星攻略”的专业度与准确度。“北极星攻略”以目的地为维度进行分发，包含游客决策链条中所需要的全部信息，这些信息还将被实时更新、不断验证。每一篇“北极星攻略”都由三方面的内容提供者共建而成——马蜂窝专业攻略团队负责攻略的梳理、整合与总结，通过平台旅游大数据洞察用户真实需求，并将内容根据用户兴趣、当季热点等形成结构化信息。在攻略团队之外，长期与马蜂窝深度合作的全球各大目的地的旅游局、景区景点等官方机构都在为攻略提供及时准确的信息。在马蜂窝积累了十年的社区生态中，还有众多核心创作者、“蜂首”作者、旅行达人、指路人对攻略进行补充、纠偏和验证。最终形成靠谱的攻略内容，为游客提供行前和行中的参考。这个平台的推出，给用户提供了准确、即时的旅游资讯，帮助用户提高效率，极大提高了用户的旅游价值感。

图 1　马蜂窝“北极星攻略”：澳门小众秘境

三、典型经验

（一）创新“内容+交易”运营模式，形成平台服务闭环

采取“内容 + 交易”的运营方式，在平台内部形成了服务闭环，利用其大数据分析和平台达人的旅游笔记分享，为用户旅游决策提供内容价值。同时在平台内部提供交通方式、酒店等的预订服务，不仅有助于简化用户的旅游决策、预订和体验流程，提高用户体验，而且可以增加平台收入来源，增强用户黏性。由此可知，互联网旅游平台的建设不仅要利用大数据分析辅助用户旅游决策，还要完善平台内部服务环节，为用户提供旅游服务闭环，提高用户旅游决策效率。

（二）利用社交内容获客，高效匹配供需

为用户搭建了社交内容分享平台，用户不仅可以在此分享旅行经验，还可以与其他旅游爱好者交流互动，相互启发和指导。通过社交内容分享平台的搭建，马蜂窝获得了稳定的用户流量，同时也增加了用户需求的获取来源，以此高效匹配供需。马蜂窝基于社交的内容积累，通过 AI 技术与大数据算法，将个性化旅游信息与来自全球各地的旅游产品供应商实现连接，为用户提供与众不同的旅游体验的同时，以大数据与平台优势，为目的地、景区等众多合作伙伴赋能。由此可知，社交社区的搭建不仅可以为信息共享平台提供内容供给，还可以帮助匹配供需，为供给方合作伙伴赋能。

四、取得成效

2019 年，马蜂窝已经与陕西省汉中市、新加坡圣淘沙名胜世界、澳大利亚国家旅游局等达成合作，以 TPI 为基础，通过“北极星旅游大数据服务系统”为境内外合作伙伴提供内容、数据和运营的整体解决方案。

2020 年，马蜂窝正式与甘肃省文化和旅游厅达成数据战略合作，将北极星数据服务延伸到“一部手机游甘肃”的大数据中心分析数据源中，共同推动甘肃省的智慧旅游建设。在马蜂窝与陕西省汉中市文化和旅游局的合作中，双方通过共建“汉中自由行服务平台”和大数据实验室，将北极星系统与汉中文旅大数据对接，通过双方数据交互及对汉中文化旅游市场的精准分

析，提升汉中旅游竞争力。在与澳大利亚旅游局的战略合作中，马蜂窝通过北极星系统为澳大利亚国家旅游局提供各类数据服务，针对澳大利亚的旅游旺季给出智能营销方案。

2021 年 4 月 29 日，马蜂窝与贵州省文化和旅游厅签订战略合作协议，将依托马蜂窝核心产品、大数据资源及技术优势，为贵州省政府、行业企业提供全方位、优质、高效的旅游产业化服务，双方共同制定《马蜂窝旅游建设贵州旅游产业互联网助推文化和旅游业持续高质量发展三年行动计划（2021—2023 年）》，打造一套贵州旅游在线产品体系，研发推广 50 条精品旅游线路及相关旅游产品，合作营销 10 个“文旅网红打卡地”，为贵州旅游产业化发展创出独特路径。

“北极星攻略”的诞生，标志着马蜂窝涵盖了攻略、笔记、问答、视频、直播等形态的内容“森林体系”的建立。截至 2021 年 7 月，“北极星攻略”推出不到一年时间，已经覆盖了全国所有的热门目的地，帮助 1.8 亿旅行者出行游玩。

案例 49

三星堆文化：造德阳三星堆城市名片，创世界文创 IP

一、基本情况

三星堆遗址发现于 20 世纪 20 年代末，距今 2800~4500 年，总面积 12 平方公里，古城范围 3.6 平方公里，是迄今为止中国西南地区分布范围最广、延续时间最长、文化内涵最丰富的古城、古国、古文化遗址，是长江上游古代文明的杰出代表。三星堆神秘、包容、创新的文化特质赋予了三星堆文创 IP 和文化周边极高的经济附加值。为打造德阳城市名片，繁荣文化新型消费，德阳市委市政府于 2017 年 5 月组建四川三星堆文化传媒有限公司，8 月正式启动三星堆文化 IP 项目，通过对《三星堆荣耀觉醒》动漫项目及周边文化产品的打造，多层次呈现大立人、纵目人像、金面具等极具创造力、世界罕见的文物形象和文化标识，逐步推动新型文化数字及衍生周边消费跨越式发展。

二、主要做法

（一）创新文化产品，推动文化符号与文物形象转化为视讯流量

一方面，顺应消费升级数字化发展趋势，探索形成流量传播生动载体。通过对三星堆进行创意化、数字化演绎，打造 3D 动画《三星堆荣耀觉醒》（见图 1），将三星堆 IP 化、形象化、故事化，打造三星堆标志性文化符号与动漫形象，推动三星堆古蜀文化和文物形象“活起来”，为文化产品供给体系的形成奠定初步基础。另一方面，利用线上资源，推动《三星堆荣耀觉

醒》流量热度持续升温。整合全国 150 多家省、市电视台传统电视媒介和腾讯视频、优酷、爱奇艺等新媒体视频网站资源，稳步提升《三星堆荣耀觉醒》产品曝光度，持续凝聚三星堆神秘古蜀文化人气，进一步提升产品版权经济效益，奠定文化消费领先优势。截至 2022 年 4 月，各平台的总阅读量达 1714 万次以上，总推荐量达 2532 万次以上，话题阅读量达 1900 万次以上，为三星堆古蜀文化带来巨大曝光量。《三星堆荣耀觉醒》于 2020 年起全球开播，正式开启全球中华文化传播之旅，在“一带一路”沿线国家播出，已发行至近 50 个国家和地区。近期，《三星堆荣耀觉醒》将继续作为中国文化传承宣传载体和德阳动漫文化产业标杆，沿着“一带一路”走向新加坡、马来西亚、泰国、印度、希腊、南非等近 100 个国家和地区。

图 1 52 集 3D 动画片《三星堆荣耀觉醒》

（二）丰富消费业态，推动新型消费与传统消费深度融合

一方面，推动文创产品数字化转型。开发《三星堆荣耀觉醒》数字藏品，通过区块链技术展示三星堆数字文化，确保每一份藏品的唯一性和不可篡改性，开启《三星堆荣耀觉醒》超级 IP 的“数字文化”经济发展路径。自 2021 年 12 月 3 日以来，《三星堆荣耀觉醒》数字藏品已发行 5 期，共计 10 万张，每期一经发售即被抢购一空，再次掀起三星堆古蜀文化消费热潮。另一方面，探索创新“动漫元素+情景体验”等消费场景。打造《三星堆荣耀觉醒》沉浸式剧展、三星堆研学和体验式读书等项目，以促成定向文旅为主要目标，以沉浸式体验为主要沟通方式，利用 VR（虚拟现实）、AR（增强现实）等科技手段，通过线上线下全渠道互动，零距离感知神秘古蜀文化之美。

三、典型经验

《三星堆荣耀觉醒》采用“IP+文创+新消费”的商业模式，一手紧抓线上消费，推动作品多渠道展出，开拓线上消费新渠道；一手推动线下跨界合作，紧跟线下新型消费热点领域。

（一）精准目标定位，开拓多元化消费市场

从文创产品受众主体和新型消费潜力群体出发，以三星堆古蜀文化为核心开展文化 IP 载体探索，将动漫作为载体切入点，利用动漫周边消费产品，推动《三星堆荣耀觉醒》动漫成为流量热点和时尚潮流，衍生形成主题键盘、积木、手办、盲盒等快消品市场，音乐、电竞、游戏等数字文化消费市场，以及剧展、研学等沉浸式、体验式消费市场，紧紧抓牢儿童、青少年、妇女以及潮流新生代等消费潜力人群，持续扩大文化消费（见图 2）。

图 2　《三星堆荣耀觉醒》系列舞台剧、图书、玩具、火锅底料

（二）深挖线上资源，打造新型消费营销平台

通过深挖版权授权和发行推动，打造多维立体传播网，做到洞察商机与时机有效结合。以《三星堆荣耀觉醒》数字产品为载体，推动各大版权授权企业、激励商户搭建线上营销平台。同时，通过联合专业舞台商、营销商，打造智能化、数字化等沉浸式产品，扎实做好线下人群定向推广，同步返流至线上，推动线上线下深度融合。

（三）融合科技元素，探索多元化消费场景

打造数字文化消费场景，推出文物数字藏品，推动三星堆古蜀文化广泛传播。打造沉浸式消费场景，应用 VR、AR 等技术打造沉浸式剧展、集体研学等项目，将三星堆古蜀文明与现代工业文明、绿色生态文明相融合，持续

释放消费新动能。打造体验式消费场景，通过书展等营造沉浸购书体验空间，加入沉浸式角色扮演活动，将理性的购物过程转变成感性的愉悦式购物，持续深化文化消费内涵。

（四）增强文化属性，探索消费型城市路径

以三星堆古蜀文化为核心的系列文创项目的实施，始终坚持“文化价值与商业价值并重”导向，通过对“文化+科技+潮流”元素的融合探索，打破旅游与其他行业的发展壁垒，打造集观赏、体验、教育、收藏等为一体的新型消费业态，持续延伸三星堆文化旅游产业链，逐步构建包含文化、旅游、休闲、娱乐的消费产业链及产业矩阵，为推动实现高质量的文创产业发展联动奠定坚实基础。

四、取得成效

（一）文创 IP 殊荣不断

2020 年，《三星堆荣耀觉醒》被国家广播电视总局评为 2019 年度国产优秀动画片；再次被评为“年度十大最具商业价值文旅吉祥物”，并获得“玉猴奖”；成功入选中国电视艺术家协会卡通艺术委员会和中国动漫资源网共同推出的“IP 锦鲤”。2021 年，《三星堆荣耀觉醒》获评“四川省 2020 年度十佳版权登记作品”。德阳三星堆网络热度和实际人气居高不下，2021 年，仅三星堆博物馆就接待游客 150 余万人次，实现综合收入上亿元。

（二）新型消费带动经济腾飞

一是通过文创 IP 及周边消费的打造，实现线上对文创产品的“轰炸式”播出，引流消费者进行线下消费，如三星堆研学项目仅在 2021 年就为三星堆博物馆引入了近十万人次到馆参观。二是“IP+文创+消费”模式推动产生的线上旅游业、虚拟偶像业、科普教育等新型商业形态，既能够让群众线上探索德阳文化，吸引大量人群赴德阳实地旅游，又释放了线上消费潜力，增加线下就业机会。不仅为德阳构建消费型城市奠定基础，更为德阳文旅产业带来可观收益。2021 年，三星堆文创 IP 的打造带来近亿元的城市推介广告传播效益，三星堆文创消费收入上千万，仅文创产品就拉动全国文化消费上亿元。

（三）融合传统文化提升附加值

三星堆实现了传统文化、数字科技和现代潮流深度融合，进一步提升文化附加值。《三星堆荣耀觉醒》通过“动画IP+文创+新型消费”模式，将传统商业转型、升级，引导线上用户探索德阳文化，吸引全国民众来德阳旅游，增加线下商业机会，将理性的购物过程转变成感性的愉悦式购物，让受众消费的过程不再是为了产品本身，更是为了其中的文化附加值，不仅能更好满足人民群众日益增长的文化需求，还通过多种新型消费模式推动三星堆古蜀文明走出国门、走向世界，持续展示中华文化的独特魅力，充分彰显中国的文化自信。

案例 50

韵动文化：立足特色推动数字文旅消费融合发展

一、基本情况

湖南韵动文化体育产业发展有限公司（以下简称“公司”）位于株洲市经开区创客大厦，是一家以数字技术支撑，专注于国内文旅事业与产业融合发展的集成服务运营商，通过强大的互联网技术开发和运营团队，打造了“智慧文旅云服务、智慧文化馆服务、智慧图书馆服务、数字非遗云馆服务、数字文旅装备、文旅场馆托管运营、文旅体活动策划执行承办、文体培训服务”八大核心业务板块，公司经过六年快速发展，已成为全国公共文旅领域知名高新技术企业。公司打造的湖南公共文旅云，不仅是湖南省级一站式公共文旅服务平台，也是政府购买服务与企业市场化运作的合作典范，湖南公共文旅云率先实现了湖南全省公共文旅服务网络全覆盖，并成功在天津、河北、山东、广西等地实现模式复制，荣获文化和旅游部2020年度文化和旅游信息化发展典型案例。公司研发的速博尔公共服务智慧一体机，满足人民多样化公共文化服务需求，助力乡村振兴，入选文化和旅游部2021年全国文化和旅游装备技术提升优秀案例名单。

二、主要做法

（一）以文旅消费信息平台整合资源，实现文旅产业与事业融通互促

一是搭建株洲文旅消费信息平台。公司发挥专业人才和技术创新优势，以株洲市创建国家文旅消费试点城市为契机，依托已建成运营成功的湖南公共文旅云，创新性搭建了株洲文旅消费信息平台（见图1）。二是整合文旅各

领域资源，促进产业与事业融通互促。将文化、旅游、广电、体育资源进行整合，打通文化事业和文旅产业的边界，促进文化事业和文旅产业同步发展，融合并通。激励市民在参与文旅消费的同时，广泛参与到文化事业中来。公益场馆签到和预订、文化活动报名、文化慕课学习以及参与文化志愿者活动等方式都能获得平台积分，获得的积分可以在平台商城兑换成消费券作为现金使用，形成良性循环，实现文化事业和文旅产业双向导流。“智慧公共文旅云服务+文旅消费信息”平台的新模式为文化事业与文旅产业融合和可持续发展提供了解决方案。

图 1　2018 年 11 月株洲文旅消费信息平台正式上线

（二）政府引导，突出电商服务与数据分析的平台特色

公司按照“政府引导、市场主导、社会参与、互利共赢”的原则推动文旅产业发展。一是充分发挥政府引导作用。利用和整合政府文旅产业资源，提升株洲文旅消费信息平台公信力，引导更多商家入驻，通过商家开展优惠政策，吸引更多消费者来平台消费，做强做大平台规模。二是增加电商服务功能。平台灵活采取“电商+活动+资讯发布”的运营模式，升级加入电商功能模块，将株洲文化生活服务惠及千家万户，获取渠道更集中，活动信息更丰富，参与成本更低（见图 2）。三是

图 2　2019 年 9 月在神农大剧院举行主题活动

突出平台数据分析优势。株洲文旅消费信息平台作为政府文化消费补贴资金发放和株洲市文化产业系统聚集平台，将实现政府消费补贴资金在线申请与发放，获取用户文化消费行为等各种大数据，对全市文化产业数据进行在线分析。

（三）拓展线上线下消费渠道，推动线上线下融合消费双向提速

（1）积极开拓线上消费渠道，丰富新消费形式。结合直播带货、网红打卡等“云上消费”方式，通过开拓多元消费场景，为消费者提供多元化、个性化、参与式、交互性和便捷化的文旅消费服务。联合京东开通京东湖南非遗馆，将消费平台与京东平台流量进行相互转化，吸引扩大消费群体，推动非遗产品的销量。商城运营 8 个月，上架非遗文创商品 131 件，策划举办京东年货节、开工季、她的节日、购物节等活动 28 场，直播带货 56 场，总计成交 7600 单，销售额 150 余万元。

（2）举办多种多样的线下消费活动，促进线上线下的融合互动。依托线上平台，开展丰富多样的线下消费活动，为消费者提供多样化的消费服务和体验，扩大平台知名度，丰富线上线下消费的联系，推动形成线上线下融合的新消费形式。依托平台举办消费季、读书月、博览会和夜间文化消费节等活动，在电影、演出、游戏游艺、出版发行和体育等文化娱乐消费领域，将线上的服务和消费投射到线下的实际体验之中，丰富人民多样的文化生活，拉动文化消费增长。例如，举办 3 届“阳光娱乐暨文化消费季”活动，推出“电子竞技大赛”“全民健身活动”“卡拉 OK 大赛”“二元钱看经典电影”“书香株洲购书补贴”“非遗食品展销”“春节七天乐”等十余项主题活动（见图 3），每届活动签约商户 1000 余家，发放各类优惠卡（券）2.5 万余张，带动十多万人进行文化消费，直接拉动文化消费 3000 余万元。举办的读书月活动，对购书市民采取 5 元/本的文化消费专项补贴，3 天带动图书消费 48 万余元。株洲首届文化旅游体育产业博

图 3　公司联合京东商城推出京东湖南非遗馆

览会和首届夜间文化消费节，近百家优秀企业参展，展会期间的访问量接近10万人次，直接拉动消费300余万元，间接带动消费1000余万元。

（3）依托平台积极推动区域文旅消费联动发展。以平台推动跨区域文旅资源整合，促进互通互游的文旅新消费。2021年平台升级推出“文旅消费惠民卡”，整合湘赣边文旅资源，推动湘赣边区域互游、互通、互访、互动，实现真正的文旅惠民，在疫情期间最大限度拉动湘赣边文化旅游新消费。十一长假首日办卡800多张，惠民卡总量已达50000多张，总入园人次已达120000多。保守估计，按人均消费100元，直接拉动消费超千万元。

三、典型经验

（一）构建政府与企业双核驱动机制，做好统筹规划

通过公司几年的项目运营成果可以证明，由政府主导，社会力量参与，政府授权，市场运作，利用政府出台的一系列政策积极引导优质商家参与，将政府一系列奖励和补贴和平台挂钩，把平台建设和日常运营委托给专业社会力量，这种模式特别适合“互联网+文旅消费”行业，政府与企业各自发挥优势，共同促进了消费工作的推进，显著提升了实践成效。

（二）创建事业与产业双向融合模式，做优长效发展

在建设运营过程中，公司将两个平台融通共享，不但实现了平台用户快速增长，而且通过文旅消费补贴提升了公共服务效能。区别于传统电商，平台利用文旅消费专项资金补贴优势，激励市民广泛参与到文旅事业中来，公益场馆签到和预订、文化活动报名、文化慕课学习以及参与文化志愿者活动等方式都能获得平台积分，积分又能用以文旅消费抵扣，形成良性循环。在积分兑换规则上，公司计算出临界阈值，对消费者现金支付和积分兑换比例进行合理设置，同时适当加大积分奖励力度，培养消费习惯并形成长期消费行为，实现文旅事业、产业与消费的融合发展，确保了平台长效健康稳定运行。

（三）组建线上与线下双管齐下团队，做足提质增效

平台除了保证日常线上运营外，特别注重线下活动的策划和组织（见图4）。每周至少两次对入驻商家的优质商品进行专项推广，每个月都会安排与商家的线下主题推广活动，在每个消费季举办文旅消费集市，利用消费热点

区域，大力推广平台的知名度和影响力。公司还通过物业管理公司走进社区，把文旅消费惠民政策和平台的做法向老百姓实地宣传。除了利用自身平台进行宣传以外，公司同时搭建了立体式全覆盖的媒体宣传网络，通过传统纸媒、电视电台传媒、电梯汽车等实体平面广告、网络新媒体等融媒体渠道进行广泛宣传，并结合当下流行的推广方式，如直播带货、网红打卡、社交分销等宣传方式，保证了平台用户持续增长及交易活跃度。

图 4　市民踊跃购买“动力株洲文旅通”年卡

（四）搭建数据与营销双点分析系统，做深精准运营

平台在线上的阶段运营，形成相当规模的文旅消费大数据，通过大数据挖掘和分析，可以指导商家进行产品供给侧优化并向消费者精准推送。比如通过对流量、用户年龄、性别、地区等数据进行分析，可以更精准地为用户画像；通过对商家销售数据的分析，可以清楚地知道哪些商品更受用户欢迎、哪些商品通过平台积分的撬动，真实拉动了销售增长。这些数据对政府决策、商家营销、提升消费者意愿等方面都十分精准有效，从而实现了文旅消费供给主体从单一到多元的转变、供给内容从粗放型到精细型的转变、引导机制由松散向系统的转变，使广大群众充分享受文旅消费试点城市的文旅红利，推动文旅产业高质量发展。

四、取得成效

株洲文旅消费信息平台作为政府消费补贴资金发放和株洲文旅产业系统聚集平台，从 2018 年至今，入驻商家 136 家，上架产品上万件，注册用户达到 40 万人次，达成交易 20 多万笔，发放红包 4 万余个，共计发放红包补贴 200 万元；财政兑现平台积分补贴资金 400 万元。直接促成文旅消费 3000 多万元，间接带动消费超亿元。136 家平台商家销售平均增量 20 万元以上，据商家反映，线上销量增幅远超线下，特别是平台直播带货，一些爆品供不应求。当前，平台已成为株洲本土重要文旅产品消费渠道，商家自愿投放资源福利刺激消费，老百姓上平台消费越来越成为习惯。公司建设运营的株洲文旅消费信息平台被人民日报、中国文化报、湖南日报等新闻媒体多次报道宣传，已成功向湖南省内的怀化市、永州市、湘西州等地进行了复制推广，并对湘赣边区域部分区县进行了有效探索实践。2019 年 12 月，株洲文旅消费信息平台获得湖南省文旅科技创新成果，2020 年 6 月，株洲文旅消费信息平台入选文化和旅游部年度文化和旅游信息化发展典型案例。

平台坚持以文化便民、惠民为导向，结合本地特点和实际，发力供给侧、激活消费端，保障基本文旅消费权益，满足多元文旅消费需求，彰显高雅文旅消费品位，有效提升居民文旅消费体验，扩大文旅消费群体规模，进一步探索利用互联网科技手段打造“文旅消费，惠民促商”的株洲模式。让株洲文化生活服务惠及千家万户，使市民获取渠道更集中、活动内容更丰富、参与成本更低，以便捷的科技推动株洲文化产业经济发展。

案例 51

万匠大作：数字化赋能艺术品消费走入生活

一、基本情况

万匠大作艺术品交易平台（以下简称“平台”）是在母公司金证股份（代码：600446）及众多国家级工艺美术大师的大力支持下组建的，是目前全球首家专注于国家级工艺美术大师艺术品限量限购交易的数字化平台。平台正式与国家级技能大师陆金喜、中国陶瓷艺术大师宁钢、国家一级美术师乔领、中国工艺美术大师连紫华、林飞等 47 位国家级工艺美术大师签署战略联盟，计划在年底前汇集超 100 位艺术家入驻平台进行合作。同时，平台联合众多一线高校、博物馆、艺术馆，综合展示行业专家国礼艺术作品，集工艺美术产品和“非遗”产品全新呈现、交易置换和传承弘扬多种功能为一体，平台规模和品牌知名度在国内外细分领域属一流水平。依托非物质文化遗产项目、国家级工艺美术大师等优势资源，线上线下联动，万匠大作艺术品交易平台致力于打造新时代新形态的“艺术航母”。

图 1　万匠大作艺术展厅

二、主要做法

（一）创新数字化防伪溯源的交易模式

打破传统拍卖行、典当铺、熟人圈层等老旧交易形式，通过数字信息鉴定系统，对交易流通中的各个环节溯源防伪，解决艺术品交易的保真问题，为更多艺术品消费者提供公开、公正、透明的市场。

（二）打造数字化营销方案

以平台自研的推流算法和营销策略，给予艺术家们更广阔的创作领域和合作空间，为艺术家提升名气以及推广作品，让大师 IP 在持续的传播交流中走向国际，解决艺术品销售的通路问题。公司商城系统采用 OSO 超级供应链管理技术系统，实现线上线下数据的快速对接和中台定向管理驱动，可以快速有效地解决交易过程中的各种销售管理问题，为实时交易和门店管理提供强大的技术支撑。

（三）线上线下联动，实现艺术品产业化应用

在线下的连锁实体生活馆，大师创作与茶业、酒业、餐饮业、商务礼品等紧密结合，可定制大师的茶具、酒具、餐具、书画等跨行业作品，扩大作品应用领域，线下赋能线上发展，让大师作品连接众多商圈。

（四）拓展线下文旅联动

平台计划汇集 200~300 位国家级工艺美术大师资源，规划于南平建设艺术产业小镇，联动武夷山旅游景区和万匠大作国际艺术馆，大力推动“文化+旅游”“文化+贸易”“文化+金融”的特色旅游。

（五）打通海外销售通道

平台将预留每位艺术家 5%的作品用于建设全球顶级艺术品博物馆。未来通过创新“文化产业+数字技术+资本”的商业模式，实现文创产业与数字经济的“触网融合”，扩大品牌国际影响力。联动全球互联网平台，整合国内大师资源，通过直播视频与社交互动等宣发展示渠道，打造线上的国际权威艺术品交易平台；并筹划沿“一带一路”国家进行文化艺术交流和艺术品拍卖活动，打通国内艺术品交易平台的国际化流通管道。通过代表性的文化输出、强大的艺术家背景进行品牌运作，实现艺术品交易的“丝绸之路”。

三、典型经验

作为行业先行者与传统工艺美术行业的数字化转型代表，平台提供了诸多富有价值的探索和实践，包括首创“C2C 自由交易+直播拍卖+权威鉴宝”的销售模式，为用户提供全新购物体验（见图 2）。

图 2　万匠大作艺术品交易软件

（一）推出“官方鉴定”机制，首创“一物一码”

交易过程中卖家需将未鉴定的作品发往万匠大作平台所在地，专家组在鉴定为真品后，才将作品发往买家，不重新返回卖家，从而避免调包、赝品等情况，解决用户鉴定难、维权难等痛点，让用户能够放心购物。同时，在数字化鉴定方面首创“一物一码”的数字防伪证书，数字防伪证书是新一代电子防伪证书，与用户手中的作品证书相互配套验证，具有唯一性、可追踪性、不可篡改、永久性等特点。官方将以防伪加密形式储存，用户可无须实物邮寄鉴定，通过线上应用程序，输入作品唯一编码识别号，即可获取官方保留的初始实拍图和交易流转记录，为用户消费提供更加精准、个性化的服务。万匠大作通过“线上技术赋能+线下配套验证”，为鉴定检测行业带来新的生态，解决“假货配真证”等问题，提高了商品的可溯源性、质量可信度，进一步为用户的网购安全感“保驾护航”，让传统工艺美术行业传承有序，切实解决行业痛点。

（二）实行智能产控数据控制，优化供需渠道

智能产控数据中心通过云计算、大数据等技术，实时监测并分析交易情况、用户主要分布地等数据，形成用户画像，挖掘用户消费行为，以便更精准、更高效地为消费者提供服务。万匠大作对于产品销售、供应链整合、物流管理等方面也进行了全面优化和线上赋能。产品销售方面，结合直播带货的时代风口，搭建了专门的艺术品直播平台，对直播网红进行专业培训，引导传统的线下销售向互联网销售模式转型，提高产品销售以及成交的效率，

促进消费者回补与潜力释放。供应链整合方面，联动巨匠千店连锁项目，在全国主要一线城市布局了完整的艺术品服务中心。除了提供丰富的商品服务外，采用智能产控数据中心在线上进行统一的配置安排，打造从生产到销售的完整供应链。物流管理方面，与各大物流商均建立了战略合作关系，通过线上的物流跟踪和查询功能，能够有效地提高物流速度；同时，由于艺术品的贵重属性，每一件艺术品在物流运输中均进行了投保，既能赋予艺术品有效保障，又能带动配送产业的发展。

（三）打造 B2C、C2C 网销模式，实现“线下实体店+线上平台”相结合

疫情之下，传统的线下接触式的消费受到冲击，线下消费加速向线上迁移，商品和服务消费线下业态的数字化改造和转型加快，同时线上商品和服务消费品类日益丰富，网上购物、在线教育、远程办公，“互联网+服务”、直播带货等新业态、新模式迅速发展，新一轮新型消费快速兴起。万匠大作依托非物质文化遗产项目、艺术家等优势资源，以线上线下双驱动融合的方式，率先打造传统工艺美术行业的 B2C、C2C 网络营销平台，集工艺美术产品和“非遗”产品全新呈现、交易置换和传承弘扬为一体，改变传统线下营销的单一模式，创新带动传统工艺美术行业的新型消费发展方向。随着消费者需求的改变以及消费行为的全面升级，“线下实体店+线上平台”的全渠道经营模式将逐步成为销售主流。目前已经实现了生产要素的数字化在线以及线上线下全渠道一体化布局，实现了消费者精准洞察和运营效率的提升，并持续在文创消费领域进行前瞻性探索，加速文创产业与数字经济新消费领域下沉。基于对传统文化的了解和对消费者的洞察，平台致力为用户提供多样化艺术消费商品，挖掘更多新型消费的应用场景，并通过不断改善用户体验，满足不断升级的消费者需求，促进文创产业消费潜力的释放。

四、取得成效

平台充分运用互联网、大数据等现代信息技术，通过搭建权威的交易、鉴定、认证于一体的艺术品交易平台，聚焦传统文化、限量艺术品和创新型交易方式，为收藏爱好者提供优质的服务。2021 年，自营作品与转售作品交易总额为 4000 万元左右。项目在园区内已有价值 3. 3 亿元的产品储备，将依托产品稀缺性、大师品牌效应及价格优势等因素，助推线上消费高端化、个性化和多元化升级，预计5年内总交易额达30亿元。在商品运营方面，充分发挥艺术家资源矩阵，线上SKU数覆盖62个工艺品类。在仓配运营方面，建立一物一码专项管理及配送保险标准，完成以标准统一、数字化管理及工具赋能为核心的“云仓储”模式，优化服务体验，大幅领先传统仓配效率76%以上。

“科技万匠、数字赋能”。以科技推动由内而外的转型升级、重塑业务态势，以科技谋势布局，激发高质量、高效率发展的内生动力。一方面通过数字化提升用户体验、满足用户线上到线下的消费习惯；另一方面通过数字化提升经营效率以应对激烈的市场竞争，建立起更高效的经营效率，更有温度的用户体验以及更高效、更智能的供应链体系。

案例 52

路桥体育：智慧体育平台“Ai 运动”激活体育消费

一、案例概况

厦门路桥体育产业集团有限公司（以下简称“路桥体育集团”），成立于 2018 年，是经厦门市政府批准成立的体育产业集团。路桥体育集团在市委市政府、市体育局指导下，围绕“完善体育基础设施建设、盘活公共体育资源、全面营造体育氛围、打造泛体育矩阵”四大方向目标，以市级综合性体育场所建设与运营、品牌赛事与全民健身活动举办、智慧体育服务平台打造、体育培训融合拓展等为核心业务，创新发展体育产业，助力厦门市打造富有特色的体育中心城市和体育名城。

“Ai 运动”平台（以下简称平台）是路桥体育集团牵头打造的市级智慧体育服务平台，平台是集体育场馆预订、赛事活动报名、体育培训报名、协会注册、新闻推送、运动计步、积分商城等多功能于一体的综合产业平台。作为具有官方属性的企业运营平台，“Ai 运动”平台始终致力于为广大体育爱好者提供更方便、更丰富的公共体育服务，同时也充分发挥企业市场化优势，着眼于开发更多新内容、新玩法，使之能够同时满足行业监管及市场消费端的共同需求，从根本上填补了厦门线上体育服务的空白。

二、主要做法

（一）实施背景

2019 年，国务院办公厅印发《关于促进全民健身和体育消费推动体育产业高质量发展的意见》，文件指出体育产业在满足人民日益增长的美好生活需要方面发挥着不可替代的作用，要强化体育产业要素保障，激发市场活力和消费热情，推动体育产业成为国民经济支柱性产业，让经常参加体育锻炼成为一种生活方式。2020 年，厦门市成功入选国家体育消费试点城市。2021 年，厦门市出台实施《推进国家体育消费试点城市建设实施方案》，方案提出要加强体育消费平台建设，构建智慧体育服务体系，进一步激发体育消费市场活力，促进体育产业高质量发展。

（二）实施特点

平台整合了全市体育公共服务资源和便民业务，打造全市共享的体育休闲生活圈，实现体育相关信息发布、全市体育产业资源管理、全民健身组织的互动交流、在线体育指导及在线运动体验等功能（见图 1），为厦门市民、体育爱好者提供多种方式的场馆预定、赛事与活动报名、体育培训、健身咨询等服务，让公众更加便捷地享用身边体育资源，感受“体育+”的美好，助力实现全市体育产业的创新升级。

总体规划建设“一中心”、“二网”和“多应用系统”。“一中心”即“智慧体育云”数据中心，集中体育场馆、活动场地、赛事活动、体育培训机构、健身路径、体育组织、运动教练等大数据信息，建设统一的数据共享与交换中心，逐步深化体育数据的统计分析与决策应用。“二网”即公共服务信息网（搭建统一市民健身网络，集中各类体育健身资源与服务）和体育产业服务网（搭建统一体育商户资源网络，为体育商户、体育产业提供管理、服务信息平台）。“多应用系统”包括场馆预订管理、赛事管理、培训课程管理、积分商城、体育场馆地图、健身计步、清结算中心、会员服务管理与统计分析与决策管理等多个应用系统。

图 1 “Ai 运动”智慧体育平台

（三）搭建线上综合服务平台

1. 建立统一的全民健身公共服务平台

在平台建设完成之前，厦门市没有统一的全民健身公共服务平台，未对全市人民的健身数据资料实行信息化统一管理，部分公共、社会体育场馆信息化独立建设，体育场馆资源无法统一协调。全市体育公共资源的管理处于分散化状态，对体育公共资源的规划和布局难以发挥引导作用和提供数据服务支持，影响了管理决策的科学性。

针对这一问题，平台重点对厦门体育商户和运动人群的场馆预约、管理、支付等需求，搭建起了面向全民健身的网上预订系统，该平台实现网上对市、区属体育场馆和部分经营性体育场馆进行预约，用户可享受分时分类折扣并消费等。服务平台是集信息发布、场馆展示、体育宣传、场馆预订管理、客商服务、供应商管理等服务于一体的综合性网络平台。通过网上预订系统，逐步实现厦门市体育场馆信息统一在线发布，在线场馆预订，汇集场馆各类供求信息、场馆信息、价格信息、服务流程信息、交易信息等。

2. 建立体育公共信息资源共享平台

体育公共信息资源共享程度较低，由于公共体育设施地点分散、信息不对称和获取途径有限、时间的约束等，市民在健身需求和寻求健身咨询指导方面存在困难。

针对这一问题，平台基于厦门市国土资源与房屋管理局数字地理空间框架，以信息科学的前沿知识——“3S”技术为基础，搭建厦门市全民 GIS 地理信息服务系统，整合全市大型体育场馆、学校体育馆、健身路径、活动场所等，开展全民健身地理信息服务和综合定位服务。平台用户可根据运动场馆分类（如篮球、羽毛球、乒乓球）、行政区域划分、输入场馆名（包括健身路径、体育公园广场、健身步道、笼式足球、室外场地）等方式查找周围体育运动场馆的位置信息。

3. 提升各类体育资源的有效利用

厦门市存在许多体育活动社会指导员，但大部分指导员都处于闲置状态，而人民群众在无相关专业体育知识的情况下开展体育运动，也需要较专业的体育人士指导。通过平台，可将社会指导员资源与群众的体育指导需求对接，促进各类体育资源的有效利用。

（四）广泛融合平台应用与消费场景

1. 将平台应用与场馆智慧化相结合

以厦门游泳馆为例，平台为馆内泳客建立了游泳档案，用户只需在进场前将智能防溺水芯片与平台中的个人手机号绑定，在游泳过程中用户即可实时查询到个人游泳距离、平均时速、总耗时、耗能等游泳相关数据。平台通过与智能硬件和捕捉系统相连接，将泳者的游泳轨迹完整记录下来，让泳者通过可视化的方式在游泳过程中实时看到个人的游泳路线和轨迹，同时可随时在 App 内查看在该馆的历史游泳数据，全方位掌握运动情况（见图 2）。

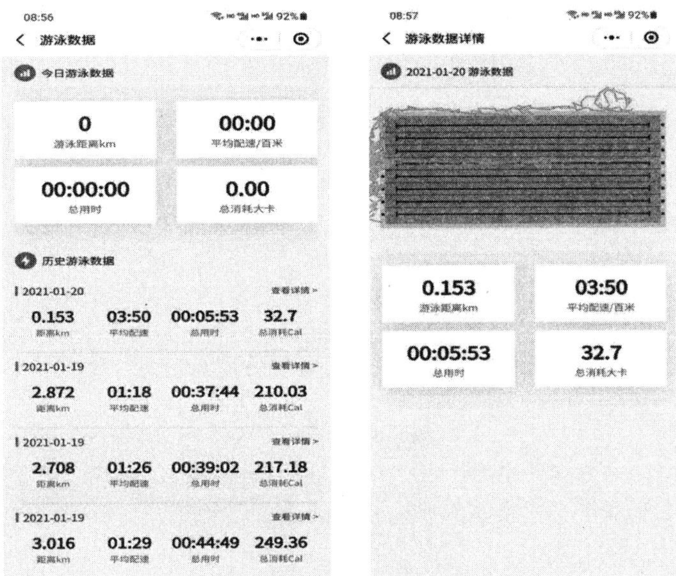

图 2　平台用户游泳数据档案

2. 将平台应用与市民公共信用相结合

平台实现与白鹭分系统（厦门市政府打造的市民公共信用综合评价系统）的无缝对接，将白鹭分应用在群众性赛事报名中。白鹭分达 600 以上且无失信记录的用户，可在平台内免押金报名参加体育赛事。

3. 将平台应用与体育消费活动相结合

平台为用户发放入了运动币，用户参与平台内的活动（如预订场地、票券等），即可获得平台赠送的运动币，累积到一定值后可在平台积分兑换商城中兑换所需的体育用品。

三、典型经验

（一）积极探索“体育+”融合发展新业态

平台积极在体教融合、体卫融合、体旅融合、体育金融等方面探索打造创新产业形态。如平台打造的浪漫线模块，将体育与便民服务、停车场、观光车、景点、亲子游乐、观光交通相结合。平台还积极以互联网技术为支撑，探索将体育和金融产业进行深度结合，努力构建一条价值链清晰、供需对称、具有成长性的体育服务产业链，集聚健身、金融、文化、教育等多个领域的上下游主体，在平台上实现信息交互和价值创造。

（二）积极探索线上线下联动发展新模式

平台积极探索线上线下融合的健身新模式，推出多项新奇有趣的运动体验产品和项目。如平台开发的运动币模块，使用户可通过参与平台活动积累运动币，并在积分兑换商城兑换相关产品和服务。此外，在疫情期间，还积极开发线上体育活动赛事，为用户提供线上赛事报名、线上参赛、线上查询成绩和线上颁发证书等系列服务。

（三）积极探索创新体育消费新场景

平台积极探索体育产品智能化，将智能硬件、5G 技术、人工智能等新型技术在体育消费领域集成应用，打通传输应用堵点，推动体育场馆新技术应用，提升场馆管理水平。如用户可在 App 内实时查看到游泳馆当前人流情况，了解泳池当天的水质、pH 值等关键指标，为消费决策提供重要依据（见图 3）。

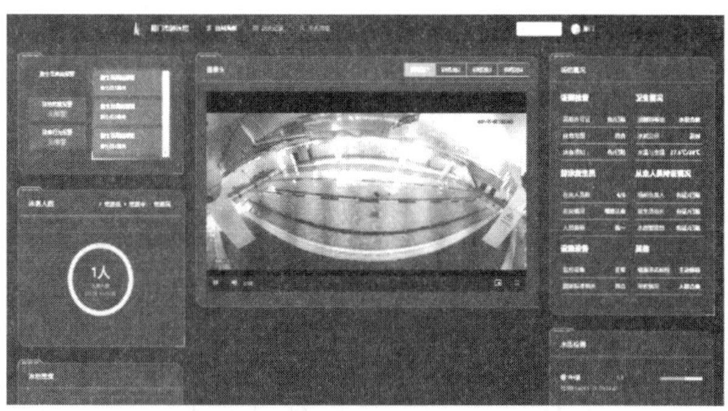

图 3　线下游泳馆平台实时检测数据

四、取得成效

（一）体育场馆数字化改造成效突出

目前，全市已有超过 100 个体育场馆和专业的体育培训机构，借助厦门智慧体育服务平台实现了信息化数字改造。与传统管理方式相比，平台内的日常统计数据可帮助中小体育场馆经营者进行营销决策分析，提升日常经营管理效率和企业盈利能力。截至 2021 年 12 月，通过平台产生的线上交易订单已达到 414050 笔，帮助平台内中小场馆实现经济收入超过 2000 多万元。

（二）市民体育消费便利性显著提升

通过平台智能化建设，从运动前的体育场地高效匹配预定，到运动中的无感化进出场、运动实时数据获得，再到运动后健身数据记录等，打造体育运动全过程的便利体验，并通过平台增值服务增加市民运动积极性，持续提升市民体育消费的体验感、获得感。如厦门五缘湾海水馆经过智能化建设打造“自助下单、全程通畅、自动结算”的消费模式，用户只需线上下单、到场后领取含二维码标签的纸质手环即可畅享整个运动全过程的服务（见图 4）。通过打造“一码通”服务，在大幅降低场馆运营成本的同时显著提升用户的消费体验感。

图 4　市民线上下单线下入场示意图

（三）场馆智能化推广成果显著

平台近年来在场馆智能化建设上大力投入，智能化场馆建设成果显著。如厦门环东浪漫线无人值守篮球场，借助平台和智能硬件，成功打造成智能化运动场馆。用户只需通过平台 App，即可实现无感化进出场、开启和关闭场馆灯光、生成邀请链接实现多人入场等功能，并通过远程监控和高光时刻记录，生成用户运动高光集锦上传云端分享。通过智能化模式，可以延长场馆有效营业时间，实现体育消费供给增加、创造利润的双赢目标。

案例 53

每步科技：以“新赛事”促“新消费”

一、基本情况

每步科技成立于2015年，专长于人工智能、云技术等前沿技术在体育场景中的应用，自主研发的MCloud云平台（见图1），通过一云多端的模式建立体育赛事产业服务构架。相关数字化赛事服务产品与解决方案被广泛应用于自主IP赛事及各类运营服务赛事中，在产业带动、经济促进与消费助推方面取得良好成效。每步科技顺应数字时代发展趋势，致力于打造科技创新驱动的中国顶级体育产业服务平台，以行动促进体育赛事新经济，以创新赛事组织模式带动体育新消费，努力把“科技+体育”的最佳实践落到实处。每步科技先后获评国家体育产业示范单位、全国群众体育先进单位、上海市体育产业示范单位、上海市高新技术认证企业、上海市专精特新企业等荣誉称号。

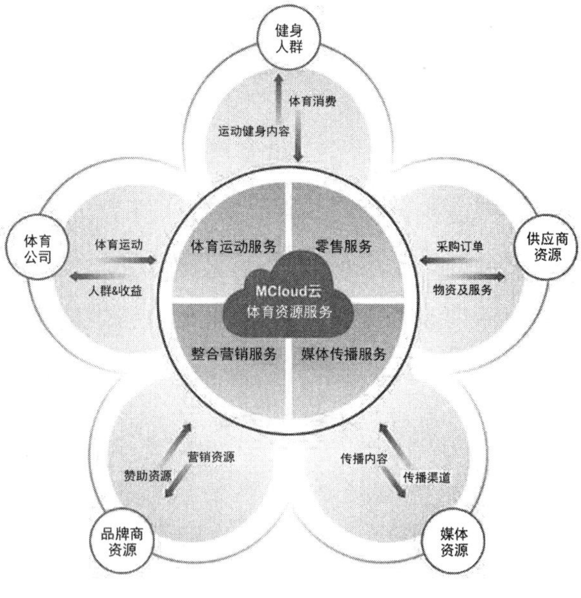

图1　MCloud 云体育资源服务模式图

二、主要做法

每步科技基于 MCloud 云平台，构建组织管理、安全管理、体验服务、配送服务等模块，通过人工智能、互联网、大数据分析等技术，统筹推进智能体育赛事新经济发展，形成数字一体化建设、技术创新应用和消费场景创新的高地。

（一）创新赛事数字化运营方式，打造体商融合新空间

新冠肺炎疫情背景下，每步科技加大线上运动平台、全民健康智能产品、健康服务配送业务的研发，结合人工智能视觉识别技术，衍生了一系列线上运动会产品，构建多层次、系统化、智慧化的线上活动体系，实现在疫情常态化防控条件下，以线上运动会为载体开展健康服务配送，通过体育数字化应用构建消费新场景。同时，坚持“商业+体育”为理念，创造性地设计商圈定向赛，为市民提供精彩互动体验，有效为商圈聚人气、引流量，带动商圈消费。三年来，通过线上线下赛事联动的方式，平均每年运营赛事近千场，影响面覆盖社区、园区、学区精准人群上亿人次。

（二）精准提供体育消费配送服务，激活市民消费需求

每步科技科学合理挖掘各类赛事运营服务中的数据资源，为用户提供更加个性化的精准服务，有效撬动了用户消费需求。依托 MCloud 云平台全民健身服务体系，每步科技协同银行、保险、快消等行业品牌开展各类消费福利配送活动，实现了用户与消费资源的精准匹配，促进了体育消费升级。同时，每步科技利用 MCloud 云平台为中国体能协会、上海市总工会、上海市体育总会、上海市青少年体育协会等多家组织机构提供公益性体育配送服务，也为上海市体育局发放体育消费券提供从发券、领券、销核使用到数据统计的全流程监管服务。

（三）优化资源配置产业链，促进赛事行业共同成长

将 MCloud 云平台作为基于数据智能开展各项体育数字化服务的中枢，为不同应用场景赋能，通过盘活数字资产，造福产业链节点的各类体育服务企业。每步科技围绕数字化数据采集技术与数据分析技术，采用“PaaS+SaaS”的服务模式和模块化产品输出方式，使服务效率大幅提升；通过信息

化流程再造，实现赛事的全流程管理，为多元化的赛事行业组织机构实现降本增效；基于赛事人群的线下流量线上化及大数据分析，促进活动消费；通过整合赛事产业链资源，以信息化系统实现高效协同，优化赛事资源配置效率，实现科学消费、合理消费，受到政府机构、协会、企业等多种类型客户的充分肯定。

三、典型经验

每步科技致力于促进数字技术与实体经济深度融合，赋能传统体育赛事产业转型升级，积极在体育领域探索新业态新模式，将体育消费资源精准配送至目标群体，有效促进体育消费。

（一）加强科技创新，解决体育赛事行业痛点

体育赛事产业存在业态原始、经营粗放、信息封闭、规模化程度低等明显痛点，需要通过数字化手段进行产业的整合与升级。每步科技以“体育+科技”的精准定位，打造技术驱动型的体育赛事产业服务平台，消除赛事“信息孤岛”，实现管理与资源协同，优化产业流程，降低赛事成本，助力体育赛事产业高质量发展。

（二）坚持融合发展，提升体育赛事综合效益

体育赛事具有很强的正外部性，具有经济和社会效益双重价值。传统办赛模式存在一些局限：就赛事办赛事，赞助招商形式单一，上下游产业链开发不够，参赛、观赛人群的活力激发不足。每步科技从体育赛事整个系统角度出发，以“体旅融合”“体商融合”等为理念，通过“互联网+”等数字化手段，开展多元化体育赛事活动，并依托赛事对消费促进机制进行大胆创新，实现了多方共赢。

（三）依托政府政策，加快数字体育发展步伐

上海市政府和相关部门出台了一系列专项政策，促进城市数字化转型和体育赛事发展，为每步科技在该领域的发展提供了政策指引和资金支持。每步科技先后获得上海市发展改革委“上海市服务业发展引导资金”、上海市经信委“上海市促进文化创意产业发展财政扶持资金”、上海市科委“科技型中小企业技术创新资金项目”、徐汇区科委“上海张江国家自主创新示范

区专项发展资金”、浦东新区科经委“浦东新区科技发展基金重点科技创业企业专项资金”等专项的支持。

四、取得成效

每步科技通过高效运作 MCloud 云平台，打造了一批高水平群众性赛事，取得了经济效益与社会效益的双重成效。在经济效益方面，赛事的品牌价值突显，人群效应显著，通过赛事招商以及参赛人员产生的衍生消费，直接拉动经济增长。社会效益方面，通过赛事倡导全民健身与全民健康理念，为不同区域、不同人群参与高质量赛事活动提供便利，扩大了当地影响。

（一）高校百英里接力赛，以头部 IP 拉动赛事新经济

每步科技创办的“高校百英里接力赛”（以下简称“高百”）是中国高校接力长跑竞技类优秀原创赛事 IP，覆盖全国 942 所高校（见图 2）。在上海市体育局发布的《2020 年上海市体育赛事影响力评估报告》中，该赛事跻身当年上海市最具影响力十大体育赛事榜单，也是第一批认定的“上海赛事”品牌。

图 2　2020 高校百英里接力赛总决赛鸣枪起跑画面

通过线上线下的联合声量，“高百”赛事 IP 吸引众多银行、保险等行业头部赞助商的积极加盟，每年赛事赞助规模达数千万元。依托“高百”赛事，联合麦当劳开展非你莫“薯”消费促进活动，直接触达用户 12 余万人次，发放促销折扣券 10 万余张。“高百”赛事也为城市带来了显著的经济效益，以 2020 年度高校百英里接力赛全国总决赛为例，该赛事产生直接消费 719.06 万元，“吃住行游购娱”旅游六要素拉动效应 962.53 万元。

（二）爱在每步社区健康嘉年华，让消费“烟火气”更浓郁

爱在每步上海社区健康嘉年华“五五购物节”徐汇专场，以“五五购物

节”与“六六夜生活节”的背景开展，荣获建功“十四五”奋进新征程，“促进消费扩容提质”暨“五五购物节”主题立功示范成果。活动联合社区商业、大型商圈，通过设置“汇乐趣，一起 Go”主题微发布、“喊话我态度”、“线上定向赛”等延展线上活动，突破传统单一活动形式，为广大群众带来更多线上运动的可能性。活动同时以线下快闪体验店的形式充分展示潮流、时尚、健康的消费品牌，吸引斯伯丁、阿迪达斯、李宁等 18 家品牌企业共同参与，引导体育消费提升能级。

（三）MOVE 线上运动会，打造健身活动消费新场景

为满足疫情防控期间群众健身需求，充分利用互联网、人工智能等新技术，打造了“MOVE 线上运动会”，使全民健身活动更亲民、更便利、更普及。2020 年，每步科技参与承办上海市第三届市民运动会线上运动会 820 场，活动期间联动特步、博士伦、麦当劳等知名品牌商开展基于运动数据的福利激励与消费配送，直接吸引参与者达 768 万人次；面向企业员工，开展上海市总工会线上运动会，吸引 1453 家企业的 363 万名员工积极参与。

案例 54

Keep：科技创新服务助力智能体育新消费

一、基本情况

北京卡路里科技有限公司（简称“Keep”），Keep App 上线于 2015 年，以“让世界动起来”为使命，全面助力全民健身和健康中国战略，倡导快乐运动，不断提升用户运动体验。Keep 的愿景是成为全球最大的智能体育运营商。

作为一家全球化的运动科技公司，持续推进内容精品化和运动科技化，聚焦家庭运动场景，围绕用户的“吃、穿、用、练”需求提供一站式解决方案，提供包括运动健身指导、直播课、录播课、跑步、骑行、健康饮食指导、运动装备购买等多种服务。

作为国内领先，深受用户喜欢和信赖的运动健身服务商，Keep 以“自律给我自由”的品牌精神，鼓励人们随时随地享受运动的快乐，通过运动探索人生的更多可能性。“正直、感恩、创新、开放、高效和极致”是其企业文化，在 6 年的创业发展历程中，Keep 坚持公益初心，用“梦想运动场”等公益项目支持边远地区孩子们实现运动梦想。

二、主要做法

（一）流量赋能“线上+线下双循环变现模式”为消费者打造体育消费新业态

Keep 聚焦家庭运动场景，以科技互联的运动生态为用户运动全周期提供一站式解决方案。线上，为用户提供超过10000个自研免费训练课程、社交电商、健身工具、Keep消费品（含智能硬件跑步机、单车机、训练装备、运动服饰、健身食品等）、会员收入和广告。线下推动智能体育空间建设Keepland（北京市内近38家门店），独创MIXT训练方式，将线上与线下完美结合，让用户所有的运动行为都可以在线上展现并为接下来的训练起到更多指导意义。Keep通过线上流量赋能和线下健身场景数字化相结合提升用户实景感，捕捉流量以增强用户黏性，积极打造“线上+线下双循环的变现模式”。

（二）“软件+智能硬件建设”打通线上互动“最后一公里”

智能硬件产品主要包括跑步机、动感单车、手环和体脂秤，用户可通过Keep App连接智能硬件实现专属课程跟练、多项身体健康数据监控、智能制定后续运动建议和计划等功能。通过用户运动数据，给用户推荐更智能的训练课程，并借助于智能可穿戴设备，分析用户的动作完成情况，更好地指导用户的训练，通过“软件+智能硬件建设”打通线上互动“最后一公里”。同时，Keep智能硬件融入“价值情感”，软件中加入社交与挑战功能，为用户增添互动乐趣，特别是在疫情期间，这种运动与社交的融合有效地缓解了居家隔离的枯燥与孤独。

因疫情的影响和人民群众对身体健康的强烈愿望，智能体育装备逐渐成为健康消费新引擎，同时也成为健康数据的主要入口。Keep App与跑步机、动感单车、手环等智能硬件可共享运动信息，并对健身计划进行科学调整，为健身人群提供有效的辅助服务，实现智能硬件的运动课程在智能手机和手表上实现数据闭环，为运动健身人群提供运动数据反馈，打通了运动的数字化升级。同时还可以通过社交功能和网络，建立好友社群，交流分享运动的经验心得，邀请好友进行比赛，建立排名，并互相鼓励进步，形成一个以运动为纽带的健康社群。Keep可搭建居民与政府管理部门的数据绿色通道，丰富居民健康数据采集的通道，为政府开展公益服务和应急处置工作提供真实有效的数据支撑。

（三）“5G+直播健身”提供线上体育“现场感”样本

在5G应用环境下，打造全新直播健身业务，极大地满足了用户家庭健身使用课程时的真实体感和场景感。Keep推出了智能动感单车直播课及包含操课、训练、瑜伽等多运动品类的线上直播课程超 13000 个，通过更灵活的课程时段、更沉浸的运动氛围以及“全员在线”的互动体验，重新定义运动交互方式，以互联网特有的科技服务为用户还原线下实景氛围，通过录播课程、直播、广告等互联网推广模式出售健身内容，用丰富的产品生态，构筑运动生活全场景。Keep 也因此在直播健身领域孵化出了大量运动健身 KOL（舆论领袖）、明星教练，间接带动社会经济发展。

在体育数字化、智能化加持下，打造丰富场景体验。通过线上电商渠道促进智能硬件、智能装备消费市场发展；完善线下运动空间体验升级，打造“5km 运动服务生活圈”，实现“线上+线下双循环的变现模式”，形成城市特色的全品类、全生活、全产业链运动科技消费场景。城市运动场景中可将跑步道和移动通信、云计算等新技术进行集成，使居民通过手机全面了解运动轨迹、运动随行指导、锻炼时长、卡路里消耗、排行榜等多维信息集成，并通过智能设备产品展现出来，搭建全民运动新应用场景。

三、典型经验

经过几年的探索，在全国智能体育方面，Keep 已成功构建起以用户为中心的“内容+平台+产品”运动生态系统，形成以内容为呈现形式、科技互联为载体、运动服务闭环协同的“运动解决方案”，满足人民日益增长的美好生活需要，并积累丰富的打造多样新型消费场景的经验。

（一）服务定位切实迎合用户需求

随着生活水平的提高，人们逐渐摆脱了无运动意识的状态，开始自发地参与体育运动。在这一背景下，用户的需求主要体现在需要专业的运动指导，从而提高运动效果。Keep 利用内容和数据优势，将场景、产品和用户需求打通，构建起以内容为核心、科技互联为载体的运动服务闭环，帮助人们从最初的“无运动意识”“想动不会动”到“得到方法动起来”，再到“有效果可坚持”，最终将运动变成一种新的生活方式。在满足用户需求同时，不断创新丰富内容多样化，除了在官方自产内容方面进行投入，也形成了独具特色的运动内容体系。

（二）数字化手段丰富消费场景

通过技术革新丰富运动场景，降低了运动门槛和成本，为疫情期间人民群众“宅家运动”提供助力。并借助线上直播、视频课程（见图 1）、社交属性等数字化运动手段，“互联网+健身”突破了单一运动场景的时空限制，让“宅家”也可以运动，满足了“随时随地”运动、健身、锻炼的需求。同时，为企事业职工提供线上赛事等优质的产品服务，帮助企事业单位人员树立“主动健康”的理念，着重鼓励使用数字化运动工具在家、在办公室随时随地获得在线健身指导，并应用智能化运动穿戴设备，精准掌握身体运动健康的状况。在疫情常态化的当下，提高全民健康水平，提升全民身体免疫力，建设健康中国。

图 1　Keep 动感单车课程库图例

四、取得成效

Keep 以倡导运动健康生活方式为初心，作为国家高新技术企业在运动健康领域里打通线上服务、智能装备、传统制造业完美融合的全生态。用科技的力量和模式的创新每月平均服务 3440 万用户，让更多用户得到更科学有效的指导，收获更多运动的乐趣。

通过把互联网技术和体育科技服务相融合，Keep 的服务范围触及国内、国外更多用户。同时，Keep 作为国内外优质健身内容的桥梁，引进了很多国外健身达人和运动方面的优质内容，通过其平台打通一个国际健身圈，把国外先进的经验和内容引入到国内，源源不断提供给用户新鲜感和体验感。目前，Keep 在技术方面不断创新、突破，现已申请专利 400 多项。2021 年

“双 11”中，整体突破百万销售单品排名前四位均为智能产品：Keep 计数跳绳、跑步机、单车机、智能手环。

未来，Keep 将在全国群众体育健身发展方面，提供综合服务平台。以科技创新为基础，持续研发具有自主知识产权的优质内容，打造更智能的终端产品，持续探索智能体育新业态，布局智慧健身，发力智能硬件、智能装备、在线商城以及线下运动空间等多个领域，致力打造一个全方位、全品类、全产业链的健身科技生态系统，服务全国群众体育，提供多场景下智能体育消费品和服务的新消费模式，用科技创新服务健康中国。

CHAPTER 12

第十二章

“互联网+医疗健康”：技术升级体验，数字赋能基层

编者按

互联网医疗，是互联网在医疗行业的新应用，其包括了以互联网为载体和技术手段的健康教育、医疗信息查询、电子健康档案、疾病风险评估、在线疾病咨询、电子处方、远程会诊及远程治疗和康复等多种形式的健康医疗服务。互联网医疗能够更为显著地发挥优化重组医疗资源的作用，延长传统医疗机构服务半径，推动高质量医疗服务更加公平可及，显现出其解决医疗资源稀缺性约束，特别是解决城乡间、地区间卫生服务资源不均衡问题的能力，从而切实推动解决“看病难、看病贵”等问题。从实效来看，“互联网+医疗”领域的企业依托数据智能形成“医学+AI”技术，为医院、政府相关部门、研究机构、保险公司和患者等，在临床医学研究、新药研发、保险科技、健康管理等多方面提供服务，推动行业的数字化转型，助力提升医疗服务质量和效率，助建智慧医疗和新型消费结合的新生态。

从典型企业经验来看，主要包括：(1) 打造一体化服务平台。企业通过打造一体化服务平台，可以迅速联通患者需求、构建双向沟通平台，解决信息不对称问题，从而降低医疗机构运营成本和医生时间成本，缓解线下公立医疗机构人满为患的情况。对于消费者来说，互联网医疗平台通过整合复诊、随访、咨询服务，让患者可以足不出户享受医疗服务，避免重复医疗行为带来的不便。(2) 线上线下融合实时健康评估。互联网医疗的另一大应用体现在实时健康评估产品开发及平台搭建。随着经济的发展、居民消费能力的提升，人们对于智能化、便捷化健康产品的需求不断提升，催生出一大批符合健康理念、便于健康管理的新产品。(3) 新技术赋能传统医疗机构。通过新技术赋能传统医疗机构，提高了就诊效率，缓解了医疗资源紧张的问题。此外，部分企业发力医药流通领域，通过自身转型为供应链上下游提供专业化和标准化服务，由医药分销商变成医药服务商，实现药品生产、流通、使用等各环节的无缝衔接，促进药品流通降费提效。

案例 55

宁波医院云平台："互联网+"助力医疗健康新型消费

一、基本情况

2014 年 9 月，宁波市率先启动"互联网+医疗健康"建设，推出宁波云医院平台。该平台采用"政府主导、区域化布局、O2O 结合、市场化运营"模式建设和运营，以互联网诊疗、互联网药品、互联网护理、互联网健康管理四大业务为主线，为全市各级医院开展互联网医疗健康提供"统一入口与门户"。云医院平台利用大数据、云计算、移动互联网等技术，对全市医疗卫生资源进行科学整合，将区域全民健康数据进行充分共享，打破了医疗信息壁垒，实现医疗资源的最优匹配，进一步培育和壮大了"互联网+医疗健康"消费的新业态新模式。

宁波云医院平台由宁波市卫生健康委主导、东软熙康健康科技有限公司承建。东软熙康健康科技有限公司致力于成为中国领先的健康管理与协同医疗服务公司。通过 ICT 技术与商业模式创新，构造了一个涵盖健康管理、医疗、康复、养老服务在内的全产业链生态系统；通过创新服务模式，帮助医疗机构将医院的医疗服务跨越物理围墙的约束，走向社区，走向家庭；通过构建云医院平台，支持大医院与基层医疗机构的协同、医生与病人之间的协同、医生与医生之间的协同，使得医疗资源得到高效率的发挥。

二、主要做法

（一）实施背景

宁波市卫健委根据《国务院办公厅关于促进"互联网+医疗健康"发展

的意见》以及《国务院办公厅关于以新业态新模式引领新型消费加快发展的意见》，紧紧围绕《浙江省深化医疗卫生服务领域“最多跑一次”改革推进就医体验大提升实施方案》的具体要求，精准聚焦挂号难、问诊难等群众就医的痛点，沟通难、随访难等医患关系维护的堵点，以及留痕难、取证难等线上诊疗监管的难点，充分发挥人工智能、大数据、云计算等尖端信息技术优势，高标准建设全市统一的互联网医疗服务平台——宁波云医院平台。

（二）创新亮点

宁波云医院平台整合多方位资源，以制度保障为依托，通过技术赋能，促进“互联网+医疗健康”高质量发展（见图1）。

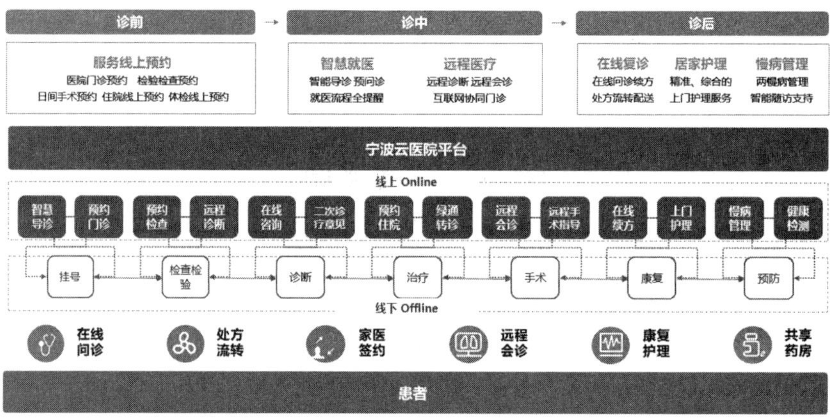

图1　宁波云医院平台“互联网+医疗健康”服务生态

1. 资源整合，模式创新，突出互联网医疗服务优化

通过“政府主导、区域化布局、O2O结合和市场化运营”的创新模式，宁波云医院平台作为城市性互联网医疗服务门户，为入驻的实体医疗机构提供互联网诊疗相关的技术、管理和运营服务。在问诊、预约、处方的基础功能上，与全市各级医疗机构线下诊疗业务更深度融合的同时，向医疗服务全流程及患者精细化管理的方向进行拓展，围绕大健康“预防-诊治-康复”全流程，开展“防、治、养”一体化服务的融合与整合。

2. 技术赋能，AI加持，突出互联网医疗应用实效

打通线上线下多源数据，加强与院内HIS等信息化系统的数据对接，通过各类数据模型，构建患者标签及画像体系，精准定位患者需求，以此提升

优质医疗资源和有需求的病患连接的效率，使互联网医疗进入正向循环。同时，开展人工智能、5G、云计算、大数据等新兴技术在云医院平台的运用，如智能预问诊、智能导诊、AI 语音随访、辅助诊疗等服务。

3. 制度保障，标准先行，突出互联网医疗监管规范

按照稳妥审慎、循序渐进的总体思路，搭建“互联网+医疗健康”建设的政策与制度框架。从 2016 年起，先后出台《宁波云医院平台运行管理办法》《宁波市“互联网+护理服务”工作实施方案（试行）》等规范，并受国家卫生计生委委托开展《宁波互联网健康服务标准培育试点》标准前期研究，实现全市落地应用。2019 年 10 月，“互联网+医疗健康”服务被纳入常态化监管项目实施重点监管。

（三）解决的主要问题及方式方法

“互联网+医疗健康”瞄准全周期健康服务需要，以实现连续化惠民便民服务为突破口，着重解决老百姓看病“难、烦、贵”，打通院内、院外和诊前、诊中、诊后连续服务闭环，优化“防、治、管、养”结合的健康促进环境，合力打造集预约诊疗、协同医疗和互联网便民服务于一体的城市“互联网+”健康服务生态。

1. 从优化群众就医流程入手，开展线上线下协同服务，让优质医疗服务走进社区、走进家庭

一是落实家庭医生健康守门人职责，家庭医生可以依托宁波云医院平台实现基础医疗、公共卫生、在线问诊、预约挂号、慢病管理、上门护理、健康管理、健康教育“全程家医”服务。二是深入挖掘宁波社区老年人养老康复服务需求，创新采用上门护理服务模式，让社区老人老有所依，老有所养。三是融合线上问诊与开方，采用物流配送到家方式，打通药品服务最后一公里，让居民没有难买的药。四是创新引入“互联网+AI”技术，辅助社区医生临床决策，进一步提高医疗效率。构建“自助微诊室+智慧云药房”、远程云探视、虚拟专科中心、健康大数据分析等。

2. 从提升医疗资源配置入手，打通优质医疗与基层医疗机构服务协同通道，促进优质医疗资源高效下沉

一是整合全市医联体、医共体服务资源，通过“分级共管”院后随访管

理、两级医院“医-医”协同服务、村卫生服务站“共享医生”服务模式，实现医疗服务资源合作联动、科学流动与合理分配。二是结合居民购药需求，科学合理构建医联体、医共体内可衔接的用药机制，解决基层缺医少药问题。三是构建医联体、医共体临床知识服务体系，让临床专业知识下沉到基层，进一步提高基层医疗服务能力，让社区医疗服务更贴心、更可靠、更从容。

3. 从创新传统医疗服务模式入手，推动全市互联网医院建设标准化、统一化，带动区域学科医疗服务能力显著提升

一是以“智慧医疗”为支撑，形成包括线上预约挂号、预约体检、在线缴费、检验检查结果查询、送药上门、上门护理等环节在内的医疗业务流程闭环，构建规范化、高效化、标准化的宁波互联网医院建设模式。二是围绕宁波十大医疗卫生品牌学科，上线互联网医疗专科中心，打造从科普、预防、治疗、用药到康复的专科健康管理体系。通过创建专科患者管理路径，实现患者从院前收治、院中治疗到院后管理的全周期服务。三是积极引入专业第三方互联网诊疗运营服务机构，实现全市互联网医院科学、合规、安全、有序运营。四是建立“互联网+医疗健康”绩效评价体系，通过大数据技术对问诊业务、处方业务进行统计、反馈和分析。运用“技术+制度”，有效提高医生使用互联网医疗的积极性，同时提升互联网医疗质量安全水平。

三、典型经验

宁波云医院平台从医疗服务的成本、效率、体验三个方面协同考虑，培育“互联网+医疗健康”消费新模式。

（一）明确平台定位

由政府主导，紧紧围绕“服务好医改、服务好医院、服务好居民”的目标，建设初期就将平台定义为城市性互联网医疗服务门户，以健康档案为纽带，实现互联共享与业务协同，实现区域化布局。

（二）夯实平台基础

在平台安全性、易用性、可扩展性上狠下功夫，通过创新的模式，完成平台“硬件设施+软件技术+服务内容”的基础建设和全面升级，通过平台聚

合公立医院型的互联网医院，使区域平台型互联网医院和公立医院型互联网医院形成优势互补。

（三）优化平台体验

以实体医疗机构为责任主体，通过服务、数据、管理线上线下的深度融合，构建一体化医疗服务。实现就医全流程的智能化再造，推动患者服务格局从目前的“线下为主、线上为辅、各自为政”向“线上线下智能化深度融合”转变，将医患关系由基本单向关系变为多维互动关系。

（四）提升平台治理

建立完善的平台治理体系。制定完善的监管制度，包括准入准出、规范管理、服务定价及质量追踪，从线上医疗健康服务开始前、进行中及结束后进行全员、全流程、全方位、标准化的监管。同时，运用新一代网络安全技术，在实现“互联网医院”的运营管理和监管与实体医院同质化的基础上，建立网络安全和信息安全风控机制，及时预警和消除安全风险。

（五）构建平台生态

坚持“服务群众，携手共赢”的原则，通过市场化运营，从监管方、服务方、使用方、支付方、科技等五个方面，打通价值链。同时，将平台扩展到教育、体育、康复、养老等其他的产业链条中，打造“医教体康养”全方位体系，构建一个可持续发展的“互联网+医疗健康”服务平台生态圈。

四、取得成效

（一）服务提供

目前，全市开展互联网医疗服务的医疗机构共有206家，注册医生11029名，护士6277名。截至2021年12月，全市共提供互联网咨询、问诊服务超过337.8万人次，开具电子处方303.5万张；药品配送服务93.6万人次，居家护理服务2.1万人次（占全省的90%以上）；开展大数据健康评估服务140万人次；开展互联网协同门诊服务3万余人次，远程会诊服务2563人次，双向转诊服务25.9万人次，“共享医生”服务1万余人次，“共享药房”服务5.7万人次，家庭远程血压、血糖监测服务13万人次。

助力新冠肺炎抗疫“一盘棋”，提供疫情期间线上咨询、问诊服务65.8

万人次，药品配送入户 40 万人次，协同门诊服务 4248 人次，新冠肺炎防治自助和 AI 辅助服务合计超过 15 万人次。开展抗击“烟花”台风互联网便民义诊，3 天服务 2131 人次。

（二）社会效益

宁波的区域化服务模式与医院服务模式、平台公司服务模式并列成为全国“互联网+医疗健康”服务三大模式，取得了一定的社会效益。一是预约就诊成为百姓就诊的主要方式，“三长一短”（排除时间长、检查时间长、交钱时间长、看病时间短）问题得到有效破解，三甲医院预约挂号率由 7 年前的 25%上升到 86%，就医候诊时间由 1 小时缩短到平均 26 分钟。二是互联网成为市民求医问药的熟悉路径，全市日均互联网医疗服务量超过 2000 人次，高峰期超过 8000 人次，部分医院线上服务量接近门诊量的 10%。三是“互联网+”成为宁波市医疗服务领域“最多跑一次”的主引擎之一，2020 年宁波市“最多跑一次”改革考核列全省第二，市级医院多项监测指标位居全省三甲医院前列。

（三）主要荣誉

宁波市“互联网+医疗健康”先后荣获 2017 年信息社会世界峰会（电子卫生类别）大奖、2018 年度中国网信事业（智慧健康医疗）创新驱动示范项目、第四届浙江省公共管理创新案例十佳创新奖、2019 中国智慧健康医疗创新成果奖、2020 年 IDC 中国数字化转型疫情防控特别奖和 IDC 中国医疗行业数字化转型重点技术应用场景创新大奖。

案例 56

广州医药：大数据驱动医药消费服务模式创新

一、基本情况

广州医药股份有限公司（下称“广州医药”）是以医药供应链服务为主导的医药流通企业。广州医药成立于 1951 年，是世界 500 强广药集团大商业板块的重点企业，也是世界 500 强企业沃博联的成员企业。广州医药拥有在医药批发和零售领域经营近 70 年的标志性品牌，30 多家成员企业、多个连锁品牌及超 100 家零售药店，整体实力稳居全国同行业前六，被《哈佛商业评论》评为数字化转型的先锋企业。2015 年成为全国首批通过两化融合管理体系评定企业，2021 年成为国家八部委颁发的“全国供应链创新与应用示范企业”（全国所有行业仅 100 家）。广州医药拥有以 AI（人工智能）博士团队领衔的创新实验室和一支多达 150 人的熟悉行业、具备强大研发创新能力的信息技术团队，致力于研发创新，多年来一直走在行业信息建设的尖端，是医药供应链数字化转型的领军企业。

广州医药基于医药大数据的多层级物流端到端一体化平台，以 S2B2C 平台为“试验田”，联动 SIP、B2B、2C 等多个项目，着眼于建立整个 S2B2C 生态的规则和标准，打通上下游客户数据通道，从而构建数字化产业链，实现采购、销售、物流、财务等业务的数字化，打造清晰可视、合理配置、快速调用、复用性高的数据资源平台，应对医药流通行业成本密集、资金密集、技术密集的特点，总投资金额接近 4000 万元。

二、主要做法

（一）打造新商业模式，构建数字化医药供应链

广州医药重点研究了新 S2B2C 营销模式与大健康产业的模式融合和创新（见图 1）。通过对医药流通行业特点以及新零售业务模式的研究，分析健康服务行业业态，实现技术与业态的深度融合，通过打通医药流通各环节，探索新的业务模式，着眼于解决医药流通全流程的痛点与难点，使产品从“多、快、好、省”的浅层效果向高科技、新模式的深层结合方向发展，为广大群众提供更便捷的医药服务。实现采购、销售、物流、财务等业务的数字化，打造清晰可视、合理配置、快速调用、复用性高的数据资源平台，逐步替代企业现有供应商流向门户等线上工具。面向重点供应商的数据服务，包括供应链全景呈现，同时尝试集团化流向、集团化返利模式，开展创新营销模式的探索，上线创新营销模块，包括寻源和预售等。

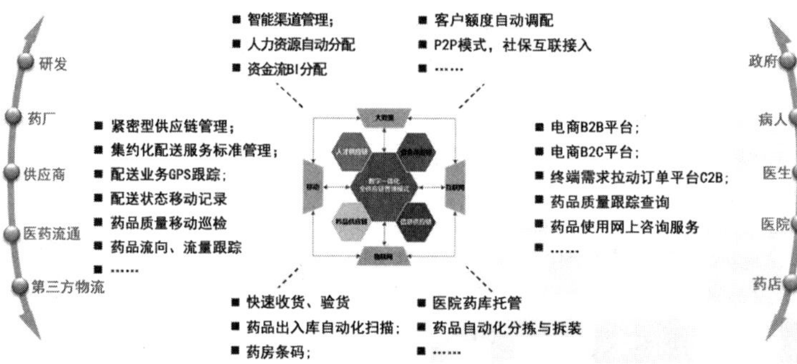

图 1　以数字一体化为核心的新型医药消费创新服务模式

（二）搭建中台打通全渠道，建立新零售营销体系

打造供应商（S）、客户（B）、用户（S）三端联动一体化服务，通过搭建中台全渠道订单通，联手美团等渠道打通 O2O 业务，建设私域商城，支撑处方流转业务，在此基础上拓展线上营销渠道，建立线上线下一体化新零售营销体系。

利用穗康健康生活平台（见图 2）、慢病服务系统等围绕客户健康需求搭建健康服务体系，为消费者提供在线医疗、慢病服务等增值服务，打造专业的健康服务平台生态圈。与广州市医保局电子医保支付接口打通，本市参保群众可十分便捷地在线使用医保购药，有效解决了市民医保买药难的问题。

图 2　穗康健康生活平台在线医保购药版块

（三）发展大数据辅助运营，适应上下游迅速联动

B2B 平台以客户需求为中心，通过线上线下业务联动，实现客户交易转型升级，打造广州医药对外医药互联网平台及门户网站。

客户中心建立客户画像，以客观的标准将各类客户标签信息具象化，实现精准营销；交易服务中心实现线上线下联动，洞悉客户真实需求，跟踪客户全过程行为数据，汇集成客户交易大数据；数据分析中心以透明化、图像化的多维度立体数据模型展示客户需求变化，方便领导层快速决策，为公司向未来智能化、智慧化业务模式转型夯实基础。

通过对客户交易大数据和 2C 平台用户消费大数据的智能化融合，进一步把握整个医药消费市场的风向，并以此为依据调整采购策略和营销策略，倒逼商品供给侧改革和产业升级，使消费变得更人性化和更有效率。

三、典型经验

（一）以协同合作，打通消费端到生产端的产业堵点

以群众健康需求为根本立足点，通过从 C 端和 B 端广泛收集需求数据、融合医药大数据与消费大数据、改变传统医药供应商以“推”为主的模式，高效整合医药流通产业链。广州医药健之侨医药网从 2019 年上线至今实现近 100 亿元业务额，大力拉动与加速整个医药供应链的服务转型。

（二）以数字化支撑，探寻新型消费网络节点

以延伸大健康为主线，从传统购药向药事服务、长慢病处方药配送等增

值消费延伸，促进传统消费主体的服务内涵转型，在最大限度满足消费者需求的基础上，为企业的采购和销售提供了精准而强力的决策支持。广州医药因应处方药零售的新型消费发展，开拓了广州医药大药房连锁作为线下支撑，配合线上会员药师服务小程序，为超过 2 万个长慢病会员提供专业的药事服务，逐步形成从传统药品交易转向专业健康管理的商业模式。

（三）以大数据挖潜，更快更准地洞察新型消费模式

通过企业大数据平台的挖潜与分析，为上游供给侧改革提供了有效的数据支撑，供应商的业务模式优化又能从多个角度引导和挖掘消费者的新需求，进而打造出医药行业新型消费的良性循环模式。广州医药在实施过程中进一步证明了该模式的正确性和高效性，相信通过在行业领域内大范围推广，势必形成规模效应，推动医药流通行业的整体变革，创造行业新气象。

四、取得成效

（一）探索新营销模式，推动医药流通行业新信息浪潮涌现

在当前国家提倡全民健康的大趋势下，新 S2B2C 营销模式与大健康产业的结合毫无疑问将成为医药流通行业爆发点。基于医药行业的特殊性，B2B 和 B2C 等传统模式已经不能完全满足群众日益增长的健康需要。如何探索新的业务模式、打通医药流通各环节、根除全流程中的梗阻、为广大群众提供更便捷的医药服务，已经成为业界最为关注的问题。这一项目的实施，正是广州医药对此痛点深刻思考、长期规划后的决策，充分体现了广州医药股份有限公司“健康之桥，造福大众”的办企理念，以及敢于创新的领头羊精神。

通过对医药流通行业特点以及 B2B、B2C 业务模式的研究，分析健康服务行业业态，实现技术与业态的深度融合，使产品从“多、快、好、省”的浅层效果向高科技、新模式的深层结合方向发展，从而全面提升客户体验，提高全社会对医药流通行业新模式的认知度、认可度，打造科技为本、务实创新的风向标。

（二）打造广州医药健康生活品牌，造福大众

广州医药在营销服务中引入健康生活理念，为消费者提供新消费方式，利用现有的穗康健康生活平台为 1000 多万在穗人士提供防疫物资、线上商

城、体检预约、核酸检测、癌症筛查、医药知识科普等服务的半公益类健康生活版块，让社会公众方便、快捷获取优惠、实用的健康类服务。特别疫情期间的口罩预约、核酸检测预约等服务深受群众好评。后疫情时代，穗康健康生活通过学生口罩、过期药回收、公益扶贫项目等为全市复工复产复课提供大力支撑。

在线医保购药服务配合广州医药线下配送力量（包括无人机配送）的全力支持，在疫情封锁区域为广大有日常用药需求的群众提供了极大的便利，受到市、区、街道、社区各级政府的高度赞扬，同时也成为广州医药大力探索医药领域电子商务模式的强心剂。该案例也是电子医保支付在医药流通领域的首个成功案例，为医保电子支付的大力推广打下了坚实基础。

（三）实施数字平台转型，助推消费实现经济增长

通过平台的实施，可以带动新增的平台客户以及老客户在平台新增品规的销售，并且得到入驻商家的交易服务费和厂家的市场推动服务费等收入。平台短期内可以在集团层面体现集约化效益，中长期可以带来可观的经营业绩和企业价值增量。其中健之桥 B2B 平台拥有超 1000 个国内外知名厂商和超 9000 个客户，近 2 年业务销售额近百亿；CRM 平台会员数超 200 万，销售订单超 2.5 亿元；穗康健康生活平台用户超千万，截至 2021 年 8 月订单金额超 3 亿元，发展趋势良好。

案例 57

吉林大药房：打造新型智慧药房

一、基本情况

吉林大药房药业股份有限公司（以下简称“吉林大药房”）成立于1995年，注册资本6375.0394万元，是中国500强、上市公司——吉林亚泰（集团）股份有限公司（股票代码：600881SH）医药板块所属企业。2020年，实现总资产47.55亿元，实现销售21.84亿元，实现利税1.37亿元。

拥有全资子公司9家，控股子公司2家，是全国首批、吉林省首家通过GSP认证的医药零售连锁企业，被省政府评定为“吉林省国家药品储备单位”，被长春市政府列入市级“中央应急保障物资储备中心”。现市场布局已触达吉林省、北京市、河北省，连锁门店千余家，连续多年稳居中国药品零售企业综合竞争力排行榜前十五强，市场占有率、品牌影响力、知名度位列吉林省内连锁企业首位。近年来，拓展经营思路，坚持以医药物流批零一体化为支撑，以639万会员服务为核心，践行“您身边的健康管家”品牌定位。深化“以客为尊、卓越服务”的服务理念，重点开展“新零售、互联网医疗”等创新业务，建立百余个智能化送药队伍，构建以顾客为中心的全渠道运营服务体系。扎实推进医药融合，由传统药房向智慧药房的全面转型升级已见雏形，为持续打造新型智慧药房奠定基础。

二、主要做法

（一）线上线下全链条融合，实现消费者个性化健康管理

吉林大药房提前布局，打造私域流量，采用O2O线上线下一体化运营模

式，开发 App、小程序、微商城、PC 商城等应用，建立安全专业的自营免费送药团队。依托千家门店覆盖广、密度高的布局优势，利用互联网技术，开通所有门店线上交易入口，打造“网订店送、网订店取”业务模式（见图1），在线下药品交付场景基础上增加线上渠道，随着全病程管理模式及私域社群的构建，新零售全渠道由重流量逻辑向重价值逻辑转变，进一步促进了运输仓储、配送时效、疾病管理等诸多要素的效率提升，增强 C 端用户自由选择的权利，与原有线下药房形成互补，在线上“亚泰微医”板块，通过线上问诊、复诊处方及慢性疾病管理等服务内容的提供，提高为患者提供的医疗服务质量。

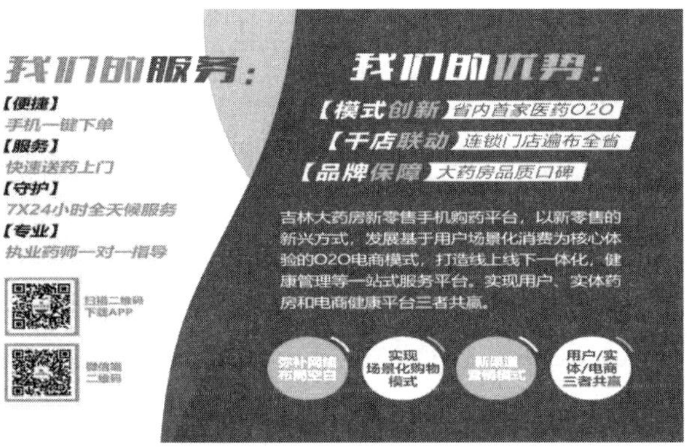

图 1 吉林大药房新零售平台——网订店送 网订店取 7×24 小时守候

（二）建立“互联网+”会员系统，实现会员全面智慧化健康管理

（1）通过大数据实现消费者分类管理。借助大数据智能化手段，对会员进行分类管理，搭建集体会员、家庭会员、个体会员体系，实现了“企业-社区-家庭”健康共建。

（2）打造“慢病健康站”实现消费者健康跟踪管理。打造“慢病健康站”门店，由通过专业培训及严格考核上岗的慢病专员对会员建立专属药历档案，通过健康指导、用药依从性教育、健康检测、用药提醒、健康指标追踪等一系列个性化、专业化的服务，实现对慢病及老年会员的健康进行干预和动态管理，满足消费者健康需求。

（3）通过百万移动健康体检车实现“健康到家”。斥资百万购置移动健康体检车，车上设有血压、血糖、心电、彩超、放射线等体检项目，配备专业医师。吉林大药房设有年度健康巡检计划，会走进各个社区，由门店提前向预约会员及有需求的患者上门宣传，让很多行动不便的老年消费者进行健康体检。对于有健康咨询的消费者，吉林大药房有65家医疗终端提供远程健康管理服务，有效解决了患者看病难、排队难、就医难问题。

（三）科技创新，实现药房智慧化升级

作为药品零售连锁企业，吉林大药房高度重视信息化管理体系构建，科学规划、稳步落实，相继完成了“ERP（门店智慧管理系统）”“CRM（会员管理系统）”“WMS（仓储自动分拣管理系统）”“远程诊疗”“客服呼叫管理”“员工技能培训平台”等多个信息化项目的规划建设。结合人工智能、大数据、5G、物联网等信息技术，推动信息化体系整合，实现会员营销一体化、数据分析智能化、诊疗业务标准化、门店管理智慧化、客户服务全程化，发挥信息化创新驱动作用，助推企业逐步从传统的实体经营药店转型升级为“智慧药店+新零售平台+大健康连锁”的新型医药综合体。

（四）依托大数据，实现智慧化药房科学布局

依托互联网大数据所提供的多维度、高时效、高精度的商业数据，通过专业应用软件的合理分析，通过“微信热力图”的有效应用，通过对区域客群情况的群体画像、群体客流热度等信息的高效分析，合理进行网络布局，使吉林大药房千余家门店遍布省内八市一州大街小巷，惠及千万百姓。

三、典型经验

连锁药店承接医改新时期健康中国背景下政府公共卫生体系的终端服务环节，应以便民为出发点，实现用户的全方位精准服务，以服务场景区分为“到店”“到家”两个主要环节。

（一）依托大数据技术，打造贴心线下服务场景

发展线上线下融合的新型消费不仅需要重点搭建线上平台，发展线上服务，同时也需要依托线上技术改造线下服务场景，依靠线下服务引流线上。连锁药房可通过开展24小时营业，构建智慧药房，实施顾客“售前咨询、售中购买、售后服务”的全过程精细化管理，并且结合智能化数据分析及评价系统，开展服务跟踪回访工作，收集顾客反馈信息并建立回访档案，真正做到及时跟踪、积极反馈、有效解决、顾客满意的优质服务。同时延伸垂直

服务，深度打造专业的药事服务，按照疾病领域进行精准的患者教育，协助上游医生提供及管理患者随访，支持医生及医药公司调查药品疗效及安全性，从医患连接的初衷出发，形成全病程管理闭环。由此可知，传统药房向新零售转型不仅要向线上平台延伸，也要创新线下消费场景，用技术改造药房线下的消费场景，从而给消费者带来更贴心、愉快的消费体验。

（二）运营私域社群，推动线上服务延伸

传统药房的新零售转型离不开向线上平台的延伸，启动 24 小时“28 分钟免费送药”业务，开展新零售业务全面为消费者提供线上购药、在线问诊等特色便民服务，打造“网订店送、网订店取”的模式，同时借助 App、小程序、微商城、PC 商城等应用实现用户的私域社群管理。除了开发线上订药、线下送药模式外，搭建私域社群以及时为消费者答疑解难也是药房线上延伸的重要部分。

四、取得成效

（一）智能化免费送药业务，赢得百姓赞誉

吉林大药房坚持 19 年免费送药，累计送药 420 余万次，里程达 2000 余万公里，可绕地球 500 余圈。通过不断优化和提升，送药时间由 2 小时缩减至 28 分钟极速送达，更好地满足了消费者急用药心理，赢得了消费者认可，也让吉林大药房的名字响彻吉林大地。将免费送药业务与新零售有机结合，实现“互联网+医药”，服务民生，提升社会效率，符合国家发展大健康产业的政策导向。将“到家”与“到店”业务做到极致，为所有使用新零售系统的会员链接更多的健康服务（医护到家、慢病管理、绿色就医），通过更多服务的链接，带动实体药店和云药房的销量整体增长 15%。

（二）通过会员健康服务，为百姓健康保驾护航

利用现代化信息管理手段对会员进行分级分类管理，利用百万健康体检车、医疗连锁、调理中心等项目，一站式为会员顾客提供“医+药+养”的多维度服务。

2014 年投资百万购置移动健康体检车，实现血压、血糖、心电、彩超、放射线等移动体检服务。7 年来，对药房会员开展公益健康检测及健康体检服务近50万人次，得到了社会各界的高度赞许，成功拥有会员639万人，具有较好的社会效益。

依托现有终端零售、医疗连锁、物流批发、电子商务四大主线，借势健康中国战略，继续完善“终端零售+现代化物流+医疗服务+新零售”的管理体系，围绕大数据融合医药、医疗、医养，逐步实现药品销售向健康管理服务的转型升级。不断向大健康产业延伸，铸造药学服务强势品牌，引领行业内企业做大做强，为医药连锁行业发展攻坚贡献力量。

案例 58

天津微医总医院：创新搭建数字健共体“四朵云”

一、基本情况

依据天津市人民政府和微医集团（浙江）有限公司于 2020 年 1 月 6 日签署的《“数字健康”战略合作协议》，在天津市委网信办、天津市卫生健康委的指导支持下，天津微医总医院承接天津市基层数字健共体建设，依托互联网医疗卫生健康数字管理平台，协同全市 267 家基层医疗卫生机构共同组建以健康为中心的数字化紧密型医疗卫生健康共同体。2020 年 4 月，基层数字健共体建设正式启动，天津微医总医院承担包括“云管理”“云服务”“云药房”“云检查”在内的“四朵云”平台建设及运营，开创了省级行政区基层医疗数字化升级的先河，以互联网健康医疗新消费模式，助力解决百姓“急难愁盼”问题。

二、主要做法

天津微医总医院依托大数据技术，引入信息管理平台，切实解决了百姓“挂号难”、“上门难”、“取药难”和“检测难”的难题。

（一）基于互联网搭建健共体医疗健康服务云平台

天津市基层数字健共体依托天津和平微医医院，搭建互联网医疗卫生健康数字化管理平台和运营平台，以“四朵云”为核心，全市 4000 多名基层医生在健共体内多点执业，并开通互联网诊疗账号，形成了线上线下相结合的医疗健康服务新模式。家庭医生在线下为签约患者提供健康体检、寻医问药、健康管理等服务，在线上为签约患者提供健康咨询、医保复诊、送药到家、健康随访等服务（见图1），从而形成全生命周期闭环的健康管理。以线上线下相融合为特征的“互联网+医疗健康”新模式，为老百姓提供更加便捷、更加全面的医疗健康服务，吸引更多群众回流基层就医，真正实现分级诊疗的目标。

图1　微医互联网医院远程会诊现场

（二）搭建线上线下一体化的药品保障服务平台

长期以来，群众在基层医疗机构就医时常面临取药难题，数字健共体搭建了“云药房”平台，引入“互联网+药品保障”服务模式，有效衔接基层医疗机构和二三级医疗机构的药品目录，线下依托基层医疗机构建设便民取药点，保障常见病、多发病的一般用药，群众在医院就医直接取药，不改变原有就医习惯；线上依托“云药房”，保障延伸处方和特殊用药，群众可在线上或医院开具处方，由物流公司免费配送到家，满足群众多样化用药需求。同时，“云药房”还强化了处方审核和监管，为患者提供用药指导。通过“云药房”提供的线上线下一体化保障服务，从根本上解决了基层医疗机构药品保障不足、使用不规范等问题，加强了医疗服务保障能力和供给能力，有效提升基层医疗机构服务质量。

（三）搭建线上申请线下服务的医疗服务平台

为满足重点人群，尤其是老年患者、失能半失能人群、残疾人的上门医疗服务需求，数字健共体搭建了“云服务”平台，充分发挥家庭医生“健康守门人”作用，集中受理居民提出的上门入户特需医疗服务、建立家庭病床、“互联网+护理”等服务需求。居民可由本人或家属通过天津市基层数字健共体App或微信公众号在线上提交申请，经签约属地网格管理审核通过后，由符合资质要求的医护人员提供上门服务。全市制定统一医疗质控标准，保障服务质量。平台为医护人员购买了医疗责任险和人身险，保障服务安全。通过创新居家医疗服务模式以及线上线下相结合的新模式为居民提供多形式、多层次、多样化的中西医结合医疗护理和健康管理服务，扩大居民对医疗服务的消费需求，提升人民群众的获得感。

三、典型经验

天津市基层数字健共体以基层医疗卫生服务能力提升、居民健康指标提升、医保费用增速降低“两升一降”为目标，积极探索，创新实践，服务百姓。

（一）构建紧密型医共体，优化新型医疗消费发展环境

全国首创以互联网医院为牵头方组建紧密型医共体，各成员单位通过协议形式明确各自的责任、权利和义务，建立资源共享、分工协作、责任共担和利益共享机制，形成责任、管理、服务、利益的共同体。这一模式横跨体制内外，探索“踩住脚、倒着做龙头”运行模式，开启了天津医联体建设的 3.0 时代。2020 年 12 月，基层数字健共体被《中国卫生》杂志社评为“推进医改 服务百姓健康”十大新举措之一。

（二）科技赋能，推动线上线下消费有机融合

通过科技赋能，可以打造高效的信息管理平台，用技术切实解决群众的难题，提升为群众服务的能力。“四朵云”平台数字化赋能基层，提供诊前、诊中、诊后全流程医疗和健康维护服务，逐步构建以健康为中心的高效健康维护体系，推动落实健康责任制，加快实现从“以治病为中心”向“以人民健康为中心”的转变。

四、取得成效

通过一年多的探索实践，天津市基层数字健共体“四朵云”服务平台有效提升了基层医疗卫生机构服务能力和服务效率，极大吸引了常见病、慢性病患者回流基层就医，越来越多的市民在家门口享受到优质便捷的医疗服务。

2021 年，天津数字健共体累计就医人数达到 90.9 万人次，新型医疗消

费销售额 22831 万元。预计到 2022 年底，健共体各平台建设完成稳定运行后，全体成员单位医疗总收入将达到 60 亿元。其中，“云药房”通过智能监管、合理用药为患者和医保基金节约药品费用 3 亿~4 亿元。

同时，“四朵云”的建设，完善了新型基础设施和服务保障能力，带来了极大的社会效益。“四朵云”的建设不仅使居民用药消费得到保障，使得居民获得全过程健康管理，还使得居民就医便利性得到提升。

案例 59

医渡云：大数据驱动的商业补充医疗和健康服务

一、基本情况

医渡云是业界知名的医疗人工智能技术公司，提供数据智能驱动的医疗创新解决方案。依托数据智能形成的“医学+AI 技术”，为医院、政府相关部门、研究机构、保险公司和患者等，在临床医学研究、新药研发、保险科技、健康管理等多方面提供服务，推动行业的数字化转型，助力提升医疗服务质量和效率，助建智慧医疗和新型消费结合的新生态。

2021 年 7 月 26 日，在北京市医疗保障局、北京市地方金融监督管理局共同指导，中国银行保险监督管理委员会北京监管局监督下，医渡云作为主运营平台联合五家保险公司为北京市医保参保人定制了普惠型商业补充医疗保险服务方案，并以“北京普惠健康保”的产品形态正式上线。

该产品创新的“互联网+保险+医疗大数据技术+健康服务”模式，为北京市参保人提供了定制化的一站式保险保障及医疗服务体验。一方面，依托医疗大数据技术进行精算建模和既往症风险人群识别，设计出更贴合北京市人民保障需求的保险产品，积极促进了北京多层次医疗保障体系建设，有效缓解人民群众高额医疗费用负担，为基本医疗保险提供补充保障；另一方面，结合互联网线上线下融合的新型消费模式，为客户提供线上投保、医保个人账户线上支付、客服机器人、快赔、特药及健康服务一键申请等便民、惠民的互联网服务。综上，“北京普惠健康保”通过数字化、智能化、信息化、网络化的运营模式，吸引了超 300 万市民参保。

二、主要做法

不同于以往的商业健康险或城市定制型惠民保险，“北京普惠健康保”具有如下创新点。

（一）应用医疗大数据技术，提升既往症人群识别精度

“北京普惠健康保”将有既往症的风险人群纳入保障范围，即投保前就患有白血病、慢性呼吸衰竭、恶性肿瘤、淋巴瘤等既往疾病的市民仍可获得保险保障。因既往症人群在理赔时将享有不同于健康人群的赔付方式，在医保授权的前提下，运营平台需依托医保数据精准识别参保人群中的既往症人群，并形成客户标签。

为提升既往症人群的识别精度，医渡云通过提取医保数据中的诊断方式，利用医疗大数据的标准化及归一技术，将原始数据中因数据缺失或不标准导致的疾病 ICD 码为空值或不准确的问题数据进行自动补齐和修复。通过数据清洗服务，将既往症人群精准识别率提升到了 99%（见图 1）。

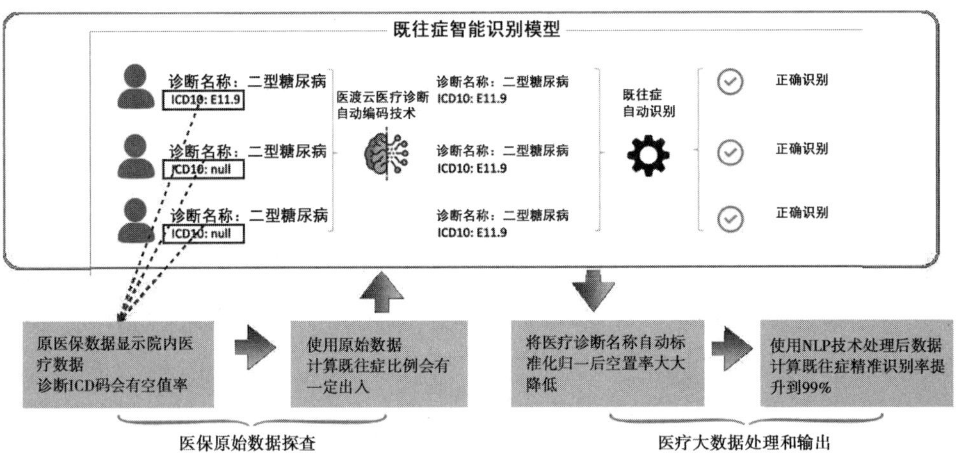

图 1　既往症识别模型应用情况

（二）搭建互联网参保平台，统一线上线下服务体验

为提供更便捷的“互联网+”服务，医渡云为“北京普惠健康保”搭建了充分融合线上线下的一站式参保服务平台。客户可以在参保平台上使用在线投保、北京医保个人账户余额在线支付、线上保单查询、线上理赔及医疗

服务申请等便捷服务；同时，医渡云搭建的参保平台与五家联合保险公司、三家互联网平台（微信、支付宝、京东）及两家北京政务平台（北京通、京医通）等多渠道打通了线上投保通道，方便市民快速进入统一参保入口。

（三）医疗理赔审核模型，助力实现智能一站式结算

相较于以往人工审核的理赔服务模式，“北京普惠健康保”医保内保障（自付一、自付二）与大病保险实现一站式结算，依据医保系统推送的大病支付数据，由医渡云基于医学自然语言处理技术和保险理赔知识库搭建的理赔审核模型自动判定赔付责任并理算赔偿金额，与大病保险同步支付，实现快速理赔支付。一站式结算服务不需要参保人提交索赔单据，且因人工干预较少而大幅提升获赔时效，为参保人提供全新的理赔体验。

（四）AI 智能客服机器人，赋能客户体验升级

“北京普惠健康保”通过 AI 智能客服与人工客服结合的方式，为参保人提供涵盖投保期至保障期结束的全周期咨询服务。医渡云依托自然语言处理技术，对客户关心的知识进行聚类挖掘、增量学习、相似知识学习等处理，形成城市保险定制知识库，自动解析用户咨询文字词义，实时答复用户关注问题并推荐关联问题，为参保平台提供贯穿售前、售中、售后所有环节智能客服服务。参保人可通过使用参保平台的 AI 智能客服，迅速获取问题答复，有效缓解焦虑情绪，实现服务体验升级。

（五）洞察用户属性，唤醒健康意识实现精准关怀

为实现“保险+健康服务”双模式运营，通过唤醒居民健康管理意识，进而提升保障人群的整体健康水平。医渡云对用户的疾病风险属性、人口统计学属性、平台阅读习惯属性等特征进行数据分析，形成客户分群标签和基于标签体系搭建的 360°的用户画像。通过对“标签化”的疾病风险人群进行靶向服务推送，结合线上内容运营、直播答疑、客服主动触达等服务方式提升用户健康服务使用率，实现普惠性精准化服务。

（六）数据洞察，辅助产品精算建模

为辅助保险公司设计更贴合北京市民保障需求的保险产品，实现保障责任的精准定价。医渡云协助保险公司对北京市人群的人口统计学特征、医疗费用分布等精算数据进行数据分析和数据挖掘；同时，针对北京市民发病率

较高且对个人医疗花费负担有明显影响的重大疾病，如肺癌、乳腺癌、胃癌等疾病，医渡云基于医疗大数据训练的疾病分析模型和医学知识图谱技术，为保险公司提供疾病风险转归后的费用变化趋势分析，辅助搭建更细颗粒度的保险产品精算模型，帮助保险公司优化保险产品保障，以更贴合市民保障需求。

三、典型经验

在运营“北京普惠健康保”期间，医渡云从供给端发力，利用大数据技术打磨高精度创新保障产品；同时从需求端出发，为满足用户个性化、多样化的消费需求，通过数字化、智能化运营优化用户消费体验，实现供需匹配的良性循环。期间，逐步沉淀新型消费服务经验。

（一）大数据支撑，提升服务精准度

在产品创新阶段，医渡云借助医疗大数据处理和数据洞察技术，协助保险公司和医保局提升原始数据质量、优化数据分析和应用效果，深度挖掘市民保障需求，从保障责任、赔付比例、产品定价等多维度考虑，设计出真正意义上的“因地制宜、一城一策”的高精度保障产品，切实解决市民诉求，提高产品吸引力。在新型消费时代，大数据对于各类平台线上线下融合转型都有重大意义。因此，要充分利用平台积累的大数据，充分了解消费者的需求，完善消费者的使用体验。

（二）数字化运营，驱动服务体验增长

在产品运营阶段，医渡云依托移动互联网优势，借力新媒体传播力量，在产品推广、客服咨询、直播答疑等不同运营阶段采用多元化宣传教育手段；同时，通过搭建操作便捷的线上参保平台提供多样化服务，缩短线上线下服务链路，以数字化运营为驱动力，推动用户消费体验全面升级。为了提高医疗服务的便捷性，医疗平台进行新消费转型时要充分利用线上平台触达用户，为用户提供全方位的服务，以提高用户的使用体验。

四、取得成效

“北京普惠健康保”作为一种新业态的商业健康保险，通过与政府部门

的相互协同，响应了国家政策，为居民构建补充多层次保障体系。同时，“北京普惠健康保”自产品设计阶段到后续运营服务期间，以数字化、智能化推动高质量服务转型，探索了线上线下融合的新型消费服务模式，并取得相应成效。

（一）大数据与医疗深度结合，产品获市民追捧

自 2021 年 7 月 26 日“北京普惠健康保”上线后，仅两个月超 300 万人通过线上入口完成投保。这主要归功于两点：一是产品设计阶段对大数据技术和医疗认知能力的运用，确保产品切实提高了北京市民的医疗风险保障水平，同时配套的健康服务和平台运营进一步提升客户保障期间的获得感，充分考虑当地居民消费水平的“高性价比”定价策略让市民切实感受到这项惠民工程的惠民福利；二是提供官方投保入口、保险公司、流量平台、政务平台等多元化投保通道，方便市民便捷投保，同时方便快捷的投保操作也促进了客户的快速转化，使产品形成良好的传播口碑，深受当地消费者追捧。

（二）聚焦数字化、智能化运营，赢得市民好口碑

截止到 2021 年 9 月 30 日，“北京普惠健康保”参保期结束后，医渡云累计处理客户咨询 1089824 次，整体满意度高达 98.97%；其中，由监管部门转派问题均已及时解决，客户投诉 0 个。同时，参保期间医渡云舆情信息监测及分析文章数量达 17241 条，对市民评论正向引导处理信息量达 11012 条，舆情维护超 37 万字。

案例 60

中信云网：以医保大数据为支撑的信用就医服务平台

一、基本情况

中信云网成立于2016年，是中信集团全资一级子公司，作为产业互联网赋能平台服务型公司，中信云网依托集团产业布局，强化产业应用，构建以数据能力为内核的市场拓展能力、解决方案能力。以科技创新为纽带、综合服务为方向、创新孵化为先导，围绕重点领域定向输出数字化解决方案，搭建产业互联网平台，助力中信集团内部及外部合作伙伴实现“互联网+转型”目标。

为加强医保公共服务能力建设，增强参保人参保及守信意识，创新医保数据应用，推动多层医疗支付保障体系建设，中信云网以医保信用数据为主导，多维数据为辅助，利用大数据和人工智能技术，构建了以数据和AI为支撑，金融、医保、医疗多维评价体系为核心，以“广覆盖、低风险、便民、惠民”为原则，引导银行、保险等金融机构共同参与的“便民、惠民”信用就医服务体系。

二、主要做法

（一）“医保+金融”多层支付结合，便利多层医疗消费发展

针对不同就医支付群体，项目将医保、银行卡、商保、第三方支付（如“支付宝”）多方支付进行融合，申请开通信用就医服务的用户，可以在线上将上述支付同时绑定并进行支付顺序排列，由平台通过与金融机构的数据

交互进行后台验证，验证通过后，用户即可享受无感支付或先就诊后付费的便捷就医服务。

此外，方案还能与现有的医保电子凭证、聚合支付兼容，极大地方便了就诊人群的使用，降低了医院的系统改造成本，并在最大限度上覆盖各类参保人群。

（二）发展“无感支付”和“先诊后费”，便民就医就诊

在申请信用就医服务开通时，可申请锁定一定额度的无感支付扣款并做付费首选。在发起付费时，需自费部分在额度内自动扣除，如超出无感支付锁定额度，只需重新提高额度，或者选取后续的支付方式或主动支付结算。

上述做法是“无感支付”，另外中信云网还发展了“先诊后费”模式。申请人在服务开通时，可签署委托扣款或申请额度内先诊后费，并列为支付方式首位。申请人在信用额度内完成看诊后即可离院，医院支付后台与银行、第三方支付进行结算，申请人再自行还款恢复信用额度。如过程中结算费用超出额度，则流程冻结并提醒申请人提高额度或线上增选其他支付方式，或自动跳到已申请的下一支付方式（见图 1）。

图 1 兼容电子医保凭证支付

（三）完善“惠民”医疗消费服务方案，应对多元医疗需求

为解决就诊人及就诊家庭成员“看病难、看病贵”的问题，在医保信用评价基础上，引导商业保险和金融机构提供惠民专项额度或低息金融服务保障，并对家庭直系亲属实现共济功能，以改善参保人家庭整体的就医体验感，尤其解决老人、小孩以及家庭非参保人员的“看病难”瓶颈。

三、典型经验

中信云网于2021年承建山东省医保信用医疗服务平台项目，围绕信用医疗服务平台的构建，开展了一系列的工作，并对运营模式进行持续的探索。

（一）坚持政策主导是实现“便民、惠民”信用就医的基本前提

由于信用就医服务关系到老百姓的切身利益，在此过程中，严格把握适度金融服务接入和数据隐私安全原则，坚持以医保公共服务为主导的原则，坚决防止金融机构的业务营销冲动，同时严把数据的应用尺度，平衡数据使用和数据安全的尺度。真正实现“便民、惠民”信用就医。

（二）加强规划及论证是项目开展的必要基础

为保证项目能切实有效地解决相关问题，且保证实施的可操作性和服务的持续性，项目组对国内现有的先看病后付费模式进行了分析对比，对医院、参保人、金融机构的参与意愿，以及实施方案思路进行了充分调研。

同时，中信云网围绕项目涉及的数据接入与应用、信用评价及管理、与金融机构的合作接入，从法理、政策角度进行了充分论证，并制定了若干对应的办法，以支持项目体系化、纵深化的开展。

此外，基于项目的技术与运营方案，聚焦项目的可操作性和可持续性，进行充分论证，形成完善的落地、运营方案。

（三）互联网、大数据和AI等新技术的应用是必要保障

面对全省过亿人口，项目组基于省医保系统管理平台，搭建全省一体化的信用医疗服务与管理平台，通过实时联动的大数据分析处理能力和AI预警模型，满足并解决海量服务需求带来的一体化、智能化、实时联动管理需求。

同时，服务入口建设在互联网上，用户可以通过各种互联网终端直接申请开通、办理、查询，便捷了用户的操作。此外，平台和医保关联验证，减少了医院和行业主管部门的海量业务办理压力。

（四）试点先行，分步实施，稳步开展指引具体实施

考虑到信用医疗属于新业务，因此在项目实施上，也考虑了审慎的办法和措施。首先，选取若干医院和金融机构参与试点，主要试点内容包括技术实施方案和业务运营开展方案，通过试点，可解决系统平台存在的技术问题以及应用过程中遇到的业务问题，为下一步的优化和进一步的推广打好坚实基础。

四、取得成效

（一）构建多层支付体系，改善支付结构

信用就医服务系统在发挥医保的引导作用，吸引银行、保险等金融机构参与医保多层保障体系的建设，协助医保管控风险，扩大参保人的支付保障方面有着积极的意义。符合国家倡导的“医保商保一体化”多层医疗支付体系的建设，发挥了医保存量支付引导多元增量支付的积极作用。

以山东为例，山东有 9600 万参保人口，2019 年全省医疗、生育保险基金总支出 1425.8 亿元。山东同时也是全国第三大保险市场，2020 年健康险销售额达到了 500 多亿元，以现有的人口计算，商业保险的渗透率还有很大的提升空间，经数据测算，通过多层支付体系为核心的信用就医服务建设，预计将能够提升 20%~30%的商保覆盖度，从而降低医保支付和个人及家庭自付的支付比例，对改善当地的医疗支付结构有着积极意义。

（二）扩大信用就医覆盖面，推动医保可持续发展

以济南市为例，居住人口近千万，信用就医服务可覆盖 80%以上的人群，以医保大数据为支撑的信用就医服务，为参保人提供了切实的参保延展服务，有效改善了家庭就诊看病的困难，对提升医保的参保体验感、推动医保的可持续发展有着积极意义。

医院在开展信用就医服务后，能大幅度减少无效滞院情况，而且信用就医的无感支付与多元支付途径，减少了医院的窗口操作，减轻了医院的工作量，将原来的排队就诊、检查时间压缩了 50%以上；同时，通过“医保信用+金融信用”的方式，使得医院的逃欠费风险大为降低；此外，借助信用就医，由医保支付导入多元支付来源，也将推动医院的收入来源更加平衡及合理。

而通过信用就医服务系统，实现金融数据、第三方征信数据的有效联动，丰富医保数据的服务场景，发挥医保数据的价值，为数字医保、智慧医保的发展起到推动作用。

此外，从数据应用角度来看，医保数据通过本项目应用于实际诊疗场景，通过人工智能、大数据等科技手段驱动解决实际服务瓶颈，可以借鉴于其他关系国计民生的场景领域，为行业发展与进步起到良好的示范作用。

案例 61

汇通佳仁：守护生命的无拘束智能健康监测

一、基本情况

烟台汇通佳仁医疗科技有限公司（以下简称“汇通医疗”或“公司”）成立于2012年，注册地为山东省烟台市，注册资金1000万元。公司是国家级高新技术企业，是国内最早从事研发、设计和生产健康监测产品的企业之一，2018年被工信部、民政部、国家卫健委三部委联合评定为国家级智慧养老示范企业。

汇通医疗全程参与了智能监测床垫产品国家标准的起草、编制和发布，所生产的无拘束智能睡眠监测床垫产品获得国家二类医疗器械注册证书，能够实现在医疗机构、养老机构、养老社区、宾馆民宿以及居家等多场景应用，可以有效解决居住人员特别是老年人的健康风险管控，提升相关机构的服务效能，帮助使用者获得更为人性化、个性化的健康服务。公司成立以来，产品销售覆盖大陆及欧洲、日本、澳大利亚和我国台湾地区等市场，市场占有率远超其他同类产品。

二、主要做法

依托国家大力推动新型消费的产业政策引导和自身技术实力，汇通医疗通过自主研发的软硬件健康检测产品，结合信息化、云平台和计算机网络终端，构建多场景和一体化应用的整套智能健康风险监测产品和服务，包括采用成熟稳定的压电感应陶瓷技术、用于即时健康检测的无拘束智能床垫/坐垫、用于远程交流的智能集成式网络视频终端、集约化监测数据收集和分析的中央处理中心或智能手机 App 等，连通健康监测产品的研发生产、云平台搭建与数据管理、客户健康数据实时监测、异常情况及时反馈乃至医疗保障服务及时介入等多个环节，提升使用机构的服务能力，保障使用人群特别是老年人的生命健康，并可以根据客户的不同需求提供差异化产品及服务的自由组合，最终实现在新型健康消费市场的拓展。

自成立以来，产品累计销售已超过 40000 套，产品应用可以概括为两大类型，一是居家、旅居场景，二是医疗和康养机构日常管理与服务场景。其中第二种场景在实际销售中占比较高。

（一）实现居家、旅居监测预警

在居家、旅居场景下，安装无拘束智能睡眠监测床垫后，使用者只需自然、随意地躺在床垫上，无任何身体或心理负担，可以实时监测心率、呼吸、体动等生命体征数据以及在床或离床等状态，通过对实时传输的健康监测数据的处理，实现对使用者生命体征数据的实时监测和解读，发现异常后通过视频终端、手机 App 乃至短信、电话等方式及时警示使用者或其亲属。在具备进一步医疗服务保障能力的区域，可以进一步连通医疗机构，在监测到使用者发生危急情况时提示周边医护力量及时出诊救治，最大限度保障使用者的生命安全（见图 1）。

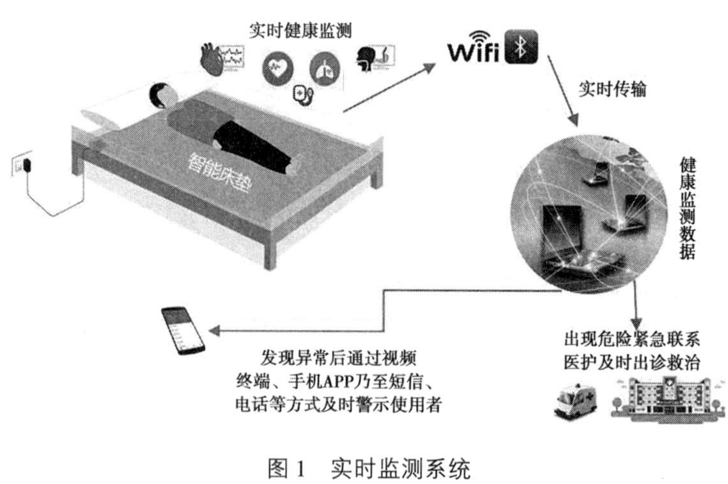

图 1　实时监测系统

（二）一体化监测中心赋能医疗、康养机构管理与服务

在医疗机构、康复中心的病床、养老或康养机构的房间等场景下，相比

居家场景，增加与分护理区和分楼层的中央护理区一体化的监测数据处理中心，同时视频终端、手机 App 等终端可以视需要保留或放弃。在功能上，可以实时、动态掌握各房间内人员的状态、生命体征数据和睡眠规律，出现异常数据预警或报警，实现监护人员的及时介入，提升医疗、康养的服务效能，进一步保障居住者特别是老年人的身体健康和生命安全。

通过上述两种代表性的应用场景，汇通医疗的智能化健康监测产品在全国乃至海外市场实现了大范围的销售和使用，并在使用过程中切实展现了产品的价值，例如，2020—2022 年公司在北京西城区民政局开展的政府工作项目——家庭养老照护床位智能化升级改造配置项目中，承担了区域内数千户家庭养老床位的适老化、智能化升级改造，按年实施，迄今已经改造完成近 3000 户，安装产品近 3000 套，并搭建了集中监护管理平台，用于监测、收集、处理居家老人使用智能床垫过程中实时传输的各项生命体征数据。改造后累计监测各项生命体征数据数十万条，其中录得异常数据数百条，及时、有效提醒了使用者和管理者，实现了预期的健康监测和守护作用，获得了高度认可。

国家发展改革委、民政部联合开展的国家智能养老物联网示范基地——河北省优抚医院作为 7 家试点单位之一，一次性安装使用了公司 300 张无拘束智能床垫监测产品，并通过分护理区、分楼层设立中央监护站动态掌握各房间内人员的行动信息、生命体征数据和睡眠规律，根据身体状态和看护等级设置了个性化报警条件，根据售后的回访，产品使用过程中累计实现异常状况介入上百次，做到了及时发现、及时预警、及时处置，很好地规避了风险。除上述外，在新冠肺炎疫情暴发初期，公司近百套产品曾经应用于武汉方舱医院，通过无接触实时监测相关病人的生命体征变化，发挥了很好的监护作用，效果良好。

（三）线上线下相融合，实现实时健康监测与评估

公司提供的智能健康监测产品，包含了健康监测信息化管理系统及终端、手机 App 和网络化视频终端以及云平台管理等（见图 2）。其中，健康监测管理系统可以实时监测数据（包括人员在、离床状态，体动，实时心率和呼吸率以及设备离线状态等），设置个性化报警参数以及形成健康日报；

手机端 App 通过软件“关爱亲人”进行用户及其亲属的手机绑定，同步接收并查看智能监测床垫反馈的用户健康信息，并在监测数据异常时提供报警服务；公司搭建云平台大数据中心和智能化管理系统，可以实时传送、管理智能监测床垫传输的生命体征数据，结合人工智能 AI 算法和大数据分析系统，实现对使用者监测数据的分析、统计、判断，以及针对同一使用者形成的长期数据进行分析、比对、评估，提前做出研判，协助使用者及其家属、康养机构及政府相关部门及时制定早期干预的预案，有效防范风险，提高康养效率与质量。

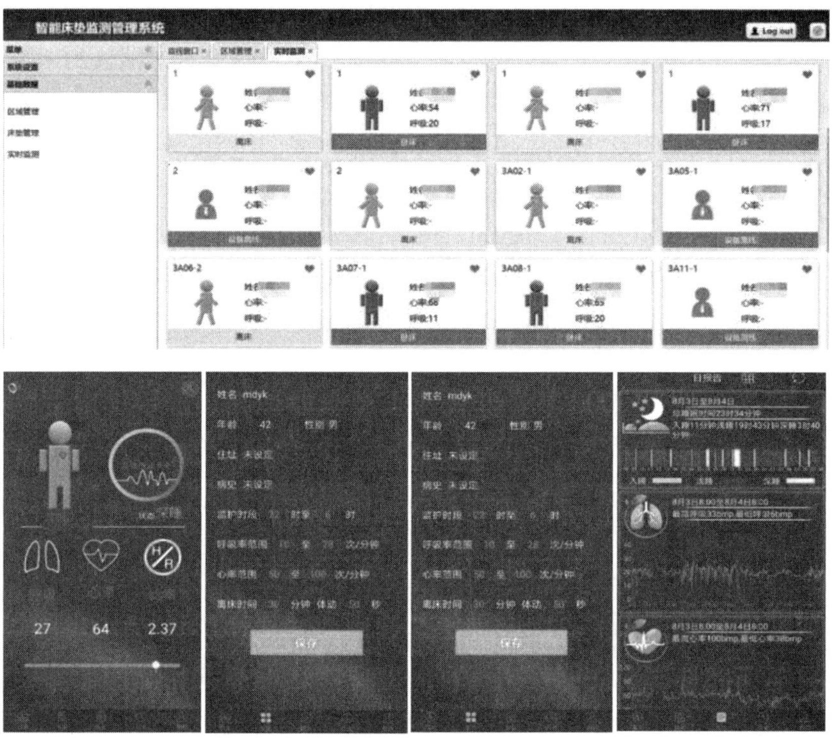

图 2　健康监测信息化管理系统

三、典型经验

公司针对智慧健康监测的市场需求和应用场景，通过自身技术实力，研发出采用压电感应陶瓷技术的无拘束智能监测床垫，使用者只需要自然、随意地躺在床垫上，没有任何身体或心理负担，可以实时监测心率、呼吸等生命体征数据以及在床、离床、体动等状态，并针对异常数据和异常状态及时预警或报警。通过传统产品技术与信息化、智能化和互联网技术的融合，进一步提升了产品的安全性和使用的舒适性，同时保障监测的精确度和稳定性都达到了医疗级的要求，赋予了传统健康革命性的变化，推动了医疗临床护理、养老看护工作的变革与提升。在国家大力倡导新型消费的产业政策引导下，公司产品在新型健康消费领域前景广阔。

（一）产品及网络系统相连通，助力紧急预警

健康风险监测产品安装、健康管理网络系统搭建完成后，可以实现针对使用者的无拘束实时健康监测，以及家属、监护人和医护团队的即时数据共享，满足多级看护与安全管理的保障要求，及时发现使用者的健康风险隐患，确保使用者在突发紧急状况后，可以通过健康管理系统第一时间被发现和救治，让使用者得到更好的医疗保障服务，避免经营者的风险，提升经营场所的服务能力和竞争水平，创造更大的客户吸引力。相关产品及网络系统见图 3。

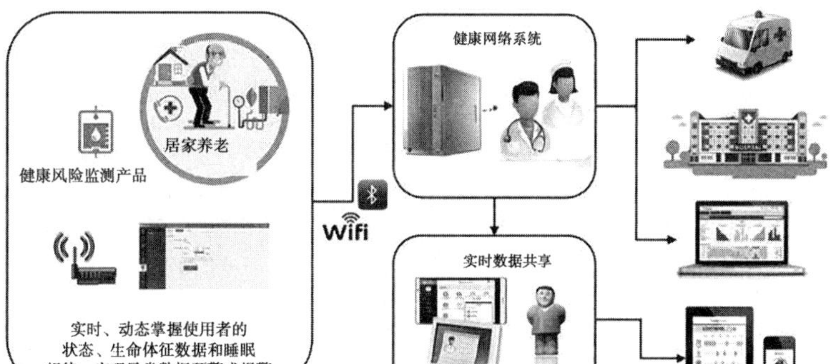

图 3　产品及网络系统

（二）实时监控健康状态，提升理疗服务质量

（1）在不触及使用者隐私的情况下，实时、动态掌握使用者的状态、生命体征数据和睡眠规律，实现异常数据预警或报警，降低意外事件的风险（见图 4）。

（2）保障护理人员轻松、大范围监控使用者健康状况，护理工作更有针对性，弥补护理人员人手不足问题，大幅减轻护理人员的工作量和压力，极

大改善护理效率，从而提升康养机构的护理质量、服务水平和竞争力。

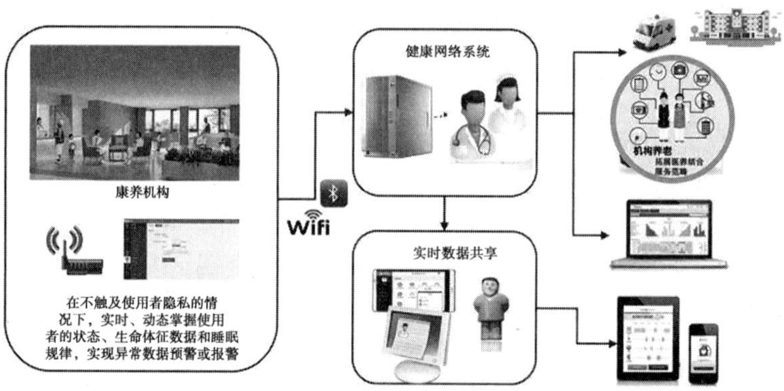

图 4　健康网络系统

四、取得成效

当前，国家正在大力倡导新型消费、智能化消费，在健康服务领域，随着国民经济的高速发展和居民消费能力的提升，对于智能化、个性化和高效能产品与服务的需求进一步提升，而随着计算机技术、人工智能和互联网技术的发展，一些更加符合新型消费观念、适应健康管理需求的产品得以迅速出现并不断完善。

（一）传统医疗与信息技术相结合，满足老年人健康消费需求

我国有数以亿计的老人过着子女不在身边的“空巢”生活，这当中还包括相当比例的独居老人，不仅面对生活中的孤独之感，还面临着严峻的健康及安全风险。纪录片《上海独居老人调查》镜头下一位独居老人在家中滑倒却无人知晓，在冰凉的瓷砖上去世 5 天后才被人发现就是一个真实的写照。在医疗机构、康养机构乃至旅居场所和居民家庭，每天需要对健康状况进行监测的人员特别是老年人数量众多，但又面临相关人群排斥床旁护理、希望获得足够安稳和舒适的休息环境的心理诉求，导致居家或者在各类机构中，切实防范意外风险、及时发现突发状况，从而保障相关人群特别是老年人的安全，既是难点也是重点。

在这样的背景下，公司所推出的智能健康监测产品，很好地解决了相关各方的健康消费需求，有效实现了传统医疗健康产品与信息化技术和互联网

技术的高度融合，覆盖了康养产业发展中的智能监测和远程看护方面的技术与服务升级需求，最大限度地实现了无拘束健康监测、远程安全看护，有效防范相关人群特别是老年人的意外风险，提升相关人群及其家属、医疗和康养机构及其从业人员的获得感，具有很强的现实需求和发展潜力。

（二）提升医疗健康服务质量，创造社会价值

在社会效益方面，在政府产业政策引导的支持下，智能监测产品的推出和推广，有助于推动传统的健康消费向数字化、信息化和智能化新型产品消费的转变。具体来说，可以实现医疗级健康监测和服务能力在区域内医疗和康养机构、旅居机构和有监测需求人员的全覆盖，树立高端康养和旅居品牌形象，在提升本地康养、旅游和医疗产业经营能力的同时，产生良好的社会影响，树立政府形象，创造更好的社会效益。

（三）打造龙头企业，推动新型消费发展

在经济效益方面，第一，在政府引导政策的指引下，有助于打造出智能健康监测国内龙头制造型企业，形成产业集群效应，创造更多的就业岗位和税收来源，实现绿色区域经济发展；第二，也是更为重要的，将有助于实现新型健康消费升级，推动居民和机构的健康消费向智能化、信息化和个性化方向发展，进一步转变消费结构，提升消费能力和水平，扩大内需。

近年来，国际上无拘束智能监测领域技术在不断地创新和发展，美国、以色列、日本等国家都推出了类似的智能监测床垫技术和产品。在我国，随着国家新型消费产业政策的推出和健康消费需求的不断增长，智能健康监测产品的市场也在不断发展，消费能力和水平也在不断提升。汇通医疗利用自身技术能力和先发优势，经过多年发展，在国内稳居市场第一的同时，率先实现了产品出口，仅 2018 年度销售到日本的智能监测床垫数量就超过了 10000 张，取得了良好的经济收益和技术影响力。

案例 62

心韵恒安：加速开启居家自助心脏监测新时代

一、基本情况

心韵恒安医疗科技（北京）有限公司（以下简称“公司”）成立于2016年，是“互联网+医疗健康”可穿戴心电检测领域新业态的先行者，在移动互联网、医疗健康管理、人工智能、大数据等融合领域拥有多项专利技术，致力于为心血管疾病潜在风险人群和患病人群提供远程医疗、健康管理、综合诊疗的整体解决方案。公司先后完成3轮融资，目前估值达5.5亿元。

作为国家高新技术企业，拥有国家发明专利4项、实用新型专利7项、外观专利2项、软件著作权20项。公司核心产品“康乃心”系列便携式12导联动态心电记录仪是可供普通百姓在家自助开展居家心电检查和心电监测的12导联可穿戴心电设备，于2017年荣获军队科技进步二等奖，2019年12月18日公司获得国家科学技术进步二等奖。

2018年11月作为项目牵头单位成功拿下科技部国家重点研发计划“主动健康和老龄化科技应对”重点专项（项目名称：穿戴式心脏健康监测干预技术与产品研发，项目编号：2018YFC2001200），联合解放军总医院、清华大学、浙江大学、南方医科大学、重庆西南医医院、上海仁济医院、广州南方医院等国内医学工程领域顶级科研和临床应用单位，共同为我国穿戴式医学检验设备的战略性创新贡献自己的力量。

二、主要做法

（一）心血管疾病的背景及痛点

根据《中国心血管健康与疾病报告2020》中的结论，中国心脑血管疾病患病人群高达3.3亿，占总人口比例23%，中国老龄化速率加快，位居全球第一，2050年中国将有一半人口在50岁以上，60岁以上老年人占总人口34.1%，达4.8亿。亚健康年轻人、户外，运动猝死者多死于心脏类疾病，因此心脏健康监测需求广泛存在，50.3%的家庭近一年内在家庭健康服务上的花费处于3001~10000元之间，受访家庭平均花费已超5000元。

传统院内心电监测无法完全满足“及时”“多频次”的监测需求，在医院无法精准捕捉发病时心电状态，无法进行进一步诊疗；患者在院外无法及时监测心脏情况，习惯性忍受身体不适，最终贻误最佳救治时间。疾病首诊、术前常规心脏检查均需心电检测，排队等候心电检查时间长，具备心电识图读图能力医生仅3.6万，且集中在中心医院，医患严重不平衡。

（二）主营产品品牌康乃心市场推广模式及消费者认知过程

公司主营产品品牌康乃心市场推广第一阶段，以C端为主，目标是在行业里打造出“康乃心是做院外心电监测的国家队，是行业的领导者”的认知。第二阶段，以B端为主，目标是在老百姓中打造出“心电图就是康乃心”的认识，在医院做心电见到的就是康乃心，在医院看医生就能听说康乃心。第三阶段，全生态圈发力，以保险产品为重点，目标是作为保险权益嵌入到保险产品中。以黄山为标杆城市，在全国推广“无梗城市”，让康乃心的广告进入社区、乡村。总的来说是以C端为目标、以B端为手段的组合模式全面推广，以心电监测为桥梁，让医生和患者的院外联系变得简单、容易。

康乃心产品已经在家庭用户、基层医疗机构及三甲医院推广，服务300余家三甲医院、3000余村医诊所等基层机构及10万余家庭用户，用户覆盖全国主要省、市，用户主要集中在30~79岁心血管风险高危年龄段，约占

85%，服务次数达50余万人次。项目牵头单位心韵恒安与中国心血管健康联盟、阿斯利康、京东健康等单位合作拓展推广渠道，初步形成2B、2C、2G的商业模式并建立样板工程。建立京东旗舰店、互联网医院、智能货柜等多种线上、线下销售渠道，通过零售、租赁等模式主要为PCI（经皮冠状动脉介入治疗）术后患者、门诊未确诊患者等C端用户提供院外居家心脏监测服务（见图1）。与中国心血管健康联盟联合推进“心电一张网2.0”工作，主要为县级医院及其周边村医提供服务，建立以县医院为中心、村医为终端的县域院外心电监测网络，切实解决心血管救治的“最后一公里”的问题。

图1　居家自助心电监测

（三）“互联网+”健康服务

由大医院提供远程心电判读服务，远程诊断中心通过考核准入，远程诊断专家具备相应资质并通过考核准入。远程心电图判读执行《心电图危急值2017中国专家共识》，双人审核实名签发，7×24小时在线接单，患者端心电数据上传后15分钟内即可获得远程评估报告。系统平台起到体系中各角色信息交互、任务调配、数据处理与存储等后台作用，算法优化，可靠性高。托管云端服务器为阿里云产品，安防水平据国内民用产品顶级水平，数据库主从备份，既可有效防止用户数据意外损坏和丢失，同时也可有效抵御来自外部的恶意攻击和恶意篡改。

三、典型经验

（一）认真选好赛道

紧跟国家政策导向，瞄准大健康、新消费、乡村振兴以及5G、AI等先进技术方向，选择家用可穿戴12导联医疗级心电仪为着力点，既避免了与传统心电图设备巨头正面竞争，又在人群定位和专业性上与智能手环、手表等健康级单导产品拉开差距。

（二）始终保持专注

公司创始团队及核心技术骨干深耕心电领域数十年，拥有丰富的经验和相关核心专利。公司成立以来，始终围绕心电及心脏健康发力，把自身的技术优势和资源优势发挥到极致。20 年只做好一件事，从传统的大型心电图机，到智能穿戴设备的家用自助式心电图机，未来将一直致力于互联网大健康管理方面的发展，为众多的心血管疾病患者提供更准、更快、更便捷的大健康管理服务。

（三）高度重视研发

以国家级科研课题为统领，以高质量成果转化为目标，与国内顶级院校保持密切合作，持续高强度投入研发工作，近年来每年研发费用占公司总支出的 25%以上。与国内众多科研机构和高校合作，每年至少有 5 项新的发明专利提交知识产权保护。与各学术机构进行深入的学术交流，紧密结合市场和消费者需求，提升公司各项产品的科技含量，迎合消费者市场需求，切实为患者提供更有效的健康管理。

（四）善于借助外力

与中国心血管联盟等权威专业组织以及知名医疗机构合作，不断提高品牌产品的专业形象和公信力。与国际医药巨头阿斯利康合作，利用其成熟完备的渠道快速完成市场教育和产品推广。利用好资本的力量，解决初创期资金困难，帮助公司加速做强做大，把更多的实惠和便捷带给消费者。

四、取得成效

（一）让心血管疾病救治的最后一秒得到保障

完成 50 万余次心电远程监测服务，覆盖我国所有省市区，报告危急值 1538 次，预警 12233 次，总干预率约 2. 71%。2021 年新增 6 万余用户，充分体现出智能可穿戴心电设备在心血管疾病诊治中的高符合率，凸显了重大价值。

传统意义上当患者心脏不舒服时需要先到医院去做心电图检查，以便进一步确认病情。通过公司核心产品和平台，患者不用盲目地去医院，可以自己在家、在旅途中、在飞机上，随时随地排查心脏健康状况。尤其在新冠肺炎疫情暴发这两年，在疫情前患者从发病到救治需要161分钟，而疫情暴发后，救治时间延长到了330分钟。疫情的到来，让很多患者在去与不去医院间犹豫不定，进而耽误了病情的救治。

（二）企业效益社会效益双丰收

2022年在全球疫情的大环境下，公司营业收入达2541万元。通过主动健康新理念、新服务、新设备，提高早发现、早知道、早干预能力，从疾病治疗向主动健康迈进，有效降低公共卫生资源成本。研究表明，将家庭医疗健康服务应用至伴有心血管病危险因素的患者，社会净获益58%，在15年内可以减少1000万~2000万例急性心肌梗死、800万~3000万例脑卒中和300万~1000万例心血管病死亡，总共可为社会节省医疗费用近6万亿元。由此推算，黄山市“无梗之城”标杆项目将节约55亿元医疗费用，平均每年节约3.7亿元，约占GDP的0.38%，未来在全国开展“无梗之城”，将为全社会节约更多医疗资源。

附　录

国务院办公厅关于以新业态新模式引领新型消费加快发展的意见

国办发〔2020〕32号

各省、自治区、直辖市人民政府，国务院各部委、各直属机构：

近年来，我国以网络购物、移动支付、线上线下融合等新业态新模式为特征的新型消费迅速发展，特别是今年新冠肺炎疫情发生以来，传统接触式线下消费受到影响，新型消费发挥了重要作用，有效保障了居民日常生活需要，推动了国内消费恢复，促进了经济企稳回升。但也要看到，新型消费领域发展还存在基础设施不足、服务能力偏弱、监管规范滞后等突出短板和问题。在常态化疫情防控条件下，为着力补齐新型消费短板、以新业态新模式为引领加快新型消费发展，经国务院同意，现提出以下意见。

一、总体要求

（一）指导思想

在以习近平同志为核心的党中央坚强领导下，以习近平新时代中国特色社会主义思想为指导，全面贯彻党的十九大和十九届二中、三中、四中全会精神，坚持稳中求进工作总基调，坚持新发展理念，坚持以供给侧结构性改革为主线，坚持以改革开放为动力推动高质量发展，扎实做好“六稳”工作，全面落实“六保”任务，坚定实施扩大内需战略，以新业态新模式为引领，加快推动新型消费扩容提质，坚持问题导向和目标导向，补齐基础设施和服务能力短板，规范创新监管方式，持续激发消费活力，促进线上线下消费深度融合，努力实现新型消费加快发展，推动形成以国内大循环为主体、国内国际双循环相互促进的新发展格局。

（二）基本原则

坚持创新驱动、融合发展。深入实施创新驱动发展战略，推动技术、管理、商业模式等各类创新，加快培育新业态新模式，推动互联网和各类消费业态紧密融合，加快线上线下消费双向深度融合，促进新型消费蓬勃发展。

坚持问题导向、补齐短板。针对新型消费基础设施不足、服务能力偏弱等问题，充分调动中央和地方两个积极性，进一步加大软硬件建设力度，加强新装备新设备生产应用，优化新型消费网络节点布局，加快补齐发展短板。

坚持深化改革、优化环境。以深化“放管服”改革、优化营商环境推动新型消费加快发展，打破制约发展的体制机制障碍，顺应新型消费发展规律创新经济治理模式，系统性优化制度体系和发展环境，最大限度激发市场活力。

坚持市场主导、政府促进。使市场在资源配置中起决定性作用，以市场需求为导向，顺应居民消费升级趋势，培育壮大各类新型消费市场主体，提升新型消费竞争力。更好发挥政府作用，为新型消费发展提供全方位制度和政策支撑。

（三）主要目标

经过3~5年努力，促进新型消费发展的体制机制和政策体系更加完善，通过进一步优化新业态新模式引领新型消费发展的环境、进一步提升新型消费产品的供给质量、进一步增强新型消费对扩内需稳就业的支撑，到2025年，培育形成一批新型消费示范城市和领先企业，实物商品网上零售额占社会消费品零售总额比重显著提高，“互联网+服务”等消费新业态新模式得到普及并趋于成熟。

二、加力推动线上线下消费有机融合

（四）进一步培育壮大各类消费新业态新模式

建立健全“互联网+服务”、电子商务公共服务平台，加快社会服务在线对接、线上线下深度融合。有序发展在线教育，推广大规模在线开放课程等网络学习模式，推动各类数字教育资源共建共享。积极发展互联网健康医疗服务，大力推进分时段预约诊疗、互联网诊疗、电子处方流转、药品网络销售等服务。深入发展在线文娱，鼓励传统线下文化娱乐业态线上化，支持互联网企业打造数字精品内容创作和新兴数字资源传播平台。鼓励发展智慧旅游，提升旅游消费智能化、便利化水平。大力发展智能体育，培育在线健身等体育消费新业态。进一步支持依托互联网的外卖配送、网约车、即时递送、住宿共享等新业态发展。加快智慧广电生态体系建设，培育打造5G条件下更高技术格式、更新应用场景、更美视听体验的高新视频新业态，形成多元化的商业模式。创新无接触式消费模式，探索发展智慧超市、智慧商店、智慧餐厅等新零售业态。推广电子合同、电子文件等无纸化在线应用。(国家发展改革委、教育部、工业和信息化部、交通运输部、商务部、文化和旅游部、国家卫生健康委、广电总局、体育总局、国家邮政局、国家药监局等部门按职责分工负责)

(五）推动线上线下融合消费双向提速

支持互联网平台企业向线下延伸拓展，加快传统线下业态数字化改造和转型升级，发展个性化定制、柔性化生产，推动线上线下消费高效融合、大中小企业协同联动、上下游全链条一体发展。引导实体企业更多开发数字化产品和服务，鼓励实体商业通过直播电子商务、社交营销开启“云逛街”等新模式。加快推广农产品“生鲜电子商务+冷链宅配”、“中央厨房+食材冷链配送”等服务新模式。组织开展形式多样的网络促销活动，促进品牌消费、品质消费。(国家发展改革委、工业和信息化部、住房城乡建设部、农业农村部、商务部、国家邮政局等部门按职责分工负责)

(六）鼓励企业依托新型消费拓展国际市场

推动电子商务、数字服务等企业“走出去”，加快建设国际寄递物流服务体系，统筹推进国际物流供应链建设，开拓国际市场特别是“一带一路”沿线业务，培育一批具有全球资源配置能力的国际一流平台企业和物流供应链企业。充分依托新型消费带动传统商品市场拓展对外贸易、促进区域产业集聚。持续提高通关便利化水平，优化申报流程。探索新型消费贸易流通项下逐步推广人民币结算。鼓励企业以多种形式实现境外本土化经营，降低物流成本，构建营销渠道。（国家发展改革委、交通运输部、商务部、人民银行、海关总署、税务总局、国家邮政局、国家外汇局等部门按职责分工负责）

三、加快新型消费基础设施和服务保障能力建设

（七）加强信息网络基础设施建设

进一步加大5G网络、数据中心、工业互联网、物联网等新型基础设施建设力度，优先覆盖核心商圈、重点产业园区、重要交通枢纽、主要应用场景等。打造低时延、高可靠、广覆盖的新一代通信网络。加快建设千兆城市。推动车联网部署应用。推动城市信息模型（CIM）基础平台建设，支持城市规划建设管理多场景应用，促进城市基础设施数字化和城市建设数据汇聚。加大相关设施安全保障力度。（国家发展改革委、工业和信息化部、自然资源部、住房城乡建设部等部门按职责分工负责）

（八）完善商贸流通基础设施网络

建立健全数字化商品流通体系，在新兴城市、重点乡镇和中西部地区加快布局数字化消费网络，降低物流综合成本。提升电商、快递进农村综合水平，推动农村商贸流通转型升级。补齐农产品冷链物流设施短板，加快农产品分拨、包装、预冷等集配装备和分拨仓、前置仓等仓储设施建设。推进快递服务站、智能快件箱（信包箱）、无人售货机、智能垃圾回收机等智能终端设施建设和资源共享。推进供应链创新应用，开展农商互联农产品供应链建设，提升农产品流通现代化水平。鼓励传统流通企业向供应链服务企业转型。（国家发展改革委、住房城乡建设部、交通运输部、农业农村部、商务部、国家邮政局等部门按职责分工负责）

（九）大力推动智能化技术集成创新应用

在有效防控风险的前提下，推进大数据、云计算、人工智能、区块链等技术发展融合，加快区块链在商品溯源、跨境汇款、供应链金融和电子票据等数字化场景应用，推动更多企业“上云上平台”。积极开展消费服务领域人工智能应用，丰富5G技术应用场景，加快研发可穿戴设备、移动智能终

端、智能家居、超高清及高新视频终端、智能教学助手、智能学伴、医疗电子、医疗机器人等智能化产品，增强新型消费技术支撑。（国家发展改革委、工业和信息化部、人民银行、广电总局、银保监会等部门按职责分工负责）

（十）安全有序推进数据商用

在健全安全保障体系的基础上，依法加强信息数据资源服务和监管。加大整合开发力度，探索数据流通规则制度，有效破除数据壁垒和“孤岛”，打通传输应用堵点，提升消费信息数据共享商用水平，更好为企业提供算力资源支持和优惠服务。探索发展消费大数据服务。（国家发展改革委、工业和信息化部、国家统计局等部门按职责分工负责）

（十一）规划建设新型消费网络节点

围绕国家重大区域发展战略打造新型消费增长极，培育建设国际消费中心城市，着力建设辐射带动能力强、资源整合有优势的区域消费中心，加强中小型消费城市梯队建设。规划建设城乡融合新型消费网络节点，积极发展“智慧街区”、“智慧商圈”。深化步行街改造提升工作，鼓励有条件的街区加快数字化改造，提供全方位数字生活新服务。优化百货商场、购物中心、便利店、农贸市场等城乡商业网点布局，引导行业适度集中。完善社区便民消费设施，加快规划建设便民生活服务圈、城市社区邻里中心和农村社区综合性服务网点。（国家发展改革委、工业和信息化部、自然资源部、住房城乡建设部、农业农村部、商务部等部门按职责分工负责）

四、优化新型消费发展环境

（十二）加强相关法规制度建设

出台互联网上网服务管理政策，规范行业发展。顺应新型消费发展规律，加快出台电子商务、共享经济等领域相关配套规章制度，研究制定分行业分领域的管理办法，有序做好与其他相关政策法规的衔接。推动及时调整不适应新型消费发展的法律法规与政策规定。（国家发展改革委、工业和信息化部、司法部、商务部、市场监管总局等部门按职责分工负责）

（十三）深化包容审慎和协同监管

按照包容审慎和协同监管原则，为新型消费营造规范适度的发展环境。

强化消费信用体系建设，构建以信用为基础的新型监管机制。完善跨部门协同监管机制，实现线上线下协调互补、市场监管与行业监管联接互动，加大对销售假冒伪劣商品、侵犯知识产权、虚假宣传、价格欺诈、泄露隐私等行为的打击力度，着力营造安全放心诚信消费环境，促进新型消费健康发展。(国家发展改革委、工业和信息化部、商务部、市场监管总局等部门按职责分工负责)

（十四）健全服务标准体系

推进新型消费标准化建设，支持和鼓励平台企业、行业组织、研究机构等研究制定支撑新型消费的服务标准，健全市场监测、用户权益保护、重要产品追溯等机制，提升行业发展质量和水平。(国家发展改革委、工业和信息化部、商务部、市场监管总局等部门按职责分工负责)

（十五）简化优化证照办理

进一步优化零售新业态新模式营商环境，探索实行“一照多址”。各地对新申请食品经营（仅限从事预包装食品销售）的，可试点推行告知承诺制。各地可结合实际，在保障食品安全的前提下，扩大推行告知承诺制的范围。(市场监管总局牵头，国家发展改革委等部门按职责分工负责)

五、加大新型消费政策支持力度

（十六）强化财政支持

各级财政通过现有资金渠道、按照市场化方式支持新型消费发展，促进相关综合服务和配套基础设施建设。研究进一步对新型消费领域企业优化税收征管措施，更好发挥减税降费政策效应。(国家发展改革委、工业和信息化部、财政部、人力资源社会保障部、税务总局等部门按职责分工负责)

（十七）优化金融服务

深化政银企合作，拓展新型消费领域投融资渠道。鼓励金融机构按照市场化原则，在风险可控前提下，结合新型消费领域相关企业经营特点，积极开发金融产品和服务。优化与新型消费相关的支付环境，鼓励银行等各类型支付清算服务主体降低手续费用，降低商家、消费者支付成本，推动银行卡、移动支付在便民消费领域广泛应用。完善跨境支付监管制度，稳妥推进跨境移动支付应用，提升境外人员境内支付规范化便利化水平。支持符合条件的企业通过发行新股、发行公司债券、“新三板”挂牌等方式融资。发展股权投资基金，推动生产要素向更具前景、更具活力的新型消费领域转移和集聚。（国家发展改革委、财政部、人民银行、银保监会、证监会等部门按职责分工负责）

（十八）完善劳动保障政策

鼓励发展新就业形态，支持灵活就业，加快完善相关劳动保障制度。指导企业规范开展用工余缺调剂，帮助有“共享用工”需求的企业精准、高效匹配人力资源。促进新业态新模式从业人员参加社会保险，提高参保率。坚持失业保险基金优先保生活，通过发放失业保险金、一次性生活补助等多措并举，加快构建城乡参保失业人员应发尽发、应保尽保长效机制。（国家发展改革委、财政部、人力资源社会保障部、国家医保局等部门按职责分工负责）

六、强化组织保障

（十九）加强组织领导

充分发挥完善促进消费体制机制部际联席会议制度作用，加强组织领导和统筹协调，国家发展改革委牵头组织实施，强化部门协同和上下联动，加快研究制定以新业态新模式引领新型消费加快发展的具体实施方案和配套措施，明确责任主体、时间表和路线图，形成政策合力。（国家发展改革委等各有关部门按职责分工负责）

（二十）强化监测评估

加强新型消费统计监测，聚合各类平台企业消费数据，强化传统数据与大数据比对分析，及时反映消费现状和发展趋势，提高政策调控的前瞻性和有效性。完善政策实施评估体系，综合运用第三方评估、社会监督评价等多种方式，科学评估实施效果，确保各项举措落到实处。（国家发展改革委、商务部、市场监管总局、国家统计局等部门按职责分工负责）

（二十一）注重宣传引导

创新宣传方式，丰富宣传手段，加强支持新型消费发展相关政策宣传解读和经验推广，倡导健康、智慧、便捷、共享的消费理念，营造有利于新型消费良性发展的舆论氛围。（国家发展改革委、商务部、市场监管总局、广电总局、国务院新闻办等部门按职责分工负责）

各地区、各有关部门要以习近平新时代中国特色社会主义思想为指导，增强“四个意识”、坚定“四个自信”、做到“两个维护”，坚决贯彻党中央、国务院决策部署，充分认识培育壮大新业态新模式、加快发展新型消费的重要意义，认真落实本意见各项要求，细化实化政策措施，优化制度环境，强化要素保障，持续扩大国内需求，扩大最终消费，为居民消费升级创造条件。

国务院办公厅

2020 年 9 月 16 日

关于印发《加快培育新型消费实施方案》的通知

发改就业〔2021〕396号

各省、自治区、直辖市及计划单列市、新疆生产建设兵团有关部门和单位：

根据《国务院办公厅关于以新业态新模式引领新型消费加快发展的意见》（国办发〔2020〕32号）部署要求，国家发展改革委会同有关部门和单位研究制定了《加快培育新型消费实施方案》。现印发给你们，请结合实际，认真抓好贯彻落实。

国家发展改革委
中央网信办
教育部
工业和信息化部
财政部
人力资源社会保障部
自然资源部
住房城乡建设部
交通运输部
农业农村部
商务部
文化和旅游部
国家卫生健康委
人民银行
海关总署
税务总局

市场监管总局
广电总局
体育总局
国家统计局
国家医保局
国家版权局
银保监会
证监会
国家邮政局
国家中医药局
国家药监局
国家知识产权局
2021年3月22日

加快培育新型消费实施方案

支持新型消费发展，对保障居民日常生活需要、全面促进消费、培育完整内需体系和构建新发展格局具有重要意义。为贯彻落实党的十九届五中全会精神和《政府工作报告》部署，顺应消费升级趋势，进一步培育新型消费，鼓励消费新模式新业态发展，促进线上线下消费融合发展，根据《国务院办公厅关于以新业态新模式引领新型消费加快发展的意见》要求，制定本实施方案。

一、培育壮大零售新业态。拓展无接触式消费体验，鼓励办公楼宇、住宅小区、商业街区、旅游景区布局建设智慧超市、智慧商店、智慧餐厅、智慧驿站、智慧书店。开展便利店品牌化连锁化三年行动，鼓励便利店企业应用现代信息技术建立智慧供应链，推动数字化改造。发展直播经济，鼓励政企合作建设直播基地，加强直播人才培养培训。开展“双品网购节”等活动，组织指导各地开展线上线下深度融合的促销活动。推进电子商务公共服务平台建设应用，提升中小电商企业数字化创新运营能力。（商务部牵头负责）

二、积极发展“互联网+医疗健康”。出台互联网诊疗服务和监管的规范性文件，推动互联网诊疗和互联网医院规范发展。支持实体医疗机构从业医务人员在互联网医院和诊疗平台多点执业。出台电子处方流转指导性文件，完善技术路线设计，强化线上线下一体化监管。探索医疗机构处方信息与药品零售消费信息互联互通，促进药品网络销售规范发展。将符合条件的“互联网+医疗”服务机构按规定纳入基本医疗保障定点。打通互联网医院和实体医疗机构的数据接口，逐步推动医药保数据互联互通，促进健全省级互联网医疗服务监管平台。推动智慧医疗、智慧服务、智慧管理三位一体的智慧医院建设，形成便民惠民的一体化医疗服务模式。优先推广针对急诊死亡率高的心血管疾病的智慧监测和医疗服务。（国家卫生健康委、国家医保局、国家中医药局、国家药监局等部门按职责分工负责）

三、深入发展数字文化和旅游。加快文化产业和旅游产业数字化转型，积极发展演播、数字艺术、沉浸式体验等新业态。举办数字文化和旅游消费体验活动，促进在线演出市场发展，鼓励上网服务场所参与公共文化服务，支持数字文化企业参与传统文化和旅游业态改造提升。制定智慧旅游景区建设指南，完善分时预约、在线预订、流量监测、科学分流、无接触式服务、智能导游导览等功能。在国家文化和旅游消费试点城市、示范城市优先建设一批新型文化和旅游消费集聚地，加强文创商店、特色书店、小剧场、文化娱乐场所、艺术展览、沉浸式体验型项目等多种业态集合。（文化和旅游部牵头负责）

四、有序发展在线教育。加快智能技术应用，推动各类综合性的新型教育教学模式发展。推动教育信息化发展，鼓励并支持社会力量积极参与。探索使用更多数据化、信息化、多媒体化教学工具，改造提升传统教育模式，发展开放式、泛在式、个性化在线学习，拓展多元化的教育新场景。面向不同群体的教育需求，加快研发课程包、课件包、资源包以及共建共享课程，提升教育精准供给。实施教育大资源共享计划，形成一批高质量在线教育课程，扩大名师名校网络课堂等教学资源辐射，优先针对贫困地区开发在线教育资源。（教育部牵头负责）

五、大力发展智能体育。加快新一代信息技术和高端智能制造利用，打造集合体育赛事活动、健身指导、技能培训、服务咨询等融合互通的体育产业新业态，推动体育设施智能化、信息化建设。培育智能体育大赛品牌，丰富在线赛事活动。运用 5G 等新技术为体育赛事活动赋能，增加直播流量，带动群众性冰雪体育运动推广普及和相关智能产品生产应用。支持社会力量建设智能健身房、开发在线健身课程。（体育总局牵头负责）

六、加强商品供应链服务创新。开展供应链示范创建，培育新型供应链服务企业和综合服务平台。支持发展快递新型服务模式。推动邮政、快递企业“走出去”，加快建设国际寄递物流体系。开展国际物流供应链协同发展及创新应用示范工程，推动供应链上下游信息共享，提升国际物流供应链信息服务水平。利用“溯源码”实施“首站赋码、进出扫码、一码到底、扫码查询”等管理模式，建立从供应链首站到消费需求终端的进口食品冷链物流追溯系统。推进“丝路电商”，加强双边电商合作机制建设，促进电商企业对接合作。推动 B2B 直接出口和出口海外仓享受跨境电商通关便利。培育国家进口贸易促进创新示范区。（交通运输部、商务部、海关总署、市场监管总局、国家邮政局等部门按职责分工负责）

七、畅通农产品流通渠道。促进数字化技术与服务在乡村流通领域深化应用。推广快递服务现代农业“一地一品”项目。深入推广邮快合作等方式，提速快递物流进农村，健全必要的集配装备和分拨仓、前置仓等流通仓储设施，2022 年前实现有条件的行政村全覆盖。扩大电子商务进农村覆盖面，实施“互联网+”农产品出村进城工程，建设农产品仓储保鲜冷链物流设施，完善农产品供应链体系。加力培育地域农产品电商优质品牌，提升农产品附加值与竞争力，加强“三品一标”等产品推介销售力度。（国家发展改革委、农业农村部、商务部、国家邮政局等部门按职责分工负责）

八、加强新一代信息基础设施建设。加快构建全国一体化大数据中心体系，优化数据中心建设布局。适度超前建设“双千兆”网络，有序推进 5G 的网络覆盖和共建共享，持续推进城市千兆网络升级和光纤到户建设。加快推动教育专网建设。推动城市信息模型（CIM）基础平台建设，支持城市规划建设管理多场景应用，促进城市基础设施数字化和城市建设数据汇聚。完善智慧城市领域标准体系，开展关键急需标准制定。建设智慧城市时空大数据平台。（中央网信办、国家发展改革委、教育部、工业和信息化部、自然资源部、住房城乡建设部、市场监管总局等部门按职责分工负责）

九、推进新型城市基础设施建设。实施智能化市政基础设施建设和改造。协同发展智慧城市与智能网联汽车，打造智慧出行平台“车城网”。推进智慧社区建设，实现社区智能化管理。推动智能建造与建筑工业化协同发展，建设建筑产业互联网，推广钢结构装配式等新型建造方式，加快发展“中国建造”。（住房城乡建设部牵头负责）

十、加快以新技术促进新装备新设备应用。制定制造业智能化领域关键技术产业化实施方案。支持相关企业持续提升智能家居、移动智能终端和可穿戴设备开发能力。加快制订相关应用标准和管理办法，有序推动无人配送、无人驾驶在产业园区等特殊场景落地和示范。支持智能光伏创新升级和系统应用。加快发展超高清视频、虚拟现实等新型信息产品，推动 5G+4K/8K、VR/AR 技术产品融合应用。全力打造中国 5G 超高清视频融合服务平台，推动有线电视网络整合和广电 5G 一体化发展，建设智慧广电生态体系，推进 5G 广播技术研发和试验，加强内容制作和节目资源整合，推动超高清视频、高新视频和行业应用深度融合和联合创新。加强 5G 数字流动医院（巡诊车）、5G 急救设施、智能诊疗包、智能健康检测设备、医疗机器人、数字传感器等智能化医疗装备研发设计和生产，推广智能诊疗互联互通和一体化服务。把智能快件箱（信包箱）、快递末端综合服务场所纳入当地公共服务设施建设，推动新建（在建）和老旧小区、园区、楼宇加强相关配套建设。（中央网信办、国家发展改革委、工业和信息化部、住房城乡建设部、交通运输部、国家卫生健康委、市场监管总局、广电总局、国家邮政局等部门按职责分工负责）

十一、推动车联网和充电桩（站）布局应用。开展车联网电信业务商用试验，加快全国优势地区车联网先导区建设，探索车联网（智能网联汽车）产业发展和规模部署。适应新能源汽车和寄递物流配送车辆需求，优化社区、街区、商业网点、旅游景区、度假区等周边地面及地下空间利用，完善充电电源配置和布局，加大充电桩（站）建设力度。鼓励充电桩运营企业适当下调充电服务费。（国家发展改革委、工业和信息化部、自然资源部、住房城乡建设部、交通运输部等部门按职责分工负责）

十二、提升新型消费网络节点布局建设水平。加强各层级消费中心规划布局，培育建设国际消费中心城市，着力建设辐射带动能力强、资源整合有优势的区域消费中心，加强中小型消费城市梯队建设，形成以国内为重点、联通国际的新型消费全区域格局。制定相关实施办法，指导各地区各行业对标先进、改革创新、特色发展，分批次培育形成一批具有较强代表性的新型消费示范城市和领先企业。进一步整合优化城乡商业网点布局，高质量推进步行街改造提升，积极发展“智慧街区”、“智慧商圈”，升级改造农贸市场

等零售网点，完善社区便民消费服务圈。（国家发展改革委、商务部等部门按职责分工负责）

十三、加强新职业新工种开发和培训。持续更新职业分类目录，进一步研究纳入更多符合新业态新模式发展趋势、业已形成一定规模的新职业新工种。推动政府部门与行业协会、企业、院校、互联网平台等协同，尽快制定新职业职业技能标准，为新职业从业人员的培训评价提供依据。支持通过企业和院校联合办学并认证的方式提供学习认证，通过线上累计课时等方式提供行业培训，提升新职业从业人员能力和发展空间。研究将新职业从业人员纳入职业培训补贴范畴。（人力资源社会保障部牵头负责）

十四、维护新职业从业人员劳动保障权益。督促企业依法落实带薪年休假等休息休假制度。推动出台维护新就业形态劳动者劳动保障权益政策，合理确定平台责任，兜牢劳动报酬、劳动时间、劳动安全、社会保险等权益底线。推进平台从业人员职业伤害保障试点。为灵活就业人员提供就业和社保线上服务。（人力资源社会保障部牵头负责）

十五、优化消费相关用地用能支持。对于不适合成片开发的部分乡村旅游、民宿、户外营地及其他消费相关基础设施和公共服务项目，探索符合实际的产业融合发展用地新模式。支持各地在符合国土空间规划和用途管制要求前提下，探索二三产业混合用地方式，合理增加能更好满足居民消费需求的重大基础设施建设用地供给。推动工商用电同价政策落实，支持具备条件的非电网直供电用户改为直供电，严查供电环节不合理收费，确保国家电价政策优惠落实到位。（自然资源部、国家发展改革委等部门按职责分工负责）

十六、强化财政支持。支持省级人民政府发行地方政府专项债券，用于符合条件的支撑新型消费发展、有一定收益但难以商业化合规融资的公益性项目建设。延续实施阶段性降低失业保险、工伤保险费率政策，支持包括新型消费领域企业在内的市场主体更好发展。统筹利用现有资金渠道支持相关企业数字化转型。研究推行政府购买优质在线教育服务，并将相关服务纳入地方政府购买服务指导性目录。（国家发展改革委、财政部、人力资源社会保障部、税务总局等部门按职责分工负责）

十七、加强金融支持。引导银行业金融机构在依法合规、风险管控有效和商业可持续的基础上，审慎规范发展消费金融产品和服务，推动加大对新型消费领域信贷支持力度。组织开展金融科技应用试点，完善非接触式金融服务。按照对同类业务、同类主体一视同仁的原则，持续完善监管制度，将所有互联网保险业务纳入监管。加快推进保险线上化进程，丰富保险产品供给，为互联网场景下的交易、支付、出行等提供更多风险保障。制定发布跨境支付服务管理办法，完善跨境支付服务相关监管制度。组织市场主体开展日韩等境外个人境内移动支付便利化试点工作，提升入境游客境内支付体验。进一步优化跨境人民币政策，支持跨境电商等贸易新业态开展跨境人民币结算业务。（人民银行、银保监会等部门按职责分工负责）

十八、引导社会资本融资。支持符合条件的企业通过首发上市和再融资募集资金，或到交易所债券市场发行公司债、可转债及资产支持证券融资，拓展新型消费领域融资渠道。支持符合条件的企业发行企业债券，用于新型消费基础设施项目建设。推动私募股权投资基金和创业投资企业在支持新型消费发展方面发挥更大作用。（国家发展改革委、证监会等部门按职责分工负责）

十九、降低平台交易和支付成本。引导外卖、网约车、电子商务等网络平台合理优化中小企业商户和个人利用平台经营的抽成、佣金等费用，用技术赋能促进平台内经营者降本增效。鼓励商业银行、非银行支付机构、清算机构等创新措施优化移动支付等相关收费，降低中小商户支付服务成本。加快数字人民币的试点推广，优先选择部分新型消费活跃的城市进行试点，着力提高金融运行效率、降低金融交易成本。（国家发展改革委、交通运输部、商务部、人民银行等部门按职责分工负责）

二十、完善法规制度。修订出台互联网信息服务管理办法，完善互联网行业管理政策体系，促进互联网信息服务健康有序发展。制定网络交易监督管理办法，完善和优化网络交易规范体系，维护网络交易秩序，为网络经济健康发展营造更好的制度环境。（中央网信办、工业和信息化部、市场监管总局等部门按职责分工负责）

二十一、简化优化证照办理。加快推行新型消费领域涉企经营许可事项告知承诺制，简化优化行政审批，进一步便利企业办事。指导各地评估网约车政策落实情况，优化完善准入条件、审批流程和服务，加快网约车合规化进程。电子商务经营者申请登记为个体工商户的，允许其将电子商务平台提供的网络经营场所作为经营场所进行登记。（交通运输部、市场监管总局等部门按职责分工负责）

二十二、优化监管服务。对新业态新模式，坚持鼓励创新、包容审慎、严守底线、线上线下一体化监管的原则。建立健全消费领域以信用为基础的新型监管机制，建设消费投诉信息公示系统，在全国范围内全面推开消费投诉公示工作。在市场监管领域全面推行部门联合“双随机、一公开”监管，建立健全部门联合抽查事项清单。进一步规范线上经济秩序，持续推动整治线上平台垄断、不正当竞争、侵犯知识产权和假冒伪劣等违法违规行为。开展消费领域专项整治、大要案件统一部署查办，加大对虚假宣传、销售假冒伪劣商品等行为监管执法力度。探索建立质量分级制度，倡导优质优价，促进消费升级。（中央网信办、国家发展改革委、工业和信息化部、商务部、市场监管总局、国家版权局、国家知识产权局等部门按职责分工负责）

二十三、健全标准体系。梳理新一代信息技术标准化需求，开展电子文件、数据安全等重点通用标准研制，推动建筑产业互联网相关标准研制，完善新型基础设施等新一代信息技术标准体系，支撑新型消费加快发展。加快推进重点服务消费领域标准研制工作，尽快在跨境电商、农产品电商、远程教育、餐饮分餐制等领域出台一批国家标准。推动发布自助售货、网络零售平台管理、零售直播等标准。加快制定并推动实施大数据、云计算、人工智能、区块链等领域相关标准，加强对新技术金融应用的规范。（中央网信办、工业和信息化部、住房城乡建设部、农业农村部、商务部、人民银行、市场监管总局等部门按职责分工负责）

二十四、深化统计监测。积极推动部门数据共享交换，有效聚合支付平台企业消费数据，加强居民消费统计监测，健全消费品专业市场指数，推进服务消费统计监测工作。深化与移动支付、网上交易平台等第三方机构合作，加强重点零售企业监测，不断完善网上零售统计。研究建立新型消费活力指数，及时反映新型消费市场发展变化。（国家发展改革委、国家统计局、商务部、人民银行等部门按职责分工负责）

后记

POSTSCRIPT

当前，新一轮科技革命和产业变革加速演进，各类新技术蓬勃发展，极大地丰富了消费业态和模式。新型消费成为支撑消费增长的重要引擎，较大程度改变了经济社会运行、企业生产经营和居民生产生活。今年4月，国务院办公厅印发《关于进一步释放消费潜力促进消费持续恢复的意见》（国办发〔2022〕9号），对发展新型消费进一步作出部署安排，并明确提出“适应常态化疫情防控需要，促进新型消费，加快线上线下消费有机融合，扩大升级信息消费”。本书的编写，旨在深入系统地挖掘新型消费发展过程中各地涌现出的典型案例及其实践经验，以期为各类市场主体和广大读者从方法上启发思路，从模式上提供借鉴。

在本书编写过程中，各省、自治区、直辖市发展改革委认真推荐，各典型案例城市和典型案例企业积极申报，有关第三方机构和单位给予了无私支持和帮助。在此，我们一并表示深深的谢意。

由于时间较紧，本书的编写难免存在不足之处，欢迎读者批评指正。

本书编写组

2022年6月